인도-태평양 패권경쟁

외교현장의 인태해양국익과 신남방정책 대해부

초판 1쇄 발행 2025년 9월 30일 **지은이** 박재경 **발행인** 황윤억
편집 윤석빈 김순미 황인재 **마케팅** 김예연 **디자인** 알음알음

발행처 인문공간/(주)에이치링크 **등록** 2020년 4월 20일(제2020-000078호)
주소 서울 서초구 남부순환로 333길 36, 4층(서초동, 해원빌딩)
전화 마케팅 02) 6120-0259 **편집** 02) 6120-0258 **팩스** 02) 6120-0257

ISBN 979-11-994016-0-0 93340

◆ 열린 독자가 인문공간 책을 만듭니다.
◆ 독자 여러분의 의견에 언제나 귀를 열고 있습니다.
  전자우편 pacademy@kakao.com 영문명 HAA(Human After All)
◆ 값은 뒤표지에 있습니다.
◆ 잘못된 책은 교환해 드립니다.

인도-태평양 패권경쟁

외교현장의 인태해양국익과
신남방정책 대해부

인문공간

박재경 지음

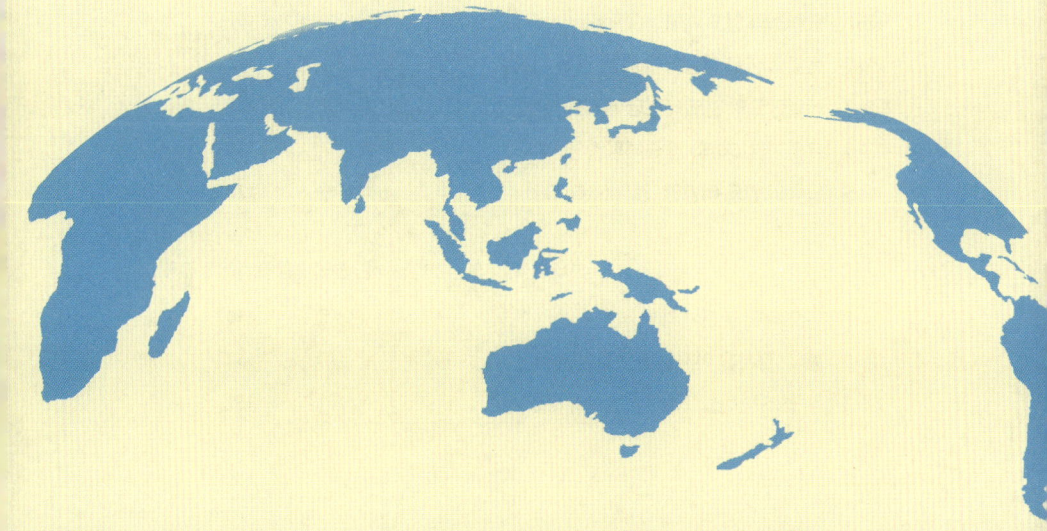

인도-태평양의 미중 간 경쟁, 각국의 대응

한국, 2022년 인태전략발표....2025년 새정부의 신남방 정책

역내 국가의 안보와 경제국익 가드레일 제시

안보: 남중국해 영유권 분쟁, 쿼드(Quad) 협의체, 오커스(AUKUS) 협의체

경제: 역내 포괄적 경제동반자협정(RCEP), 인도태평양경제프레임워크(IPEF)

최근 수년간 국제사회는 여러 가지 어려운 상황을 동시적으로 맞닥뜨리고 있다. 전문가들은 이를 복합위기라 부르고 있다. 예상할 수 있었던 그리고 예상하지 못했던 여러 위기 상황들이 동시다발적으로 발생한다는 것이다. 코로나19 바이러스가 무수한 사람들의 목숨을 앗아가고, 우리 모두를 불안과 상호 불신의 늪으로 몰아갔다. 언제라도 비슷한 보건 위기가 다시 나타날 수 있다는 두려움도 있다. 코로나19의 늪에서 벗어나기가 무섭게 이번에는 유럽과 중동에서 무력 충돌이 발생한다. 포탄이 날아다니고, 미사일 공격으로 수많은 인명이 희생되고 있다. 병력의 희생보다 비무장 민간인의 희생이 훨씬 크다. 희생당하는 어린이의 모습까지 실시간으로 뉴스 화면에 전달되고 있다. 그리고 2025년 1월 미국과 국제사회는 다시 도널드 트럼프의 시대를 맞이했다. 트럼프 2기 행정부의 정책이 앞으로 어떻게 전개될지에 대한 우려의 시선과 그 가운데 기회를 찾으려는 각국의 노력이 치열하게 전개되고 있다. 취임 이후 트럼프 대통령은 우크라이나 전쟁을 빨리 끝내고, 평화를 회복해야 한다고 주장하면서, 푸틴보다

도 오히려 젤렌스키 대통령을 압박하는 모양새다. 우크라이나 젤렌스키 대통령과 유럽의 많은 나라들은 트럼프 대통령의 접근이 우크라이나에 '정의로운 평화(just peace)'를 보장할 수 있을지 회의적이다. 이스라엘과 하마스 간의 휴전도 위태롭다. 트럼프 대통령은 미국이 가자 지구를 장악할 것이라는 이야기까지 하고 있다.

한편, 중동과 유럽에서의 위기와 함께 우리에게 익숙한 또 다른 위기, 미국과 중국의 경쟁과 갈등은 이미 국제관계의 상수(常數)가 되었다. 트럼프 대통령은 취임과 동시에 동맹, 우방국 구분 없이 그 상대가 누구든 "미국 우선", "미국을 다시 위대하게" 기조에 따른 정책을 밀어붙이고 있다. 그 과정에서 동맹국과도 감정적으로 불편한 모습을 연출하기도 한다. 다만, 일정한 시기가 지나면 트럼프 대통령이 인식하는 미국의 국익, 미국 국민의 반응에 따라 이러한 조치 역시 변화되고 조정될 가능성이 높다. 대선에서 압도적으로 이기고 취임한 이후 얼마 되지 않은 시점에 쏟아내는 말과 행동이 시간이 지나면서 미국 내 여론의 향방을 보아 가며 일정 수준 변할 수 있다는 것이다. 동맹과 우방에 대해서는 특히 그러하다. 다만, 중국에 대해서는 경쟁과 갈등의 구도가 유지될 수밖에 없다.

중국의 성장은 여전히 진행 중이다. 14억 인구의 소비력과 생산력에 기술력까지 더해지고 있다. 그리고 미국과 중국의 전방위적인 경쟁과 갈등은 가속화하고 다차원적이다. 모두가 예측하듯이 중장기적으로 미국에 대항하여 경쟁국으로 부상할 국가는 중국이 유일하다. 단기적인 현안으로 때로는 덜 부각될 수 있겠지만, 미국과 중국의 경쟁, 갈등, 절충 등의 구도는 오랜 기간 국제사회가 마주하게 될 모습이다. 이 책은 책의 제목처럼 '인도 태평양'에 대한 여러 나라의 이야기를 다루고 있다. 그러나, 미국과 중국의 갈등과 경쟁이라는 화두가 책 전반에 흐르게 된다. 인도 태평양이 갖는 개념 자체가 미국과 중국 두 나라를 같이 이야기하지 않고는 이해할 수 없다.

　인도양과 태평양이라는 두 거대 해양은 오랜 기간 존재해 왔다. 그러나 두 해양을 하나의 개념으로 하여 인도 태평양으로 부르는 현상은 불과 최근 몇 년 사이에 일어나고 있다. 국제사회에서 외교 안보를 다루는 행정관료들과 언론에서 그리고 학계의 전문가 사이에서 '인도 태평양'이 광범위하게 오르내린 것은 얼마 되지 않았다. 미국 정부가 인도 태평양 개념을 본격적으로 사용하기 시작한 2017년 즈음부터 얼마 지나지 않아 국제사회 전반에 일종의 유행처럼 번져왔다. 일본 정부가 그 이전부터 사용했으나, 역시나 미국이 공식적으로 언급하면서부터 더 많이 알려졌다. 우리 국내에서도 그러하다. 2018년 즈음부터 정부 내외에서 주요한 이슈로 부각되기 시작하였다. 당초 우리 정부에서 부담스럽게 느껴졌던 인도 태평양 개념이 시간이 흐를수록 점점 더 편하게 받아들여졌고, 2022년 한국 정부는 '인도 태평양 전략'을 발표하기에 이르렀다.

　유럽의 한 싱크 탱크에서는 흥미로운 여론 조사를 실시하였다. 2021년 9월 "인도 태평양에 대한 유럽인들의 시각(Moving Closer: European Views of the Indo-Pacific)"이라는 제목으로 발표하였는데, 이에는 여러 유럽 국가들의 인도 태평양 지역의 지리적 범위에 대한 인식을 포함하고 있다.[1]

　우선 헝가리의 경우는 인도와 아세안, 한국, 중국, 일본까지로 이해하며, 유럽 국가 가운데 가장 좁은 범위로 인도 태평양을 이해한다. 반면에 벨기에, 프랑스, 스페인 등 다수의 국가는 아프리카 동부 해안선에서부터

---

[1]　"Moving closer: European views of the Indo-Pacific," Frederic Grare and Manisha Reuter, 2021년 9월 13일, European Council on Foreign Relations, https://ecfr.eu/special/moving-closer-european-views-of-the-indo-pacific/

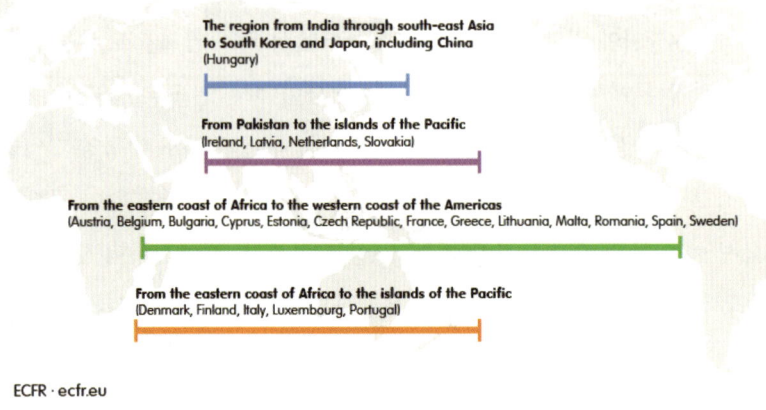

Views of the geography of a strategic concept
Where is the Indo-Pacific?

The region from India through south-east Asia
to South Korea and Japan, including China
(Hungary)

From Pakistan to the islands of the Pacific
(Ireland, Latvia, Netherlands, Slovakia)

From the eastern coast of Africa to the western coast of the Americas
(Austria, Belgium, Bulgaria, Cyprus, Estonia, Czech Republic, France, Greece, Lithuania, Malta, Romania, Spain, Sweden)

From the eastern coast of Africa to the islands of the Pacific
(Denmark, Finland, Italy, Luxembourg, Portugal)

ECFR · ecfr.eu

[그림1] 인도-태평양에 대한 유럽인의 관점.

미주 대륙의 서부 해안까지로 넓게 바라보고 있다. 여러 나라가 인도 태평
양 전략이나 정책을 이야기하고는 있으나, 인도 태평양이 가리키는 지리
적 범위가 통일되어 있지 않고, 국가마다 다양하게 정의되고 있다. 위에
서는 유럽 각국의 인식을 보았으나, 이는 유럽뿐만이 아니다. 인도 태평
양 정책이나 전략을 발표한 국가별로도 지리적 범위를 서로 다르게 인식
하고 있는데, 정책을 발표하지 않은 국가의 경우 통일된 지리적 범위가 발
견되지 않는 것은 당연하다 하겠다. 그런데, 지리적 범위가 어디냐에 대한
것만이 아니다. 인도 태평양을 언급하는 나라마다 처해 있는 위치나 상황
에 따라 인도 태평양 정책에 대한 문맥이 달라진다. 지리적 개념 '인도 태
평양'이 이렇게 복잡하게 이해되는데, 이러한 현상은 다른 지리적 개념에
서는 찾기 어렵다.

우리에게도 마찬가지다. 인도 태평양 개념이 행정 관료들에게 활용되

고는 있지만, 일반 국민들에게는 여전히 생소하다. 사실 더 정확하게는 일반 국민의 입장에서 인도양과 태평양을 아우르는 개념을 써 가면서 이야기할 일이 별로 없다고 하는 것이 맞겠다. 그리고 지리적 구분 개념으로는 아시아, 동아시아, 동북아시아, 동남아시아, 아시아태평양과 같은 용어들이 여전히 친숙하다.

다른 한편으로 인도 태평양 개념이 지리적 의미뿐만 아니라 전략적 의미를 내포하고 있다면, 어떠한 전략적 의미이냐 하는 것이 관건인데, 역시 국가마다 다르게 이해하고 있다. 다시 말해 인도 태평양 지역 전반의 경제적 역동성에 주목하여 무역 투자 관계를 확대하려 한다거나 지역 내 저개발국을 대상으로 하는 개발 협력의 기여를 확대하려 하는 차원의 실용적이고 실질적인 협력 구상에 대한 것이면 별로 차이가 없겠다. 다만, 중국과의 관계를 어떻게 맺어나갈 것인지 그리고 중국의 부상에 어떻게 대처할 것인지에 대한 단계로 넘어가면 서로 간의 차이가 나타난다.

그렇다면 지리적 개념으로 인도양과 태평양을 아울러서 불러야 할 일이 많지도 않은데 왜 인도 태평양 개념은 등장하였는지, 그리고 인도 태평양은 진정 지리적 개념으로만 볼 수 있는 것인지, 일본 그리고 이제 고인이 된 아베 전 총리는 왜 이에 그토록 집착했는지 그리고 미국 트럼프 1기 행정부에서 트럼프 대통령은 왜 이 개념을 본격적으로 도입했는지, 트럼프 2기에서는 어떠한 변화가 나타날지, 일본과 미국 이외의 다른 여러 나라에서도 점점 더 인도 태평양 개념을 언급하는 이유는 무엇인지, 그리고 중국은 인도 태평양 개념에 왜 반발하고 있는지.

이 책에서 담으려 하는 이야기들은 이 질문들에 답하기 위한 것이다. 그리고 이 질문들에 답하는 과정은 주요 국가들의 인도 태평양에 대한 입장과 인식을 알아가는 방식으로 구성하였다. 이에 해당하는 국가와 지역은 일본, 인도, 미국, 호주, 아세안, 유럽, 캐나다다. 이들 국가는 최근까지

'인도 태평양 전략', '인도 태평양 정책 지침', '인도 태평양에 대한 관점' 등 다양한 이름으로 인도 태평양에 대한 문서나 정책을 발표하였다. 책의 내용을 채워 가는 데 있어 주요한 자료와 책의 구성에 대해서는 아래와 같이 하였다.

첫째, 자료와 관련하여, 각국의 인도 태평양에 대한 정책과 인식을 살펴보는 과정에서 각국 정부가 발표한 공식 문서, 그리고 각국 정상이나, 각료 등 정부의 책임 있는 인사들의 "말"과 "글"을 주요한 자료로 하였다. 이러한 자료를 통해 정확하고 공식적인 입장과 인식을 알 수 있기 때문이다. 또한, 정부 차원의 말과 글에는 때로는 직설적이지 않으면서, 함축적으로 굵직한 메시지를 전할 때도 있다. 물론 직설적으로 표현할 때도 있다. 이에 대한 평가와 분석을 통해 외교 현장에서 말과 글 그리고 "표현" 방식이 갖는 중요성도 확인해 볼 수 있다. 공식 문서도 그렇지만, 정상이나 각료의 연설문의 경우 특히 그러하다. 장소나 대상에 따라 뉘앙스(nuance)를 달리하는 경우가 많다.

둘째, 책의 구성은 총 3부로 하였는데, 1부에서는 일본, 호주, 유럽, 캐나다이다. '자유롭고 열린 인도 태평양'으로 제목을 붙였다. 중국에 대해 유사한 성향의 전략을 보여주고 있다. 이 가운데 일본의 아베 총리가 2007년 인도 의회에서 연설하면서, 처음으로 인도 태평양을 언급하였기에 일본을 1장에 배치하였다. 2장에서는 호주가 생각하는 인도 태평양의 개념을 알아보았다. 그리고 3장에서는 유럽의 경우에는 유럽연합(EU)뿐만 아니라 몇몇 개별 국가도 포함하였다. EU 차원의 문서와 별개로 프랑스, 독일, 네덜란드 3개국이 개별적으로 인도 태평양에 대한 문서를 발표하였기 때문이다. 그리고 영국의 사례도 3장에서 같이 살펴보았다. 4장은 2022년 말까지 인도 태평양 전략을 발표한 캐나다로 하였다.

2부는 '인도 태평양 패권 경쟁'이라는 제목을 붙였고, 미국과 중국을 배치하였다. 5장이 미국, 6장이 중국이다. 물론 중국은 인도 태평양 개념에 반대해 왔으나, 중국을 빼고 인도 태평양에 대해 논의가 마무리되기는 어렵다. 중국의 일대일로를 포함하여 최근 발표된 3대 '범세계적 구상', 즉 범세계적 개발구상, 안보 구상, 문명 구상에 대해서도 살펴보았다. 미국과 중국의 인도 태평양에서의 패권 경쟁의 모습이 나타나고 있다.

3부는 '공존의 인도 태평양'이라는 제목을 붙이고, 7장에서 인도, 8장에서 아세안, 9장에서 한국을 다루었다. 인도와 아세안은 특히 미국과 중국의 전략적 경쟁을 우려하는 차원에서 인도 태평양을 바라보고 있기에 같이 묶었고, 한국 역시 나름의 전략적 균형을 의식한 정책적 입장을 갖고 있어 같이 배치하였다. 이 과정에서 전 정부의 신남방정책에 대해서도 살펴보았다. 인도 태평양 지역 정책의 하나로서 신남방정책을 다루는 의미가 있다. 그리고 2022년 말 현 정부가 발표한 '인도 태평양 전략'을 다루었다.

한편, 인도 태평양에 대한 각 국가의 입장과 인식을 알아가는 과정에서 이 책은 또한 이 지역에서의 주요한 정치·안보 그리고 경제적 이슈에 대해 비교적 상세히 알아보고 있다. 정치·안보 분야에서는 대표적으로 남중국해에서의 영유권 분쟁, 쿼드(Quad) 협의체, 오커스(AUKUS) 협의체 등을 들 수 있다. 경제 분야에서는 역내 포괄적 경제동반자협정(RCEP)과 인도 태평양 경제 프레임워크(IPEF) 등이다. 그리고 이 책은 국가별로 인도 태평양에 대한 입장을 설명해가는 목차로 구성되어 있고, 이와 별도로 이슈별로 목차를 구성하지는 않았다. 따라서 국가별 입장을 설명하는 과정에서 이러한 주요 이슈들에 대해 충분히 입체적으로 설명하는 방식으로 하였다.

물론 각각의 이슈를 어느 한 국가와 관련해서만 이야기하기는 어렵다. 여러 국가가 관여되어 있기 때문이다. 다만, 편의상 해당 이슈와 가장 근접하는 하나의 국가를 다루는 장(章)에서 설명하고자 하였다. 필요한 경우 때로는 두세 국가로 나누어 다소 중복적으로 등장하기도 한다. 예를 들면 이런 식이다. 남중국해 영유권 분쟁의 경우 아세안 회원국 일부 국가와 중국 사이의 문제이며, 이에 더해 미국은 남중국해에서 항행의 자유 작전(FONOP)을 수행하고 있다. 따라서 여러 당사자들이 관련되어 있는 문제다. 다만, 이 경우 영유권을 주장하는 국가 다수가 아세안 회원국이므로 아세안을 다루는 8장에서 남중국해 문제를 상세히 다루었다. 쿼드의 경우에는 미국, 일본, 호주, 인도가 참여하고 있으나, 네 나라 가운데 인도의 경우 다른 세 나라와 쿼드에 대한 약간의 뉘앙스 차이가 있으므로, 인도를 다루는 7장에서 쿼드에 대해 비중있게 다루었다.

필자는 이 책에서 지난 수년간 외교부 본부에서 근무하면서 인도 태평양과 관련한 정책을 마련하고, 이를 집행하는 과정에서 보고 느낀 이야기를 최대한 담아내고자 하였다. 그리고 인도 태평양 각국을 다니며 각국의 외교관들 그리고 민간 전문가들과 소통하는 과정에서 보고 느낀 이야기도 최대한 싣고자 하였다. 이러한 기록이 한국 외교의 발전에도 기여하기를 조심스럽게 기대해 본다. 그리고 이 책이 국제관계를 다루는 행정 관료, 국제관계 분야를 계속해서 연구하는 분들, 대학에서 국제관계학을 공부하는 학생, 언론 뉴스 가운데 국제면에 관심을 갖고 있는 일반인들, 그리고 우리 한국 외교의 방향에 관심을 갖고 있는 모든 분들에게 도움이 되기를 바란다.

책을 준비하는 과정에 꽤 시간이 걸렸다. 당연한 이야기지만 준비 과정 중에도 시시각각 변화하는 국제 정세로 인해 당황한 순간이 많다. 이 책은 비교적 최근 수년 동안에 대한 기록을 담기 위해 의도하였으나, '현재'의 상황 역시 당연히 포함되어야 한다고 생각했다. 이를 통해 미래에 대한 예측도 적실성을 가질 수 있기 때문이다. 그러다 보니 시간은 길어지고 분량도 늘어났다. 교과서와 참고서의 성격을 같이 갖는 방대한 분량의 책이 되었다. 그래도 각 장(章)별로 하나의 국가에 대해 소개하고 있는 만큼 개별 장 단위로 읽어도 괜찮겠다는 생각에 편집과 교정 과정에서도 분량을 그대로 유지하였다.

원고 집필 마무리 중에 한국에 계엄이 선포됐다. 해외 근무 중인 필자는 충격적이었다. 그 후 대한민국은 6개월여간 초유의 사태를 겪었고, 2025년 6월 이재명 정부가 출범했다. 국내외적인 어려움을 안고 새 정부가 출범한 것이다. 그동안의 대내외적 위기 상황과 미국 트럼프 대통령의 관세 무기화에 대응해야 하는 상황을 맞은 것이다. 하지만 위기 상황에 대응하기 위한 노력이 가시적으로 나타나고 있다. 새 정부의 대외정책 가운데 주목되는 부분은 문재인 정부 시절 추진했던 신남방 정책의 계승과 발전으로, 신남방 정책 2.0 논의가 새정부에서 계속 나오고 있다. 과거 신남방정책에 깊숙이 관여했던 필자에게는 반가운 소식이다. 다만, 앞으로 어떤 방향으로 발전시켜 나갈지, 2022년 당시 정부가 발표한 인도 태평양 전략과의 관계는 어떻게 설정할지의 심도 있는 논의는 필요하다. 이념과 정쟁을 넘어서는 새로운 전략이 필요하다.

이제 수년간 이어진 집필의 여정이 끝나고 있다. 어떤 장소에서도 어떤 시간에서도 틈만 나면 붙들고 있던 노트북 바탕화면에 있는 "집필" 폴더가 좁은 공간을 떠나 세상에 나오게 되었다. 후련하면서도 놓친 것이 있는 듯하여 아쉬운 마음이 교차한다. 새로운 집필에 대한 설렘도 느껴본다. 늘 함께하고 있는 존경하는 아내에게 감사를 보낸다. 우연히 인연을 맺었는데, 출판에 흔쾌히 응해 주신 인문공간 황윤익 대표님 그리고 오랫동안 학문적·정책적 교류를 이어온 아산정책연구원 이재현 박사님에게도 감사를 드린다.

2025년 8월 짐바브웨에서 박재경

1부
자유롭고 열린
인도 태평양

1장

일본, 인도 태평양 '안보 다이아몬드(Security Diamond)'

일본의 인도 태평양 전략은 신조 아베(Shinzo Abe) 전 총리를 빼고는 이야기할 수 없다. 아베 총리는 2007년 두 개의 해양 즉, "인도양과 태평양이 합류(confluence)하는 지역"이라는 당시로서는 다소 생소한 개념에 대해 언급하였다. 국제사회 전반에 걸쳐 "동아시아"라든지 "아시아 태평양" 개념에 익숙했던 터에 두 개의 큰 대양의 연결이라는 개념은 생소하게 여겨졌다.

2007년 8월 아베 총리는 인도 뉴델리를 방문한다. 이때 일본 총리로는 처음으로 인도 의회에서 연설하였는데, 연설의 제목이 "두 해양의 합류(confluence of the two seas)"였다. 이 연설에서 아베 총리는 "두 해양의 합류"를 거론하면서, 이어 "인도 태평양"이라는 용어를 언급하였다. 인도 태평양이라는 용어가 처음으로 공식 외교 무대에서 언급되었다. 그런데, 인도 태평양의 출발 지점이 된 "두 해양의 합류" 개념은 사실 아베 총리가 처음 만들어낸 것은 아니다. 아베 총리 스스로도 "두 해양의 합류"는 자신이 아니라 인도 무굴 제국의 왕자였던 다라 쉬코(Dara Shikoh)가 처음 만든 용어였음을 인도 의회 연설에서 밝히고 있다. 다라 쉬코는 인도 무굴 제국의 샤 자한(Shah Jahan) 황제의 아들이다.[2] 샤 자한 황제는 인도의 대표적인 상징물인 타지 마할(Taj Mahal)을 건립한 것으로 유명하다. 그의 아들 다라 쉬코 왕자는 400여 년 전인 1655년 "두 해양의 합류(Confluence of the Two Seas)"라는 제목의 서적을 집필하였다.

무굴 제국 당시 다라 쉬코 왕자는 종교 문제에 심취했던 모양이다. 그는 이슬람교와 힌두교의 유사점에 대해 연구하고, 이를 통해 무굴 제국 신민들의 통합을 추구했다. 따라서 당초 다라 쉬코 왕자가 제기한 "두 개의 해양"은 인도양과 태평양을 의미했던 것은 아니고, 인도 인근의 인도양 바다와 아라비아해(海) 정도로 이해된다. 그래서 아베 총리가 인도 의회에서 이야기했던 "두 개의 해양"은 다라 쉬코 왕자의 용어를 빌려 쓰기는 하였으나, 두 사람이 이야기했던 실제 바다의 위치는 다르다. 두 해양의 위치가 다르기는 하지만, 두 사람이 추구했던 이념이나 지향점 측면에서는 유사점이 강하다. 흥미로운 지점이다. 400여 년 전 문명 간 화해 또는 공존을 연구했던 다라 쉬코 왕자도 대단하고, 그토록 오랜 과거의 개념에서 인도양과 태평양의 합류라는 연결 고리를 찾아낸 아베 총리의 노력도 인정할 만하다.

국제사회에서는 2020년을 전후하여 인도 태평양의 개념이 보편화되었지만, 그 개념의 시작 지점은 이렇듯 2007년 인도 의회에서의 아베 총리 연설이라는 데 대해 대체적인 공감대가 형성돼 있다. 이렇게 보면 오늘날 인도 태평양 개념의 저작권은 인도의 다라 쉬코 왕자와 아베 총리 그리고 다라 쉬코의 책 제목을 아베 총리의 연설문 초안에 적절히 반영시킨 일본 외무성 또는 총리실 직원 모두에게 돌아가야 할 것 같다.

그리고 인도 의회 연설에서 아베 총리는 수차례에 걸쳐 "더 넓은 아시아(broader Asia)"에 대해 역설한다. 인도와 일본이 아시아 대륙의 양쪽에서 이끌고 가면서 "자유와 번영의 호(arc of freedom and prosperity)"

---

2   샤 자한은 1628년부터 1658년까지 무굴 제국의 황제였는데, 무굴 제국의 전성기를 이끌었고, 인도의 대표적 이슬람 건축물인 타지 마할도 이 시기 완공되었다. 타지 마할은 샤 자한 황제가 자신의 둘째 부인 뭄타즈 마할(Mumtaz Mahal)의 죽음을 기리며 만든 것으로 알려져 있다. 다라 쉬코는 샤 자한과 뭄타즈 마할 사이에서 난 장남이다.

를 만들어야 한다고도 했다. 일본과 인도의 협력으로 "더 넓은 아시아"는 태평양 전역으로도 확대될 것이며, 이에는 미국과 호주도 포함될 것이라고 했다. 아베 총리의 이 연설로 인해 일본의 인도 태평양 전략을 논하는 과정에는 자유와 번영의 호 역시 연관되어 등장한다. 또한, 두 개념은 중국의 부상을 견제하기 위한 것이라는 설명이 붙기도 한다.

1-2   자유와 번영의 호(弧, arc)

아베 총리가 2007년 인도 의회에서 거론한 "자유와 번영의 호"는 2006년 말 아소 타로(Aso Taro) 당시 외교장관이 먼저 언급하였다. 아소 타로 장관은 2006년 11월 일본 국제문제연구소(Japan Institute of International Affairs)에서 "자유와 번영의 호 : 일본의 외교 지평 확장"을 주제로 연설하였다. "자유와 번영의 호" 개념이 등장한 배경에 대해 일부 전문가들이 "인도 태평양" 개념과 함께 중국을 견제하기 위한 것으로 설명하는 경우도 있으나,[3] 실제 아소 타로 장관의 연설문 내용으로 보면 반드시 그렇지만은 않은 것 같다.

아소 타로 장관은 우선 민주주의, 인권, 자유, 법의 지배, 시장 경제 등 "보편적 가치"를 강조하는 "가치지향 외교(value oriented diplomacy)"를 역설하였다. 이와 함께, 유라시아 대륙의 테두리에 새로이 싹을 피우는 민주주의 국가들이 "호(arc)"를 만들고 있다고 하면서 일본은 "자유와 번

---

[3] 대표적으로 일본 내에서도 Katsuyuki Yakushiji 도요대(東洋大) 교수는 두 개념이 연결돼 있다는 주장을 하면서, 공히 중국의 부상과 미국의 상대적 쇠퇴에 대응하는 것으로 분석하였다. 대학으로 옮기기 전에 Yakushiji 교수는 아사히 신문에서 30여 년 이상 기자 생활을 하였다.

영의 호"를 설계하기를 희망한다고 했다. 아소 타로 장관의 연설은 아베 총리 대외정책의 확고한 신념을 보여주는 것으로 이해되는데, 일본이 동남아에서 동북아, 유라시아 대륙에 걸쳐 "가치 외교에 기반한 자유와 번영의 호"를 만드는 데 앞장서겠다는 것이다. 이러한 주장의 배경에 대해 아소 타로 장관은 기존의 미국과 일본 간의 동맹 외교, 주변 국가(한국, 중국, 러시아) 외교, 유엔 중심 다자외교에 이어 새로운 외교 정책의 축을 제시하고자 했다고 밝혔다.

또한, 흥미롭게도 아소 타로 장관은 일본이 동남아시아, 중앙아시아, 동유럽과 발트해 등에 걸쳐 가치지향 외교를 이미 20년 가까이 수행해 왔는데, "자유와 번영의 호"는 이러한 기존의 노력에 이름을 붙인 것으로, 이름이 없는 정책은 대중에게서 쉽게 잊히기 때문이라고도 했다.[4] 아소 타로 장관의 설파에도 불구하고 "자유와 번영의 호" 개념은 2012년 아베 총리의 2기 집권부터는 별로 등장하지 않는다. 다만, 그 기본 개념은 아베 총리 2기 집권 이후 등장한 "지구본 부감 외교(panoramic perspective of the world map)"라는 개념으로 이어지기는 하였다.

다시 2007년 아베 총리의 인도 의회 연설이 갖는 의미로 돌아가 보자. 아베 총리는 인도가 갖는 지정학적 중요성에 일찍이 착안하여, "인도양과

---

4   In other words, this new axis for our diplomacy of which I am speaking today is really nothing new for Japan at all. It is in fact nothing more than giving a name to the diplomatic achievements that Japan has built up one by one in exactly this area over the last 16 or 17 years, as well as giving it a new positioning within our overall diplomacy. That said, without such a name, you can hardly be aware of the deeper significance of what you yourself are doing. Policies lacking a name are soon forgotten by the public at large, whether the public at home or the public abroad. Therefore, having that label is crucial. Renewing our awareness of this fact and giving a clear label to this diplomacy are in fact what constitute the truly "new" part of this new diplomatic axis I have been describing today.

태평양의 합류", "더 넓은 아시아" 그리고 "자유와 번영의 호"를 역설하였다. 이를 통해 일본 정부의 지역 및 글로벌 차원의 외교 정책의 밑그림을 그리려 노력하였다. 다만, 이 시기 아베 총리와 일본 정부는 중국에 대해 명시적이고 구체적으로 언급하지는 않았다. 인도 태평양을 주창한 배경이나, 지리적 범위, 중국에 대한 인식 등 더 진전된 형태의 아베 총리 및 일본 정부의 인도 태평양 구상은 이후 몇 년을 더 기다려야 했다.

아베 총리는 인도 의회에서 연설한 지 한 달여 만에 총리직에서 물러나게 된다. 공교롭게도 인도를 방문하고 일본으로 귀국한 바로 다음 달부터 아베 총리에 대한 일본 국민의 지지율은 곤두박질치고, 총리 자신의 건강 문제까지 겹치면서 취임한 지 1년여 만에 아베 총리는 자리에서 물러나게 된다. 이후 일본 국내 정치는 2009년 자민당에서 민주당으로 정권이 넘어가는 과정을 겪으며, 새로이 발아하려 했던 일본 외교 정책으로서의 인도 태평양 구상 역시 한동안 탄력을 받지는 못했다.

2012년 12월 총선을 통해 아베 총리가 다시 입각하였고, 일본에서 인도 태평양 개념 역시 다시 등장하게 된다. 2012년 12월 26일 프로젝트 신디케이트(Project Syndicate)를 통해 전 세계 유력 매체에 아베 총리의 영문 기고문 하나가 실린다. 제목은 "아시아의 민주적인 안보 다이아몬드(Asia's democratic security diamond)"다. 12월 26일은 아베 총리가 2기 집권을 시작한 지 이틀째 되는 날이었다. 이 기고문은 아베 총리가 취임하기 한 달여 전에 작성한 것으로 알려졌는데, 짧은 기고문이지만 아베 총리의 인도 태평양 개념을 구체적이고 명확히 파악할 수 있는 내용을 담고 있다.

아베 총리는 기고문을 2007년 인도 의회에서의 자신의 연설을 상기하면서 시작했는데, 인도 의회에서 명시적으로 언급하지 않았던 중국에 대해 구체적으로 기술하였다. 기고문의 주요 내용 역시 동아시아 안보 문제에 있어 더욱 공세적으로 변하고 있는 중국을 대하는 방식에 관한 것으로, 그 요지는 세 가지로 정리할 수 있겠다.

첫째, 아베 총리는 중국 정부가 남중국해를 "중국의 호수(Lake Bei-jing)"로 만들려 하고 있으며, 이러한 시도에 일본이 굴복한다면 남중국해는 더욱 요새화되어 항행의 자유가 심각히 방해받게 될 것이라고 하였다. 과거 인도 의회에서 일본과 인도가 태평양과 인도양의 항행의 자유를 수호하기 위해 힘을 합쳐야 한다고 언급한 것도 당시에는 이유를 설명하지 않았지만 이러한 이유에서였다는 부연 설명도 친절히 덧붙였다.

둘째, 아베 총리는 해양과 영토를 확장하려는 중국의 시도가 2007년 이후 이렇게 급속히 진행되리라고 예상하지 못했다고 하면서, 파트너 국가들끼리 "안보 다이아몬드"를 만들 것을 제안하였다. 일본과 연결하여 다이아몬드를 형성할 국가로 호주, 인도[5], 미국(하와이 주[6]) 등 세 나라를 적시하였다. 호주, 인도, 미국, 일본 등 네 나라가 만들 다이아몬드는 "인도양에서 서태평양에 걸쳐서 해양 이익을 수호"하기 위한 것이라고 하였다. 아울러 영국과 프랑스도 아시아의 안보를 강화하기 위해 이 지역에 대

---

[5] 2007년 당시보다 더 인도를 강조한 것은 2010년 중국이 일본에 대한 희토류 수출을 제한하겠다고 발표하면서 자원의 무기화로 인한 경제적인 피해를 경험했던 이유도 작용한 것으로 보인다. 실제 아베 총리는 기고문에서 인도와의 관계를 강화해야 할 이유 중의 하나로 희토류 확보를 언급하기도 하였다.

[6] 아베 총리는 미국 본토가 아닌 하와이를 언급했는데, 이로부터 당시 아베 총리가 언급한 인도 태평양에서 태평양의 범위는 미국 본토까지를 포함하는 것이 아니라 서태평양에 한정된 것이라는 해석이 가능하다.

한 관여를 확대할 것을 요청한다고 하였다.

셋째, 아베 총리는 일본의 이웃 대국으로서 중국과의 관계가 일본 국민의 복지에 긴밀하다는 점을 인정하면서도, 일본-중국 관계를 개선하기 위해서 일본은 우선 태평양의 다른 편에 있는 국가와 관계를 굳건히 해야 한다고 했다.[7] "태평양의 다른 편에 있는 국가"란 당연히 미국을 의미한다. 그리고 그 이유는 일본의 외교는 항시 민주주의, 법의 지배, 인권 존중과 같은 보편적 가치(universal values)에 기반을 두어야 하기 때문이라고 하고, 앞으로 아시아 태평양 지역의 번영은 이에 달려 있어야 한다는 문장으로 기고문을 마치고 있다.[8]

아베 총리의 취임 이후 일본의 인도 태평양 구상은 최근까지 계속 정교하게 내용을 채워 가고 있는데, 아베 총리가 2012년 말 프로젝트 신디케이트 기고문에서 언급한 내용들이 기본적으로 일본의 인도 태평양 구상의 요체를 그대로 보여준다고 할 수 있다. 아베 총리의 기본 인식을 한마디로 정리하면, "중국은 보편적 가치를 지키지 않는 국가이므로 미국-일본-인도-호주 4개국이 안보협력을 강화하여 중국을 견제해야 한다."라는 것이다. 아베 총리가 안보 다이아몬드라고 부른 것은 결국 중국에 대응하기 위한 4개국 간 안보 협의체, 쿼드(Quad)의 재결성과 연관된다. 쿼드는 2007년 작동되다가 1년여 만에 와해되었는데, 2012년 기고문 당시 아베 총리는 이의 재가동을 제안한 것으로 해석된다.[9]

한편, 아베 총리의 얘기대로라면, 2007년 인도 의회에서의 연설 당시

---

7 "Yet, to improve Sino-Japanese relations, Japan must first anchor its ties on the other side of the Pacific."

8 "I firmly believe that, in 2013 and beyond, the Asia-Pacific region's future prosperity should rest on them as well."

에도 이미 중국에 대해서는 우려를 갖고 있었다는 것인데, 당시와 비교했을 때 2012년 중국에 대한 아베 총리의 인식이 더욱 부정적으로 바뀌게 된 이유는 무엇이었을까. 2007년 이후 5년이라는 시간이 지나면서 중국에 대해 더욱 명확하게 '위협 인식'이 높아진 것이다. 아베 총리는 기고문에서 2007년 인도 의회 연설 이후 중국이 공세적으로 변화해 가는 추이의 속도가 그토록 빠르게 전개되리라고는 예상하지 못했다고 했다.

실제 2007년을 전후한 시기에 중국과 일본은 우호적 관계를 유지했다. 2006년 10월 아베 총리는 중국을 방문하여 일본과 중국 간 "전략적 호혜 관계"를 구축하였다. 정치와 경제의 2개 바퀴를 가동하고, 두 나라 관계를 긴밀히 하며, 지역 문제와 글로벌 이슈에 있어서도 공동으로 노력하자는 것이었다. 이어 2007년 12월 후쿠다 총리가 중국을 방문하고, 2008년에는 후진타오 주석이 일본을 방문하는 등 정상외교도 활발히 이루어지고 있었다.

그러나, 2010년을 전후하여 상황은 달라지게 된다. 중국은 2010년대부터 덩샤오핑이 1980년 중국의 개혁개방을 추진하면서 내걸었던 '도광양회(韜光養晦)[10]' 모토로부터 벗어나 더욱 적극적이면서 때로는 공세적으로 대외적인 목소리를 높여가고 있었다. 2010~2012년 중국과 일본을 둘

---

[9] 쿼드는 당초 2007년 아베 총리가 제안하여 정상급 회의로 개최되었다. 정상급으로 칭한 것은 일본(아베 총리), 호주(존 하워드 총리), 인도(만모한 싱 총리)와 달리 미국에서는 당시 딕 체니 부통령이 참석했기 때문이다. 그러나 호주에 케빈 러드 행정부가 들어서고 쿼드 활동에 부정적 입장을 보이면서 이후 쿼드 협의체는 활성화되지 못했다. 쿼드가 다시 조명을 받게 된 것은 2017년인데, 미국에 트럼프 행정부가 출범하면서부터다.

[10] "자신을 드러내지 않고 때를 기다리며 실력을 기른다."라는 의미다. '삼국지연의'에서 유비가 조조의 식객 노릇을 하면서 몸을 낮추고, 어리석어 보이게 하여 경계를 풀도록 했다는 데서 유래하였는데, 덩샤오핑 시기 중국의 대외정책으로 알려지면서 유명해졌다. 영어로는 "Hide your brightness, and bide your time."으로 쓰는 경우가 많다.

러싼 동아시아의 안보 지형을 상기하면 아베 총리의 중국에 대한 인식에 대해 더 잘 이해할 수 있다.

중국의 대외정책이 공세적으로 변화하는 과정의 하나로 우선 동중국해 센카쿠(중국명 댜오위다오(釣魚島))에 대한 것을 들 수 있다. 동중국해에서 센카쿠/댜오위다오는 중국 본토에서 약 400km, 일본 오키나와에서 약 400km, 대만에서 약 200km 떨어진 여러 무인도들이다. 섬 인근에 경제적 가치가 높은 천연자원이 매장되어 있는 것으로 알려지면서, 섬의 영유권을 둘러싸고 중국과 일본 사이에 1970년대부터 갈등이 표출되기 시작하였다. 대만도 영유권을 주장하고 있으나, 중국과 일본의 갈등이 주로 부각되어 왔다. 이 섬을 둘러싼 분쟁이 국제사회의 안보 위협 요인으로 더욱 부상한 것은 2010년 발생한 중국 어선 관련 사건이 계기가 되었다.

2010년 9월 7일 센카쿠/댜오위다오 인근에서 조업을 하던 중국 어선이 일본 해경의 퇴각 경고를 무시하자, 일본 해경 순시선이 중국 선박에 충돌하는 사건이 발생한다. 일본 해경은 중국 어선을 나포하고, 선장 잔치시옹(Zhan Qixiong)과 선원 등 15명을 구금하였다. 일본 해상보안청은 선장을 공무집행방해 혐의로 구금했다고 밝혔다. 일본은 9월 13일 선원 14명을 석방했지만, 선장에 대해서는 구금 기간을 9월 25일까지 연장한다고 밝혔다.

중국 당국이 선장의 석방을 거듭 요구하였으나 받아들여지지 않자, 중국도 그대로 보고 있지만은 않았다. 베이징에서는 일본 고위인사와의 교류를 제한하고, 일본에 대한 희토류 수출도 제한하였다. 물론 베이징 당국이 일본에 대한 희토류 수출 금지(export embargo)를 무역정책으로 명시적으로 발표하지는 않았다. 오히려 중국 상무부는 수출 금지 조치가 발동된 것을 부인하였다. 다만, 일본으로 수출하기 위해 항구에 대기 중이던 희토류의 선적을 중국의 세관 공무원들이 허가하지 않는 방식으로 수출을 막았다.

이 시기에 중국 내 일본 기업인 4명이 체포되는 일도 발생하였다. 아울러 중국 내에서는 반일 정서가 대규모로 확산하였다. 일본 정부는 더 이상 버티기 어려웠고, 사건 발생 후 보름 만인 9월 24일 중국 어선의 선장은 석방되었다. 관할 검찰이던 오키나와현(縣) 지방 검찰청에서는 선장에 대해 "처분 보류"를 결정했다고 밝혔다. 지검 측은 일본에 미칠 영향 그리고 중국과 일본 간의 관계를 고려했다는 점을 공개적으로 밝히기도 했다. 같은 시기 중국에서 체포되었던 일본 기업인들 역시 석방되었다. 석방된 중국 어선의 선장을 태운 항공기는 중국 푸저우 공항에 도착하였는데, 잔 치시옹 선장은 비행기를 내리면서 양손으로 V자를 만들어 보였다. 이 장면은 센카쿠/댜오위다오 주변 해역에서 조업 중이던 중국 어선과 일본 해경 순시선의 충돌로 비롯된 양측의 한판 줄다리기에서 누가 이기고 졌는지의 승패를 여실히 보여주는 것으로 양국 국민에게 각인되었다.

일본 국내에서는 당연히 칸 나오토(Kan Naoto) 행정부와 민주당에 대한 비판이 쏟아졌다.[11] 비판의 내용 가운데 하나는 감당하지 못할 것 같았으면, 아예 구금하지 말고 진작 추방했어야 한다는 것도 있었다. 일 처리 방식에 대한 비판이었다. 그러나, 칸 나오토 정부의 중국을 다루는 일 처리 방식에 대한 비판과는 별개로, 이 사건을 계기로 일본은 전반적으로 중국의 행동을 소위 '행패(bullying)'로 보는 시각이 확대되었다. 중국에 대해 더욱 경각심을 갖는 계기가 된 것이다. 일본 기업들은 이 사건을 계기로 희토류의 공급처를 다변화하기 시작하였다. 수미토모(Sumitomo

---

11 유사한 사례에서 과거 고이즈미 준이치로 행정부가 취한 조치와 비교가 되기도 했다. 2004년 3월 중국인 활동가 7명이 센카쿠 섬에 상륙했을 때 일본 당국은 이들을 체포했으나, 이틀 만에 강제 추방 형식으로 석방하였다.

Corporation)나 마루베니(Marubeni)와 같은 일본의 종합상사는 희토류 수입에 있어 중국에 대한 의존도를 줄이기 위해 카자흐스탄, 베트남, 호주 등 다른 나라로 더욱 적극적으로 시야를 돌리기 시작하였다.

이 사건으로 인해 일본 국민들은 중국으로부터 충격과 실망감을 받았던 것으로 보이며, 정치인 아베 신조는 – 당시 재입각을 노리면서 때를 기다리던 시절 - 이 사건이 일본 국민들의 자존심에 큰 상처를 남기게 된 점에 주목하였던 것으로 추정된다. 결과적으로 이 사건으로 아베 총리는 중국이 더욱 위협적인 국가로 부상하고 있다고 인식하고, 이를 바탕으로 어떻게 하면 중국에 효과적으로 맞설 수 있을 것인가에 대해 고민하게 된 것으로 보인다. 이 고민의 결과는 앞에서 보았던 2012년 12월 프로젝트 신디케이트 기고문으로 나타났으며, 재입각 다음 날 기고문을 게재한 것을 보면 총선 오래전 이미 그의 생각이 정립되어 있었음이 짐작된다.

한편, 기고문 내내 인도 태평양으로 기술하다가 마지막 문장에서 아시아 태평양 개념을 언급하였는데, 이에 대한 정확한 이유는 알 수 없다. 그러나, 아베 총리가 당시에 인도 태평양의 동쪽 한계를 하와이 정도까지의 서태평양으로 생각했다면, 미국 본토를 포함하는 더 넓은 태평양을 표기할 때는 여전히 '아시아 태평양'이 유용하다고 본 것으로 추정된다.[12]

중국에 대한 아베 총리의 인식과 별개로 2010년 전후로 집권하고 있던 일본 민주당의 중국에 대한 인식도 흥미롭다. 센카쿠/댜오위다오를 둘러

---

12 매사에 꼼꼼한 성향의 일본인들의 일 처리 스타일을 감안할 때 별 생각 없이 또는 실수로 아시아 태평양으로 기술하지는 않았을 것으로 보아야 하겠다. 이와 관련한 흥미로운 일화로는, 수년 전 아베 총리의 캐나다 방문 당시 트뤼도 총리가 인도 태평양을 몇 차례 언급하다가 아시아 태평양을 언급한 데 대해 일본측은 캐나다측에 트뤼도 총리가 의도적으로 아시아 태평양 언급을 한 것인지 그 진의를 파악하고자 했다고 한다. 필자가 캐나다 관료들로부터 들은 얘기로는 트뤼도 총리가 특별히 어떤 의도를 갖고 발언한 것은 아니었다고 하며, 이러한 일화는 그만큼 일본 사람들이 매사 꼼꼼하다는 것을 보여준다.

싸고 당시 일본의 민주당 정부는 이 사안을 어떻게 바라보았고, 중국을 어떻게 생각했는지를 보여주는 구체적인 사례가 있다. 아베 총리의 인식과는 대조를 이룬다.

2012년 9월 당시 일본 민주당 정부는 센카쿠/댜오위다오 섬들 가운데 민간인 소유였던 세 개의 섬을 구매하는 조치를 취한다.[13] 5개의 섬 가운데 이미 일본 정부가 소유하고 있던 두 개 섬 외에 민간인이 소유하고 있던 나머지 세 개의 섬을 구매하는 것이었다. 민주당의 노다 요시히코(Noda Yoshihiko) 당시 총리는 중국을 자극할 것을 알면서도 매입 조치를 취하였는데, 이는 당시 극우 정치 인사였던 동경 도지사 이시하라 신타로[14](Ishihara Shintaro)의 행보와 관련된다. 이시하라 신타로 도지사는 당시 동경도(東京都) 차원에서 센카쿠를 매입하겠다는 의사를 밝히고 있던 상황이었다. 실제 이를 위해 2012년 4월 시작한 민간 모금액이 4개월여만에 10억엔 이상이었다. 당초 신중한 입장을 취하던 노다 총리는 동경도 차원에서 매입하는 것을 지켜보기보다는 중앙정부에서 국유화하는 것이 낫겠다는 생각을 한 것으로 보인다. 실제 이러한 입장은 2012년 9월 국유화 방침의 내각 통과 이전 중국을 설득하는 과정에서도 나타났다.

노다 총리는 후진타오(Hu Jintao) 주석에게 친서를 보냈다. 2012년 8월 말 친서를 휴대하고 북경을 방문한 외무성 야마구치 쓰요시(Yamagu-

---

[13] 센카쿠 열도는 다이쇼지마(大正島), 구바시마(久場島), 우오쓰리지마(魚釣島), 미나미코지마(南小島), 기타고지마(北小島) 등 5개의 섬과 암초로 구성돼 있는데, 이 중 다이쇼지마는 국유지이고, 구바시마는 일본 정부가 개인 소유자에게 임대해 주일미군에 훈련장으로 제공하고 있다. 2012년 일본 정부가 구매한 것은 부동산 임대업자가 소유하고 있는 나머지 3개 섬이다.

[14] 일본의 대표적 극우 정치인인 이시하라 신타로(石原愼太郎)는 일본 유신회 공동대표를 역임하기도 했다. 그는 2013년 일본군 위안부 동원 과정에서 군과 정부의 역할을 인정한 고노(河野)담화를 부정하고 비판하기도 했다. 2022년 사망하였다.

chi Tsuyoshi) 정무차관은 중국 국무위원 다이빙궈(Dai Binguo)에게 일본 정부는 동경도가 센카쿠를 매입하면 이시하라 지사가 공격적으로 실효 지배를 강화하는 조치를 취할 수 있고, 이 경우 중국과의 갈등이 더욱 증폭될 수 있으므로 중앙정부의 국유화가 "평온하고 안정적인" 센카쿠 관리를 위해 바람직하다는 논리를 폈던 것으로 전해진다.[15]

그러나 중국 내에서는 이시하라 도지사가 동경도 차원의 매입 의사를 공론화할 때부터 이미 반일 감정이 일어나 있었다. 중앙정부냐 지방정부

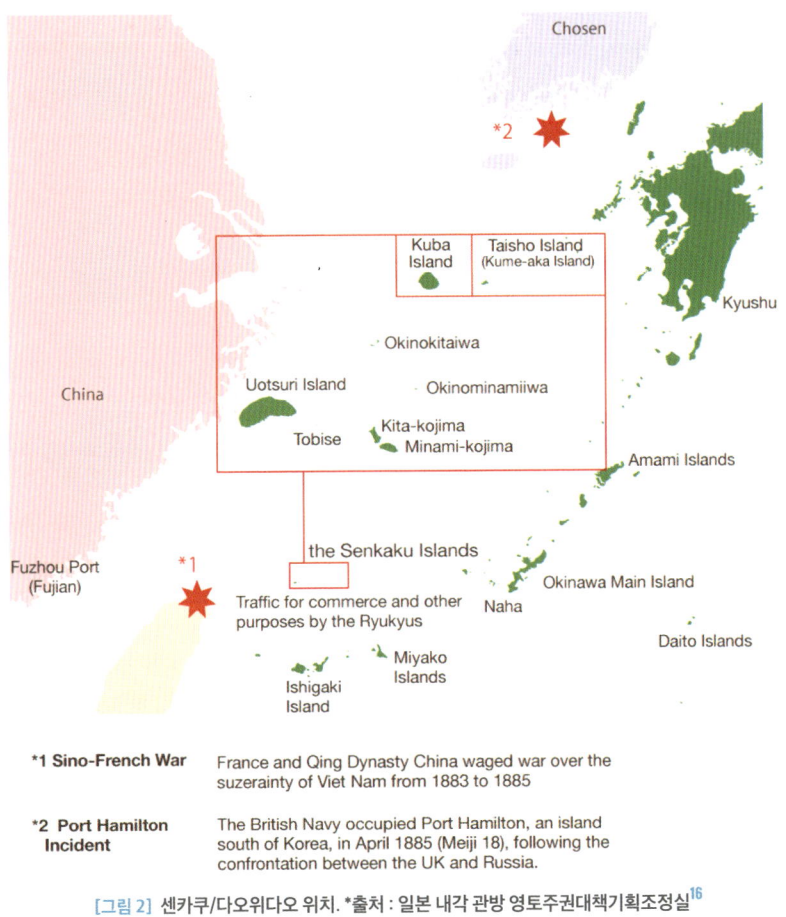

[그림 2] 센카쿠/다오위다오 위치. *출처 : 일본 내각 관방 영토주권대책기획조정실[16]

냐의 문제는 아닌 것이었다. 2012년 9월 일본 중앙정부가 내각회의를 통해 섬 매입을 공식 확정하고 나서 반일 시위는 격화되었다. 특히, 9월 18일 만주사변 기념일[17]이 다가오면서 반일 시위는 중국 전역의 도시에서 더욱 격화하였다. 당시 부주석이던 시진핑(Xi Jinping)은 일본의 조치를 웃음거리(farce)로 묘사하면서 비난했으며, 일본이 "잘못된 행동"을 중지하기를 촉구했다고 한다.[18]

결국 노다 총리 정부로서는 일본 국내적으로나 중국에 대해서도 모두 불만스런 결과를 보여준 꼴이 되었다. 그리고 센카쿠/댜오위다오 매입 과정에서 중국을 배려하려는 모습을 보이다 오히려 수모를 당하는 상황까지 연출되었다. 이는 중국 어선 처리 문제에 이어 일본 국민들로 하여금 민주당 정부에 대한 신뢰를 저버리게 하는 또 다른 계기가 되었다.

---

15 센카쿠/댜오위다오 지리적 위치에 대한 이해를 위해 편의상 활용한 것이며, 영토주권을 주장하는 당사자들에 대한 필자의 입장과는 무관하다.

16 "Japan's prime minister sends letter to Chinese president to smooth relations" South China Morning Post by the Associated Press (2012.9.2.) 그리고 〈日 "센카쿠 현상유지" 中 설득 총력전〉 연합뉴스(2012.9.12.)

17 1931년 9월 18일 일본 제국의 관동군이 중국의 만주를 침략하기 위해 자작극을 벌였다. 천연자원이 풍부한 만주를 병참기지로 만들고 식민화하기 위한 목적으로 일본 제국의 관동군이 본국의 승인 없이 독단적으로 류탸오후(柳條湖) 사건을 조작하여 일으킨 침략 전쟁이다. 만주 침략의 구실을 만들기 위해 관동군은 9월 18일 밤 10시 30분경 류탸오후(柳條湖)에서 철로를 스스로 폭파하고, 이를 중국의 장쉐량 지휘 하의 동북군 소행이라고 발표한 후 관동군은 만주 침략을 개시하였다.

18 "Japan's purchase of disputed islands is a farce, says China's next leader" The Guardian (2012.9.19.), https://www.theguardian.com/world/2012/sep/19/china-ja-pan-senkaku-diaoyu-islands

2016년 8월 아베 총리는 아프리카 방문 기간 중 인도 태평양 "전략"이라는 형태로 더 진전된 인도 태평양 구상을 제시하였다. 정확한 명칭은 "자유롭고 열린 인도 태평양 전략(Free and Open Indo-Pacific Strategy[19])"이다. "자유롭고 열린"이라는 수식어가 붙었고, 처음으로 "전략"을 언급한 것이다. 이는 2012년 말의 프로젝트 신디케이트 기고문의 요지를 더욱 발전시키고 구체화했다고 할 수 있다.

일본 정부는 아프리카 국가들과의 협력을 강화하기 위한 국제회의체로 "아프리카 개발에 관한 도쿄 국제회의(TICAD, Tokyo International Conference on African Development)"를 1993년 창설하였다. 2013년부터는 3년마다 일본과 아프리카를 오가며 열리고 있다. 2016년 8월 케냐 나이로비에서 50여 개 아프리카 국가들의 정상급 인사가 참석한 가운데, 제6차 TICAD 회의가 개최되었다.

아베 총리는 이 회의에 참석하여 기조 연설하였다. 그는 연설에서 아프리카와의 협력 증진에 초점을 맞추었는데, 그 과정에서 "두 개의 대륙" 그리고 "두 개의 해양"을 언급하였다. 우선 지리적 범위인 두 개의 대륙을 아시아와 아프리카로 말했다. 아시아와 중동, 아프리카의 "연계성(connectivity)"을 증진하겠다고도 했다. 두 개의 해양을 밝히면서는 "두 개의 자유롭고 열린 해양(two free and open oceans)"으로 표현하였다. 일본이 구상하는 인도 태평양의 지리적 범위가 아베 총리의 2007년 인도 방문 당시 암시했던 지역보다 더욱 넓어졌다. 그리고 이를 계기로 일본 정부는 "인도

---

19 여러 나라 학자들과 관료들 사이에는 Free and Open Indo-Pacific을 약자로 줄여서 FOIP (포입)으로 부르는 경우가 많다.

태평양"을 "자유롭고 열린 인도 태평양(FOIP)"으로 부르기 시작하였다. 또한, 추구하는 목표와 관련해서는 자유, 법의 지배, 시장 경제, 강압으로부터의 자유(free from coercion), 번영을 제시하였다. 자유롭고 열린 해양이야말로 평화와 번영의 원천이라는 믿음에 기반을 두고 있다고도 했다.

2016년 제6차 TICAD 회의 후 인도 태평양 구상은 "자유롭고 열린 인도 태평양 전략"으로 상당 부분 완성된 형태를 갖추게 된다. 물론, 이후에도 계속 정교하게 가다듬고 있는 것으로 보인다. 특히, 일본 정부는 2021년 3월 그리고 2022년 5월에 걸쳐 "자유롭고 열린 인도 태평양"을 공식적으로 소개하는 자료를 발표하였다. 2016년 발표된 내용과 이후 2021년 및 2022년 발표된 내용 간의 유사점과 차이점 등에 대해서는 대략 아래와 같이 정리해 볼 수 있겠다.

첫째, 2016년 당시와 최근 버전에서 공히 일본 정부는 두 대륙(Two Continents)과 두 해양(Two Oceans)을 언급한다. 여기서 두 대륙은 아시아와 아프리카이다. 두 해양은 인도양과 태평양이다. 다만, "자유롭고 열린 인도 태평양"의 대상 지역을 보여주는 지도의 경우 2016년과 2021년 이후의 지도가 차이를 보인다. 2016년 당시 지도상에 표시된 두 개의 원(Arc)을 보면, 인도양의 경우 바다를 접하고 있는 모든 지역, 즉 인도와 아프리카 대륙 전체를 그 대상으로 하여 거대한 원을 그리고 있다. 그런데 태평양의 경우에는 동북아시아와 오세아니아 등 서태평양을 대상으로 하는 작은 원을 그리고 있었다.

그러나 2021년 이후 일본 정부가 활용하는 지도상에는 인도양 지역에 작은 원을 그리고 있다. 인도는 그대로 포함하고 있으나, 아프리카 대륙은 북동아프리카를 대상으로 일부만 표시하고 있다. 반면 태평양 지역을 서태평양이 아닌 아메리카 대륙까지를 포함하는 태평양 전체를 포괄적으로 하여 큰 원을 그리고 있다. 명시적으로 밝히고 있지는 않지만, 지도상으로

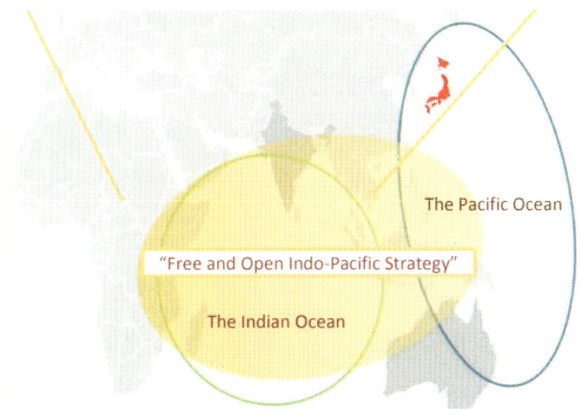

[그림 3] 2016년 자료 당시의 지도.

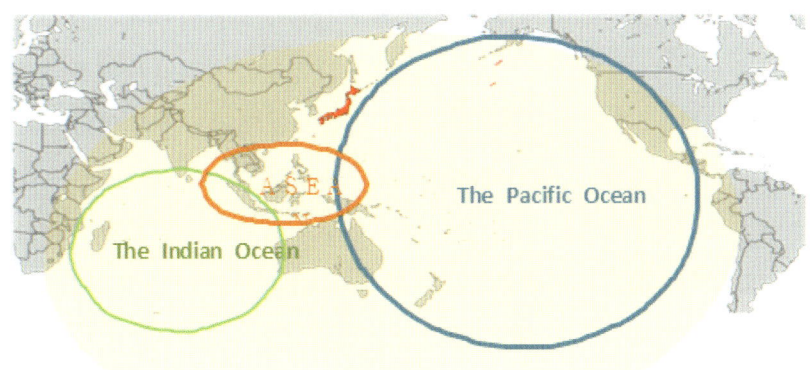

[그림 4] 2021년 이후 자료의 지도.
출처 : 일본 외무성의 "자유롭고 열린 인도 태평양" 설명자료 (https://www.mofa.go.jp/files/000430632.pdf)

읽히는 대목은 인도 태평양 전략의 중심 지역으로 서쪽으로는 동아프리카 일부와 인도까지로 하고, 동쪽으로는 미국 본토와 캐나다까지를 염두에 둔 의도로 풀이된다.

지리적 범위와 관련하여 또 하나 흥미로운 점은 최근 일본 정부가 제시하는 인도 태평양의 지도에는 기존의 두 개의 원을 연결하는 새로운 원이 등장한다. 이 원은 동남아시아 지역을 대상으로 하고 있다. 일본 정부는 아시아와 아프리카 사이의 연계성을 증진하는 데 있어 동남아시아가 두 지역의 중심적인 연결 고리 - 영어로는 출입문의 경첩을 뜻하는 hinge로, 일본어 버전에는 中心位置(중심위치)로 표현 – 라는 인식을 표방하고 있다. 일본 정부가 아세안에 그만큼 중요성을 부여하고 있다는 인식을 대내외에 각인시키려는 의도가 보인다.

둘째, 2021년 이후 일본 정부는 "자유롭고 열린 인도 태평양"을 실현하기 위해 협력의 분야를 "필러"[20](pillar)라는 형태로 제시하고 있는데, 이는 2016년 당시에 제시되지 않았던 것인데, 이를 통해 과거보다 진전된 인도 태평양 정책의 모습을 띤다. 2021년 세 개의 필러를 발표하였는데, 1) 법의 지배, 항행의 자유, 자유무역 등과 같은 근본적인 원칙들을 증진하고 확립하는 것, 2) 경제적 번영의 추구, 3) 평화와 안정에 대한 확고한 의지 등이다. 이후 2023년 기시다 총리는 세 개의 필러를 네 개의 필러로 새롭게 발표하였다. 1) 평화를 위한 원칙과 번영을 위한 규칙, 2) 인도 태평양 길에 놓인 도전의 해결, 3) 다층적인 연계성, 4) 안보를 위한 그리고 바다와 하늘까지의 안전한 사용을 위한 노력 확대 등이다.

이러한 "필러"의 개념을 도입하고 개발한 것은 "자유롭고 열린 인도 태평양"의 내용을 채워 나가는 것이며, 일본 정부가 실질적인 협력 사업과 프로그램을 이행하는 데에도 유용한 내러티브를 제공해 주고 있다. 이에 대해서는 '자유롭고 열린 인도 태평양' 비전 실현의 협력 사업이라는 제목으로 뒤에서 따로 살펴보고자 한다.

셋째, 2021년 3월 발표된 9쪽 분량의 일본 정부 설명자료에는 "자유롭고 열린 인도 태평양"은 "개방되고, 포용적인 개념(open and inclusive

---

20 영어 단어 pillar는 기둥으로 번역할 수 있으나, 아무래도 문맥상 어감이 뚜렷하지 않아 영어 발음 그대로 "필러"로 쓰기로 하였다.

concept)"이라고 설명한다. 이전에는 강조되지 않던 내용이다. 그리고 "개방되고, 포용적"이라는 의미는 자유롭고 열린 인도 태평양 개념이 새로운 제도나 기관(institution)을 창설하거나 현존하는 조직과 경쟁하려는 의도가 없다는 것이라고 했다. 또한, 어떠한 국가도 혼자서 법의 지배에 기반을 둔 국제질서를 유지할 수 없으며, 일본은 자유롭고 열린 인도 태평양의 비전을 공유하는 모든 국가와 협력할 것이라고도 했다. 사실상 개방되고 포용적이라는 의미는 폐쇄적이지 않고 배타적이지 않다는 것이며, 서로 유사한 개념이다.

넷째, 최근 발표되고 있는 설명자료에는 "전략"이라는 단어를 사용하지 않는 경향이 보인다. 2016년 제6차 TICAD 회의에서 "자유롭고 열린 인도 태평양 전략"이라고 하였으나, 2021년 이후 "자유롭고 열린 인도 태평양(FOIP)"으로만 지리적 개념으로 사용하거나 "비전"이나 "구상"으로 부르는 경우가 빈번하다. 일본 정부가 그 이유를 명확히 밝히고 있지는 않으나, 위의 세 번째 특징 즉, 포용성과 궤를 같이하는 것으로 보인다. 사실 세 번째 특징과 네 번째 특징은 상호 연계되어 있다. 포용성을 강조하고, "전략" 용어의 사용을 자제하는 이유는 일본의 인도 태평양 구상이 아세안을 포함한 여러 국가로부터 공감을 얻는 정책이 되어야 한다고 생각했기 때문으로 보인다.[21] 아울러, 중국에 대해서도 관계 개선의 여지를 남기려는 의도가 일부 있었던 것으로 보인다.

일본 정부에서 "전략" 개념의 사용을 자제해 온 부분에 대해 조금 더 살펴보고자 한다. 자유롭고 열린 인도 태평양에 대한 "전략"이 아니라 "비전"이라는 언급은 2018년 11월 아베 총리와 말레이시아 마하티르 총

---

[21] 이와 유사한 해석으로 Jonathan Miller, Global Asia "Japan's Changing Vision of FOIP"

리 간의 정상회담을 계기로 공개적으로 알려지게 되었다.[22] 정상회담 이후 기자회견에서 아베 총리가 일본어로 "자유롭고 열린 인도 태평양(FOIP)"까지만 언급하였고, 현장 통역사가 이를 영어로 "자유롭고 열린 인도 태평양 전략(FOIP strategy)"으로 통역하였는데, 일본 관료의 정정 요청에 따라 "자유롭고 열린 인도 태평양 비전(FOIP vision)"으로 다시 통역하였다고 한다.[23]

그렇다면 일본 정부는 이때부터 공개적으로 "전략"이라는 용어 사용을 피하고자 했다는 것인데, 이는 제6차 TICAD 회의에서 "자유롭고 열린 인도 태평양 전략"을 발표한 이후 2년여에 걸쳐 일본 주변의 아시아 국가들이 자유롭고 열린 인도 태평양 "전략"에 대해 어떠한 반응을 보였는지를 고려한 결과로 보인다. 이와 관련한 구체적인 사례로 2017년 일본과 인도네시아 간의 정상회담 결과 문서에 대한 서로 간의 협의 과정을 소개하고자 한다.

2017년 1월 아베 총리는 인도네시아 자카르타를 방문한다. 그리고 아베 총리와 조코 위도도(Joko Widodo) 당시 대통령과의 정상회담 직후 발표된 공동성명에 일본의 인도 태평양 전략이 언급되었다. 공동성명 1항에서는 "아베 총리가 조코위 대통령에게 일본의 '자유롭고 열린 인도 태평양 전략'을 소개했다(introduced)."라고 했으며, 이에 대해 "조코위 대통령은 경제 분야를 포함하여 인도양과 태평양을 연결하는 어떠한 구상에 대해서도 높이 평가했다(appreciated)."라고 쓰고 있다. 통상적으로 정상

---

22 일본-말레이시아 정상회담 1개월 전인 2018년 10월 일본과 중국 간 정상회담이 개최되기도 하였다.

23 Naoko Eto, "Japan's Strategy for Balancing China: The Gravity of Universal Values in the "Free and Open Indo-Pacific" (FOIP)", CSIS

회담 결과 문서에서는 "양 정상"의 인식을 공동으로 보여주는 형식의 문장을 주로 사용하는데, 여기서는 그렇지 않다. 두 정상이 각자 하고 싶은 이야기를 담은 것이며, 엄밀히 말하면 서로의 인식에 대한 문안이 양측 간 합의에 이르지 못했다는 얘기이다.

해당 문안은 두 개의 문장으로 나뉘어 있는데, 아베 총리가 '인도 태평양 전략'을 구체적으로 명시하면서 조코위 대통령에게 설명한 것으로 되어 있고, 조코위 대통령은 특정 구상이나 전략을 거론하지 않고, 보다 일반론으로 지역 협력의 중요성을 언급한 것으로 되어 있다. 당초 일본으로서는 "양 정상"이 '자유롭고 열린 인도 태평양 전략'의 취지와 내용에 공감하는 것으로 공동성명 문안에 표현하고 싶었을 텐데, 인도네시아가 이에 동의하지 않다 보니, 절충안으로 이렇게 표현한 것이다.

2016년 8월 제6차 TICAD 회의에서 자유롭고 열린 인도 태평양 전략을 발표한 지 얼마 안 되는 시기에 인도네시아를 방문한 아베 총리와 일본 정부로서는 지역 내 주요 국가인 인도네시아로부터 인도 태평양 "전략"에 대한 지지를 받기를 희망했을 것이다. 그러나 인도네시아를 포함하여 다수의 아시아 국가들에게 인도 태평양 "전략"은 중국을 겨냥하는 것으로 이해되어왔던 만큼, 인도네시아가 이를 대놓고 지지하기는 곤란한 상황이었을 것이다. 일본과 인도네시아 간의 이러한 협의 과정 그리고 이에 대한 이러한 평가는 필자가 당시 인도네시아에서 근무하고 있었던지라 신뢰할만한 출처로부터 파악한 내용이다.[24]

한편, 또 다른 사례로 2018년 개최된 일본-아세안 외교장관회의 역시 주목을 끈다. 2018년 8월 싱가포르에서 개최된 일본-아세안 외교장관회

---

[24] 인도 태평양 전략 전반에 대한 아세안의 인식에 대해서는 8장에서 상세히 서술하였다.

의의 결과 문서인 의장성명에는 "아세안 외교장관들은 일본이 아세안 중심성을 지지하는 것을 환영했으며, 일본의 '자유롭고 열린 인도 태평양 전략'에 유념하였다(took note of)."라고 쓰고 있다. 외교문서에서 "유념한다"라는 표현은 보통 환영하거나 동의하고 지지하는 단계에까지 가기 어려운 경우에 대안으로 광범위하게 활용된다. 일본 정부로서는 분명 아세안으로부터 자유롭고 열린 인도 태평양 전략에 대한 "환영"이라는 표현을 얻기 위해 노력했을 것이다.

2018년 일-아세안 외교장관회의 결과 문서에 일본의 인도 태평양 전략 개념이 새로이 등장한 점에서 일정 부분 의미를 찾을 수도 있겠지만, 적극적으로 환영받지 못했다는 측면이 부각이 되어 오히려 외교적으로는 성과라기보다 실책으로 보인다. 특히, 대한민국 정부의 신남방정책에 대한 아세안의 반응과 대비되어 더욱 그렇다. 같은 시기 개최된 2018년 한-아세안 외교장관회의 결과 문서에는 "아세안은 한국 정부가 문재인 대통령이 시작한 신남방정책으로 아세안과의 관계를 강화하려는 의지를 환영하였다(welcomed)."로 쓰고 있다.

인도 또한 비슷한 시기에 입장을 밝혔다. 2018년 6월 싱가포르 샹그릴라 대화(Shangri-La Dialogue) 기조연설에서 나렌드라 모디 인도 총리는 인도의 인도 태평양에 대한 비전은 특정 국가를 겨냥하는 것이 아니라고 하고, 포용적 관여(inclusive engagement)를 언급하였다. 그리고 모디 총리는 인도 태평양 지역을 "전략"으로 보지 않으며, "일부 제한된 회원국들의 모임(club of limited members)"이 되지 않아야 한다고도 했다.

이렇듯 일본 정부가 "전략"이라는 용어의 사용을 자제한 데에는 아세안과 인도를 포함한 아시아 국가들로부터의 반응이 큰 배경이 되었다. 그리고 일본이 인도 태평양 구상을 발전시키는 과정에 "자유롭고 열린 인도 태평양 전략"을 발표하였으나, 다시 "전략"을 빼고 인도 태평양 "비전"으로 발전시켜 나간 데에는 일본 외교의 외연 확장이라는 목표가 뚜렷해 보인다. "중국에 대한 견제"만을 이유로 또는 이를 일관되게 핵심 목표로 두고 아시아와 아프리카 대륙의 연계, 인도양과 태평양의 연계를 강조하기는 무리가 있다고 인식하게 되었던 것이다.

그리고 이 외에도 앞에서 이야기했듯이 중국과의 관계 역시 일정 부분 염두에 둔 것으로 보인다. 2018년 1월 아베 총리는 일본 의회에 출석하여 시정연설을 하였는데, 외교 분야에서 인도 태평양 그리고 중국에 대해 언급하였다. 그는 오랜 기간 태평양과 인도양에서는 항행의 자유와 법의 지배가 "기반(bedrock)"이 되어 번영을 구가해 왔다고 하고, 앞으로도 이 해양이 공공재로서 차별 없이 모든 사람에게 평화와 번영을 가져다주도록 노력해야 한다고 했다. 이를 위해 일본 정부는 "자유롭고 열린 인도 태평양 전략"을 추진할 것이라고 했다. 외교 무대가 아니라 일본 국내 특히, 의회에서의 연설이라 그런지 여전히 "전략"이라는 단어를 언급하였다.

흥미로운 점은 이 연설에서 중국에 대해서는 협력의 대상으로 긍정적으로 언급하고 있다는 것이다. 아시아에서의 인프라 수요에 부응하기 위해 일본과 중국이 협력해야 한다는 것이다. 지역의 평화와 번영을 위해 양국이 중요한 책임을 맡고 있으며, 두 나라는 "뗄 수 없는 관계(insepara-ble relationship)"라고도 했다. 국제사회의 기대에 맞추어 안정적으로 상호 우호 관계를 심화해야 한다고도 했다. 그러면서 2018년 중국과 일본이 평화우호조약을 맺은 지 40주년이 되는 해라고 상기하며, 중국 방문과 그리고 한-중-일 정상회의 조기 개최에 대한 기대감을 표하기도 했다.[25]

같은 해인 2018년 10월 아베 총리는 실제로 베이징에서 시진핑 주석

---

25 https://japan.kantei.go.jp/98_abe/statement/201801/_00002.html

과 정상회담을 갖는다. 일본 총리로서는 2011년 12월 이후 7년여 만이다. 대외적으로 발표된 두 정상 간 합의사항은 일본과 중국의 관계를 재조정한다는 것이었다. 그리고 관계 재조정(realign)은 '경쟁에서 협력으로 전환', '위협이 아닌 파트너로서의 관계 설정', '자유롭고 공정한 무역체제 발전' 등 세 가지 원칙에 따른다고도 했다. 그간 중국에 대해 그리고 인도 태평양에 대해 발신해 왔던 메시지의 톤과는 사뭇 차이를 보인다. 이는 미국 내의 정치 환경의 변화, 즉 트럼프 행정부의 등장에서 일정 부분 그 원인을 찾을 수 있다.

일본이 인도 태평양을 주창하기는 했으나 다른 나라에서 이를 광범하게 수용하거나 활용하지는 않았는데, 미국 트럼프 행정부에서 "인도 태평양 전략"을 본격적으로 언급한 이후 상황이 달라졌다. 인도 태평양의 개념이 더욱 많은 관심을 끌기 시작한 것이다. 그러나 동시에 역설적이게도 중국에 대한 함의와 관련해서는 트럼프 행정부 시절 일본의 인도 태평양 전략은 중국과의 관계를 '정상화'하는 방향으로 일정 수준 변화하였다. 일본이 이미 오래전부터 중국에 대한 견제를 염두에 두고, 인도 태평양 구상을 발전시켜 왔는데, 이의 추진 과정에 핵심적인 파트너는 당연히 미국이었다. 이제 미국이 인도 태평양 개념을 도입하여 "인도 태평양 전략"을 본격적으로 언급하고 있는데, 일본은 오히려 중국과의 거리를 좁히려 한다는 것은 그만큼 역설적으로 들린다. 트럼프 행정부가 줄곧 일본 등 동맹을 불편하게 하는 정책과 발언을 쏟아내면서 미국에 대한 아베 총리의 신뢰가 일정 수준 훼손되는 결과를 낳은 것이다.

일본이 처음 주창했던 인도 태평양 전략이 미국 트럼프 행정부를 거치면서 국제무대에서 부각되는 상황이 되었고, 아베 총리나 일본에게는 당초 의도했던 중국에 대한 견제를 강화하는 상황으로 이어질 수 있었다. 중국의 반응에서도 이를 일정 부분 확인할 수 있다. 2018년 이전까지 중국은 일본의 인도 태평양 관련 발언에 특별한 반응을 보이지 않았다. 그러나 미국 트럼프 행정부가 출범하고, 미국의 인도 태평양 전략이 발표되면서 "인도 태평양"이라는 단어에 대해 중국은 일관되게 부정적인 반응을 강하게 보였다. 그러나, 안보 및 통상 등 여러 이슈에서 동맹국을 불안하게 한 트럼프 대통령으로 인해 일본과 중국의 관계는 그 이전에 비해 오히려 다소 호의적 관계로 진화하게 되었다. 이는 2018년 10월 아베 총리와 시진핑 주석 간의 만남에도 영향을 미쳤다.

다만, 2021년 1월 트럼프 대통령의 임기가 종료되고 바이든 행정부가 들어서면서 재차 조정이 되는 상황을 맞이하게 된다. 아베 총리를 포함한 일본의 정치 지도자나 일본 정부 차원에서 미국과의 관계에 대한 인식이 근본적으로 부정적으로 달라질 가능성이 없었기 때문이다. 그리고 중국에 대한 인식 역시 마찬가지였다. 잠시 '조정' 과정을 거치면서 호의적 분위기를 보였으나, 기본적으로 아베 총리가 2007년 인도 의회 연설에서 그리고 2012년 재집권 후 보여주었던 인식의 근간은 계속 이어졌다고 하겠다. 미국의 바이든 행정부의 출범, 이후 유럽에서 전개된 우크라이나 전쟁, 동중국해 및 남중국해에서의 긴장 상황, 대만해협을 둘러싼 긴장 상황 등을 보면서 일본의 중국에 대한 인식은 다시금 강경하게 '재조정'된다. 이는 역시 아베 전 총리의 새로운 기고문에서 다시 한번 명확히 드러났다. 2022년 9월에 발표한 기고문에서다.

아베 총리는 총리직에서 물러난 이후인 2022년 9월 프로젝트 신디케이트(Project Syndicate)를 통해 "자유롭고 열린 인도 태평양의 실현(Realizing a Free and Open Indo-Pacific)"이라는 제목의 기고문을 다시 게재한다. 동경 시내에서 비운의 암살을 당하기 불과 한 달도 남지 않은 시점이었다. 이미 총리직에서 물러나 있었지만, 인도 태평양에 관한 아베 총리의 입장은 여전히 일본 정부의 중국에 대한 인식과 정책의 방향성을 보여준다.

우선, 시작 지점에서부터 묵직하다. 아베 총리는 러시아의 우크라이나 침공 사례를 거론하면서, 이 사례는 하나의 국가가 혼자 힘으로 스스로를 지키는 것이 매우 어려움을 보여준다고 하였고, 이는 현재 일본을 둘러싼 안보환경과 관련이 없지 않다고 했다. 아베 총리는 아시아 태평양을 벗어나 인도양과 태평양을 하나의 대양으로 묶는 새로운 지정학 개념을 과거 2007년에 제시했었던 점을 상기하면서, 군사 대국이 되고자 노력하는 중국을 염두에 두고, 일본이 미국, 호주, 인도와 함께 연계하려고 했다는 것도 재차 강조하였다.[26]

또한, 러시아의 우크라이나 침공을 대만에 대한 중국의 침공 가능성과 연결하면서 대만에 대한 바이든 대통령의 언급을 상기한다.[27] 즉, 대만이 중국으로부터 침략을 받을 경우 미국이 대만의 안보를 위해 개입하겠

---

[26] I departed from the "Asia-Pacific" idea and introduced a new geopolitical concept that envisaged the Indian Ocean and the Pacific Ocean as one "free sea." Bearing in mind China's efforts to become a military superpower, I also sought cooperation with countries in Asia that shared basic values, as well as an alignment between Japan, the US, Australia, and India.

[27] Biden made it clear at a press conference in Japan that his administration would engage militarily to defend Taiwan. In the past, the US had adhered to a policy of "strategic ambiguity," deliberately not clarifying the extent of its commitment to the defense of Taiwan. But I thought that clearly stating the US commitment would serve as a strong message to deter China from advancing on Taiwan by force. In that sense, I appreciated Biden's remarks.

다고 바이든 대통령이 수 차에 걸쳐 발언했던 것인데, 아베 총리는 이를 매우 높게 평가하였다. 대만의 안전보장 문제에 있어 과거 전략적 모호성(strategic ambiguity)을 취해 왔던 미국 행정부의 입장이 변화한 것이며, 이러한 전략적 명료성(strategic clarity)이야말로 중국을 억제(deter)할 수 있다는 것이다.

마지막으로, 중국이 경제력을 바탕으로 여러 지역에 영향력을 행사하고 군사 기지를 건설하고 있다고 하면서, 미국, 호주, 인도와 함께 이 위협에 대처하기 위한 중요한 틀을 만들었지만, 이와 함께 유럽 국가들을 포함하여 가치를 공유하는 다른 나라들과 연대를 강화하는 것이 중요하다고 했다.[28] 아베 총리는 4개국 간의 협의체 '쿼드'(Quad)뿐만 아니라 유럽을 포함한 다른 많은 나라, 소위 유사한 입장을 가진 국가들과 "확대된 연대"의 필요성을 주장한 것이다.

아베 총리의 이러한 주장은 기시다 후미오(Kishida Fumio) 총리 시절 일본 정부의 실제 정책으로 나타났다. 기시다 정부는 2022년 12월 국가안보전략(National Security Strategy) 개정판을 발표했는데, 중국의 태세(postures)는 일본의 평화와 안정 그리고 법의 지배에 기초한 국제질서를 강화하는 데 있어 "전례 없는 그리고 최대의 전략적 도전(unprecedented and the greatest strategic challenge)"이라고 쓰고 있다. 이에 대해 일본은 유사한 입장을 가진 나라들과 함께 협력하여 대응해야 한다고 했다. 2013년 국가안보전략 문서에서 중국의 행동에 대해 "일본을 포함한 국제 사회의 우려 사안(an issue of concern to the international community including Japan)"이라고 했던 데서 더욱 강화된 표현이다.[29]

한편, 개정판에서는 일본을 공격하는 적의 미사일 발사 기지를 타격할 수 있는 반격 능력(counterstrike capability)을 인정하고 있다. 2013년 문서에서는 없던 내용이다. 다만, 개정판 문서에서는 "반격 능력"은 "적으로부터의 공격 발생 시 적이 추가적인 공격을 하지 못하도록 효과적인 반격을 가할 수 있는 능력”을 의미한다고 했다. 실제 공격이 발생한 경우(actual attack)이므로 여전히 공격의 가능성이나 공격의 위협(likelihood or threat of attack)의 경우는 “반격 능력”을 발휘할 수 있는 경우에 해당하지 않는다는 의미다. 이는 반격 능력의 허용이 현행 일본의 평화헌법, 특히 헌법 제9조의 전수방위(專守防衛, 무력 행사는 적으로부터 공격을 받을 경우에 한해 방위 차원에서 행사) 원칙에 위배될 수 있다는 논란을 의식했기 때문으로 보인다.[30]

“적으로부터의 공격 발생 시”라는 조건에 대한 변경은 아니지만, 적국의 영토에 대해 반격할 수 있는 권한을 명시적으로 부여한 것이며, 결국 이를 위해서는 일본군의 정보역량, 지휘통제, 미사일 능력에 대한 역량을 강화할 필요성이 생긴다. 따라서 이를 위해 일본 정부는 국방비를 GDP 1% 수준에서 2%로 인상하기로 하였다. 일본 역대 정부는 전통적으

---

28 Backed by its huge economic power, China is expanding its influence in various regions and building military bases at the same time. While Japan, the US, Australia, and India have forged an extremely important framework for countering the threat, it is important to deepen our ties with countries that share our values, including European countries. Japan has a big role to play. It must strengthen its defense capabilities, further deepen its alliance with the US, and realize the vision of a free and open Indo-Pacific.

29 다만, 북한의 군사행동을 ‘위협(threat)’이라고 표현한 것과는 대비된다. 북한의 군사행동에 대해서는 “과거 어느 때보다 일본의 국가안보에 더욱 심각한 그리고 당면한 위협(even more grave and imminent threat to Japan's national security than ever before)”으로 표현했다.

30 일본 헌법 제9조 1항은 “일본 국민은 정의와 질서를 기초로 하는 국제평화를 성실히 희구하며, 국권의 발동인 전쟁과 무력에 의한 위협 또는 무력의 행사는 국제분쟁을 해결하는 수단으로서는 이를 영구히 포기한다.”라고 규정하고 있다. 이어 제9조 2항에서는 “전항(1항)의 목적을 이루기 위해 육해공군이나 기타 전력을 보유하지 않는다. 나라의 교전권을 인정하지 않는다.”라고 밝혀 두었다.

로 GDP 1% 수준의 예산을 방위비에 배정하였다. 그러나 기시다 총리는 2027년까지 GDP의 2% 수준으로 늘리겠다고 발표했다. 일본의 방위비는 이미 2024년 원화 기준 70조 원을 상회하면서 사상 최대치를 기록하였는데, 이는 GDP의 1.3% 수준이다. 국가안보전략에 따르면, 3년 이내에 GDP의 2% 수준으로 더욱 확대해 나간다는 것이다. "GDP 2%" 기준은 나토가 회원국들에게 제시하고 있는 방위비 분담 수준과 동일하다. 아울러 일본의 장거리 미사일 추가 확보, 그리고 영국, 이탈리아와 차세대 전투기 공동 개발 등 구체적인 전력 강화 방안도 발표하였다.

국가안보전략 개정판에는 중국이 불편해 하는 대만에 대해서도 기술했는데, 대만은 "일본에 굉장히 중요한 파트너이며, 소중한 친구로서 민주주의를 포함한 기본적인 가치를 공유하고 긴밀한 경제적 인적 유대를 갖고 있다."라고 돼 있다. 물론 대만에 대한 일본의 기본 입장은 변치 않는다고 하면서, 중국이 민감한 반응을 보일 수 있는 상황에 대해 나름 신중한 태도를 보이기는 하였다.

1-6   **기시다 정부 인도 태평양 개념의 연속성**

2021년 10월부터 3년여 동안 일본 총리를 역임한 기시다 후미오 총리는 기본적으로 아베 총리의 대외관계에 대한 인식 그리고 인도 태평양에 대한 인식을 공유했다. 그렇지만, 이러한 연속성과 함께 인도 태평양 개념은 새로이 진화하는 모습을 보인다. 이를 위해 여기서는 기시다 총리의 두 개의 연설을 통해 살펴보고자 한다. 첫 번째는 2024년 미국 의회 연설이다. 중국을 "국제사회의 전략적 도전"으로 묘사하는 등 중국에 대해 직접적으로 비판하면서, 미·일 동맹을 바탕으로 "자유롭고 열린 인도 태평양"의 비전을 달성하려는 호소력 있는 메시지를 전달한다. 아베 총리의 "자유롭고 열린 인도 태평양 전략"의 연속성을 보여주었다. 그리고 두 번째는 2023년 인도세계문제협의회(ICWA)에서의 연설이다. 중국을 직접적으로 언급하지는 않았지만, "자유롭고 열린 인도 태평양"의 비전을 달성하기 위한 실질 협력 사업을 중심으로 하여 언급하였다. 인도 태평양 지역에서의 평화와 안정, 번영을 위해 실질적인 협력 사업을 다양하게 수행한다는 점을 부각하였다. 이는 '전략' 개념보다는 자유롭고 열린 인도 태평양 '비전' 달성이라는 화두를 더욱 강조한 것으로 해석된다.

먼저, 기시다 총리의 미국 의회 연설이다. 2024년 4월 기시다 총리는 미국 워싱턴을 국빈 방문하는데, 방문 기간 중 미 의회 상원과 하원 의원들이 모인 합동의회에서 연설하는 기회를 가졌다. 연설 시작 부분에서는 기시다 총리 개인적으로 미국 뉴욕에서 유년 시절을 보냈던 인연이라든지 미국의 호감을 얻기 위한 여러 수사적 표현들이 등장한다. 본격적으로 인도 태평양 전략과 관련된 부분 그리고 연설에서 주목되는 부분들은 아래와 같이 몇 가지로 정리할 수 있겠다.

첫째, 기시다 총리는 도전 과제들을 제시한다. 우선 "중국이 대외관계에서 취하는 태도와 군사적 행동은 일본의 평화와 안보만이 아니라 국제사회 전반의 평화와 안정에 전례 없는 그리고 가장 큰 전략적 도전이 되고 있다."라고 단언하였다. 이어 "그러한 도전이 계속되는 한 법치에 기반한 자유롭고 열린 국제질서를 옹호하기 위한 헌신과 책무는 계속해서 주요한 의제가 될 것"이라고도 하였다. 이어서 기시다 총리는 러시아의 우크라이나 침공에 대해서도 언급하면서, 강도 높게 러시아를 비난하였다. 그러면서 "우크라이나에서 오늘 벌어지는 일이 내일이면 동아시아에서 벌어질 수 있다[31]."라고까지 하였다. 또한, 기시다 총리는 경제적 강압 사례가 더욱 증가하고 있다고 하고, 또한 특정 국가의 경제적 의존 상황을 활용하여 이를 착취하거나 무기화하는 소위 "부채 함정" 외교의 사례가 더욱 증가한다고 덧붙였다.

둘째, 기시다 총리는 당면한 도전 과제에 대응하기 위해 미국의 리더십이 "필수 불가결(indispensable)"하다고 하였다. 미국을 필수 불가결한 국가로 지칭하는 것은 1990년대 미국 국무장관을 지낸 올브라이트 장관이 처음 썼는데, 2023년에 바이든 미국 대통령도 이 표현을 다시 사용하기 시작했다.[32] 이어 기시다 총리는 "미국의 존재가 없다면, 인도 태평양이 지금보다 더 가혹한 현실을 마주할 때까지 얼마나 버틸 수 있겠는가."라고 질문을 던졌다. 동시에 그 미국의 옆에 일본이 항상 같이 있겠다는 메시지를 전했다. 이와 관련해서는, 말로만이 아니라 실질적인 조치도 수반된다는 점을 보여주기라도 하듯이 기시다 총리는 일본의 국가안보전략 개정 사항의 핵심 내용을 설명하였다. 방위비 예산을 2027년까지 GDP의 2% 수준으로 인상한다는 것, 대응 요격 능력을 확보하는 것, 사이버 안보 여건을 개선한다는 등의 내용을 언급하였다.

도전 과제에 대응하기 위한 일본 자체의 대비태세 강화 그리고 미국과 일본의 동맹체제 강화와 함께 기시다 총리는 소다자 협력체에 대해서도 언급하였다. 3자 또는 4자 협의체의 대상이 되는 국가로 거명된 나라는 미국, 일본, 한국, 호주, 인도, 필리핀 등이다. 다자 협의체로는 G7과 아세안을 언급하였다. 그러면서 공동의 과제에 대응하기 위한 이러한 다양한 노력을 통해 다층적인 지역협의체가 등장하고 있으며, 이러한 유사한 입

---

31 "Ukraine of today may be East Asia of tomorrow."

32 2023년 10월 19일 백악관 집무실에서 일반 국민을 대상으로 한 TV 영상 연설을 통해 우크라이나에 대한 추가 지원 필요성과 팔레스타인 가자 난민들에 대한 지원 필요성을 언급하였다. 이 과정에서 "We are, as my friend Madeleine Albright said, 'the indispensable nation'."라고 하였다.

장을 가진 국가들과 함께 "자유롭고 열린 인도 태평양"을 실현하고자 노력하고 있다고 하였다.

한편, 2023년 3월 기시다 총리는 인도 뉴델리에서 인도세계문제협회(ICWA) 초청으로 연설하였다. 2007년 아베 총리가 인도에서 인도 태평양 개념을 발표한 지 16년 만에 일본 총리가 인도에서 다시 인도 태평양을 주제로 연설한 것인데, 기시다 총리 역시 아베 총리에 대한 회상으로부터 그의 연설을 시작하였다.

기시다 총리 연설의 두 가지 핵심은 첫째, 왜 지금 다시 "자유롭고 열린 인도 태평양(FOIP)"이 중요해졌느냐다. 둘째, "자유롭고 열린 인도 태평양"의 새로운 "필러(pillar)"에 관한 것이다. 기존 세 개의 기둥에서 네 개의 기둥을 새로이 제시하였다.

먼저, 자유롭고 열린 인도 태평양이 중요한 이유에 대해 기시다 총리는 우선 세력 균형의 변화 그리고 지정학적 경쟁, 기후변화 등 국제사회의 '복합위기(compound crisis)'를 언급하였다. 그리고 러시아의 우크라이나 침공 사례에서 알 수 있듯이 국제사회 모두에 받아들여질 수 있는 '관점(perspective)'이 실종되었다고 했다. 이러한 위기 상황에서 일본의 자유롭고 열린 인도 태평양과 같은 비전이 필요하다는 것이다. 그리고 자유롭고 열린 인도 태평양은 여러 나라의 목소리를 들으면서 시대의 흐름에 진화해가는 유연한 개념이라고 하면서, 국제사회를 분열과 대립이 아닌 협력의 방향으로 이끌어왔다고 하였다.

이어 기시다 총리는 자유롭고 열린 인도 태평양 개념의 뿌리에 있는 것은 바로 '자유'와 '법의 지배'라고 하였다. 주권 존중과 영토 보존, 분쟁의 평화적 해결 같은 유엔 헌장 상의 각종 원칙이 지켜지는 '법의 지배'가 이루어져야 '자유'가 보장될 수 있다고 하였다. 특히, 취약한 국가들의 경우 그러하다는 것이다. 또한, 자유롭고 열린 인도 태평양은 다양성(diversity), 포용성(inclusiveness), 개방성(openness)을 존중하며, 따라서 자유롭고 열린 인도 태평양은 누구도 배제하지 않고, '진영(camp)'을 만들지 않으며, 가치를 강요하지 않는다고 하였다.

기시다 총리가 언급한 다양성, 개방성, 포용성은 아세안, 인도 등에서 인도 태평양 지역과 관련하여 입장을 포함할 때 주로 사용해 왔던 개념이다. 아세안의 경우 "인도 태평양에 관한 아세안의 관점(ASEAN Outlook on Indo-Pacific)"에서 세 개의 원칙을 명시적으로 포함하고 있다.[33] 인도의 경우에도 모디 총리의 샹그릴라 연설 등 계기에 포용성을 강조해왔다.[34] 일본 정부가 인도 태평양이나 지역 협력을 이야기할 때 가까운 이웃 아세안과 인도의 의견에 귀 기울이고 있다는 모양새를 갖추고 있다.

그리고 이어 기시다 총리는 흥미로운 이야기를 한다. 국제질서에 대해 단극체제, 양극체제, 다극체제 등 다양한 견해가 있다고 하면서, 그러나 중요한 것은 '극(poles)'이 아니라 다양한 나라들이 지정학적 경쟁 속에 빠져들지 않고, '법의 지배' 하에서 공존하고 번영하는 세계를 추구해야 한다는 것이라고 설파하였다. 어떤 취지였는지 이해가 되기는 하나, 현실적으로 국제질서에 대해 단극이나 양극이 아닌 다극 체제의 필요성과 이를 지지하는 나라가 인도를 포함하여 다수인데, 기시다 총리는 굳이 국제질서를 구체적으로 거론하면서 결과적으로 다극체제를 단극이나 양극체제와 동일한 선상에 둔 셈이 되었다. 의도했던 것은 아닐 수 있겠지만, 일본 정부는 다극체제를 지지하지 않는 것으로도 해석될 수 있는 대목이다.

다음으로, "자유롭고 열린 인도 태평양"의 네 가지 새로운 필러(pillar)에 관해 설명하였다. "평화를 위한 원칙과 번영을 위한 규칙", "인도

---

33 이에 관해서는 8장 아세안 편에서 자세히 다루고 있다.
34 이에 관해서는 7장 인도 편에서 자세히 다루고 있다.

태평양 길에 놓인 도전의 해결", "다층적인 연계성", "안보를 위한 그리고 바다와 하늘까지의 안전한 사용을 위한 노력 확대"다. 첫째, "평화를 위한 원칙과 번영을 위한 규칙"과 관련해서 기시다 총리는 국제사회의 평화를 위해 최소한의 원칙을 준수해야 한다고 하면서, 주권 존중, 영토 보존, 무력에 의한 일방적 현상 변경 반대를 예로 들었다. 그러면서 러시아의 우크라이나 침공을 규탄하였다. 번영을 위한 규칙 관련해서는 통상의 자유화도 중요하지만, '경제적 강압(economic coercion)'을 취하지 않는 것 또한 국가 간 경제 관계를 쌓아가는 데 필수요건이라고 하였다. 그리고, 개발 원조에 투입되는 자금에 대해서도 언급하였다. 지속 가능한 성장을 위해서는 투명하지 않은 그리고 불공정한 개발 금융을 방지할 수 있는 규칙을 마련할 필요가 있다고 하였다.

기시다 총리의 '경제적 강압'이란 문구는 이미 다른 데서도 미국이나 유럽의 국가들이 사용해 오던 것이었는데, 중국을 명시적으로 언급하지 않더라도 중국을 겨냥한 것으로 해석되어 왔다. 이는 기시다 총리의 인도 연설 2개월 후인 2023년 5월 일본 히로시마에서 개최된 G7 정상회의에서도 주요 논의 의제가 되었다. 일본은 G7 의장국으로서 2023년 G7 정상회의의 결과 문서, 즉 "경제적 회복력과 경제 안보에 관한 G7 정상 성명(G7 Leaders' Statement on Economic Resilience and Economic Security)"의 발표에 주도적 역할을 하였다. 성명에서는 G7 회원국과 파트너 국가들, 그리고 약소국들의 경제적 의존을 무기화하려는 시도는 실패하고, 대가를 치르도록 G7 국가 간에 공동으로 노력할 것이라고 하였다. 그리고 "우리는(G7 정상) 경제적 강압에 심각한 우려를 표하며, 경제적 강압을 사용하지 않기를 모든 국가에 촉구한다. 경제적 강압은 다자주의 무역 체계의 작동과 신뢰를 훼손하고, 주권 존중과 법의 지배에 기반한 국제질서를 침해하며, 종국적으로는 전 세계의 안보와 안정을 훼손한다."라고 하였다. 이러한 G7 성명은 중국을 명시하지 않았으나, 중국을 겨냥한 것이라는 점은 누구라도 알 수 있다.

　한편, 흥미로운 부분은 이러한 경제적 강압과 관련하여 일본 정부는 한국 기업에 대해 자신들이 취했던 화이트리스트 배제 조치는 '경제의 안보화' 또는 '경제적 강압'에 해당한다고 보지 않는 것 같다. 2019년 여름, 일본은 한국을 화이트리스트 국가에서 뺐다. 안보 측면에서 신뢰하기 때문에 군사 및 대량살상무기 전용 가능성이 있는 수출 품목에 대한 규제를 '면제'해 주는 국가에서 한국을 제외한 것이다. 수출 규제 3대 품목은 포토 레지스트, 불화 수소, 불화 폴리이미드 등으로 한국의 반도체와 디스플레이 생산에 필수적인 품목이었다. 한국은 2004년부터 화이트리스트 국가였는데, 2019년 제외한 것이다. 당시 일본은 "한국이 재래식 무기와 관련해 충분히 통제하지 않아 관련 제도를 신뢰하기 어렵다."라고 주장했다. 일본에서 수출되는 품목 일부가 적대국으로 흘러가 무기화될 수 있는 개연성이 있는데 한국 정부가 손 놓고 있다는 뜻이었다. 한국 정부는 근거를 요구했지만, 일본은 구체적인 증거를 제시하지 못하고 같은 주장을 되풀이했다. 일본이 수출 규제에 나선 진짜 이유는 화이트리스트 배제 전인 2018년 10월 한국 대법원의 '강제징용 배상 판결' 때문이라는 것이 한국 내 다수 국민의 생각이었다.

　둘째, "인도 태평양 길에 놓인 도전의 해결" 필러에 대해 기시다 총리는 "자유롭고 열린 인도 태평양"의 새로운 협력 필러라고 하고, 기후변화, 식량 위기, 보건 안보, 재난 대응, 가짜 정보 대응 등에 대해 언급하였다. 국제사회 공동의 문제에 대한 일본의 기여를 언급하고 있는데, 기후변화 대응을 위해 "탄소 무배출 아시아 공동체(Asia Zero Emission Community)"를 촉진하겠다고 했다. 탈 탄소와 경제성장을 같이 달성하기 위한 지역 협력 플랫폼의 개념이라고 설명하였다.

셋째, "다층적인 연계성" 필러에 대해 기시다 총리는 "자유롭고 열린 인도 태평양" 협력의 핵심 요소라고 운을 뗐다. 그러면서 특정한 국가에만 의존하는 것은 정치적으로 취약해지는 것이며, 성장을 위해서는 다양한 측면으로 연결되어 있어야 한다고 했다. 인프라 구축을 통한 연결성 증진과 동남아시아, 남아시아, 태평양 도서국 각 지역과의 연결성에 대해서도 언급하였다. 그리고 이어 인적교류와 교육, 디지털 연결에 대해서도 말하였다.

넷째, "안보를 위한 그리고 바다와 하늘까지의 안전한 사용을 위한 노력 확대" 필러에 대해서는 국제 공역(公域)으로서 해양은 지정학적인 위험으로부터 자유로워야 한다고 했다. 그러면서 해양에서의 법의 지배와 관련한 원칙 세가지를 언급하였다. 우선 모든 나라는 국제법에 기초하여 그들의 주장을 펼치고 이를 명확히 해야 한다는 것이다. 또한, 모든 나라는 자신의 주장을 관철하기 위해 폭력이나 강압을 사용해서는 안 된다는 것이다. 마지막으로 모든 나라는 분쟁의 평화적 해결을 추구해야 한다는 것이다.

이어 기시다 총리는 "자유로운 해양"을 보호하기 위해 각 나라의 해양에서 법 집행(maritime law enforcement) 역량을 강화하는 데 도움을 주겠다고 했다. 이는 해안경비대 간의 연합 훈련을 포함한다고 했다. 그리고 남태평양을 포함하여 여러 해역에서 불법 조업 문제도 심각해지고 있다고 지적하면서, 이의 근절을 위해서도 노력을 배가할 것이라고 했다.

한편, 기시다 총리는 호주 그리고 영국과 각각 체결한 '상호접근협정(RAA: Reciprocal Access Agreement)'을 거론하면서, 우호국 해군력과의 연합 훈련을 언급하기도 했다. '상호접근협정'은 협정을 체결하는 두 나라 간에 군 병력이 상대국에 입국할 때 절차를 간소화하고, 무기 반입 등을 수월하게 하기 위한 합의 문서다. 두 나라 군의 상호운용성을 높이는 효과를 기대할 수 있다. 일본과 호주는 2014년 상호접근협정 체결을 위한 협상을 시작하였으며, 7년 만인 2022년 1월 협정 문안에 서명하였다. 호주 자유당의 스콧 모리슨 총리 그리고 일본 기시다 총리 시기였다. 이 협정은 국내 절차를 거쳐 2023년 8월 발효되었다. 이어 일본은 영국과도 2023년 1월 상호접근협정에 서명하였다. 기시다 총리의 영국 방문 기간 중에 서명이 이루어졌으며, 당시 영국 총리는 리시 수낙(Rishi Sunak) 보수당 출신이었다. 일본은 2024년 7월에는 필리핀과도 상호접근협정에 서명하였다. 마닐라에서 일본-필리핀 외교 및 국방장관이 참석한 2+2 회의가 개최된 이후 페르디난드 마르코스 주니어 대통령이 지켜보는 가운데 서명식이 이뤄졌다.

마지막으로 기시다 총리는 공역(空域), 즉 해양의 상공을 안전하고 안정적으로 이용하는 것이 중요하다고 언급하면서, 해양영역인식(mari-time domain awareness)을 증진하기 위한 기여를 강화하겠다고 했다. 구체 분야로는 레이더 기술, 위성, 드론 분야에서의 협력 등을 이야기했다.

인도 방문 중 기시다 총리는 "자유롭고 열린 인도 태평양"의 네 가지 필러를 이야기했는데, 첫 번째 경제적 강압 부분과 네 번째 해양에서의 강압 부분은 미국이나 유럽 등 서구권에서도 중국의 행보를 겨냥할 때 즐겨 쓰고 있는 표현이다. 기시다 총리는 동일한 맥락에서 이러한 용어를 언급하였는데, 그러면서도 중국을 특정하여 이야기하지는 않고 있다. "포용성"을 강조해 온 인도 정부의 입장을 고려한 측면도 있고, 중국을 굳이 명시할 필요가 없다고 인식한 것으로 보인다.

한편, 2024년 9월 일본의 총리 자리는 자민당의 이시바 시게루 전 자민당 간사장으로 넘어갔다. 이시바 총리는 과거 방위대신까지 지냈기에 안보 전문가로 분류되고 있다. 그는 당 대표 선출 과정에서 아시아판 나토(NATO) 필요성까지 주장하였다. 총리 취임과 함께 미국 싱크탱크 허드슨 연구소에 "일본 외교 정책의 미래"라는 제목으로 기고한 내용을 보면, 현재의 우크라이나 상황은 미래의 아시아일 수 있다고 하였다. 기시다 총리의 생각과 동일하다. 그리고 중국을 서방 동맹이 억제하기 위해서는 '아시아판 나토' 창설이 불가결하다고 하였다. 물론 이 주장에 대해 미국 정부나 여타 아시아 국가들이 그다지 적극적이지 않고, 다른 지역에서도 이에 대해 의구심을 갖고 바라보고 있어 실현 가능성이 높아 보이지는 않는다. 다만, 분명한 것은 일본 자민당 정치의 특징이기는 하나, 이시바 신임 총리의 지역 정세를 바라보는 인식 역시 아베, 기시다 등 기존 자민당 대표 또는 총리들의 인식의 연장선 상에 있다는 것이다.

결과적으로 일본에 있어 "인도 태평양" 개념은 2007년 아베 총리의 인도 의회 연설에서부터 시작하여, 2016년 "자유롭고 열린 인도 태평양 전략"의 발표로 이어졌으며 이후 "전략"을 뺀 "자유롭고 열린 인도 태평양" 비전으로 진화하면서 "중국" 견제의 맥락은 적절한 선에서 유지하면서도 동시에 정부의 대외활동 전반을 생산적이고 우호적으로 보이게 하는 내러티브로 더욱 진화하고 있는 방향성을 보인다. 이러한 방향성은 상당 기간 일본 정부 인도 태평양 정책의 근간을 이루게 될 것으로 보인다.

1-7   '자유롭고 열린 인도 태평양' 비전 실현의 협력 사업

기시다 총리가 인도에서 언급하였던 실질 협력 사업의 구체 내용에 대해 살펴보고자 한다. 최신 기준인 2024년 4월 기준 일본 외무성이 공개하고 있는 "자유롭고 열린 인도 태평양" 자료, 즉 설명서에 의하면, 기시다 총리가 2023년 3월 인도 연설에서 밝혔듯이 "자유롭고 열린 인도 태평양"은 네 개의 필러로 되어 있다.

2021년 "자유롭고 열린 인도 태평양"의 설명서에서는 세 개의 필러를 제시하였는데, 우선 이의 내용을 보면 아래와 같이 구체적이고 실질적인 사업과 프로그램이 담겨 있다. 중국에 대한 전략적 대응 차원의 관점이 부각되지 않고, 지역 내 다양한 국가들로부터 호응을 얻을 수 있는 사업들을 반영하고자 노력한 흔적이 보인다.

2021년 설명서에 따른 세 개의 필러의 구체 내용을 보면, 첫 번째 필러, 즉 "법의 지배, 항행의 자유, 자유무역 등과 같은 근본적인 원칙을 증진하고 확립"하는 것의 경우는 근본적인 원칙과 자유롭고 열린 인도 태평양의 비전을 공유하는 국가 간의 협력 그리고 국제무대에서 전략적 소통을 이어가는 것을 들고 있다. 중요한 가치들에 공감하는 국가들 사이의 연대와 협력을 강조하고 있다. 미국, 일본, 호주, 인도 4개국 간 쿼드 협력을 포함하여 유사 입장국 간의 연대가 중요하다는 점을 다시 부각하고 있다.

두 번째 및 세 번째 필러의 경우가 실질적이고 실용적인 여러 가지 협력 사업들을 담고 있는 내용이다. 두 번째 필러, 즉 '경제적 번영 추구'의 구체 내용은 '물리적 연계성(physical connectivity)', '인적 연계성(people-to-people connectivity)', '제도적 연계성(institutional connectivity)' 등 3대 연계성 증진[35] 그리고 자유무역협정과 같은 경제적 파트너십 강화와 기업 환경 개선을 들고 있다. '연계성' 개념은 아세안을 중심으로 2010년 전후부터 유행하게 된 용어인데, 아세안 10개 회원국 간 상호 연계와 연결을 강화하여 아세안 공동체를 달성해 나가려는 구상이다. 아세안 연계성은 내용별로 세 개로 나누고 있다. 일본 정부가 설명서에서 언급

---

[35] 물리적 연계성은 항구, 철도, 도로, 에너지와 ICT 같은 인프라 개발사업을 포함하며, 인적 연계성은 인적자원 개발(human resources development)을 포함하며, 제도적 연계성은 대표적으로 통관 제도 원활화를 포함한다.

한 이 세 개의 연계성 내용은 아세안 연계성 개념에서 그대로 빌려 쓴 것이다. 물론 설명서에는 연계성 증진 사업의 대상이 아세안에만 머물지는 않고, 남아시아, 동남아에서 서남아프리카와 중동을 거쳐 동남아프리카까지라고 언급하고는 있다. 그럼에도 세 개의 연계성 개념을 아세안으로부터 그대로 빌려 쓰고 있다는 것은 아세안을 배려하고 존중하려는 인식을 강하게 보인다고 하겠다.

그리고 설명서에 나와 있는 대표 사업들을 보면, 일본 정부가 과거부터 길게는 수십 년 전부터 동남아시아와 남아시아 등을 대상으로 시행해 오던 사업들이라 기존 사업들을 자유롭고 열린 인도 태평양 구상에 맞추어 재포장하려 노력한 것으로 보인다. 예를 들어, 설명서를 통해 대표적인 연계성 사업으로 소개되고 있는 "동-서 경제회랑(동쪽으로 베트남 다낭(Da Nang)과 서쪽으로 미얀마 띨라와(Thilawa)를 도로로 연결)", "남부 경제회랑(태국 다웨이(Dawei)와 베트남 호치민(Ho Chi Minh)을 도로로 연결)" 사업은 내륙 동남아 5개국 사이의 교통망을 개선하려는 9개의 대규모 회랑(corridor) 구축 사업의 일부이다. 2000년대 들어 아시아개발은행(ADB)을 중심으로 시작되었는데, 특히 일본은 동서 경제회랑과 남부 경제회랑에 집중적으로 투자해 오고 있다.

2016년 "자유롭고 열린 인도 태평양 전략" 발표 이후 새로이 추진되고 있는 사업은 아니지만, 기존 사업들을 종합하고 정리하여 지도상에 보여주는 것은 실질적인 사업이 전개되고 있는 모습이 명확하다. 지도상에는 동남아시아를 포함하여 아프리카 지역(케냐의 몸바사 항구 건설 사업 등), 남태평양 지역(바누아투 포트 빌라 항구 등), 남아시아 지역(델리-뭄바이 산업회랑 건설 등) 등 다양한 지역의 육로와 해상 교통로를 보여주고 있어 마치 중국의 일대일로(一帶一路, Belt and Road Initiative) 사업들과 경쟁하려는 듯한 인상을 준다.

세 번째 필러, 즉 "평화와 안정에 대한 확고한 의지"의 경우는 인도 태평양 국가들의 역량 개발 지원 등을 들고 있다. 전통적 안보 외에 대체로 비전통적 안보 분야에서의 역량 개발을 지원하여 평화와 안정을 도모한다는 것이다. 두 번째 필러, 연계성의 분류와 그 내용이 "아세안 연계성"의 분류 및 내용과 유사하듯이 평화와 안정 분야에서도 아세안 공동체에서와 마찬가지로 해양 안보, 재난구호, 대테러, 비확산 등을 언급하고 있다.

특히, 해양 안보 분야의 경우 해상에서의 법 집행 역량 강화, 해양영역인식(maritime domain awareness) 강화를 언급하고 있는데, 이는 동남아 국가 특히 필리핀과 베트남, 말레이시아 등 남중국해에서 중국과 영유권 분쟁을 겪고 있는 국가들을 염두에 두고 있다. 구체적인 내용으로는 퇴

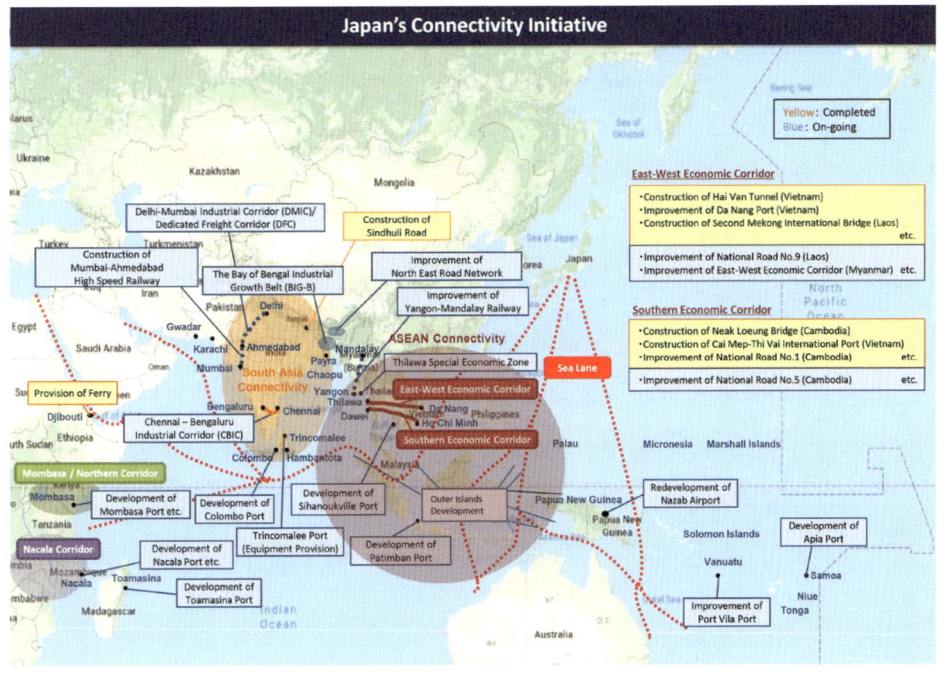

[그림 5] 일본 외무성의 자유롭고 열린 인도 태평양 설명자료.
(https://www.mofa.go.jp/files/000430632.pdf)

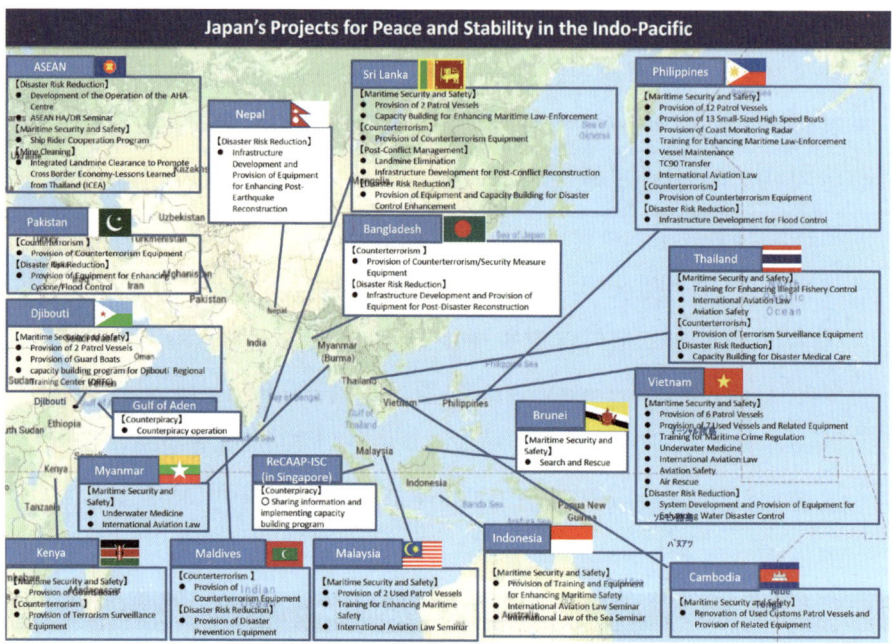

[그림 6] 일본 외무성의 자유롭고 열린 인도 태평양 설명자료.
(https://www.mofa.go.jp/files/000430632.pdf)

역함정 인도 사업, 대테러 장비 제공 등을 소개한다.

　이어서 2024년 4월 기준으로 일본 정부가 제시하는 "자유롭고 열린 인도 태평양"의 네 개의 필러와 관련된 내용으로, 정리하면 다음과 같다. 문서는 자유롭고 열린 인도 태평양을 위한 "새로운 계획" 그리고 자유롭고 열린 인도 태평양을 위한 "협력의 항목(Items of Cooperation)"이라는 두 개의 제목이 같이 붙어 있는 설명서다.[36]

　새로운 설명서에서는 네 개의 필러별로 세부적인 협력의 항목을 보여

---

[36] "새로운 계획"은 기시다 총리의 인도 연설의 제목과 동일하다. "협력의 항목" 전체 내용은 일본 외무성 홈페이지(https://www.mofa.go.jp/files/100646913.pdf)에서 확인할 수 있다.

주고 있는데, 필러 별로 적게는 6개, 많게는 20개를 붙여서 포함하고 있다. 모두 실질적으로 각 지역이나 국가에서 시행하고 있는 구체 사업의 사례를 소개한다. 첫 번째 필러 "평화를 위한 원칙 그리고 번영을 위한 규칙"에서는 6개의 협력 항목이 들어 있다. 둘째 필러 "인도 태평양 길에 놓인 도전의 해결"에 20개, 셋째 필러 "다층적인 연계성"에 14개, 넷째 필러 "안보를 위한 그리고 바다와 하늘까지의 안전한 사용을 위한 노력 확대"에 11개 등으로 총 51개 협력 항목이 담겼다. 2021년 설명서의 내용보다 방대하고 광범위하고, 더욱 정교해졌다.

이 설명서를 보면, 일본의 지역 외교 전반, 그리고 국제무대에서의 개발협력 외교 활동 전반을 알 수 있다. 인도 태평양이라기보다는 일본의 대외정책 전반을 보는 듯하다. 그 방식을 보면, 인도 태평양 역외 국가와 함께 연계하여 인도 태평양 내에서의 활동을 수행하는 경우도 있고, 아예 사업 수행의 대상 자체가 인도 태평양이 아닌 매우 광범한 지역으로 확대되

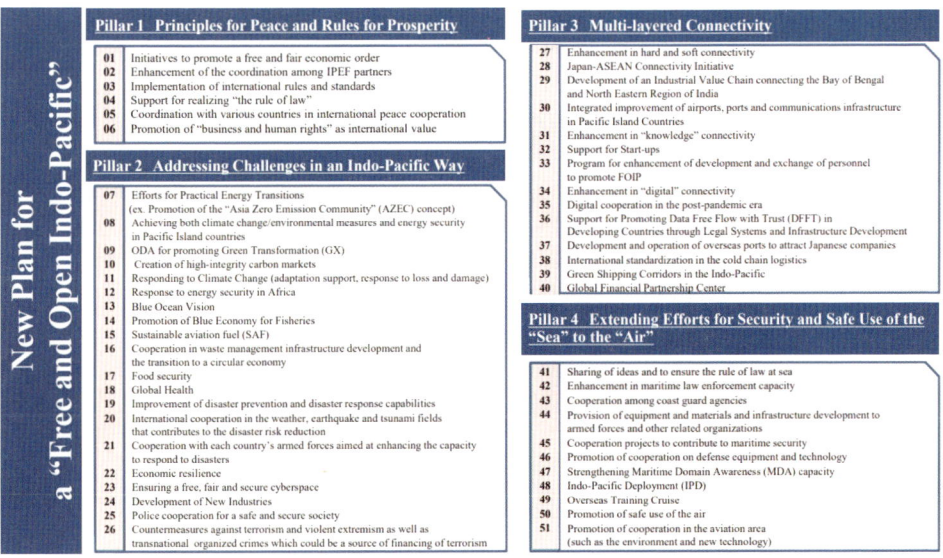

[그림 7] *출처 : 일본 외무성(https://www.mofa.go.jp/files/100481335.pdf)

는 경향성도 보인다.

아래 지도는 51개의 협력 항목 가운데, 48번째에 해당하는데 "인도 태평양의 전개(Indo-Pacific Deployment)"라는 제목을 붙였다. 이에 대한 설명을 보면, "인도 태평양 지역의 평화, 안정, 번영에 있어 그 핵심은 '자유롭고 열린 바다'이며, '인도 태평양 전개' 방침에 맞추어 파견함으로써 해상자위대는 주요 우방국 해군과 방위 협력을 수행하고, 이들과 교류할 수 있다."라고 되어 있다. 그리고 해상자위대와의 교류 대상 우방국에는 미국, 호주, 인도, 캐나다, 프랑스, 아세안, 태평양 도서국 등을 들었다. 역내와 역외의 국가와의 연계 협력 활동을 추구하면서, 그 활동 대상 지역은 인도 태평양으로 하고 있다.

반면, 설명서의 "협력 항목" 가운데에는 그 활동의 대상 지역 자체가 광범위하게 확대되는 경우도 보여주고 있다. 51개의 협력 항목 가운데, 31번의 번호가 붙은 "지식 연계성 증진(Enhancement in Knowledge Connectivity)"이라는 제목의 협력 항목이 그 예시다. "지식 연계성 증진"이란 청년 교류, 지식 및 지혜의 교류, 혁신적인 네트워크 등을 통해 지

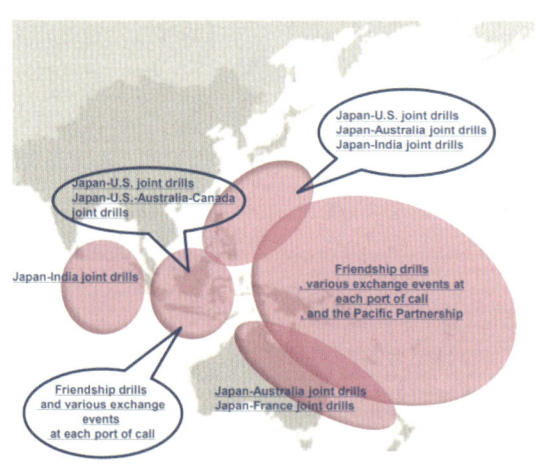

[그림 8] *출처 : 일본 외무성 설명서(https://www.mofa.go.jp/files/100646913.pdf)

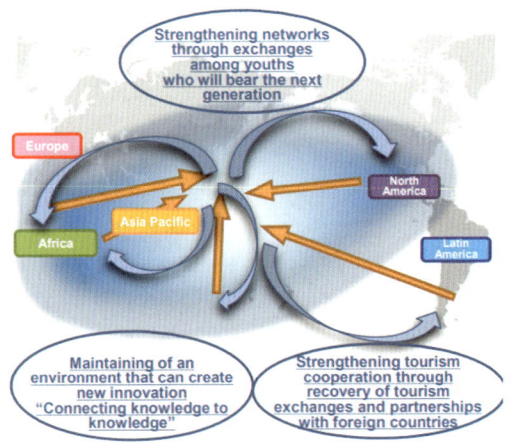

[그림 9] *출처 : 일본 외무성 설명서(https://www.mofa.go.jp/files/100646913.pdf)

역과 국가 간 이해를 증진하고, 화합을 도모한다는 것이다. 유럽과 중남미까지를 지도에 표시하고 있다.

또한, 49번 "해외 순항 훈련(Overseas Training Cruise)"에서는 48번 "인도 태평양의 전개"(Indo-Pacific Deployment)에서와 같이 인도 태평양의 평화와 안정을 위해 우방국 해군과의 협력을 계속 강화할 것이라고 하고, 청년 해군 장교들의 해외 순항 훈련은 이러한 국제적인 인식을 증진한다고 하였다. 그리고 그 대상 지역은 광범위하게 표시되어 있다.

한편, 일본의 "자유롭고 열린 인도 태평양"의 4대 필러 및 각 필러와 연결되어 있는 51개 협력 항목의 내용을 보면, 여러 인도 태평양 지역 저개발국과 개도국을 대상으로 역량 강화를 지원하는 실질적인 협력 사업들이 다수 소개되고 있다. 이렇게 일본 정부의 인도 태평양 정책의 기본 인식에 "중국"에 대한 견제 의지가 여전히 내재되어 있기는 하나, 동시에 여러 국가를 대상으로 실질적인 혜택을 제공하고 있다. 51개의 협력 항목의 내용이 모두 그러하다. 그리고 2024년 성명서에 나와 있는 실질 협력

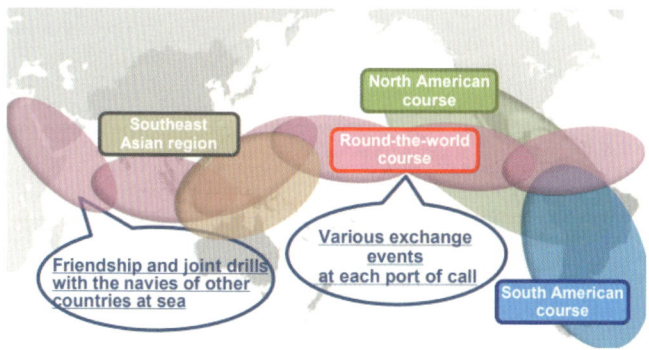

[그림 10] *출처 : 일본 외무성 설명서

사업의 내용은 2021년에 비해 더욱 정교해졌고, 설득력이 높아졌다. 아시아, 아프리카, 중남미 등 여러 나라에서 보았을 때 공감할 수 있는 실질 협력 사업의 내용이 다수 포함되어 있다.

2장
호주, 오커스(AUKUS) 체제의 인도 태평양

호주 외교부는 2017년 11월 외교 정책 백서(Foreign Policy White Paper)를 발표하였다. 같은 이름의 문서로는 2003년 이후 14년 만이었다. 중견국 호주 정부의 공식 발표 문서로는 이례적으로 직설적이고 분명한 표현으로 미국과 중국의 관계를 포함하여 지역 및 국제정세에 대해 분석하고 평가하였다. 인도 태평양에 대해서도 언급하였는데, 이의 개념을 "인도양 동부로부터 태평양까지에 걸쳐 있고, 동남아시아에 의해 연결되는 지역으로, 인도, 북아시아, 미국을 포함하는 지역"[37]이라고 정의하였다. 그리고 외교 정책 백서 3장은 "안정되고 번영하는 인도 태평양(A stable and prosperous Indo-Pacific)"이라는 제목으로, 인도 태평양의 평화와 번영의 문제에 대한 호주의 인식을 보여주었다. 명시적으로 "전략"이라는 제목을 붙이지는 않았는데, 외교 정책 백서 3장에는 호주 정부의 인도 태평양에 대한 인식의 주요 내용이 아래와 같이 담겨 있다.

첫째, 인도 태평양에서의 호주의 비전을 네 가지로 설정하는데, ① 무력이나 강압이 사용되지 않는 분쟁의 평화적 해결, ② 개방된 시장, ③ 지역 내 모든 국가에 포용적이고 개방적인 경제 통합, ④ 항행과 상공 비행

---

[37] "We define the 'Indo-Pacific' as the region ranging from the eastern Indian Ocean to the Pacific Ocean connected by Southeast Asia, including India, North Asia and the United States."

의 자유 보장 및 약소국들의 권리 보호 등이다. 이 가운데 ①번과 ④번은 국제규범과 규칙에 따른 '평화와 안정'에 관한 비전이다. ④번의 경우 특히 남중국해에서의 상황을 염두에 둔 것으로 해석된다. ②번과 ③번은 경제 개방과 지역경제 통합에 따른 '번영'에 관한 비전이다. 이러한 구분은 2019년 4월 당시 호주 외교통상부 차관 프란세스 애덤슨(Frances Adamson)의 말레이시아 전략국제문제연구소(ISIS) 연설에서도 드러난다. 애덤슨 차관은 국제규범과 규칙에 의한 평화와 안정에 관한 구체 사례로 남중국해 문제를 언급하였으며, 국제법이 없으면 힘이 선(善)이 되며, 강대국이 약소국을 몰아붙이게 된다고 했다.

둘째, 미국 및 중국 두 나라와의 관계에 대해서는 우선 미국과의 '동맹 관계'는 호주의 안보에 중심적이라고 했다. 그리고 미국이 인도 태평양 지역에 경제적으로나 안보상으로 계속해서 깊이 관여하는 것을 지지한다고 했다. 미국이 제공하는 확장 억제가 호주의 안보에 60년 이상 도움이 되고 있으며, 이러한 미국과의 동맹 체제는 호주의 안보상 이익을 가장 잘 보장하기 위한 자신들의 선택이라고 했다. 한편, 중국과의 '포괄적 전략 동반자 관계'를 더욱 강화하려는 의지 역시 확고하다고 했다. 그리고 호주는 중국과 긍정적이고 적극적인 관여를 유지해 나갈 것이며, 대상 분야로는 방위 협력, 경제 협력, 인적 교류 등 다양하게 언급하였다. 다만, 중국이 그 힘을 사용할 때는 지역의 안정을 증진하고, 국제법을 강화하며, 약소국들의 이해관계를 존중하는 방식으로 진행하기를 권유한다고 했다. 아울러 호주는 미국과 중국 간 경제 분야에서의 긴장이 전략적 경쟁을 부추기거나 다자 통상체제에 방해가 되지 않도록 양측에 권유할 것이라고 했다.

셋째, 인도 태평양 지역에서 미국과 중국 이외 양자적으로나 소그룹으로서 중요한 국가들로 일본, 인도, 인도네시아, 한국을 거론했다. 이들 민주 국가들은 개별적으로 호주와의 양자관계에 있어 중요하기도 하고, 지역 질서의 구축에도 영향을 미칠 수 있는 국가들이라고 보았다. 북한 핵 문제에 대해서도 언급하면서 가장 가까이 당면하고 있는 안보 도전으로 꼽았다. 북한의 위험한 행동을 끝내기 위해 호주는 파트너 국가들과 긴밀히 협력할 것이라고 하였다. 아세안에 대해서도 높은 우선 순위를 부여하면서 아세안 주도의 지역 협력구조에 대해 지지를 표명하였다. 아세안 회원국 가운데 양자적으로는 베트남, 싱가포르, 말레이시아, 태국 등과의 양자 FTA 개선, 방위 협력 등에 대해 언급하였다.

넷째, 지경학적인 경쟁(geo-economic competition)에 대해 밝히고 있다. '환태평양 동반자 협정(TPP)'과 '지역적 포괄적 경제 파트너십 협정(RCEP)'에 모두 참여하고 있는 호주의 입장을 확인하면서, 개방적이고 지역 전체를 포괄하는 경제협정을 지지한다고 했다. 아울러 인프라 투자에 대해서도 언급하였다. 2016년부터 2030년까지 아시아에서 필요한 인프라 투자 수요가 총 26조 달러 이상이라는 아시아개발은행(ADB)의 예측을 인용하면서, 이러한 방대한 인프라 수요를 충당하는 투자는 사회적 환경적 안전장치를 갖고 있어야 하며, 지속 가능치 않은 부채의 부담은 피해야 한다고 했다. 이러한 인식에 기반하여 호주는 중국의 "일대일로를 포함한" 지역 내 인프라 구상들에 관여한다고 했다.

다섯째, 남중국해를 포함한 해양 안보 그리고 영토 분쟁에 대해서도 언급하였다. 인도 태평양의 3개 거대 국가인 중국, 일본, 인도가 동남아국가들 및 파키스탄과 해양과 육상에서 영토 분쟁을 겪고 있다고 했다. 특히, 남중국해 영유권 분쟁에 대해서는 특정 당사국의 편을 들지는 않으나, 모든 국가가 긴장을 고조시키는 행위를 자제해야 한다고 했다. 필리핀이 중국을 중재재판으로 끌고 간 데 대해서는 2016년 재판소의 결정이 최종적인 것으로서, 필리핀과 중국 모두에게 구속력이 있다라는 입장을 재확인한다고 했다. 동중국해와 대만해협에서의 무력 사용 가능성 그리고 인도와 파키스탄 사이의 카슈미르 영토 분쟁에 대해서도 긴장 발생 가능성에 우려를 표하였다.

한편, 2017년 백서에서는 호주 이외에 미국, EU, 중국, 인도, 일본, 인도네시아 등 주요 국가들의 2016년 GDP 규모와 2030년 예상 GDP 규모를 보여주고 있다. 2003년 백서에서는 "현재로서 예측 가능한 장래까지는 미국이 탁월한 범세계적 세력으로 남아 있을 것이다."[38]라고 했다. 이후 2017년 백서 발간 당시 호주 정부는 새로운 예측이 필요한 상황을 맞이했다고 느낀 것으로 보인다. 인도 태평양의 경제성장으로 세력 균형에 변화가 생겼으며, 이제 중국은 미국의 위치에 도전장을 내고 있다고 보았다. 2030년 기준, 중국은 2016년에 비해 두 배에 해당하는 GDP 규모를 갖는 것으로 예측하였다. 이대로라면 미국과의 차이는 더욱 벌어지게 된다.

GDP 관련 자료는 다른 국제적인 기관의 자료를 인용한 것이 아니라 호주 재무부의 예측 자료다. 명목 GDP가 아니라, 국가 간 환율과 물가 차이를 고려해서 실제 국민들의 구매력 수준을 알 수 있게끔 보정한 구매력 평가지수(PPP) 기준이다.

Figure 2.4 GDP forecasts to 2030
$1.7t
$1.2t
$5.5t
$3.0t
$5.9t
$5.2t
$20.9t
$8.7t
$24.0t
$18.6t
$23.3t
$20.0t
$42.4t
$21.4t
Australia
Indonesia
Japan
India
United States
European Union
China
2016
2030
Source: Treasury (Australian projections consistent with the 2015 Intergenerational Report)
Note: Figures are in 2016 US$ trillion, converted on a PPP basis; Australian forecasts are for 2015-16 and 2029-30

[그림 11] *출처 : 호주 외교통상부 2017 외교 정책 백서[39]

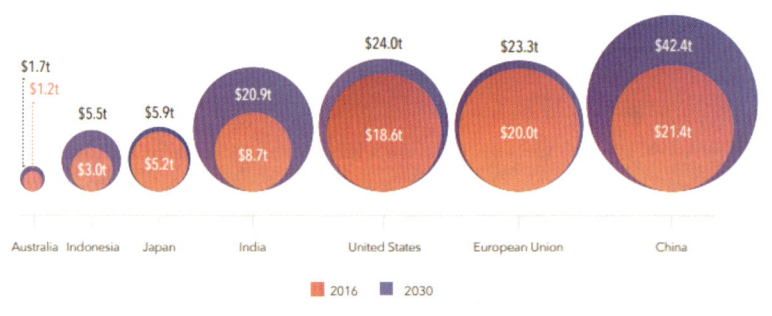

호주 외교부의 외교 정책 백서가 발표되기 수개월 전인 2017년 6월 자유당[40] 정부의 말컴 턴불(Malcolm Turnbull) 총리는 싱가포르 샹그릴라 대화 기조연설자로 참석했다. 기조연설의 상당 부분의 내용이 외교 정책 백서의 인도 태평양 관련 부분과 궤를 같이 한다. 중국의 부상과 관련해서도 분명하게 언급하였다. 중국이 "경제적 힘에 부합하는 전략적 영향력을 추구하려는 것은 자연스럽다."라고 하면서도, 다만 이 지역의 국가들은 "그간 모두가 만족해 온 지역 질서를 강화하는 방식으로 중국이 리더십을 발휘하기를 바란다."라고 했다.

　미국과 중국 사이에서 선택해야 한다는 주장에는 동의하지 않으며, 이는 "잘못된 선택(false choice)"이라고 했다. 즉, 선택을 논할 문제가 아니며, 베이징에도 좋은 친구와 파트너가 있고, 워싱턴에도 확고한 친구와 동맹이 있다고 언급했다. 호주의 국익에 따라 대외정책이 결정되며, 미국과 중국 두 나라와의 관계는 상호 제약하는 관계가 아니라고 했다. 턴불 총리는 호주가 추구하는 지역의 모습으로 연설의 결론을 맺는데, "힘이 선(善)

38　"The United States will remain the preeminent global power for the foreseeable future."

39　https://www.dfat.gov.au/sites/default/files/2017-foreign-policy-white-paper.pdf

40　호주의 양대 정당은 자유당(Liberal)과 노동당(Labour)이다. 호주의 자유당은 보수와 진보정당 중에 구분하자면 보수정당으로 보아야 하는데, 영어 명칭이 liberal party이다 보니 혼동하는 경우도 간혹 있다. 호주 자유당(Liberal)은 2013년 총선 승리 이후 2022년 총선 패배 전까지 집권하였으며, 정치적으로 자유 보수주의로 중도 우파 정도로 보는 것이 좋겠다. 호주 노동당은 동성혼 합법화를 찬성하고, LGBT 권리에 우호적인 등 진보 성향 정당이다. 캐나다의 경우에는 같은 명칭의 노동당(liberal party)이 대표적인 진보정당이다. 보수정당의 명칭은 보수당(conservative party)이다.

이 되지 않고, 투명한 규칙이 모든 국가에게 적용되는, 그리고 강압으로부터 자유로운 개방된 시장을 발전시키는 지역"이어야 한다고 했다.

턴불 총리 후임으로 취임한 같은 자유당의 스콧 모리슨(Scott Morrison) 총리 역시 2019년 10월 시드니 로위 연구소(Lowy Institute)에서 연설하면서 중국과의 이슈, 미-중 관계에 대해 언급하였는데, 전반적으로 턴불 총리와 유사한 시각을 보였다. 모리슨 총리는 가장 중요한 동맹인 미국과의 관계와 포괄적 전략동반자인 중국과의 관계를 "질서정연하게 유지"해야 한다고 하였다. 미국과 중국 사이의 전략적 경쟁을 양분법으로 보는 것은 지양해야 한다고 하고, 호주는 미국과 중국 사이에서 선택하지 않아도 된다고 덧붙였다. 다만, 세계 경제의 미래에 대한 규칙을 협상하는 과정에서 그리고 중국이 거대 국가로서의 위상을 표출하는 과정에 중국은 그 의무 역시 다하기를 기대한다고 했다.

쿼드에 대해서도 언급하였다. 모리슨 총리는 2019년 9월 뉴욕에서 쿼드 4개국 외교장관 회담이 개최된 것을 상기하면서, 케빈 러드(Kevin Rudd) 총리 시절 노동당 정부가 쿼드와의 관계를 단절했다는 것을 지적하였다. 그러면서, 자유당 정부는 호주와 여타 쿼드 참여 국가들 간의 신뢰를 다시 회복하기 위해 노력해 왔다고 했다.[41] 그리고 쿼드 협의체를 해양협력과 테러리즘, 사이버 이슈 등에 걸쳐 4개국 간 실용적인 협력을 해나갈 수 있는 주요한 포럼으로 보았다. 또한, 쿼드가 아세안 주도의 지역 협력구도를 보완하는 역할을 한다고도 했다.

그러나, 이후 모리슨 총리의 중국에 대한 메시지나 언급의 강도가 달

---

[41] 모리슨 총리의 연설 2년 6개월여 후인 2022년 5월 호주의 새로운 총리에 취임한 노동당 앤서니 알바니스 대표는 취임 당일 쿼드 정상회의 참석을 위해 일본을 방문하였으며, 2022년 12월에는 케빈 러드 전 총리를 주미 호주대사로 내정 발표하였다.

라진다. 2021년 9월 유엔 총회 연설에서 모리슨 총리는 코로나19, 인도 태평양 지역의 전략적 환경의 변화, 기후변화에 대한 공동의 대응 순으로 연설하였다. 먼저 코로나19와 관련하여 모리슨 총리는 세계보건기구(WHO) 회원국들은 코로나19가 어떻게 발생했는지를 확인하기 위한 노력을 가속화해야 한다고 했다. 호주는 코로나19의 원인을 파악하기 위한 독립적 조사를 촉구한다고도 했다. 이는 정치적 고려가 아니라 단순히 장래에 유사한 상황이 재발하지 않도록 하기 위한 것이라고 설명했다. 중국으로서는 불편하게 들릴 수밖에 없다.

이어서 인도 태평양 지역의 전략적 환경변화에 대해서도 언급하였다. 모리슨 총리는 전 세계적으로 70여 년간 이어져 왔던 '규칙 기반 국제 질서'가 흔들리고, 인도 태평양에서의 전략적 환경이 급속히 악화하고 있는데, 이제 이러한 현실을 우리 모두 직시해야 할 시간이 되었다고 했다. 이어서 인도 태평양에서의 환경변화의 사례로 "영유권 주장을 둘러싼 긴장, 급속한 군사 현대화, 외국으로부터의 내정 간섭(foreign interference), 사이버 위협, 가짜 정보, 경제적 강압"을 언급하였다. 그러면서, 나라의 크기와 무관하게 모든 나라의 권익이 보장되는 "개방되고, 포용적인, 회복력 있는" 인도 태평양 지역을 유지한다는 목표를 이야기하였다. 전략적 환경 악화의 사례들이 모두 중국과 관련되어 있다. 사전 녹화된 화상 연설이기는 하였으나, 유엔 총회라는 공개 행사에서의 연설이라는 점을 고려했는지 중국을 명시적으로 언급하지는 않았으나, 누구라도 중국을 염두에 둔 것이라는 점을 알 수 있다. 모리슨 총리의 연설 전에 바이든 대통령 역시 유엔 총회에서 "우리는 동맹과 우호국을 지지할 것이며, 힘으로 영토를 바꾸려 한다거나 경제적 강압, 기술 착취, 가짜 정보 등 어떤 것으로라도 강한 국가가 약한 국가를 압도하려는 시도에 대해서는 반대할 것이다."라고 말했다. 두 정상이 같은 맥락에서 연설한 것이다.

한편, 모리슨 총리는 유엔 연설에서 "포용성"을 언급하였는데, 이는 아세안이나 인도가 "특정 국가를 겨냥하지 않는"이라는 의미를 지닌 "포용성"과는 다른 느낌으로 들린다. 모리슨 총리는 "개방되고, 포용적인, 회복력 있는" 인도 태평양을 언급하고는 곧바로, 태평양 도서국, 아세안, 쿼드, 오커스 등을 통한 지역 내 여러 국가와의 협력을 언급하였다. 특정 국가를 배제하지 않는다는 데 방점이 있기보다는 가치와 규범, 비전 등에 대해 '같은 입장을 가진 국가와의 협력'을 염두에 둔 것으로 읽히는 대목이기도 하다.

2022년 1월 모리슨 총리는 이번에는 다보스 포럼에서 중국의 '경제적 강압' 이슈를 거론하였다. 영토 문제, 군 현대화, 외국의 내정 간섭, 사이버 위협, 가짜뉴스 등 수개월 전 유엔 총회 연설에서 언급한 사례들을 반복하였다. 이번에도 중국을 명시하지는 않았다. 그럼에도 누구나 중국을 염두에 둔 발언이라는 점을 알 수 있었다. 다보스에서는 "회색 지대 전술(grey-zone tactics)"을 언급하기도 하였다. "강압을 가하고, 협박하기 위한" 목적으로 회색 지대 전술의 활용이 많아지면서, 인도 태평양 지역에서는 서로 간의 주장이 더욱 치열해지고(highly contested) 있다고 하였다. 회색 지대 전술 또는 회색 지대 공격은 실제 무력 충돌이나 전쟁으로 확대되지는 않을 정도의 모호한 수준으로 저강도 도발을 지속해 안보 목표를 이루려는 전술을 의미한다. 남중국해에서 중국의 해군이 아닌 해상 민병대가 어선을 보호한다는 명목으로 영유권 주장과 관련한 활동을 하는 것도 회색 지대 전술의 일환으로 해석된다.

이상과 같이 중국에 대한 모리슨 총리의 입장이 강하게 변했던 것은 중국과 호주 사이의 관계가 갈등의 관계로 변하고 있다는 것을 보여준다. 이 시기 중국과 호주의 갈등 관계는 여러 분야에서 동시다발적으로 발생하였다. 턴불 총리 임기 후반기 즉 2017년 하반기 그리고 모리슨 총리 집권 시기(2018년 8월부터 2022년 5월까지) 전체에 걸쳐 호주와 중국 사이는 매우 불편한 갈등의 시기로 기록된다. 한쪽에서 상대 국가와 관련한 불편한 조치를 취하고, 이에 대해 상대방이 다시 불편한 대응조치를 취해가면서 긴장이 조성되는 패턴을 보였다.

첫째, 중국이 호주 정치에 개입하려 했다는 의혹과 관련된 것이다. 호주의 정보당국, ASIO(Australian Security Intelligence Organisation)는 의회에 제출한 2017년 연례보고서에서 외국 정부의 호주에 대한 영향력 확대 노력이 호주의 주권과 시민들의 권리 행사에 위협이 된다고 평가했다. 호주에 거주하는 중국인들을 베이징 당국이 관찰하고, 압력을 가하려 한다는 의혹들도 호주 내에서 지속적으로 제기되던 시기였다.

의혹들이 구체 사실로 확인되는 사건들도 발생하는데, 2017년 호주 노동당 소속의 상원의원이 중국 기업인으로부터 대규모 기부를 받은 사실이 알려졌다. 이에 호주 국내 정치에 대한 중국의 개입을 우려하는 분위기가 더욱 고조되고 논쟁이 격화되었다. 2017년 12월 이 상원의원은 결국 의원직을 내려 놓아야 했다. 이러한 분위기 속에 호주 정부는 2017년 12월 외국 정부의 호주 국내 정치 개입을 차단하기 위한 패키지 법안을 의회에 제출하였다. 턴불 총리는 법안 상정에 즈음하여 "외국 세력이 전례 없는 그리고 점점 교묘하게 호주 정치 과정에 영향을 미치려 시도하고 있다."라고 했다.

호주 정부가 제출한 패키지 법안 가운데 하나는 간첩행위에 대한 처벌을 더욱 강화하는 법안이다. 이는 '국가안보를 위한 법률 개정안(National Security Legislation Amendment Act)'으로 불렸는데, 기존에 있던 호주 형법상의 간첩행위에 대한 처벌을 강화한다는 내용이다. 그리고 외국 기업이나 정부를 위해 일하는 로비스트의 호주 내 활동 시 이들의 등록을 의무화하고, 이들이 내정에 간섭하는 경우 형사상 처벌하도록 하는 '외국의 영향력 행사 투명성 제도(Foreign Influence Transparency Scheme)'를 신설하는 법안도 있다.[42] 이 두 개 법안은 2018년 6월 의회를 통과하였다. 한편, 패키지 법안에는 외국으로부터의 정치 자금 기부를 금지하는 내용의 법안도 포함되어 있었는데, 이는 기존의 선거 관련 법률을 개정하는 형태로(Electoral Legislation Amendment Act) 포함되었다. 이 법안은 2018년 11월 의회에서 통과되었다.

호주 정부와 의회의 이러한 조치에 대해 중국 외교부는 "호주 지도자의 언급은 편견에 따른 근거 없는 것으로, 이는 호주와 중국 사이의 관계를 방해하고, 상호 신뢰의 근간에도 나쁜 영향을 미칠 것"이라고 경고했다.[43] 중국 공산당 기관지 인민일보 역시 "인종차별(racism) 냄새를 풍기는 이러한 피해망상(paranoia)은 호주의 다문화사회 이미지에 먹칠하는 것"이라고 비난했다.

둘째, 2018년 8월 호주 정부는 5G 이동 통신망에서 화웨이 등 중국 업체로부터의 장비 공급을 금지하기로 결정하였다. 호주 정부가 발표한 세 쪽 분량의 문서에 명시적으로 화웨이를 언급하지는 않았으나, 화웨이 호주 법인에서는 화웨이와 ZTE의 5G 기술 제공이 금지된다는 소식을 호주 정부로부터 들었다고 트위터 메시지를 통해 밝혔다. 이에 대해 중국 정부는 호주로부터의 석탄 수입을 제한하는 방식으로 대응하였다.

셋째, 호주 언론인에 대한 구금조치다. 2020년 8월 중국 당국은 국가

---

42 '외국의 특정 주체(foreign principal)'를 위해 정치적 로비를 하는 사람에게 등록을 의무화하는 호주의 법률은 미국의 Foreign Agents Registration Act (FARA)를 참고하여 만들어졌다. 다만, 미국 FARA에서 '외국의 특정 주체'(foreign principal)를 모든 비(非) 미국 시민권자(non-US person)로 광범히 정의한 데 비해, 호주 법률에서는 "외국 정부, 정치 조직, 그리고 이와 관련된 단체와 개인"으로 한정했다.

43 중국 외교부 Geng Shaung 언급. (2017.12.8.).

안보를 이유로 중국계 호주 국적의 언론인 청 레이(Cheng Lei)를 구금하였다. 청 레이는 중국의 관영매체인 영문뉴스 채널 CGTN (China Global Television Network)의 유명 앵커로 활약하고 있었다. 청 레이는 구금 6개월 경과 후 2021년 2월 공식 체포되었는데, 2022년 3월에서야 재판 절차가 시작되었다. 재판은 비공개로 열려 주중국 호주대사관 직원의 재판 참석도 이루어지지 못했다. 중국 정부에 의하면, 청 레이의 죄목이 국가안보와 관련되므로 재판 과정이 공개될 수 없다는 설명이었다. 청 레이는 가족과의 접촉도 허용되지 않았다. 당시 호주 외교부 마리스 페인(Marise Payne) 장관은 중국 법체계의 주권을 존중한다면서도 이번 사안은 "투명성이 결여되었고 기소의 내용에 대해 호주 정부는 전혀 듣지 못하고 있다."라고 했다.[44]

넷째, 2020년 코로나19가 전 세계로 확산하기 시작하면서, 호주와 중국 간의 불편한 관계는 더욱 어려운 국면을 맞이한다. 2020년 4월 당시 호주의 모리슨 총리는 세계보건기구(WHO)의 개혁 필요성을 언급하면서, 특정 질병의 기원을 밝힐 수 있도록 WHO가 직권으로 조사팀(investigators)을 보낼 수 있는 권한을 가져야 한다고 주장했다. 그러면서 바이러스 조사팀을 군비축소를 확인하기 위한 무기 사찰팀에 비유하기도 했다. 피터 더튼(Peter Dutton) 당시 호주 내무장관 역시 언론과의 인터뷰에서 코로나 바이러스의 기원에 대해 중국이 더욱 투명하게 밝혀야 한다고 공개적으로 압박하였다.

---

[44] 유사한 사건으로 양 헝쥔(Yang Hengjun) 관련 사건도 있다. 양 헝쥔은 중국계 호주인으로 블로거이다. 2002년 호주 시민권을 취득한 것으로 알려져 있으며, 해외에서 중국의 민주화 개혁을 주장하던 활동가이기도 하다. 2019년 가족과 함께 중국 광저우에 도착하였으나, 공안 당국에 의해 구금되었다. 호주 내에서는 중국이 이들을 자의적으로 구금한 것으로 보았으며, 중국 당국에서는 호주에 대해 중국의 사법 체계를 존중하라고 주장하였다.

다섯째, 이러한 시기에 호주 정부는 '호주 대외관계법 2020(Austra-lia's Foreign Relations (State and Territory Arrangements) Bill 2020)'을 발의하였고, 2020년 12월 의회에서 통과되었다. 연방정부가 국가안보와 관련해 "주정부를 비롯한 공공기관"이 외국과 맺은 협약을 재검토해 무효화할 수 있는 권한을 담고 있다. 실제로 호주 정부는 2021년 4월 이 법을 동원해 빅토리아 주 정부가 2018년과 2019년에 일대일로 사업과 관련하여 중국 국가발전개혁위원회와 체결한 협약을 무효화했다.

여섯째, 2020년 11월 캔버라에 주재한 중국 대사관은 몇몇 호주 언론에 문건 하나를 전달한다. 호주 정부가 중국과 호주의 관계를 망치고 있고, 중국을 '적'으로 만들려 한다는 것이다. 문건에는 중국이 불편해하는 14가지 사례를 언급하였다. "14개의 불만 사항(14 grievances)"으로 불린다. 화웨이와 ZTE의 배제, 정치개입과 관련한 입법사항, 코로나19 기원에 대한 독립적인 조사 등 앞서 언급한 사항들이 모두 포함돼 있다.[45]

그리고 이 시기에 호주 국민들의 중국에 대한 부정적 인식 역시 높아진다. 2019년 로위 연구소(Lowy Institue)가 실시한 여론 조사에 의하면, "국제무대에서 중국이 책임감 있게 행동하는지에 대한 신뢰도 항목"에서 조사 대상 호주인의 32%만이 긍정적이라고 대답했다. 2018년 52%에 비

---

[45] 호주에 대한 중국으로부터의 투자 제한 조치('국가안보에 대한 우려'라는 불명확한 이유로 2018년 이래 10건 이상 투자 신청 불허), 5G망에서 화웨이와 ZTE 배제, 외국으로부터의 정치개입과 관련한 입법 조치(증거 없이 중국을 겨냥한 것으로 이해), 통상적인 학술교류 등 인적교류에 대한 제한 부과(비자 철회 등), 코로나19 기원에 대한 독립조사 주장(중국을 공격하는 미국의 정치적 선동에 동조), 신장·홍콩·대만에 대한 자의적 간섭, 비연안 국가로서 처음으로 남중국해에 대한 입장을 담은 성명을 유엔에 제출, 주 정부의 일대일로 프로젝트를 방해하는 연방정부 입법사항, 반중 성향 싱크 탱크에 대한 정부 차원의 자금 제공, 중국 언론인에 대한 무모한 가택수색 등 조치, 증거 없이 중국으로부터의 사이버 공격이 있다고 주장, 중국 공산당에 대한 터무니없는 비난, 언론에 의한 중국에 대한 적대적인 보도.

해 20%P나 하락한 수치이다. 또 다른 질문 항목은 "호주 경제에 영향을 미치더라도 중국의 군사 활동을 호주 정부가 더욱 강하게 저지해야 하는가."라는 것인데, 응답자의 77%가 "그렇다."라고 대답했다. 2015년 같은 응답자 비율 66%보다 11%P가 늘었다. 또한, "호주 정부는 중국의 인권 개선을 위해 충분한 압박을 가하고 있는가."라는 질문에는 27%만이 그렇다고 응답했다. 70%의 응답자들은 호주 정부가 더욱 강력히 중국의 인권 개선을 위해 압박을 가해야 한다는 의견이었다.

2022년 로위 연구소가 실시한 여론 조사에서는 더욱 부정적인 모습을 보였다. 국제무대에서 중국이 책임감 있게 행동한다고 생각한 응답자는 12%에 불과하였다. 중국을 경제적 파트너보다 안보 위협으로 보는 응답자가 전체의 63%에 달하고, 안보 위협보다 경제적 파트너로 보는 의견은 33%에 불과했다. 가장 극적으로 악화된 인식을 보여주는 부분은 "중국이 향후 20년 내에 호주에 군사적 위협이 될 가능성이 있다고 보는가."라는 질문인데, 이에 대해 75%가 그렇다고 응답한 것이다. 2018년을 포함하여 그 이전 10여 년간 제시된 동일한 질문에 대한 조사에서 40%대에 머물던 것과 비교하면 확연히 차이를 보인다.

중국에 대한 호주 정부의 조치 그리고 호주 국민들의 부정적 인식에 맞물려 중국에서도 호주에 대한 부정적 조치들이 등장하였다. 주로 무역과 관련된 조치들이다. 2019년 호주로부터 수출된 석탄이 중국 내 항구에서 하역되는 절차가 지연되는 등 비관세 행정 조치로 인한 교역 장애가 발생하기 시작하였고, 2020년 들어서는 본격적으로 관세부과 조치가 시행된다. 호주산 보리에 대해 80%의 수입 관세가 부과되었다. 병충해로 인한 보리의 수입 중단 조치가 예고되기도 하였다. 쇠고기, 바닷가재, 와인 등 호주의 주요 수출 품목들에 대해서도 통관 지연 등의 비관세 행정 장벽들이 만들어지기 시작했다.

호주와 중국과의 외교 관계가 역대 최저점을 찍고 있던 2021년 9월 호주 정부는 미국, 영국과 새로운 군사 협의체를 결성한다. 호주의 핵 추진 잠수함 획득을 위한 3개국 간 협의가 출범의 배경인데, 3개국 국가 이름의 영문 머리글자를 모아 AUKUS, '오커스'라 부른다. 2021년 9월 15일 3개국의 정상은 화상회의를 통해 오커스의 창설을 발표했고, 미국과 영국은 호주의 핵 추진 잠수함 개발을 공동 지원하기로 했다. 미국이 핵 추진 잠수함 기술을 다른 나라에 이전하는 것은 1958년 영국에 대한 이전 이후 63년 만이다. 호주의 모리슨 총리는 오커스 체제 아래 8척의 핵 추진 잠수함을 도입하겠다는 계획을 밝혔다. 호주 정부는 오커스를 통해 핵 추진 잠수함을 획득하고 운용하는 과정에 2050년대까지 2,680억~3,680억 달러 상당의 예산을 투입할 것으로 전망된다.

전 세계에서 핵 추진 잠수함을 보유한 국가는 핵보유국 5개국과 인도에 불과하다. 미국 역시 호주를 대상으로 한 결정이 매우 예외적이라는 점을 강조하면서, 호주가 핵확산금지조약(NPT) 체제 수호에 앞장서 왔고, 핵무기 개발 의도가 없으며, 21세기형 위협에 대처하기 위한 새로운 협력이라는 점을 부각시켰다. 오커스 결성에 대해 중국 외교부는 "지역 내 평화와 안정을 심각하게 해치고, 핵 비확산 노력을 약화하는 매우 무책임한 일"이라고 비판했다.[46] 그리고 동남아 일부 국가들, 남태평양 도서국 사이에서도 호주의 핵 잠수함 추진에 우려의 목소리가 나왔다.

2021년 9월 당시 오커스 3개국 정상의 합의사항을 보면, 오커스의 추

---

46   2021년 9월 16일 중국 외교부 정례 브리핑

진 목표와 방향이 두 가지로 나와 있다. 첫 번째는 '잠수함' 획득이다. 두 번째는 '선진 역량(advanced capabilities)'으로 디어 있다. 이 두 가지를 합의문에는 "연관되는 두 개의 노력(lines of effort)"이라는 용어로 쓰고 있는데, 이후 '필러'(pillar)라는 용어로 자주 불리고 있다. 두 개를 각각 1번 필러(pillar 1)와 2번 필러(pillar 2)로 부르고 있다. 1번 필러는 호주 해군에 핵 잠수함을 제공하는 것과 관련되며, 2번 필러의 선진 역량이라는 것은 오커스 3개국이 공동으로 선진 군사기술을 개발하는 것과 관련된다. 그리고 2번 필러의 선진 역량에는 8개의 기술이 포함되었는데, 해저 역량(Undersea capabilities), 양자 기술(Quantum technologies), 인공지능 및 자율작동 체계(AI and Autonomy), 사이버 능력, 극초음속 및 대극초음속 기술(Hypersonic and counter-hypersonic technologies), 전자전(Electronic warfare), 혁신 및 정보 공유 등이다. 앞의 6개는 실제 기술과 관련되는 영역이고, 뒤의 2개는 실제 기술보다는 기능적 영역에 해당한다. 그리고 오커스 3개국은 8개의 각 분야별로 워킹그룹을 가동하고 있다.

한편, 호주로서는 오커스 이전 프랑스와 디젤 잠수함 획득 사업을 추진하다가 프랑스와의 사업을 일방적으로 취소하였는데, 이 과정에서 프랑스와의 관계는 매우 불편해졌다. 900억 달러 규모였다. 프랑스쪽 얘기로는 2021년 6월 호주 모리슨 총리가 영국에서 개최된 G7 정상회의 참석에 이어 파리에서 마크롱 대통령을 따로 만났는데, 오커스에 대해서는 마크롱 대통령에게 전혀 이야기가 없었다는 것이다. 오커스 발표 3개월 전이었다. 그리고 호주의 외교 및 국방 장관들이 9월에 들어서까지도 프랑스 장관들에게 잠수함 협력에 대해 확고한 의지를 보여주었기에 프랑스로서는 더 큰 배신감을 느꼈던 것으로 보인다.

10월 말 양국 정상은 로마에서 개최된 G20 정상회의에서도 호주 언론

매체를 통해 사실관계에 대한 공방을 벌이기까지 하였다. 호주 기자들이 정상회의장에서 마크롱 대통령과 간략히 즉석 인터뷰를 가지면서, 문제의 발언이 나왔다. 마크롱 대통령은 기자들에게 자신은 호주와 호주 국민을 존중하고 있으며, 이는 상호적이어야 한다고 했다. 이에 대해 호주 방송사 ABC 기자가 마크롱 대통령에게 "모리슨 총리가 대통령께 거짓말을 했다고 생각하나요?"라고 질문하였고, 이에 대해, "그렇게 생각하는 게 아니라, 그렇게 알고 있다(I don't think, I know)."라고 하였다. 매우 직설적이고, 강력한 발언이었다. 물론 모리슨 총리는 '거짓말' 주장을 인정하지 않았다. 마크롱 대통령의 발언 직후에 모리슨 총리는 호주 기자들과의 인터뷰에서 6월에 엘리제 궁에서 열린 마크롱 대통령과의 만찬 자리에서 모리슨 총리 자신은 프랑스와 계약했던 재래식 잠수함이 호주의 전략적 이해관계를 충족하기 어려울 것이라는 견해를 이미 설명했다고 말했다.

2021년 10월 G20 정상회의는 오커스를 둘러싼 호주와 프랑스 사이의 갈등이 부각된 회의였으며, 정상회의에 참석했던 미국 바이든 대통령 역시 마크롱 대통령과의 관계에서 난처한 상황이었는지, 오커스 발표 과정이 품위 없이 서툴게(clumsy episode) 진행되었다고 했다. 이렇게 지속된 호주와 프랑스 간 오커스를 둘러싼 불편한 갈등 상황은 2022년 6월 호주 측이 프랑스 방산 기업측에 5억 5,500만 유로의 위약금을 지급하기로 하면서부터는 봉합되는 수순을 밟게 된다.

그러면 호주는 전통적 우방인 프랑스와의 관계 훼손을 감수하면서, 왜 그렇게 핵 추진 잠수함을 획득하고자 한 것인가. 이를 설명하는 과정에 호주 정부나 민간 전문가들은 '억제(抑制, deterrence)'를 자주 이야기한다. 일부 국제정치 교과서에서는 '억지'(抑止)라고도 하는 개념이다. 한자어의 기본 의미는 다르지 않다. 상대를 억눌러서 내가 원치 않는 것을 하지 못하게 하는 것이다. 최근 들어 우리 국내에서도 정부 문서나 언론에서 자주 등장하는 용어 중 '확장 억제'가 있다. 북한 핵에 대비하는 개념으로 등장한다. 북한이 미국의 동맹인 우리에 대해 핵으로 위협하거나 이를 과시하려는 상황에서 미국의 핵 억제력을 동맹인 우리에게 확장하여 제공하는 것을 의미한다. '핵우산'이라는 용어와도 닿아 있다. 핵 억제가 작동하려면, 상대로부터 선제 핵 공격을 받았음에도 불구하고, 보복 핵 공격을 통해 상대에게 충분한 피해를 줄 수 있어야 한다. 그리고 이러한 보복 공격 능력과 의지에 대해 상대가 충분히 인식하고 있어야 한다.

호주가 생각하는 '억제력' 향상은 호주 정부가 생각하는 잠재적 위협에 대한 인식, 호주 군사력의 취약점에 대한 인식으로부터 비롯된다. 외형적으로나 언어, 역사적으로 그리고 가치체계 등의 측면에서 호주는 서구 사회와 유사점을 가지고 있다. 그러나, 지리적으로는 미국, 유럽과 멀리 떨어져 있다. 그리고 지리적으로 당연한 이야기이지만, 호주에 대한 위협 또는 오세아니아 지역 전반의 안정에 대한 위협은 항시 북쪽으로부터라고 이해한다. 따라서 피지나 파푸아 뉴기니, 동티모르, 인도네시아 등에서의 소요 사태나 인권, 민주주의 등에 항시 주목한다. 이들 국가나 지역에서의 소요 사태나 불안정은 호주로의 난민 문제로 연결되고, 호주의 불안정으로 이어질 수 있기 때문이다. 해외에 있는 호주 대사관 중에 가장 규모가 큰 곳 세 군데를 꼽자면 미국, 인도네시아와 함께 파푸아 뉴기니가 포함되는데, 바로 이런 이유에서다. 필자가 미얀마에서 근무하던 시절 당시 호주 대사로 근무하던 인사가 파푸아 뉴기니 호주 대사관으로 부임해 갔다. 미얀마에서 대사였으므로 당연히 파푸아 뉴기니 대사로 부임하는 것으로 생각했는데, 나중에 알고 보니 대사가 아닌 차석으로 부임하였다고 하여 놀란 적이 있다.

그러나 이들보다는 근본적으로 중국이 이 지역에서 전개하고 있는 활동에 가장 우려하고 있다. 중국은 태평양 도서국들의 주요한 무역 상대로서 그리고 투자국, 채권국으로서 이들에 대한 관여를 증대시켜 왔다. 2018년 이후 군사 교류를 확대하고 일대일로 사업을 통해 항만·공항 등 교통 인프라에 대한 접근권의 확보를 더욱 적극적으로 추진하고 있다. 이러한 상황에서 호주로서는 태평양 도서국이나 인도네시아로부터의 안보 우려 요인보다 더 북쪽으로부터의 위협에 대해 생각할 수밖에 없게 되었다.

호주는 2018년 11월 모리슨 총리 시절 남태평양 지역 도서국과의 관계 증진을 도모하는 '태평양 스텝-업(Pacific Step-up)' 정책을 발표했다. 그러나, 태평양 도서국의 입장에서 보면, 피지나 솔로몬 제도와 같은 멜라네시아 도서국들의 입장에서는 호주에 대해 항시 우호적이지는 않았다. 호주는 원조를 주는 주요 공여국이긴 하나, 이러한 원조가 정작 자신들의 독자적인 개발 역량을 오히려 약화시킨다는 주장이 제기되면서, '북방정책(Look North)'이 등장한다. 멜라네시아 도서국으로부터 북쪽으로 향한다면, 거기에는 중국이 있다. 호주와의 관계를 다변화할 수 있는 강력한 대체 세력이 될 수 있으며, 중국 역시 이들 도서국에 이미 공을 들이고 있던 터이므로 상호 우호적 관계로 나아가기에 수월하였다. 2019년 솔로몬 제도는 대만과 단교하고, 중국과 수교하면서 국제뉴스가 되었다. 그리고 2022년 상반기 중국과 솔로몬 제도의 관계가 국제사회의 주요 뉴스로 다시 부각되었다. 2022년 들어서면서 중국과 솔로몬 제도 간에 '안보 조약'을 추진하고 있다는 소식이 들리기 시작했다. 당시 머내시 소가바레(Mannasseh Sogavre) 솔로몬 제도 총리는 중국과의 안보 조약 추진 사실을 인정하면서, '안보의 다변화'로 이를 정당화하였다. 호주의 입장에서는 서남 태평양의 주도국으로서 영향력을 행사해 왔는데, 중국의 외교적, 경제적 진출 그리고 이에 대해 적극적으로 화답하는 태평양 도서국들의 모습이 불편하게 느껴지는 대목이다. 더욱이 안보 협정을 체결하는 모습에 대해서는 더욱 불편할 수밖에 없다.[47]

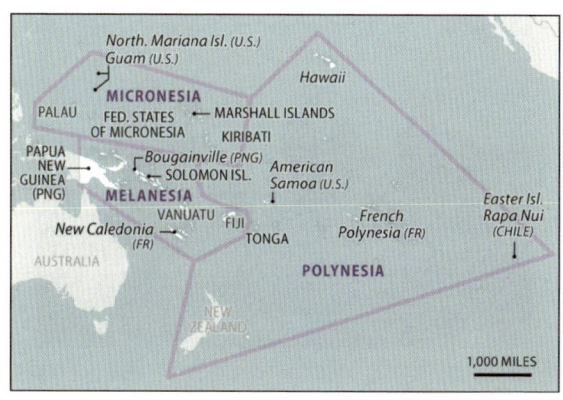

[그림 12] 태평양 도서국 *출처 : 미 의회 조사국[48]

한편, 오커스 발표로부터 1년 반 정도의 기간이 지난 2023년 3월 호주, 미국, 영국 정상은 미국 캘리포니아 샌 디에고(San Diego)에서 만나 오커스 공동선언(Joint Leaders Statement on AUKUS)을 발표하였다. 2021년 9월 오커스 결성과 출범을 발표한 지 18개월 만에 호주 정부의 '재래식 무기로 무장된(conventionally-armed)', '핵 추진(nuclear-powered)' 잠수함 획득을 지원하기 위한 향후 계획을 발표하였다.

공동선언의 주요 내용은 첫째, 세 나라는 영국의 차세대 잠수함 디자인에 기반을 두고 3개국이 공동으로 개발하게 될 잠수함, 'SSN-AUKUS'[49]를 인도한다는 것이다. 그리고 영국의 차세대 잠수함 디자인은 미국의 잠수함 기술을 포함하여 3개국의 기술력을 통합하는 디자인이 될 것이라고 하였다. 호주와 영국은 SSN-AUKUS를 그들의 미래 잠수함으로 활용할 것이며, 향후 10년 이내에 두 나라는 각국의 국내 조선소에서

---

47 이와 관련한 사항은 이 책 6장 중국 편에서 더 구체적으로 다루고 있다.

48 "The Pacific Islands: Policy Issues". (2017.2.2.).

[그림 13] 2023년 3월 미국 캘리포니아 샌 디에고(San Diego)에서 호주, 미국, 영국 정상은 오커스 공동선언
(Joint Leaders Statement on AUKUS)을 발표했다. 사진 왼쪽에서부터 호주 알버니즈 총리, 미국 바이든 대통령, 영국 수낙 총리) 출처 : 바이든 대통령 "X" (2023.3.13.).

SSN-AUKUS를 건조하게 된다.

둘째, 가능한 조기에 호주에 잠수함을 인도하기로 하고, 이를 위한 단계적인 시간 계획을 발표하였다. 우선, 2023년부터 호주의 민관 인력들은 미국과 영국에서 교육 훈련을 시작한다. 이와 관련하여 미국은 2023년부터 잠수함의 호주 항구 방문(port visits)을 늘려나갈 것이며, 영국은 2026년부터 자국 잠수함의 호주 방문을 늘려나가기로 하였다. 그리고 이르면 2027년에 미국과 영국은 호주를 대상으로 잠수함의 순환 배치(forward rotations)를 시작하기로 하였다. 이 역시 호주의 해군력과 잠수함 규제 체계 등의 개발에 기여하려는 것이다. 이어 2030년대 초반부터 미국은

---

49 탄도 미사일을 탑재하고 운용하는 핵 추진 잠수함의 분류 기호는 SSBN, 탄도 미사일을 운용하지 않는 공격형 핵 추진 잠수함은 SSN으로 불린다. SS는 Ship Submersible(잠수함), B는 Ballistic(탄도 미사일), N은 Nuclear(원자력)을 의미한다. SSBN은 대륙간 탄도미사일(ICBM), 전략 폭격기와 더불어 '3대 핵전력(nulcear traid)'으로도 불린다. 그리고 미 해군의 SSBN에 해당하는 잠수함은 오하이오급으로 불리는데, 잠수함 발사 탄도 미사일(SLBM)을 적재하여 전략 임무를 수행한다. 2023년 7월 SSBN '켄터키함'이 42년 만에 한국에 기항하였다.

"의회의 승인을 전제로 하여(pending approval from US Congress)" 호주에 세 척의 버지니아급[50] 잠수함을 판매할 의향이 있다고 밝혔다. 필요 시 두 척까지 추가로 판매할 수 있다고도 하였다. 이 경우 최대 다섯 척이 된다. 마지막으로 2030년대 후반 영국 해군은 자체적으로 SSN-AUKUS를 보유하며, 호주는 2040년대 초 자국에서 건조된 SSN-AUKUS를 갖게 될 것이라고 하였다.

셋째, 공동선언에서는 비확산 체제 준수에 대한 3개국의 강한 의지를 다시 표명하였다. 핵 추진 잠수함의 획득 과정에서 강력한 선례를 만들고 있으며, 국제원자력기구(IAEA)와 지속적으로 협의할 것이라고 하였다. 아울러 앞으로 상호 운용 가능한 핵 추진 잠수함을 생산할 수 있는 3개국의 산업역량을 공동으로 끌어올리게 될 것이라고 기대했다. 그리고 이를 통해 개별 국가 차원 그리고 공동으로 인도 태평양 해저(海底)에서의 존재감을 높이게 될 것이라고 보았다.

그리고 2024년 3월 오커스 3개국 국방장관들이 다시 모여 공동성명을 발표하였는데, 이전 발표문과 달리 오커스 확대, 정확히는 오커스 2번 필러의 여타 국가로의 확대 가능성을 구체화하고 있다. 오커스 출범 초기부터 2번 필러 프로젝트에 다른 나라에 대한 관여 의지가 있었다는 점을 밝히면서, 개별적인 2번 필러 프로젝트에 오커스 3개국 이외의 파트너 국가가 참여하는 방안에 대해 2024년 논의를 시작할 것이라고 하였다.[51] 오커

---

50 버지니아급(Virginia class) 잠수함은 냉전이 종결된 이후 대양작전보다 상대국의 연안에서 작전 가능한 잠수함이 필요해짐에 따라 개발된 것으로 알려져 있다. 원자력 추진 시스템으로 긴급 상황에서 35노트까지 가속이 가능하다고 한다. 2004년 1번 함 취역 이후 최근까지 22 번 함까지 취역하였고, 총 60여 척까지 계획되어 있다. 2060년대까지는 미 해군의 잠수함으로 운용될 전망이다. 버지니아급 잠수함의 총 중량은 A380 여객기 20대를 합친 무게에 해당한다고 하니, 그 규모가 엄청나다.

스 확장 대상 국가로 한국을 포함하여 일본, 캐나다, 뉴질랜드 등이 본격적으로 거론되기 시작한 것도 이 시기부터였다.

2022년 5월 노동당의 앤서니 알바니즈(Anthony Albanese) 대표가 호주의 새로운 총리로 취임하였다. 8년여의 보수 성향 자유당의 집권이 종료되고, 중도 좌파 성향 노동당의 집권이 시작되었다. 새로이 출범한 호주 노동당 정부는 전임 자유당 정부의 외교 정책, 특히 오커스와 쿼드를 포함하여 인도 태평양 지역의 평화와 안정의 문제에 있어 상당 부분 계승하고 있으나, 그럼에도 차이를 보이는 부분도 뚜렷하다.

　알바니즈 총리는 취임 1년여 되는 시점인 2023년 6월 샹그릴라 대화 기조연설자로 초청되었는데, 이 계기에 호주 노동당 정부의 인도 태평양 지역에서의 평화와 번영의 문제, 미국과 중국과의 관계, 오커스 등에 대한 인식을 포괄적으로 보여주었다. 4개월 뒤에 이뤄진 미국과 중국 방문 기간 중에도 같은 맥락에서 발언하였는데, 우선 샹그릴라 연설의 요지를 정리하면 아래와 같다.

---

51 "Since the inception of AUKUS, our nations have been clear in our intent to engage others in Pillar II projects as our work progresses. Over the past two and a half years, we have built a strong, trilateral foundation for delivering advanced military capabilities at speed and scale. AUKUS partners have developed principles and models for additional partner engagement in individual Pillar II projects and will undertake consultations in 2024 with prospective partners regarding areas where they can contribute to, and benefit from, this historic work." (AUKUS defence ministers joint statement: April 2024)

첫째, 인도 태평양 지역에서의 평화는 그냥 주어지는 것이 아니라, 지키기 위해 노력해야 하는 것이라고 하면서, 이 문제와 관련하여 "가드레일(guardrail)" 개념을 언급하였다. 두 개의 강대국이 특정 사안에 동의하지 않고 이견이 있더라도 그 이견 표출로 인해 파국의 상황에 이르지 않도록 방어막(guards)이 필요하다는 것이다. 그러면서 미국과 중국 두 나라 사이의 직접적 소통, 대화의 중요성을 강조하였다. 이어 알바니즈 총리는 싱가포르 리센룽 총리가 3개월 전인 2023년 3월 보아오 포럼(Boao Forum)에서 미국과 중국에 대해 언급한 연설문 일부를 인용하였다. "강대국들은 서로 안정적이고 작동 가능한 관계를 유지할 막대한 책임을 갖고 있다."라는 내용이다.

알바니즈 총리는 이 정도만 인용하였으나, 리센룽 총리의 실제 발언 내용을 살펴보면 이러하다. "강대국들은 서로 안정적이고 작동 가능한 관계를 유지할 막대한 책임을 갖고 있다. 왜냐하면, 그들 간의 충돌은 그들 자신과 전 세계에 통탄할 결과(grievous consequences)를 낳을 것이기 때문이다." 또한, 리센룽 총리는 "중국과 미국은 관계를 안정화하고, 서로 이해관계가 겹치는 부분에서는 협력할 수 있도록 충분한 상호 신뢰와 존중을 쌓기를 바란다."라고 하였다. 알바니즈 총리가 리센룽 총리의 발언을 인용한 맥락을 보면, 알바니즈 총리 연설은 중국을 중점적으로 비판하는 데 방점을 둔 것이 아니라, 미국과 중국 두 나라에 모두 안정적 관계 유지에 노력할 것을 주문한 것으로 읽힌다.

둘째, 호주 정부는 인도 태평양 지역의 평화를 위해 나름의 역할을 하겠다고 하면서, '억제(deterrence)'와 '외교(diplomacy)'를 동시에 강화하겠다고 하였다. 이어, 억제는 "역량에 대한 투자(investing in our capacity)"라고 하고, 외교는 "관계에 대한 투자(investing in our relationships)"라고 하였다. 이 표현은 호주 노동당 정부의 국방, 안보, 대외관계와 관련한 정책을 설명하는 과정에 계속해서 빈번히 등장하게 된다.

셋째, 호주와 중국과의 안정적인 관계를 위해 '대화'를 양국 관계의 중심에 두고 있다고 언급했다. 이에 대해 알바니즈 총리는 호주와 중국 간의 가치체계나 세계관 등에서의 차이점에 대해 인식하고 한계가 있다는 것을 인정하지만, 그럼에도 불구하고 서로가 공동의 이익을 취할 수 있고, 이것이 지역 전체적으로도 이익이 된다는 믿음이 있기에 서로 다른 견해에 대해서는 직접 대화하면서 풀어 가야 한다고 믿는다는 설명을 덧붙였다. 그리고 이러한 협력이 가능한 배경은 이 지역 내의 공정한 교역과 혁신을 촉진하고, 인적 교류를 활성화하는 지역 협력 구조가 만들어져 있기에 가능하다고 했다.

그리고 '가드레일'이나 안전장치(safeguards)를 설치해 두기는 하지만, 이걸로는 충분치 않다고 하였다. 도로를 달리는 사람들은 정해진 규칙을 준수해야 하며, "규칙에 기반한 질서"가 성공적으로 유지되기 위해서는 약소국을 포함하여 모든 국가의 주권이 존중되어야 하고, 압력의 두려움(fear of coercion)이나 응징(retribution) 없이 개별 국가가 자유롭게 자신들의 미래를 결정할 수 있어야 한다고 했다. 그러면서 알바니즈 총리는 이 규칙을 한 나라라도 지키지 않게 되면, 전략적 안정이 손상된다고 하였다.

넷째, 다자주의를 강조하였다. 그러면서 논란이 되어 왔던 쿼드와 오커스에 대해 언급하였다. 알바니즈 총리는 우선 태평양 지역에서 호주 정부의 다자주의 관여에 대해 아세안과 동아시아 정상회의 체제(EAS), APEC, G20을 거론하였다. 많은 나라가 참여하고 있는 협의체들이다. 그러면서 쿼드 참여나 오커스 출범이 이러한 기존 호주 정부의 다자주의 관여 노력을 대체하는 것이 아니라고 강조하였다. 2023년 3월 오커스의 향후 추진 계획이 발표된 것과 관련해서는 아세안과 태평양 도서국 등을 대상으로 60회 이상의 전화 통화를 했다고 하면서, 호주 정부의 의지와 구상을 공개적이고 투명하게 설명하고 있다고 했다. 호주 정부의 목표는 "전쟁을 준비하는(prepare) 것이 아니라 예방하는(prevent) 것"이라고 하였다.[52]

알바니즈 총리는 샹그릴라 연설에서 미국과 중국과의 관계를 둘러싼 이슈를 먼저 언급한 이후 다자주의라는 명분으로 추가로 빌드업한 이후 쿼드와 오커스를 마지막으로 언급하였다. 매우 철저하게 준비된 메시지 전달로 보인다. 한편, 알바니즈 총리의 취임 이후 외교 행보를 보면, 총리로 취임한 당일인 2022년 5월 23일 일본으로 출국하였다. 바로 다음 날 동경에서 개최된 쿼드 정상회의에 참석하기 위해서였다. 전임 정부에서와 마찬가지로 쿼드 협의체에 적극적인 관심을 표명한 것이다. 2008년 쿼드 초창기에 알바니즈 총리와 같은 노동당의 케빈 러드(Kevin Rudd) 당시 총리가 쿼드 협의체에 소극적이었던 상황을 생각하면 차이를 보인다. 그리고 이듬해 2023년 10월에는 미국을 국빈 방문하여 바이든 대통령과 정상회담을 갖는다. 그리고 불과 며칠 후 11월 초 이번에는 중국을 국빈 방문하여 시진핑 주석과도 정상회담을 갖는다. 총리에 취임한 지 1년 6개월여 만에 굵직한 외교 일정들을 마무리한다.

미국 방문 중 백악관 기자회견장에서 알바니즈 총리는 미국 언론인으로부터 미국과 중국의 경쟁에 대한 총리의 인식을 묻는 질문을 받았는데, 이에 대해 알바니즈 총리는 미국과 중국의 전략적 갈등 상황에 대해 나름의 입장을 밝히면서, 또 다시 대화의 중요성을 강조하였다.[53] 전략적 경쟁

---

52 알바니즈 총리의 샹그릴라 연설 3개월 전에 오커스의 향후 추진 계획이 발표되었는데, 이에 대해 지역에서 표출될 수 있는 우려를 불식시키고자 호주 정부는 부단히 노력하였다.

53 미국 PBS 기자가 던진 질문이다. "What President Biden has said China should expect, quote, "extreme competition from the United States." Do you support extreme competition with China? And what does that look like for you?"

이 있다는 것은 사실이라고 했다. 그러면서 중국과의 관계는 "협력할 수 있는 데서는 협력하고, 반대해야 하는 부분에서는 반대하되, 국익에 맞추어 관여한다(to cooperate where we can, disagree where we must, but engage in our national interest)."라는 것이 호주 정부의 정책 기조라고 재차 강조하였다. 그리고 대화를 이어가는 관계를 유지하는 것이 모두에게 이득이 된다고 하고, 곧 있을 중국 방문에 대한 기대를 표명하였다. 미국과 중국 간의 대화에 대해서도 언급하였다. "미국의 고위 관료들이 중국의 카운터파트들과 면담하는 데 대해 긍정적으로 평가한다."라고 했다. "대화를 통해 이해가 생기고, 긴장도 완화될 수 있다."라고도 덧붙였다.

그리고 호주가 원하는 평화롭고 안전한 지역이란 '법의 지배'에 기초해야 한다고 하였다. 이는 남중국해, 동중국해, 대만해협에서의 항행의 자유도 포함한다고도 했다. 1년여 전 샹그릴라 대화의 기조연설에서와 유사한 방향의 메시지를 던졌다. 한편, 기자회견에서 바이든 대통령 역시 호주 언론인으로부터 호주가 중국을 신뢰하고 관계를 맺을 수 있는지 질문을 받았다.[54] 바이든 대통령은 망설임 없이 "신뢰하되, 정확한지 확인하라 (Trust, but verify)." 라고 대답하였다.

미국 방문 기간 중 알바니즈 총리는 카말라 해리스 부통령과 블링컨 국무장관이 참석한 가운데 미 국무부 건물에서 개최된 오찬 행사에도 참석하였다. 알바니즈 총리는 여기서도 비교적 긴 시간을 할애하면서, 러시아의 우크라이나 침공 상황, 가자 지구 사태, 호주 정부의 인도 태평양 지

---

54 2023년 10월 15일 백악관 로즈 가든에서 진행된 기자회견에서 "The Australian" 소속 기자가 던진 질문이다. "What do you make of China's reengagement with Australia? Can Australia trust Beijing? And can Australia do business with China?" (https://www.whitehouse.gov/briefing-room/speeches-remarks/2023/10/25/remarks-by-president-biden-and-prime-minister-anthony-albanese-of-australia-in-joint-press-conference/)

역에서의 평화와 안보에 대해 언급하였다. 특기할 만한 사항으로는 알바니즈 총리의 외교 문제에 대한 접근 방식이나 중요한 수사적 표현들이 일관되게 유지되고 있다는 것이다. 샹그릴라 대화 기조연설을 포함하여 여러 차례에 걸쳐 일관된 메시지를 발신하고 있다. 알바니즈 총리는 중국은 스스로 '현상 유지 국가(status-quo power)'로 생각하지 않는다고 하고, 중국은 자신의 가치와 이익을 더욱 잘 구현할 수 있는 지역과 세계를 추구하고 있다고 평가하였다. 그러므로 지난 70여 년간 평화와 번영을 견인해 왔던 "규칙 기반 국제 질서"로부터 혜택을 받은 국가들이 합심하여 기존의 질서를 지키는 책무를 져야 한다고 했다.

구체적으로는 "각국의 주권을 지키고, 항행의 자유를 지키고, 인권을 옹호하고, 평화를 지키는" 것이라고 했다. 이를 위해 호주는 "역량에 투자(investing in our capabilities)"하고, "관계에 투자(investing in our relationships)"한다는 것이다. 역량에 대한 투자를 통해 경쟁(competition)이 충돌(conflict)로 악화하는 것을 예방할 것이라고 했다. 관계에 대한 투자는 안정을 담보할 수 있는 대화를 이어갈 수 있도록 할 것이라고 했다. 이러한 상황 인식에 기반하여 중국과의 관계를 안정화하려 노력한다고도 했다. 그러나 중국은 호주와 역사, 가치, 정치체계에 있어 다르다는 점을 잘 알고 있으며, 그래서 중국과는 "협력할 수 있는 데서는 협력을 추구하고, 반대해야만 할 때는 반대하되, 국익에 맞추어 관여한다."라는 입장이라고 했다. 이러한 호주의 접근법은 인내력 있고(patient), 교정하는 차원의(calibrated) 그리고 심사숙고하는(deliberate) 것이라고 하였다.

알바니즈 총리는 워싱턴 방문 직후 중국을 방문하였다. 호주 총리로서는 2016년 이후 7년 만의 중국 방문이었다. 그리고 호주측은 1973년에 호주 총리로는 처음으로 고프 위트람(Gough Whitlam) 당시 노동당 출신 총리가 중국을 방문하고, 마오쩌둥 서기장과 면담했던 때로부터 50주년

이 되는 해에 알바니즈 총리가 방문했다는 점도 부각하였다. 정상회담 이후 언론발표문에서는 구체적인 성과 사항보다는 호주와 중국 간의 상호 교류를 활성화할 것이라는 내용이 다수 보인다. 양국 총리 간 연례 회담의 정례화를 재개하기로 하고, 경제통상 및 기후변화, 에너지 등 분야에서의 여러 대화 협의체를 재개하기로 합의했다는 등이다. 그만큼 수년 동안 양국 간 기존 협의 채널이 작동하지 않았다는 점을 보여준다.

알바니즈 총리는 시진핑 주석과의 회담 이후 기자들에게 회담은 만족스러웠다고 하면서, 상호 "긍정적인 관여(positive engagement)"를 가졌다고 언급하였다. 그리고 샹그릴라 대화 기조연설에서 언급했던 "가드레일"에 대해 시진핑 주석에게 이야기했다고 하고, 미국과 중국 사이의 국방 당국 간의 협력에 대해서도 이야기했다고 소개했다. 또한, 알바니즈 총리는 기자들과의 회견에서 미국과 중국 사이에서 호주가 역할을 할 것이냐 하는 질문에 대해서는 두 나라가 직접 대화하는 것이 중요하다고 하고, 중간에서 연결해 주는 역할(intermediary)이 필요하다고 생각하지는 않는다고 했다.

중국 내에서는 관영 언론에서부터 알바니즈 총리의 방문을 호의적으로 보도하는 논조를 이어갔고, 사회관계망에서도 긍정적인 반응이 쏟아졌다. 알바니즈 총리의 중국 방문 한 달전 CGTN 언론인 청 레이가 석방되어 호주로 귀국하기도 하였다.[55] 호주 정부의 최대 관심사였던 호주 수출품, 특히 바닷가재, 쇠고기 등에 대해서는 제재적 성격의 관세부과 조치가 즉각 해제되지는 않았으나, 멀지 않은 시기에 재검토가 이루어질 수 있

---

[55] 청 레이 구속 사안에 대해 2022년 5월 취임한 앤소니 알바니즈(Anthony Albanese) 호주 총리는 같은 해 9월 투명성이 결여되어 있다고 하면서, "중국 정부는 이 사안을 더 잘 처리할 필요가 있다."라고 했다.

다는 언질을 중국측이 호주측에 한 것으로 보도되었다.

　　그리고 알바니즈 총리의 중국 방문 7개월 후인 2024년 6월 중국의 리창(Li Qiang) 총리가 호주를 방문하였다. 방문 기간 중 리 창 총리는 호주 국민이 최장 15일 중국을 무비자로 방문할 수 있다고 발표하였다. 호주 남부 애들레이드(Adelaide) 동물원에는 판다 곰 한 쌍을 선물하기도 했다. 리 창 총리의 호주 방문 직전 알바니즈 총리는 호주 국내 언론 'The Australian'에 "중국과 생산적으로 일하게 되면 지역 내 모두가 혜택을 받게 될 것이다(Working Productively With China Will Benefit Everyone In The Region)."라는 제목의 기고문을 게재하였다.

　　그는 기고문 시작 지점에서 리 창 중국 총리의 호주 방문을 알리고, 리 총리의 방문은 "중국과의 대화를 재건하고 중국-호주 관계를 안정화하기 위해 호주 정부가 그간 인내력 있게(patient), 교정하는 차원의(calibrated) 그리고 심사숙고한(deliberate) 노력을 전개해 온 데에 있어 진일보한 모습을 보여주는 것"이라고 했다. 과거 호주 행정부와는 다른 시각에서 중국과의 관계를 새로이 하고 있다는 의지를 명확히 하였다. 이어 알바니즈 총리는 2022년 집권하던 당시 중국이 호주에 부과한 무역 장벽으로 연 200억 호주 달러 규모의 수출이 이루어지지 못하고 있었다고 회상하였다. 그러면서 2024년 6월 현재로는 호주산 석탄, 목재, 면화, 보리, 와인 등이 중국에 다시 수출되고 있다고 하였다. 중국이 호주의 최대 교역 대상이라는 점도 다시 한번 상기하였다.

　　이와 함께 알바니즈 총리는 "평화에 대한 호주의 의지는 규범 기반의 국제 질서 구축에 기여하였고, 호주는 계속해서 주권이 존중되고, 인권이 보장되는 인도 태평양을 옹호할 것"이라고 하였다. 그리고 호주 정부가 지난 2년간 국익을 지켜나가는 과정에서 안정을 추구하였으나 그 자체만을 목표로 하여 추구하지는 않았다고 하면서, 호주 정부는 중국과 호주 두 나라가 매우 다른 국가이며, 다른 체제와 세계관을 갖고 있다는 점에 대해 직설적이고 솔직한(upfront) 자세를 견지해 왔다고 했다. 아울러 "논쟁은 불가피한 것이며, 중요한 것은 이를 어떻게 관리하느냐."라고 했다. 또한, 대화의 중요성을 강조하면서, "위협하거나 최후통첩을 보내는 것은 쉬운 일이겠지만, 그렇게 해서는 많은 것을 얻을 수 없다."라고 했다. 알바니즈 총리가 하고 싶은 말은 결국 외교의 중요성을 강조하려는 것으로 보인다. 그는 이렇게 쓰고 있다. "더욱 복잡해지는 세상에서 외교의 역량을 측정하는 진정한 방법은 대립하는 상황을 만들지 않고, 차이를 효과적으로 관리하는 능력(ability to effectively manage differences, not manufacture confrontations)이다."

한편, 알바니즈 총리와 리 창 총리는 회담 직후 기자회견을 가졌다. 여기서 알바니즈 총리는 호주 정부는 중국과의 관계에서 대화를 중심에 두고 있다고 하면서 소통과 외교의 중요성을 다시 강조하였다. 그리고는 양국에 있어 상호 교역의 중요성, 기후변화 문제와 에너지 전환에 대한 공동 대응, 인적 교류의 중요성, 그리고 리 창 총리가 선물로 가져온 판다 곰에 대해서까지 언급하였다. 이어 인도 태평양 지역에서의 평화와 안정 문제에 대해서도 발언하였다. 이 지역에서 "지역 균형(regional balance)"이 필요하다는 점을 지지하며, 이는 "어느 한 나라만 지배하는 것이 아닌, 그리고 어느 한 나라도 지배받지 않는 지역(where no country dominates and no country is dominated)"이며, 나라의 크기와 상관없이 같은 규칙을 따르는 지역이라는 의미라고 하였다. 그러면서 다시 한번 일관된 메시지인 "협력할 수 있는 데서는 협력하고, 반대해야 하는 부분에서는 반대하되, 국익에 맞추어 관여한다."를 총리 특유의 부드러운 톤으로 언급하였다.

리 창 총리 역시 이에 화답하였는데, 양측은 다시 한번 상호관계를 '포괄적 전략적 동반자 관계'에 부합하도록 노력하고, 이 관계를 긍정적인 태도로 다루며, 상호 존중과 신뢰를 유지하기로 했다고 언급했다. 그리고 서로의 이견과 차이에 대해서도 솔직한 의견을 교환했다고 하면서, 그러한 부분들은 "포괄적 전략적 동반자 관계에 부합하는 방식으로 적절히 관리해 나가기로 합의했다."[56]라고 언급했다. 리 창 총리의 표현은 중국이 전통적으로 외교 관계에서 주장해 온 "구동존이(求同存異)"의 연장선으로 보인다. 원칙적이고 일치되는 의견을 취하고, 비원칙이고 부수적인 의견은 보류한다는 뜻이다. 이를 통해 차이점을 가지고 다투지 않고, 공통점을 찾아서 함께 추구하고 협력해 나가면서 상호 이익이 되는 관계를 발전시켜 나가자는 것이다.

호주와 중국이 외교적으로 상호관계를 관리하면서 회복하는 데에는 수년이 필요하였고, 호주의 경우에는 정권이 노동당으로 교체된 점 역시 영향을 미쳤다. 그러나, 경제적 측면에서는 다소 다른 추이를 보이는 점이 흥미롭다. 외교적으로 불편한 상호관계 속에서 일시적으로 교역 감소세를 보였으나, 이러한 감소세는 그리 오래 가지 않았다.

호주와 중국과의 교역은 자유당 정부 시절 불편한 관계를 겪으면서 2020년 전년 대비 감소세를 보였으나, 2021년 중반기를 거치면서, 곧바로 회복했다. 이후 오히려 증가세를 보이기 시작하였다. 정치 안보 측면에

---

56   리 창 총리의 중국어 발언 중 제공된 영어 동시 통역 내용은 "agreed to properly manage them in a manner befitting our comprehensive strategic partnership"이다.

서의 양국 간 긴장 및 우려 관계가 해소되지 않은 상황에서도, 경제적 측면에서는 긍정적 결과가 계속 만들어진 것이다. 그 이유는 호주산 석탄, 쇠고기 등에 대한 중국 당국의 제재적 조치에도 불구하고, 호주산 철광석에 대한 중국의 수요가 높아졌기 때문이다. 2021년 5월 기준 중국에 대한 호주의 총수출은 전년도 대비 16% 증가세를 보였는데, 이는 철광석의 수출이 전년 대비 20% 증가했기 때문이다. 철광석에 대한 중국의 수요를 충당할 수 있는 브라질 등 여타 국가로부터의 철광석 생산에 장애가 발생하면서, 중국으로서는 호주에 의지할 수밖에 었었던 것이다. 중국으로 향할 예정이던 석탄 수출이 여타 수출 대상 국가인 한국, 일본, 대만으로 향하게 되면서 이들에 대한 수출도 증가하였다. 물론 항목별로 차이는 있으나, 호주 입장에서는 중국과의 긴장 관계로 인해 전체 교역 측면에서 그리 오랫동안 부정적 영향을 받지 않았다는 것이다.[57] 그리고 이러한 교역 확대 추세는 계속 이어졌는데, 노동당 정부 집권 이후 양국 간 관계의 회복 기류에 맞추어 2023년 기준 양국 간 교역 규모는 1,450억 달러 수준으로 역대 최고치를 기록하였다. 또한, 2023년 말 알바니즈 총리의 중국 방문, 그리고 2024년 6월 중국 리창 총리의 호주 방문 등을 거치면서 상호관계는 해빙 분위기가 본격화하였다.

이렇게 중국과 호주 간의 경제적 관계가 조기에 회복된 데는 2022년 호주 정부의 교체, 즉 보수 성향 자유당 정부에서 진보 성향 노동당 정부로의 교체라는 배경이 있겠다. 그러나, 더욱 중요한 것은 외교적으로나 안보상의 이슈로 긴장 상황 또는 불편한 상황이 조성되더라도 경제적 측면에서는 호주와 중국은 서로를 필요로 하는 상황이라는 점에 주목할 필요

---

57 "Australia-China Trade Tensions: The Great Escape?" (Rajiv Biswas, S&P Global, ECONOMICS COMMENTARY Jul 09, 2021)

가 있다. 정치적 이유로 불편한 지점은 있으나, 경제적 측면에서는 관계를 유지하는 것이 서로의 국익에 도움이 되는 구조적 관계를 맺고 있다는 것이다.

한편, 아래의 그래프에서 보면, 호주 입장에서 중국과의 교역은 2000년도를 지나면서 급속히 확대되는 모습을 알 수 있다. 미국, 일본과의 교역 규모가 줄어드는 것과 대비되는 모습이다. 호주의 주요 교역 대상국 및 전체 교역 규모 대비 각국이 차지하는 비중을 보면, 2010년을 전후하여 중국은 호주의 최대 교역 대상으로 부상하였다. 그 비중은 점점 늘어나고 있으며, 2019년경부터는 약 30% 정도를 차지한다. 그 뒤를 일본, 미국, 한국, 인도 등이 비슷한 규모로 따르고 있다.

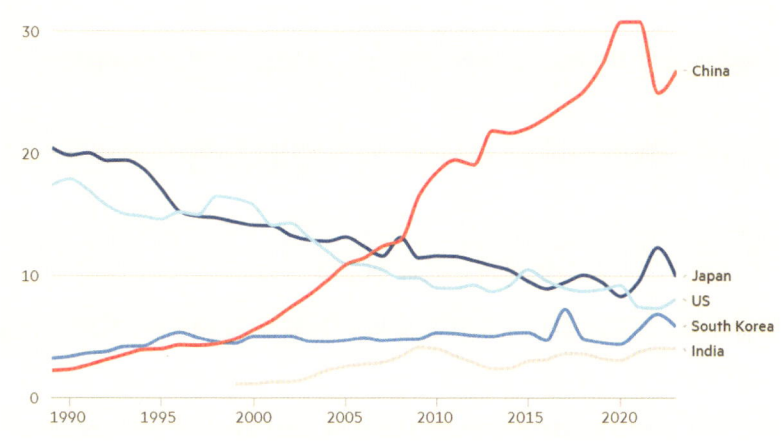

[그림 14] 호주의 상품 및 서비스 교역 5대 대상국의 비중(%).
출처 : 호주 외교통상부(Financial Times (2024.6.17.). 'Australia's trade with China surges to record level after tariffs lifted'에서 재인용)

중국은 호주에게 최대의 교역 대상국이며, 2023년 말 기준으로 호주의 상품 및 서비스 교역의 27%를 차지하였다. 상호 교역 규모는 2023년 기준 2,150억 달러에 달하는데, 이 가운데 호주의 수출이 1,440억 달러였다. 서비스 교역은 교육과 관광이 큰 부분을 차지한다. 다시 말해 중국으로부터 다수의 유학생이 호주에서 공부하고 있고, 많은 중국 관광객이 호주를 찾고 있다는 것이다. 특히, 2023년에는 전년에 비해 서비스 교역이 50% 이상 증가하였다. 양국 관계가 회복되면서 교육과 관광 등 일반 국민 간 교류에도 영향을 미치는 것으로 해석된다.

중국에게는 호주가 7번째의 교역 대상이다. 중요한 교역 상대인 것은 분명해 보이는데, 중국에 있어 호주의 중요성은 그 순위보다는 교역품의 내용에 있는 것으로 보인다. 호주가 중국에 수출하는 또는 중국이 호주로부터 수입하는 최대 교역품은 광석 슬래그(ores slag)인데, 2023년 기준 800억 달러에 달했다. 슬래그는 철강을 제조할 때 생기는 부산물이다. 철강의 원료로 사용되는 철광석, 유연탄 등이 고온에서 녹아 쇳물과 분리된 후 발생하는 자원이다. 이 슬래그는 주로 시멘트의 원료로 재활용된다. 슬래그를 통해 시멘트를 제조하면, 시멘트의 주원료인 석회석의 사용량을 절감할 수 있다. 또한, 건설이나 도시공사 과정에서 활용되기도 하는데, 이 경우에는 강에서 얻는 자갈, 모래 같은 천연 골재 사용을 줄이는 효과가 있다. 따라서 중국의 인프라 건설 현장에 호주로부터 수입하는 슬래그가 많이 활용되고 있다. 이외에도 5대 수출 품목 가운데 4위까지는 광물자원에 해당한다. 1,000억 달러를 넘어선다. 호주 자유당 정부 시절 중국으로부터 관세 보복을 받았던 품목이 바닷가재, 와인, 쇠고기, 보리 등이다 보니 이러한 품목들이 많이 부각되었으나, 실제 호주의 주요한 대중국 수출 품목은 광물자원이다. 이는 거꾸로 중국으로서는 자국의 인프라 건설에 있어 호주산 광물자원이 중요한 역할을 한다는 것이며, 쇠고기, 와인이나 보리와 같은 식재료보다는 대체 수입 국가를 찾기가 여의치 않은 품목이기도 하다.

교역 규모와 교역의 내용에 있어 공히 호주와 중국 양국은 서로를 필요로 한다는 것을 이해할 수 있다. 노동당 정부 집권 이후 중국과의 관계가 해빙 모드를 맞이하는 것은 단순히 호주 정권의 교체만이 아니라, 긴장 상황의 지속이 상호 경제적 측면에서 유리하지 않다는 인식이 양국에서 모두 우세하였기 때문일 것이다. 어느 한쪽의 이해가 아닌 양측의 상호 이해관계의 접점이 크다는 사실을 다시금 인식한 것으로 보인다. 물론 알바니즈 총리의 절제되고 정제된 메시지가 일관되게 전달된 점도 일조한 것으로 보인다. 이렇듯 메시지가 일관되게 전달된다는 것은 상황에 따라 변치 않고 같은 메시지가 전달된다는 의미와 함께 호주 국내적으로나 미국 그리고 중국에서모두 유사하게 전달된다는 점을 의미하기도 한다.

3장
유럽, 인도 태평양으로 재균형 잡는 EU 그리고 영국

유럽연합(EU) 차원의 인도 태평양 정책 문서와는 별개로 개별 국가 차원에서 인도 태평양과 관련한 문서를 발표한 나라로 유럽의 나라로 프랑스, 독일, 네덜란드가 있다. 이 장에서는 EU의 전략에 앞서 이들 세 나라의 인도 태평양 구상을 먼저 살펴보고자 한다. 그리고 더 이상 EU 회원국이 아닌 영국의 인도 태평양에 대한 정책에 대해서도 분석한다.

프랑스, 독일, 네덜란드 3개국의 인도 태평양 전략 또는 정책은 인도양과 태평양 지역으로의 외교적 그리고 경제적 자원의 투자를 확대하려는 의지를 보이는 점에서는 공통적인 면이 관찰된다. 다만, 3개국 정책의 내용을 비교해보면 일부 차별화되는 특징적인 면이 관찰되기도 한다.

우선, 공통적으로 세 나라는 현재 그리고 향후 국제관계의 중심에 미국과 중국의 경쟁이 자리한다고 보고, 이 과정에서 두 나라의 이해관계가 빈번히 상충한다는 인식을 갖고 있다. 세 나라는 또한 중국의 일방적 부상 또는 중국이 지역 내 주요 이슈에 있어 공세적인 주장을 강화하고 있는데 대해 우려하면서, 동시에 미국과 중국 사이에 갈등이 깊어지거나 양극화하는 모습에 대해서도 편치 않은 모습이다. 그리고 인도 태평양 지역에서 단극 체제나 양극 체제 모두 유럽의 이해관계에 도움이 되지 않는다고 본다. 이 국가들이 지역 내 '포용성'이나 '다자주의'를 강조하는 이유이기도 하다. 또한, 세 나라가 협력의 대상으로 강조하는 지역 내 국가에는 한국, 일본, 호주, 뉴질랜드, 인도, 아세안이 공통적으로 부각된다.

국가별로 차별화되는 요소의 대표적인 것이 지역에 대한 소속감에 대한 인식이다. 프랑스는 스스로 인도 태평양 국가라는 인식을 보인다. 영어로는 "resident power"라고 하는데, "상주(常住)하는 국가"라는 것이다. 물론 프랑스 본토는 유럽에 위치해 있지만, 프랑스의 영토 주권이 미치는 일부 섬들이 인도양과 태평양에 위치해 있고, 그곳에 프랑스 국적의 국민이 거주하고 있다는 점을 강조한다. 반면, 독일과 네덜란드는 인도 태평양 역외 국가로서 이 지역에 대한 관여와 협력을 더욱 강화하겠다는 의지를 보였다.

프랑스는 유럽 국가 가운데 가장 먼저 인도 태평양 개념을 도입하였다. 엠마누엘 마크롱(Emmanuel Macron) 대통령이 2018년 5월 호주를 방문했을 당시 시드니(Sydney)의 가든 섬(Garden Island)에 있는 해군기지에서 연설하였는데, 프랑스의 인도 태평양 전략은 여기서 유래한 것으로 되어 있다. 도널드 트럼프 당시 미국 대통령이 2017년 11월 아시아 순방 계기에 인도 태평양 전략을 언급한 지 얼마 지나지 않은 시기이다.

마크롱 대통령은 호주 연설에서 프랑스가 인도 태평양 국가라고 강조한다. 그 이유로 든 것이 태평양에 3개의 프랑스 자치령이 있다는 것인데, 바로 뉴 칼레도니아(New Caledonia), 왈리스 푸투나(Wallis and Futuna), 프랑스령 폴리네시아(French Polynesia) 등이다. 그리고 인도양 동부에도 프랑스 자치령, 즉 레위니옹(Reunion)과 마요트(Mayotte) 등이 있다고 했다. 이들 프랑스 자치령 거주민을 포함하여 인도 태평양 지역에 160만 명의 프랑스 국민이 거주하고 있고, 7,000명의 병력이 주둔하고 있다고 한다. 지역에 대한 이러한 유대관계는 프랑스 정부의 인도 태평양과 관련한 문서에 반복적으로 등장하고 있다.

한편, 마크롱 대통령은 호주 연설에서 중국의 부상에 대해 언급하면서 중국이 우리(프랑스, 호주 등)를 파트너로 존중하도록 하기 위해서는 우리 스스로도 조직화해야 한다고 하면서, 다자주의의 중요성을 강조했다. 이와 관련하여 프랑스-호주-인도 3개국으로 구성되는 "인도 태평양 축(Indo-Pacific axis)"의 결성을 제안하였다. 인도 태평양 축을 결성하는 배경과 목표는 지역 내 여러 이슈가 관련되는데 첫째, 대화를 통한 위기의 해결이라 하면서, 항행의 자유를 언급하였다. 동중국해와 남중국해 등 해양 안보 이슈를 염두에 둔 것으로 해석된다. 둘째 공통의 안전과 안보를 확보하는 것이라 하였고, ISIS와 같은 폭력적 극단주의와 북한의 핵 위협을 언급하였다. 세 번째, 무기와 마약 밀매, 인신매매 등으로부터의 안전을 언급하였고, 네 번째, 기후변화를 들었다. 프랑스 정부가 이후 인도 태평양 전략 문서들을 발표하는 과정에서 마크롱 대통령의 호주 연설은 중요한 지침이 된다.

마크롱 대통령은 호주 방문 직후인 2018년 8월 파리에서 개최된 해외 주재 프랑스 대사들과의 공관장 회의에서도 인도 태평양을 언급하였다. 호주에서의 연설에 비해 전체 연설에서 인도 태평양을 언급한 비중은 적지만, 그 짧은 언급 가운데 주목할 만한 대목이 있다. 마크롱 대통령은 자신의 호주 방문 때에 새로운 인도 태평양의 전략적 목표를 위해 협력할 것을 제안했다고 상기하면서, 이는 다만 "어느 누구를 겨냥하는 것이 되어서는 안 된다."라고 했다. 이와 관련하여, 프랑스 인도 태평양 전략 문서에서는 지역 내 모든 나라를 "포용"해야 한다는 언급이 등장한다. 미국과 일본 등이 "자유롭고" 그리고 "열린"이라는 수식어와 함께 "인도 태평양"을 언급하고 있던 시기에 "포용적인"이라는 수식어를 이 시기 프랑스가 사용한 것이다. 인도나 아세안의 경우와 결을 같이 하는 것으로 해석되는 지점이다.

한편, 마크롱 대통령의 호주 방문 이후 프랑스 국방부와 외교부[58]는

2019년 들어 공식 문서로 인도 태평양 전략을 발표하기 시작하였다. 이후 여러 차례에 걸쳐 일부 내용을 수정하여 개정판을 발표하고 있다. 국방부 문서의 제목은 "인도 태평양에서의 프랑스와 안보(France and Security in the Indo-Pacific)"이며, 외교부는 더 명시적으로 "프랑스의 인도 태평양 전략(France's Indo-Pacific Strategy)"이라는 명칭을 사용했다.

외교부는 어느 나라나 단일 부처 차원을 넘어 대외적으로 정부 대표부처의 성격을 가지므로 이 문서를 중심으로 프랑스의 인도 태평양 전략을 살펴보고자 한다. 이 문서의 서문에는 마크롱 대통령 명의의 메시지가 담겨 있다. 프랑스 인도 태평양 전략 문서에서는 지리적으로 어느 나라를 인도 태평양으로 보는지 나열되어 있지는 않다. 그러나 문서의 표지에 있는 지도를 보면 그 지리적 범위를 명확히 알 수 있다. 다만, 흥미로운 점은 지도에 표시된 대상 국가의 변화가 보이는데, 2021년 7월 발표 문서에는 이란과 아프가니스탄이 포함돼 있었으나, 2022년 2월 문서에는 이 두 나라가 빠져 있는 차이가 보인다.

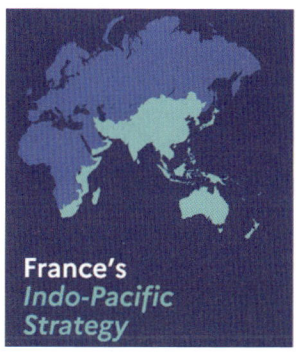 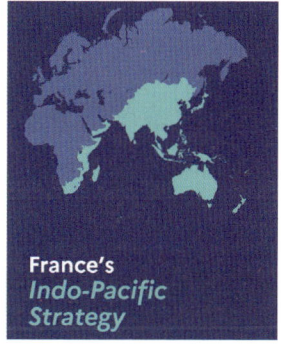

[그림 15] 2021년 7월 문서의 표지.　[그림 16] 2022년 2월 문서의 표지.
2021년 7월 발표 문서에는 이란과 아프가니스탄이 포함돼 있었으나,
2022년 2월 문서에는 이 두 나라가 빠져 있는 차이가 보인다.

58　프랑스 정부 조직에서 외교부의 정식 명칭은 '유럽 및 외교부'이다.

프랑스 인도 태평양 전략의 대상 국가와 관련하여, 2022년 2월 문서의 지도를 기준으로 보면, 우선 인도양 동부의 일부 아프리카 국가들이 포함되어 있다. 남쪽부터 보면 아프리카 대륙 쪽에 남아프리카 공화국과 모잠비크, 탄자니아, 케냐, 소말리아, 지부티 그리고 인도양 쪽에 마다카스카르, 모리셔스 등이 보인다. 중동 지역에서는 예멘, 오만, 아랍에미리트공화국이 포함되어 있다. 이어 한국, 중국, 일본이 속한 동아시아, 그리고 동남아시아 및 남아시아 국가, 오세아니아와 태평양 도서국들까지를 포함한다.

전략 문서의 본문에서는 먼저 인도 태평양 지역이 개방되고, 포용적이며, 모든 강압으로부터 자유롭고, 다자주의와 국제법에 대한 존중에 기반해야 한다고 하였다. 인도 태평양의 현 상황에 대해서는 "양극화하는 긴장의 지역(a region with polarizing tensions)"으로 보았다. 다시 말해 중국의 부상 그리고 미국과 중국 간의 경쟁이 이 지역의 세력 균형을 약화하고 있다고 보았다. 여타 초국가적 위협이나 기후변화 문제도 언급했다. 다만, 경제적인 측면에서는 이 지역의 경제적 역동성으로 프랑스 기업들에 큰 기회가 될 것이라고 하였다.

세 개의 키워드를 모아보면, 결국 세력 균형, 경제, 기후변화 및 지속가능개발 등으로 볼 수 있다. 먼저, "세력 균형"에 영향을 미치는 주요 이슈들로 전략 문서에서는 미국과 중국의 경쟁, 인도와 중국의 국경 분쟁, 대만 문제, 한반도 문제, 동중국해와 남중국해 문제 등을 거론하였다. 그리고 이러한 요인들로 인해 전략적 계산이 더욱 복잡해지고 있다고 했다. 현대적 기술의 개발과 이에 따른 군비 증강 추이로 지역 내 군사적 균형의 변화 역시 초래되고 있다고 보았다. 또한, 남중국해와 동중국해에서의 긴장을 언급하면서, "프랑스는 기존 체제에 대한 일방적인 변경의 시도 또는 무력 사용을 통한 국제법에 대한 도전에 반대한다."라고 쓰고 있다. 그리고 미국과 중국 간의 전략적 경쟁은 인도 태평양 지역에서 주로 전개되는데, 경제와 기술 분야에 중점을 두었던 경쟁 구도가 군사 분야로 확대되고 있고, 향후 거의 모든 전략적 이슈를 결정짓게 될 것으로 보았다. 흥미로운 지점은 세력 균형과 관련하여 "프랑스는 법의 지배에 기반을 둔 다자주의 국제 질서를 지지한다."라고 하면서, "법의 지배"와 함께 "다자주의"를 강조하였다.

둘째, "경제"와 관련해서 전략 문서에서는 아시아 지역이 전 세계 경제에서 차지하는 비중을 부각하면서, 인도 태평양 지역의 시장이 프랑스의 기업들에 매우 좋은 기회가 될 것으로 보았다. 특히, 교통, 에너지, 통신 분야 인프라 사업이 프랑스의 기업들에 유리한 것으로 보았다. 한편, 전략 문서에서는 품질 좋은 인프라 사업에 필요한 금융 조달을 규율할 수 있는 적절한 규범과 기준을 지지하며, G20 같은 다자적인 수단을 지지한다고 했다. 이는 환경을 보호하고, 사회적 포용성을 높이며, 또한 경쟁의 규칙과 투명성, 재정의 지속 가능성을 높이기 위한 것을 의미한다고 했다. 또한, 이는 보이지 않는 부채 또는 지속 가능하지 않은 공공 부채를 피하기 위한 것이라고 했는데, 그 표현으로만 봤을 때 중국의 일대일로에 의한 인프라 건설에 대한 비판적 인식으로 읽을 수 있겠으나, 명시적으로 중국을 언급하지는 않았다.

셋째, "기후변화 및 지속 가능개발"과 관련하여, 전략 문서에서는 기후변화와 종 다양성, 보건의료, 인권 보호 등을 언급하고 있다. 기후변화에 대해서는 인도 태평양 지역에 전 세계 최대 온실가스 배출 국가 10개국 가운데 5개국이 위치해 있다고 하면서, 중국, 인도, 일본, 한국, 인도네시아를 구체적으로 나열하고 있다. 한편, 인권과 관련해서는 프랑스의 개발 원조 예산으로 인권에 관한 교육, 성 평등, 법과 정의에 대한 접근을 위해 노력하고 있다고 했다. 그러나 이 지역에서 인권 문제가 발생하고 있는 구체 국가의 명칭을 언급하지는 않았다.

아울러 전략 문서에서는 인도 태평양 지역에서의 동반자 관계(part-nership)를 맺고 있는 국가들을 별도로 언급하였는데, 특히 인도와 일본, 아세안을 부각해, '인도와의 동반자 관계', '일본과의 동반자 관계', '아세안과의 동반자 관계' 등으로 각각 소제목을 붙이고 있다. 이어 '여타 국가들과의 동반자 관계'에서, 일부 국가를 나열하고 있는데, 이에는 인도네시아, 싱가포르, 베트남, 말레이시아, 한국, 뉴질랜드, 호주 등이 포함된다.

흥미로운 것은 호주의 경우 과거 '호주와의 동반자 관계'라는 제목으로 인도와 일본처럼 별도로 다루었는데, 2022년 2월 발표된 개정판 문서에서는 '여타 국가들과의 동반자 관계'에 포함시켰다. 그 내용도 매우 달라졌다. 2021년 7월 문서의 '호주와의 동반자 관계'에서는 호주의 미래 잠수함 건조사업으로 두 나라의 안보와 국방협력이 견고하고, 이에 기초하여 전략적 동반자 관계가 구축돼 있다고 하였다. 프랑스-인도-호주 3국 협력에 대해서도 자세히 설명하였다. 호주에 대한 프랑스의 이러한 인식의 변화는 호주의 오커스 참여로 인한 것이다.

2021년 9월 호주는 미국, 영국과 함께 새로운 안보 협의체인 오커스(AUKUS)를 창설하여 출범하게 된다. 핵심 내용은 미국과 영국이 호주의 핵추진잠수함 개발과 보유를 공동 지원한다는 것이다. 호주 정부는 2016년 프랑스 국영 방산업체 나발 그룹(Naval Group)과 디젤 잠수함 12대 건조 계약을 체결하였으며, 이 사업은 호주와 프랑스 양국 안보 협력의 핵심으로 이해되던 것이었다. 오커스의 출범과 함께 호주 정부는 프랑스와의 기존 잠수함 사업을 취소하게 된다.

하루아침에 뒤통수를 맞은 프랑스는 분노와 불쾌감을 공개적으로 표출하였으며, 2022년 2월 개정판 인도 태평양 전략 문서에도 고스란히 그 심기가 담겨 있다. "2021년 9월 호주의 결정은 사전협의나 예고 없이 이루어졌고, 프랑스와의 신뢰의 동반자 관계를 깨뜨렸으며, 두 나라 사이의 전략적 동반자 관계를 재평가하게 만들었다. 프랑스는 호주와의 양자관계를 국익에 따라 사안별로 다루어 갈 것이다.”라고 쓰고 있다. 인도 태평양 전략의 주요 대상 국가로 되어 있던 호주에 대해 언급하는 내용이 맞나 싶을 정도로 강도 높은 비판을 한 것이다.[59]

마지막으로 인도 태평양 전략 문서에서는 전략의 이행 방안을 네 개의 필러(pillar)로 구분하여 설명하고 있다. 마크롱 대통령이 2018년 호주에서 파리-델리-캔버라 3개국 협력의 목표로 제시한 네 가지와 유사한 데, ① 안보와 국방, ② 경제, 연계성, 연구 혁신, ③ 다자주의와 법치, ④ 기후변화, 종 다양성(種 多樣性), 지속 가능한 해양 관리 등이다. 이어서 각 필러별로 추구하는 목표들과 이행 방안(예시)들을 소개하고 있다.

첫째, 안보와 국방 분야에서 설정된 목표는 인도 태평양에서 프랑스의 주권과 국민을 보호하고, 지역의 안보에 기여하며, 전략적 경쟁이 깊어지는 가운데 ‘공용 구역(common areas)’에 계속 접근할 수 있어야 하고, 전략적 안정과 군사적 세력균형을 유지하며, 기후변화에 의한 안보 위험을 미리 예측한다는 것 등이다. 안보와 국방 분야에서 위협의 대상으로 구체적으로 지목된 국가는 핵확산과 연관된 북한이 유일하다. 중국은 언급되고 있지 않다. 다만, 항행의 자유를 언급하고 있다. ‘공용 구역’에의 접근은 해양 루트를 의미하는 것으로 보인다. 특히, 많은 나라의 대외 무역에 있어 중요한 해상 교통로 역할을 하는 남중국해와 동중국해를 의미하는 것으로 보인다.

그리고 항행의 자유를 위한 프랑스의 군사적 노력으로 ‘마리안느

---

59 잠수함 사업 그리고 오커스를 둘러싸고 진행된 프랑스와 호주 사이의 관계에 대해서는 이 책 4장에서 더 자세히 다루고 있다.

(Marianne)’ 임무와 ‘잔다르크(Jeanne d’Arc)’ 임무를 예로 들고 있다. ‘마리안느’ 임무는 프랑스의 핵 잠수함을 인도 태평양 해역으로 전개하는 것이고, 잔다르크는 수륙양용 전단을 전개하는 임무다. 마리안느의 임무는 핵 추진 잠수함 에머로(Emeraude)의 전개인데, 최근에는 2020년 말부터 2021년 초까지 남중국해와 대만 해협을 지나는 임무 수행을 했다. 프랑스가 항행의 자유를 위해 ‘자유’를 상징하는 프랑스의 이름을 딴 ‘마리안느’[60] 임무를 남중국해에서 수행하도록 한 것은 인도 태평양 전략 문서에처럼 프랑스가 인도 태평양에 상주하는 세력이라는 점 그리고 국제법에 따른 항행의 자유가 보장되어야 한다는 의지를 보여주기 위한 것으로 해석된다.

잔다르크 임무는 헬기도 탑재하는 강습상륙함(Landing Helicopter Dock)과 구축함을 주축으로 하는 프랑스 군의 연례 임무 수행인데, 특히 2021년에는 5개월여 동안 인도 태평양을 주된 지역으로 전개되었다. 지중해와 홍해를 거쳐 인도양과 남중국해를 지나 일본에까지 전개되었다. 특히, 프랑스가 자체 개발한 미스트랄급[61] 강습상륙함 토네흐(Tonnerre)호는 16대의 헬리콥터와 상륙정을 수송할 수 있는데, 미스트랄급 상륙함으로서는 처음으로 2021년 5월 일본에까지 전개되었다. 인도, 호주, 일본, 미국 등과의 연합 합동 작전도 이루어졌다.

둘째, 경제, 연계성, 연구 혁신 분야에서 설정된 목표는 전략물자 공급

---

60 ‘마리안느’는 프랑스인들에게 프랑스 공화정과 자유를 상징하는 대표적 이름이 되었는데, 일반 여성들 사이에 흔한 이름이기도 하다. 1830년 7월 혁명을 그린 들라크루아(Delacroix)의 ‘민중을 이끄는 자유의 여신’ 작품에 등장한다. 그러나 그 모습은 다양하게 나타나는데, 프랑스가 1886년 미국에 기증한 ‘자유의 여신상(Statue of Liberty)’ 역시 마리안느의 한 모습이라고 한다.

61 만재배수량 2만 1,300톤, 전장 199m, 전폭 32m, 속력 18.8노트(knot)로 탑재 항공기는 대형 헬기 16대, 탑재 상륙 장비는 전차 40대이다.

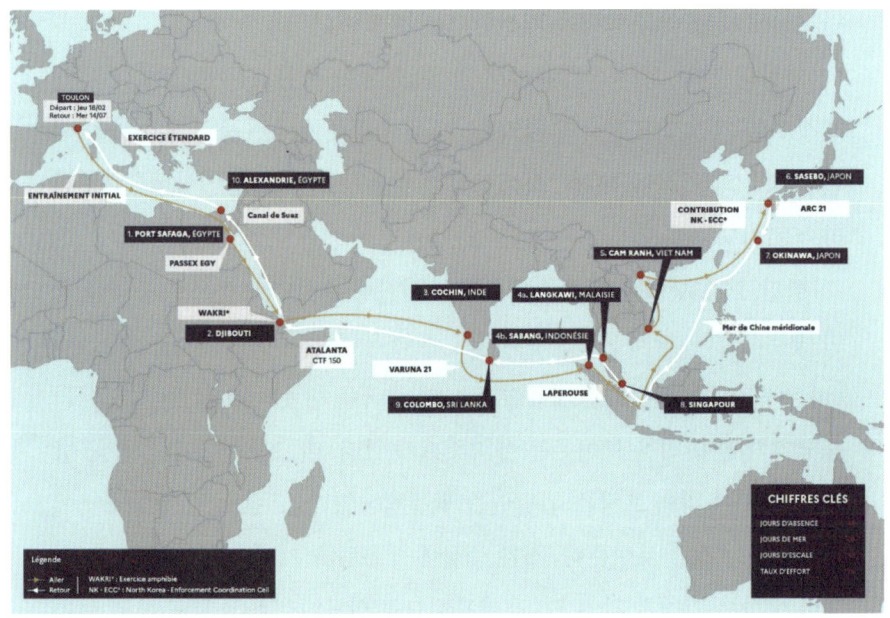

[그림 17] 지도 출처 : 프랑스 국방부.

원의 다변화를 통해 특정국에 대한 의존도를 완화하고, 공정하고 경쟁적인 틀을 마련하기 위한 현행 국제기준을 유지하는 것이다. 그리고 연계성과 인프라 분야의 수요를 충족하고, 프랑스 기업의 역내 활동을 지원하며, 연구 혁신 파트너십을 심화한다는 것 등도 포함되었다.

셋째, 다자주의와 법치 분야에서 설정된 목표는 인도 태평양에서의 다자주의를 증진하고, 유럽연합의 가시성(visibility)을 높이며, 법치와 해양법의 중요성을 지키고, 인권법과 환경 기준, 항행의 자유 등에 있어 법의 지배를 증진한다는 것 등이다.

넷째, 기후변화, 종 다양성, 지속 가능한 해양 관리 분야에서 설정된 목표는 기후변화 대응과 에너지 전환 과정에서 파트너십을 증진하고, 종 다양성을 위한 조치를 강화하며, 해양 보호를 위한 파트너십을 개발하고, 자연재해에 대한 대응 역량을 개선한다는 것 등이다.

이상의 전략 문서의 내용에서 알 수 있듯이 프랑스는 중국에 대해 직접적으로 거칠게 표현하지 않았다. 따라서 일부에서는 중국에 대한 이러한 프랑스의 인식에 대해 "적대적이지 않은" 또는 "말랑말랑한" 수준이라 부르기도 한다.

한편, 2023년 4월 마크롱 대통령은 시진핑 주석의 초청으로 중국을 국빈 방문하였다. 당시 EU 집행위원회 폰 데어 레이엔(Ursula von der Leyen) 위원장 역시 마크롱 대통령과 함께 중국을 방문하였다. 두 지도자의 중국에 대한 인식을 보여주는 에피소드가 있다. 마크롱 대통령은 중국 방문길에 60여 명의 프랑스 기업인들과 동행하였다. 프랑스 경제에 중국이 중요하다는 것을 보여준다. 실제 중국에서 프랑스 기업이 얻을 수 있는 이익이 많다는 기대를 갖고 있다. 대표적으로 항공, 에너지, 철도 산업 등이 그러하다.

마크롱 대통령은 EU 집행위원회 폰 데어 레이엔 위원장과 함께 시진핑 주석과 만났다. 국빈 방문이 예정돼 있던 마크롱 대통령이 폰 데어 레이엔 위원장의 중국 방문까지 연결해 주었다고 한다. 그런데 폰 데어 레이엔 위원장은 중국 방문 1주일 전에 벨기에 브뤼셀에서 중국과 러시아 간의 "한계 없는(no-limits)" 관계[62]에 대해 공개적으로 비판하면서, "푸틴의 전쟁에 중국이 어떻게 반응하느냐 하는 것은 EU와 중국과의 관계가 어떻게 전개될지에 있어 결정적 요인이 될 것"이라고 했다. 그러나 우크라이나 전쟁 그리고 러시아와 중국에 대한 마크롱 대통령의 발언은 다소 원칙적인

---

[62] 2022년 2월 4일 중국 베이징 동계 올림픽 개막식에 푸틴 대통령이 참석하였으며, 시진핑 주석과의 정상회담 이후 공동성명에서는 중-러 관계가 전통적인 동맹보다 더 위대할 것이며, 서로의 우정은 한계를 모를 것("…their friendship would know no-limits.")이라고 했다. 20일 이후 러시아는 우크라이나를 침공하였다.

선에 머무른다. 중국 방문 첫날 프랑스 교민들과 만난 자리에서 마크롱 대통령은 "우크라이나 전쟁 상황을 끝내고 평화를 회복하는데 있어 러시아와 긴밀한 관계에 있는 중국이 주요한 역할을 할 수 있다."라고 했다.

마크롱 대통령과 폰 데어 레이엔 위원장의 언급은 서로 다른 어조다. 그래서인지 세 사람이 찍은 사진을 보면, 중간에 있는 시진핑 주석 그리고 양 옆에 있는 마크롱 대통령과 폰 데어 레이엔 위원장 등 두 사람과의 각각의 거리는 꽤 다르게 보인다.

[그림 18] 2023년 4월 마크롱 대통령은 EU 집행위원회 폰 데어 레이엔 위원장과 함께 시진핑 주석과 만났다.
*출처 : 로이터(Reuters)

또한, 마크롱 대통령은 중국 방문을 마치고 귀국길에 대통령 전용기 안에서 미국의 정치전문매체 폴리티코(Politico)와 인터뷰를 했는데, 유럽판에 실린 인터뷰 기사의 제목은 "유럽은 '미국의 추종자'가 되라는 압력에 저항해야 한다고 마크롱은 말한다(Europe must resist pressure to become 'America's followers', says Macron)."였다.[63] 국제관계에서 평소에도 "전략적 자율성"(strategic autonomy)을 즐겨 이야기하는 마크롱 대통령의 생각을 잘 읽을 수 있는 인터뷰이다. 그는 유럽이 당면하고 있는 최대의 위기는 "유럽의 위기가 아닌 다른 나라의 위기 상황에 휩쓸려 들어가는 것이며, 이는 유럽의 전략적 자율성을 방해하는 것"이라고 했다. 대만 문제와 관련해서는 더 구체적으로 언급하였다. 그는 "우리 유럽인들은 우크라이나 문제도 해결하지 못하고 있는데, 대만 문제에 대해서 '조심해, 당신이 나쁜 짓을 하면 우리가 거기 개입할 거야'하고 말하는 것이 신뢰감 있게 들리겠는가? 진정 긴장을 고조시키고 싶다면 그렇게 하면 될 것이다."라고 하였다.

마크롱 대통령의 발언은 폰 데어 레이엔 EU 집행위원장의 언급 그리고 미국의 입장과도 차이를 보이며, 결을 달리하고 있다. 폰 데어 레이엔 위원장은 마크롱 대통령과 함께 시진핑 주석을 만났을 때 "대만 해협에서의 안정이 절대적으로 중요하다."라며, 이어 "현상을 변경하기 위해 무력을 사용하려는 위협은 받아들일 수 없다."라고 한 것으로 알려졌다.[64] 중국에 대해 보이는 이러한 두 사람의 입장 차이에 대해 일부에서는 마크롱 대통령을 "착한 경찰(good cop)", 그리고 폰 데어 레이엔 위원장을 "나쁜 경찰(bad cop)"로 부르기도 한다.

3-2   **독일의 인도 태평양에 대한 '정책 지침'**

독일 정부는 2020년 9월 "인도 태평양에 대한 정책 지침(Policy Guidelines for the Indo-Pacific)"이라는 제목으로 70여 페이지 분량의 문서

---

63 인터뷰는 불어로 진행되었으나, 영어로 번역된 폴리티코 인터뷰 기사 링크는, https://www.politico.eu/article/emmanuel-macron-china-america-pressure-interview/

64 폰 데어 레이엔 위원장의 언급 역시 위의 인터뷰 기사에서 전하고 있다.

를 발표하였다. 서론에 이어 인도 태평양 지역에서 추구하는 이해관계(Interests), 인도 태평양 정책의 기반이 되는 원칙(Principles), 구체적인 정책 방안(Initiatives) 등을 짜임새 있게 다루고 있다.

독일 지침 문서의 서론에서는 몇 가지 흥미로운 사항을 지적하고 있다. 먼저 눈에 띄는 점은 인도 태평양 지역 자체의 역동성이나, 인구 및 중산층 증가, 경제 규모 성장세 등 일반적으로 등장하는 내용보다는 "인도 태평양"의 전략적 의미에 대한 평가가 이루어지고 있다는 것이다. 다수의 국가가 인도 태평양을 정책적 틀로 받아들이고 있다고 하면서 그 사례로 일본, 미국, 인도, 호주, 프랑스 그리고 아세안을 들고 있다. 이어 다수의 국가가 이러한 인도 태평양 개념을 사용하는 경우 "규칙 기반 국제질서"를 중시한다는 점을 그 속에 담고 있으나(allude), 다만 각국이 추구하는 목표, 정책의 방점, 다자주의에 대한 중시, 그리고 가장 중요하게는 중국이 지역 및 국제사회의 주요 세력으로 부상하고 있는 데 대해서는 서로 차이가 있다고 했다. 같은 용어를 사용하는 경우라면, 정부 문서에서는 유사점이나 비슷한 지향점을 부각하는 경향이 있는데, 독일 정부의 지침에서는 인도 태평양에 대한 각국 정부 문서의 차이를 인정하고 있는 것이 특징적이다. 각국의 인도 태평양에 대한 언급 자체를 같은 잣대로 판단하지 않는다는 것이다. 객관적인 분석으로 보인다. 이러한 이해 없이 인도와 아세안 역시 "인도 태평양 전략"을 발표했다고 하는 것은 과도하게 단순화한 것이다. 이에 대해서는 인도 그리고 아세안에 해당하는 이 책의 각 장에서 상세히 다룬다[65].

---

[65] 인도와 아세안이 생각하는 '인도 태평양'의 의미 그리고 그들의 정책문서의 발표 배경, 그리고 '전략'이라 부를 수 있는지 등에 대해서는 이 책 7장과 8장에서 각각 상세히 다루고 있다.

또한, 서론에서 인도 태평양의 지리적 범위가 나라마다 다르게 정의되고 있다고 하면서, 독일 정부는 인도양과 태평양에 닿아있는 모든 지역으로 정의한다고 했다. 얼핏 생각하면 굉장히 넓은 지역으로 이해될 수 있으나, 실제 본문의 내용에서 다루는 지역은 서쪽으로 파키스탄에서부터 동쪽으로 태평양 도서국까지로 이해된다. 본문에서 사용하는 지도를 보면 더욱 분명해진다. 지침 문서에 등장하는 아래 지도는 독일의 재외공관, 즉

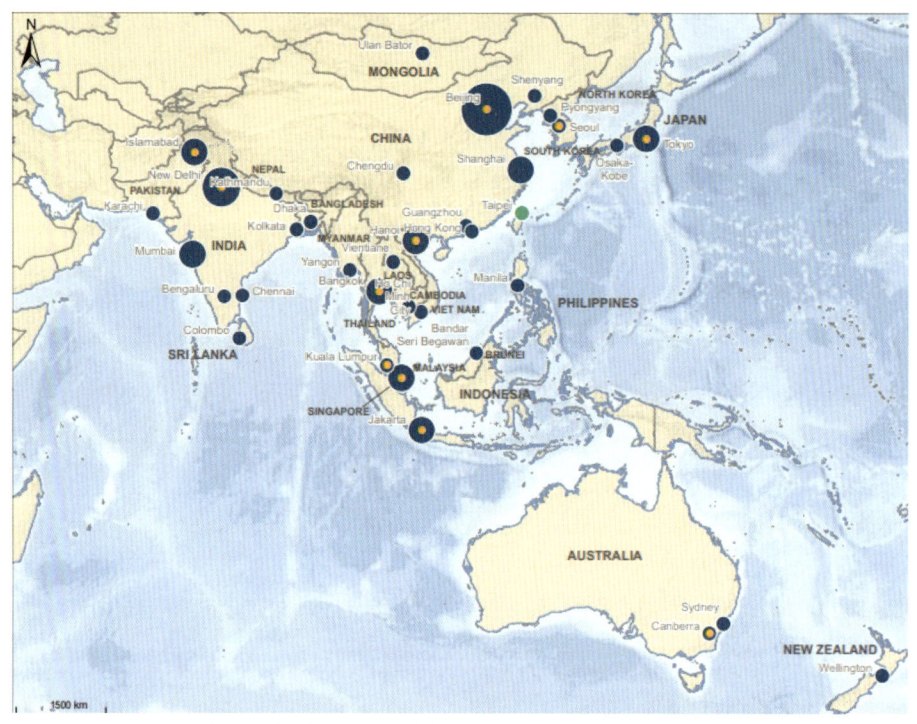

[그림 19] 독일 정부는 인도 태평양에 대한 각국 정부 문서의 차이를 인정하는 게 특징이다.
인도 태평양 지역 자체의 역동성이나, 인구 및 중산층 증가, 경제 규모 성장세 등 일반적으로 등장하는
내용보다는 "인도 태평양"의 전략적 의미의 평가가 이루어진다. 사진 출처 : 독일 외교부[66]

---

66 https://www.auswaertiges-amt.de/resource/blob/2380514/f9784f7e3b3fa1bd7c-
5446d274a4169e/200901-indo-pazifik-leitlinien-1--data.pdf

대사관이나 영사관이 소재하는 국가를 표시한 것이다. 각 공관에서 근무하는 직원의 수에 따라 원의 크기가 그려져 있다. 국방무관이 근무하는 공관에는 오렌지 색깔의 점이 추가되어 있다.

이어서 지침에서는 인도 태평양에서 갖는 독일의 이해관계를 ① 평화와 안보, ② 관계의 다변화와 심화, ③ 일극 및 양극 체제 반대, ④ 개방적인 선박의 항로, ⑤ 개방된 시장과 자유무역, ⑥ 디지털 전환과 연계성, ⑦ 지구 보호, ⑧ 사실관계에 기반한 정보 접근 등 8개로 제시하고 있다.

이 중 '관계의 다변화와 심화'와 관련하여 기존 통상, 투자, 개발 협력 차원의 관계를 전략적 방식으로 확장할 필요성을 지적하였다. 이에 정치 안보 차원의 협력을 강화한다고 하면서, 가치를 공유한 민주주의 국가들과의 연대가 중요하다고 했다. 그리고 패권 국가 체제와 양극 체제의 공고화는 모두 지역을 위태롭게 한다고 보았으며, 어느 나라도 냉전체제에서처럼 양쪽 가운데 한쪽을 선택하도록 강요되거나 일방적 종속의 상태에 처하지 않아야 한다고 했다. 경제 분야의 그리고 안보 차원의 협의체에 회원국으로 참여하는 데 대한 선택의 자유는 인도 태평양 지역에 있는 국가들에 지극히 중요하다고 밝히고 있다. 미국과 중국 사이에서 선택을 강요 당하지 않아야 한다는 화두는 인도 태평양 지역 가운데 아세안을 중심으로 자주 등장해 왔다. 이 부분의 내용은 아세안의 인도 태평양에 대한 관점에서 보이는 인식과 유사하다. 자유무역 체제에 대해서는 WTO 중심의 다자 무역체제, 그리고 포용적이고 지속 가능한 자유무역협정을 지지한다고 했다. 디지털 전환에 대해서는 핵심 기술 분야에서 인도 태평양 지역 파트너들이 매력적인 것은 분명하고, 협력이 확대되는 것을 지지한다고 하면서도 경제 사회적인 위험요인에 대해서도 고려할 필요가 있다고 밝혔다. 연계성[67] 개발 사업을 추진할 때는 공정한 경쟁이 보장되어야 하며, 원조를 받는 수원국 입장에서는 과다한 채무부담을 피하고, 투명성과 지속 가능성을 확보하는 것이 중요하다고 하였다.

디지털 전환과 기술 분야 협력 과정에서 경제 사회적인 위험을 지적하거나 그리고 연계성 분야에서 채무 부담에 대해 지속 가능성을 언급한 것은 5G망에서의 화웨이 등 중국산 통신장비 사용에 따른 위험성 그리고 중국의 일대일로 사업을 떠올리게 한다. 그러나 독일 문서에서는 이러한 문제와 관련하여 명시적으로 중국을 언급하지는 않았다. 이와 관련하여 독일 정부는 2024년 7월 "안보상 우려"로 인해 화웨이와 ZTE 생산 부품을 5G 핵심 네트워크에서 2026년 말까지 퇴출하고, 2029년 말까지는 5G 접속 및 전송 네트워크, 안테나 등에 사용하는 중국산 주요 관리 시스템도 교체할 것이라고 발표했다. 사실 EU 차원에서는 21개 회원국에 대해 화웨이로부터의 위험성을 부각하면서 각 회원국이 조속히 사용 금지조치를 내리도록 촉구해 왔다. 미국과 EU의 지속적인 경고에도 불구하고, 독일 정부 내에서는 화웨이로부터의 위험성에 대해 심각히 인식하는 분위기가 높지 않았으며, 또한 중국으로부터 독일 자동차 산업에 대한 보복 조치를 우려하는 분위기도 있다 보니, 화웨이에 대한 금지조치에 상당한 시간이 걸렸다. 그리고 2024년 7월에 발표하면서 유예 기간을 2026년 및 2029년 등으로 길게 잡은 것 역시 당초 전문가들이나 언론에서 예상했던 시기보다 더 늦춰진 것이다.

한편, 독일 정부의 지침 문서에서는 인도 태평양 지역에 대한 정책의 방향성을 제시하는 원칙으로 ① EU 차원의 조치, ② 다자주의, ③ 규칙

---

67 '연계성(connectivity)' 개념은 아세안에서 2010년 전후로 활발히 사용하기 시작하여 EU를 포함하여 더욱 광범위하게 활용되고 있는데, 아세안은 인적 연계, 물적 연계, 제도적 연계 등 포괄적인 내용으로 쓰고 있으나, 좁은 의미에서는 물적 연계 즉 인프라 건설(도로, 공항, 항만 등)을 뜻한다. 독일의 문서에서도 인프라 건설을 의미하는 것으로 연계성 개념을 쓰고 있는 것으로 보인다.

기반 질서, ④ UN 개발목표, ⑤ 인권, ⑥ 포용성(inclusivity), ⑦ 동등한 파트너십 등을 제시하였다.

다자주의와 관련하여 지역 단위의 다자주의적 체계는 각 참여국이 동등한 지위를 향유해야 한다고 하면서 아세안을 예로 들었다. 아세안 회원국들이 인구나 경제 규모 등과 상관없이 동등한 지위를 유지하면서 공동체로 통합되어 가는 것을 모델로 들었다. 규칙 기반 질서와 관련해서는 "강대국의 법(law of the strong)"이 아니라 "법의 힘(strength of the law)"이 우세해야 한다고 했다. 미국이나 영국, 캐나다의 문서에서는 중국을 비판하는 과정에서 자주 등장하는 표현으로 "힘이 곧 선(善)(Might makes right)"이 되어서는 안 된다고 하고 있는데, 독일 문서의 표현은 이를 연상시킨다. 이어서 유엔 해양법 협약과 항행의 자유는 보편적인 것이라고 했다. 누구도 이러한 보편적인 권리를 침해할 수 없다는 것이다.

인권과 관련해서는 인도 태평양 지역에서 민감할 수 있는 부분인데 구체적인 사례를 지적하지 않으면서 원칙론적인 내용으로 다루고 있다. 우선 독일은 인도 태평양 지역 각국의 역사와 문화를 존중한다고 하면서, 또한 보편적인 인권을 이행하려는 의지가 있다고 했다. 경제개발과 인권 존중은 상호 배타적이지 않다고도 했다. 이렇게 독일 정부의 지침 문서에서는 인권 문제 자체에 대한 언급이 있음에도 불구하고 홍콩이나 티벳, 신장 위구르 등과 같은 구체 인권 사례를 지적하지 않은 것은 다른 서방 국가들과 차이를 보인다.

다음으로 '포용성'을 원칙으로 제시하였는데, 역시 이례적이다. 독일 정부는 포용적인 지역 협력 구상을 지지한다면서, 봉쇄와 탈동조화(decoupling)는 유익하다고 보지 않는다고 했다. 이러한 포용성을 원칙으로 부각하는 것은 프랑스와는 유사하지만, 다른 서방국가와는 차이를 보이는 대목이다. 그리고 아세안 중심의 안보 협력 협의체가 가치 있는 틀이 되고 있다고 보았다. 문서에서 언급하고 있지는 않으나, 여기서 말하는 아세안 중심의 안보 협의 구조에는 EU가 회원국으로 직접 참여하고 있는 아세안지역안보포럼(ARF) 외에도 동아시아정상회의(EAS, 아세안과 한·중·일, 그리고 미국, 인도, 러시아, 호주, 뉴질랜드 등 18개국), 아세안 확대 국방장관 회의(ADMM+, 참여국가는 EAS 참여국과 동일한 18개국) 등을 염두에 두고 있는 것으로 보인다. 실제 EU에서는 EAS와 ADMM+ 참여에 대해 관심을 보이고 있다.

이해관계(Interests)와 원칙(Principles)에 이어 지침 문서에서는 인도 태평양 지역에서 이행되고 있거나 앞으로 이행할 다양한 정책 방안(Initiatives)을 7개의 분야로 나누어 소개하고 있다. 그리고 7개 분야별로 지역 내 개별 국가 또는 다자협의체와 다양하고 구체적인 협력 구상의 방향을 제시하고 있다. 한국, 중국, 일본, 호주, 싱가포르, 인도네시아 그리고 아세안, 태평양 도서국 등이 언급되고 있다.

예를 들어 첫 번째 분야는 "다자주의의 강화"를 위한 것인데, 이를 위해 아세안과의 관여를 증진하겠다고 하고, 많은 분량으로 아세안에 대해 언급하고 있다. 아세안과의 대화 상대 관계[68](dialogue partnership) 지위를 얻기 위해 노력하고, 아세안 확대 국방장관 회의[69]의 업저버(observer) 지위를 추구하고, 아세안 사무국과 협력을 강화한다는 것 등이 포함되

---

68 아세안과의 대화 상대국 관계는 개별 국가로 보면 외교관계 수립과 유사한데, 이 지위를 갖게 되면 아세안 10개국 모두와 동시에 정례 대화 채널을 만들 수 있다. 현재 한국을 포함하여 중국, 일본, 미국, 러시아, 인도, 호주, 뉴질랜드, EU, 캐나다 등 10개국이 대화 상대국이다. 우리나라는 1989년 대화 상대국 지위를 갖게 되었고, 현재 한-아세안 정상회의부터 실무급 회의까지 연례 회의를 정례적으로 개최하고 있다.

69 영어로 ADMM Plus (ASEAN Defense Ministers' Meeting Plus)인데, 아세안 10개국과 한국, 중국, 일본, 호주, 뉴질랜드, 인도, 미국, 러시아 등 18개국이 참석하는 연례 국방장관 회의체이다.

었다. 그러면서 'EU-아세안 전략적 동반자 관계' 수립을 지지한다고 했다.[70] 그밖에 이 지역에서 운영 중인 각종 다자협의체, 태평양 도서국 포럼(PIF), 메콩강 위원회(MRC), 아시아·유럽 회의(ASEM), 벵골만 경제협력체(BIMSTEC), 환인도양 연합(IORA) 등과의 관계를 강화하겠다고 밝혔다. 유엔과 관련해서는 인도 및 일본과 함께 안보리 개혁을 계속 추진한다고 했다.[71]

이어서 두 번째 분야는 기후변화 대응 및 환경보호, 세 번째 분야는 평화, 안보, 안정 강화, 네 번째 분야는 인권과 법치 증진, 다섯 번째 분야는 규칙 기반의 공정하고 지속 가능한 자유무역 강화, 여섯 번째 분야는 규칙 기반의 연결성 및 디지털 전환, 일곱 번째 분야는 문화, 교육, 과학을 통한 인적 교류 등이다. 위의 첫 번째 분야 '다자주의의 강화'에서와 마찬가지로 국가 차원 또는 다자협의체 차원의 협력 구상을 제시하고 있다.[72]

한편, 정책 지침에 이어서 독일 정부는 2023년 7월 아예 중국 전략을 따로 발표하였다. '독일 정부의 중국에 대한 전략'이라는 문서인데, 60여 페이지에 달한다. 이 문서는 과거 20여 년 동안 독일 정부가 중국에 대해 취했던 정책보다 앞으로는 더욱 강경한 입장을 취하겠다는 의지로 받아들여졌다. 이는 또한, EU 집행위의 대중국 강경 노선과도 맥락을 같이 하는 것으로 평가되었다. 우선 중국을 어떻게 바라보느냐 하는 부분에서 전

---

[70] EU와 아세안은 2018년 강화된 동반자관계에서 전략적 동반자관계로의 격상에 원칙적으로 합의하였으며, 2020년 12월 EU-아세안 외교장관회의에서 공식적으로 관계 격상을 발표하였다.

[71] 독일, 인도, 일본, 브라질 등 4개국은 G4를 구성하여 서로의 유엔 안전보장이사회 상임이사국 진출을 지지하고 있다.

[72] 분야별 협력 구상의 방향에 대해서는 독일 외교부 정책 지침 문서 참고 https://www.auswaertiges-amt.de/resource/blob/2380514/f9784f7e3b3fa1bd7c-5446d274a4169e/200901-indo-pazifik-leitlinien-1--data.pdf

략 문서에서는 "동반자(partner)", "경쟁자(competitor)", "체제 대결자(systemic rival)" 등으로 보았다. EU가 2019년부터 중국에 대해 유지해오던 정의를 그대로 받아들였다.[73] 우선 전략 문서의 내용을 보면 아래와 같다.

기후변화와 같은 공동의 과제라든지 경제통상 관계에서 동반자 관계를 추구한다고 하면서, 경제 관계에서 경쟁 역시 받아들인다고 했다. 다만, 규칙은 공정해야 한다고 했다. 체제 대결 부분의 설명은 이러하다. 독일과 중국은 국제질서를 규율하는 원칙들에 대해 서로 다른 개념을 갖고있다. 그리고 중국은 일당 체제의 이익을 위해 국제질서에 영향을 미치려하며, 독일 정부는 이에 대해 우려한다. 중국의 이러한 행태는 인권과 같은 규칙 기반 국제질서의 근본을 상대화한다는 것이다. 다시 말해, '인권'은 모든 국가를 대상으로 보편적인 가치를 지니며, 연령, 성별, 국적, 피부색, 종교적 신념 등에 무관하게 모든 인간이 누려야 하는 양보할 수 없는 가치여야 하는데, 중국은 '상대주의'를 활용하면서 인권에 대한 보편적 가치를 인정하지 않는다는 뜻이다. 그러면서, 구체 인권 침해사례로 신장, 티벳 상황을 언급하였고, 홍콩의 자율성도 침식했다고 평가했다. 이번에는 중국에서의 인권 문제 사례를 구체적으로 언급하였다.

또한, 중국은 인도 태평양 지역의 패권 국가가 되려는 과정에서 과거보다 더욱 강하게 그 의지를 관철하기 위해 밀어붙이고 있는(assertive) 것으로 판단한다. 이의 연장선에서 중국은 정치적 목적을 이루기 위해 그자신의 경제적 힘을 의도적으로 활용한다고 하였다. 실제 이로 인해 중국은 그 이웃 국가들과의 관계를 심각히 악화하였다고 보았다. 그래서 중국

---

73 EU는 2019년 3월 'EU-중국 전략적 전망'(EU-China Strategic Outlook)에서 중국을 동반자, 경쟁자, 체제 경쟁자로 규정하였다.

에 대한 전략이 필요한 이유는 단적으로 중국이 변하였기 때문에 독일 정부의 중국에 대한 접근방식도 변할 필요가 있다는 것이다. 그럼에도 독일 정부는 중국과 '탈동조화(de-coupling)'하려는 것은 아니며, "위험 제거(de-risking)"가 필요하다고 썼다. 독일 정부의 중국 전략 문서 발표 직후 전문가들의 평가는 중국에 대한 독일의 환상이 깨지고, 과거 정부에서 주창해 왔던 "교역을 통한 변화(독일어로 Wandel durch Handel)" 정책에도 종언을 고하는 것으로까지 평가하였다.[74]

중국 전략 문서는 2020년 발표한 인도 태평양 정책 지침에서보다 중국에 대해 비판적인 시각을 보인 것으로 풀이된다. 문서의 명칭부터 그 이전 인도 태평양에 대한 "정책 지침"에서, 중국에 대한 "전략"으로 바꿨다. 중국 전략 발표 시기는 2021년 12월 올라프 숄츠(Olaf Scholz) 총리가 취임한 이후의 일이다. 중도 우파 성향 기독민주당(CDU)의 앙겔라 메르켈(Angela Merkel) 총리의 16년간 집권 시대가 지나고, 중도 좌파 성향 사회민주당(SPD)이 집권한 것이다. 다만, 중국에 대해 이전보다 강경한 어조의 문서가 발표된 배경은 숄츠 총리의 개인적 성향이나 사회민주당의 성향이라기보다는 독일 연립 정부의 구성에서 이유를 찾아야 할 것 같다.

이러한 중국 전략 문서는 독일 정부의 논의 과정을 거쳤다고는 하나, 실제 외교부에서 주도한 것으로 알려져 있다. 특히 '가치'를 중심으로 중국에 대해 비판적 논조를 부각시킨 것은 아날레나 베어복(Annalena Baerbok) 외교장관의 역할이 컸던 것으로 보인다. 베어복 장관은 숄츠 총리의 연립 정부에서 녹색당을 대표하는 정치인이다. 가치 중심 외교를 지향한다는 평가를 받아 왔다.

---

[74] "The end of Germany's China illusion" Janka Oertel, European Council on Foreign Relations (2023.9.15.)

중국 전략 발표 이후 2024년 4월 숄츠 총리는 2024년 4월 중국을 방문하였다. 총리 취임 후 2023년 11월 하루 일정으로 방문한 지 5개월여 만에 두 번째 중국 방문길에 올랐다. 그리고 이번에는 독일 정부의 중국 전략 발표 이후 숄츠 총리가 실제 현장에서 중국과 어떻게 관계를 가져갈지 살펴볼 수 있는 기회였다. 그러나 숄츠 총리는 과거 총리들과 다르지 않게 중국을 통해 독일의 경제적 기회를 확장하고, 중국과의 "교역을 통한 변화(change through trade)"를 추구하려 한 것으로 평가되었다. 중국을 회유하는(conciliatory) 차원의 방문이라는 평가까지도 있었다. 결국 독일 정부가 발표한 중국 전략에서 규정하고 있는 인식과 정책을 숄츠 총리의 중국 방문 동안 실제 구현하지 못했다는 것이다.[75]

숄츠 총리의 중국 방문 직후인 2024년 4월 15일 프랑스 '르 몽드'에서 작성한 기사 제목은 이러했다. "독일은 중국과 대치하는 국면보다 화해를 선호한다."[76] 숄츠 총리는 "중국과의 경제 관계를 축하하려는 의도로 북경에 도착한 것으로 보이는데 이는 최근 수 개월여 동안 전략적 변화를 약속했던 것과는 거리가 멀다."라는 부제도 덧붙였다. 같은 시기 포린 폴리시 誌(Foreign Policy)에도 "올라프 숄츠의 전략적인 경솔함(The Strategic Unseriousness of Olaf Scholz)"이라는 제목의 기고문이 올라왔으며, 숄츠 총리가 기업의 이해관계로만 중국을 대하고 있다고 비판했다.[77]

실제 독일은 최근 20여 년간 중국과 긴밀한 관계를 맺어오고 있다. 집

---

75 "Scholz's Visit to China Confirms Germany's Political Weakness," Judy Dempsey, Carnegie Endowment Europe (2024.4.16.), 원문 링크는 https://carnegieendowment.org/europe/strategic-europe/2024/04/scholzs-visit-to-china-confirms-germanys-political-weakness?lang=en

76 https://www.lemonde.fr/en/economy/article/2024/04/15/germany-continues-to-prefer-rapprochement-to-confrontation-with-china_6668427_19.html

권 정당의 이념과 관계없이 역대 정권에서 유사한 경향성을 보였다. 과거 총리들이 어느 정도로 중국을 찾았는지를 보면 알 수 있다. 기독민주당[78]의 앙겔라 메르켈(Angela Merkel) 전 총리는 16년 재임 기간 중 12회에 걸쳐 중국을 찾았고, 사회민주당[79]의 게르하르트 쉬뢰더(Gerhard Schro-der) 전 총리도 1998-2005년 재임 동안 여섯 차례 방문하였다. 메르켈 총리 시절이던 2014년 두 나라는 "포괄적 전략 동반자 관계"라는 틀에도 합의하였다. 독일은 중국과 경제적인 측면에서 긴밀한 관계를 맺고 있는데, 최근 10여 년간 중국은 독일의 최대 교역 대상 국가이다. 2023년 기준 양국 간 상품 교역 규모는 2,700억 달러 수준이다.

또한, 독일의 2023년 중국에 대한 직접 투자가 전년 대비 4.3% 늘어난 119억 유로(약 17조 원)를 기록했다. 같은 기간 독일의 해외 직접 투자 규모는 1,160억 유로로 2022년(1,700억 유로) 대비 31% 넘게 감소했다. 경기 침체에 시달리는 독일의 해외 투자가 급격히 줄어든 와중에도 중국에 대한 투자는 늘어난 것이다. 이러한 경제 협력 현황은 독일 정부 정책으로는 중국과의 디리스킹(위험 제거)을 언급하지만, 실제로는 중국과의 경제 협력을 줄이지 못하는 딜레마에 빠졌다는 분석이 제기되는 이유이기도 하다.

77 "The Strategic Unseriousness of Olaf Scholz," James Crabtree, Foreign Policy (2024.4.22.) https://foreignpolicy.com/2024/04/22/olaf-scholz-germany-china-policy-companies-mercedes-vw-xi-jinping/

78 독일 기민당은 2차 세계대전 이후 1945년 카톨릭 교회와 개신교 양측의 대표에 의해 창당되었고, 이념적으로 중도 보수정당이다. 헬무트 콜, 앙겔라 메르켈, 올라프 숄츠 총리 등을 배출하였다.

79 독일 사민당은 중도 좌파 성향을 띄는 정당이며, 1875년 창당되어, 독일에서 현존하는 정당 중 가장 오래되었다. 빌리 브란트, 헬무트 슈미트, 게르하르트 슈뢰더 총리 등을 배출하였다.

네덜란드 정부는 2020년 11월 "인도 태평양 : 아시아 지역 파트너들과 네덜란드 및 EU와의 협력 강화를 위한 지침(Indo-Pacific: Guidelines for strengthening Dutch and EU cooperation with partners in Asia)"이라는 제목의 문서를 발표하였다. 제목에서도 알 수 있듯이 EU의 전략 마련에 참고가 되기 위한 네덜란드 차원의 노력을 보여준다. 분량도 10페이지 정도로 여타 유럽 국가들에 비해 간결하다.

지침 문서 도입부에서 인도 태평양 개념이 지정학적인 개념으로 쓰이고 있는 점을 지적하면서, 다수의 국가가 그들 나름의 인도 태평양 전략을 만들어 오고 있다고 했다. 그러면서 예를 들고 있는데, 미국과 함께 호주, 아세안, 인도, 일본, 한국, 프랑스, 독일을 거론하였다. 명시적으로 '인도 태평양'이나 '전략'으로 표기했느냐 하는 것보다는 지역 전략에 해당하는 정책을 공개적으로 표명했느냐를 기준으로 한 것으로 추정된다. 따라서 아세안의 경우 "인도 태평양에 대한 아세안의 관점(ASEAN Outlook on Indo-Pacific)" 그리고 한국의 경우 "신남방정책(New Southern Policy)"을 염두에 두고 거론한 것으로 보인다.

더욱 흥미로운 것은 위에서 열거한 국가 외에 중국 역시 나름의 인도 태평양 전략을 갖고 있다고 한 것이다. 지침 문서에서는 "인도양과 태평양에 새로운 무역로 구축과 해양 인프라에 대한 투자, 그리고 군사적 존재감을 과시하기 위한 중국의 일대일로 구상(Belt and Road Initiative) 역시 그들 나름의 인도 태평양 전략으로 볼 수 있다."라고 쓰고 있다. 굉장히 논란의 소지가 있는 표현이다. 우선 중국 스스로가 일대일로 구상을 인도 태평양 전략으로 전혀 인식하지 않으며, 인도 태평양이 갖는 전략적 의미를 감안하면 중국을 포함하는 것은 분명 무리가 있다. 다만, 네덜란드 입장에서는 인도 태평양 지역 내부 그리고 외부에 있는 많은 나라들이 인도 태평양 지역 협력을 강화하기 위한 노력을 적극적으로 전개하고 있다는 점을 상기하면서, EU 차원에서도 조속히 인도 태평양과 관련한 나름의 정책을 구상해야 한다는 의지를 표현한 것으로 이해된다.

한편, 인도 태평양의 지리적 범위에 대해서는 다양한 견해가 있다고 하면서 네덜란드는 파키스탄에서부터 태평양 도서국들까지로 한다고 했다. 프랑스, 독일에서와 마찬가지로 미국, 캐나다 등 북미 지역을 포함하지는 않았다.

이후 지침 문서에서는 네덜란드가 생각하는 EU의 인도 태평양 전략 문서에 담겨야 할 주요 요소들을 6개 분야로 나누어 언급하였다. 우선 안보와 관련된 것이다. 인도 태평양에서의 안보 불안이 우려되는 지역으로 동중국해와 남중국해를 언급하면서 강대국들의 군사적 존재가 긴장 관계를 더욱 고조시키고 있다고 했다. 아울러 지역 내 경쟁상황에 따른 불안정 요소로 한반도에서의 핵 긴장, 카슈미르 지역의 긴장, 중국과 인도 국경 분쟁 등을 거론했다. 별다른 의도가 있지는 않겠지만, 여타 서방 국가들과 달리 "북한 핵문제"로 표현하지 않고, "한반도에서의 핵 긴장"으로 썼다.

이러한 경쟁상황에 더하여 극단주의와 테러리즘 역시 불안정 요소로 꼽았으며, 이와 관련하여 미얀마 로힝자(Rohingya) 문제와 필리핀 민다나오(Mindanao) 상황도 계속해서 감시가 필요하다고 했다. 강대국 경쟁 과정에서 이 지역이 장기판의 말(pawn)로 전락해서는 안 된다고 하면서, EU가 세력 균형을 유지하는 역할을 해야 한다고 했다. 남중국해 상황에 대해서는 EU가 더욱 적극적으로 목소리를 내어야 하며, 중국과 아세안 사이에서 논의되는 남중국해 행동규범(Code of Conduct)에 관한 협상 과정에도 독립적인 옵서버(observer)로 참여할 수 있을 것이라고 하였다.

둘째, 인도 태평양 지역에서의 파트너 국가들과의 협력이다. 주요 협력 대상으로 호주, 일본, 뉴질랜드, 한국 그리고 인도, 아세안을 꼽았다. 셋째, 지속 가능한 무역과 경제다. 지정학적인 경쟁 그리고 기술 및 경제 차원에서의 서로 간의 관여가 단절된다면, 아시아와 유럽의 많은 나라에 중대한 결과를 초래하게 될 것이라고 보았다. 그러면서 EU의 파트너 국가들과 함께 일방적인 전략적 의존을 줄이고, 지속 가능한 방법으로 가치사슬을 지키는 방법을 강구할 필요가 있다고 했다. 특히, 핵심 기술과 원자재에 방점을 두어야 한다고 했으며, 호주, 뉴질랜드, 인도네시아, 말레이시아, 인도 등과 EU 차원의 FTA 체결도 주문하고 있다.

넷째, 효과적인 다자주의와 국제법 질서다. 국제적 긴장이 증가하는 시기에 다자적 차원의 협력은 평화와 안정의 유지에 필수적이라고 보았으며, 규칙 기반 질서에 바탕을 둔 다자주의적 협의를 통해서만이 모든 국가의 이해관계를 고려한 해결 방안이 도출될 수 있다고 보았다. 다섯째, 지속 가능한 연계성이다. 연계성 사업, 즉 인프라 관련 사업은 양질의 그리고 재정적으로나 사회적 환경적으로 지속 가능해야 한다는 점을 강조했다. 마지막으로 기후변화와 지속가능발전목표(SDG)다. 인도 태평양 지역에서 전 세계 온실가스 배출량의 3분의 1이 배출되고 있다고 하고, 석탄 화력 발전에 대한 의존을 줄이고, 청정에너지로 전환할 것을 강조하고 있다.

프랑스, 독일, 네덜란드가 각각의 인도 태평양 전략 또는 정책을 먼저 발표하기는 하였으나, 유럽연합(EU) 차원에서도 인도 태평양 전략 발표를 위한 노력이 전개되고 있었다. 유럽연합의 인도 태평양 전략은 2021년 발표된 두 개의 연관된 문서를 통해 그 내용을 알아볼 수 있다. 먼저 2021년

4월 EU 각료이사회(Council of the European Union)[80]의 결정문이다. 정식 명칭은 "인도 태평양에서의 협력을 위한 EU의 전략"에 관한 이사회 결정문으로 되어 있다. 10쪽 분량의 문서에서 인도 태평양 지역에 대한 EU 차원의 협력을 강화하고자 하는 의지와 방향성을 제시하고 있으며, 이를 바탕으로 EU 외교 안보 고위 대표와 EU 집행위원회에 같은 해 2021년 9월까지 인도 태평양 협력에 관한 공동 전달문(Joint Communication)을 마련할 것을 주문하였다. 먼저 이사회 결정문에 담겨 있는 EU 인도 태평양 전략의 필요성과 기본방향, 주요 협력 분야는 아래와 같다.

첫째, EU의 인도 태평양 전략의 등장 배경과 관련하여, 인도 태평양에서 EU의 협력적 파트너 역할을 더욱 강화하고자 한다는 의지를 보였다. 이 지역과의 협력이 유엔의 지속가능발전목표를 달성하는 데 필수적이라고 보았다. 한편, 각료이사회는 인도 태평양에서의 지정학적인 경쟁이 격화되고 있고, 이로 인해 무역과 공급망, 기술 분야, 정치 안보 분야 등에 긴장이 고조되고 있는 데 대해 우려하였다.

둘째, 각료이사회는 EU의 인도 태평양 지역에 대한 협력 의지를 새롭게 강화하는 과정에서 EU와 협력하기를 원하는 모든 파트너 국가들에 "포용적"으로 할 것이라는 점을 강조했다. EU의 전략은 실용적이고, 유연하고, 다차원적이라고도 하였다. 그리고 "인도 태평양에 대한 각국 고유의 접근법"을 발표한 파트너 국가들과 함께 이 지역에 대한 관여를 심화할 것이라고 했다.

셋째, 인도 태평양이 가리키는 지리적 범위는 아프리카 동부 해안에

---

80 Council of the European Union은 Council of Ministers로 불리기도 하는데, 그래서 한글 번역도 '각료이사회'로 하고 있다. EU 회원국 정부의 각료가 참석하는데, 해당 이슈별로 각국에서 동 이슈를 담당하는 부처의 장관이 참석하는 방식이다.

서부터 태평양 도서국에 이른다고 했다. 또한, 이 지역에 대한 협력의 내용을 ① 인도 태평양 지역 파트너 국가와의 협력, ② 국제사회의 공통 의제에 대한 지지, ③경제적 의제의 증진과 공급망 보호, ④ 안보와 방위 분야에서 적절한 역할 수행, ⑤ 높은 수준의 연계성, ⑥ 연구·혁신·디지털화분야 협력 증진 등 6가지로 제시하면서, 이를 수행하는 과정에서 앞으로마련될 EU의 전략은 새로운 추동력이 될 것이라고 했다.

각료이사회의 결정문에 따라 EU 집행위는 2021년 9월 "인도 태평양에서의 협력을 위한 EU의 전략"(EU Strategy for Cooperation in the Indo-Pacific)이라는 제목의 보고서를 발표하였다. 문서의 제목이 흥미롭다. 같은 의미로도 볼 수 있지만, 간단하게 "인도 태평양 전략"이라고 하지 않고, 위에서와 같은 제목을 붙였다.

EU 전략 문서는 각료이사회 결정문에 나와 있는 방향성은 그대로 유지하면서 보다 구체적이고 명료하게 전략을 설정하였다. 예를 들어, 결정문에 "인도 태평양에 대한 각국 고유의 접근법(approach)을 이미 발표한파트너 국가들과 함께 이 지역에 대한 관여를 심화할 것"이라고 하면서,해당 파트너 국가를 구체적으로 언급하지 않았으나, 전략 문서에서는 그대상이 되는 국가로 아세안, 호주, 인도, 일본, 뉴질랜드, 한국, 영국, 미국을 언급하였다. 네덜란드의 지침 문서와 같이 아세안이 포함된 것은 "인도 태평양에 대한 아세안의 관점"을 염두에 둔 것이며, 한국을 포함한 것은 "신남방정책"을 고려한 것으로 보인다. 이들의 경우 "전략"이라는 용어를 쓰고 있지 않으므로 인도 태평양에 대한 "전략"을 발표한 파트너 국가가 아니라 "접근법(approach)"을 발표한 국가로 쓰고 있다. 문재인 정부의 신남방정책이 2017년 발표된 실제 배경이나 그 내용이 EU의 전략문서에 언급된 나라들의 인도 태평양 관련 접근법을 발표한 상황과 맥락이 같지 않고, 한국 정부 스스로 신남방정책에 대해 인도 태평양 전략의 일환이라고 하지 않았다. 그럼에도 불구하고 당시 EU 국가들이 먼저 신남방정책을 인도 태평양에 대한 한국의 접근법으로 이해했다는 점은 흥미로운 대목이다.

전략 문서에서는 EU의 인도 태평양 비전 혹은 이 지역에 관여하는 데 있어 원칙들을 제시하였다. 우선, 규칙 기반 국제질서를 보호한다는 것인데, 이는 민주주의, 인권, 법치주의를 포함한다. 특히 인권에 방점을 두고 있다. 인권을 침해하는 정권에 대해서는 제재조치를 계속 시행할 것이라고 하며, 여성 인권과 양성평등에 대해서도 우선 순위를 두고 있다고 했다.

둘째, 무역과 투자에 있어 공정한 경쟁의 장이 마련되어야 하며, 개방된 환경이 조성되어야 한다는 것이다. 셋째, 기후변화 문제에 대한 대응과 포용적인 사회경제적 개발을 지원한다는 것이다. 이외에 시민사회의 목소리를 반영하는 포용적인 정책 결정을 지원하고, 연계성을 증진한다는 내용 등이 포함되어 있다.

한편, 전략 문서에서 중국을 직접 거론하는 내용도 포함되어 있다. 인도 태평양에 대한 각국 고유의 접근법을 발표한 파트너 국가들과 함께 이 지역에 대한 관여를 심화할 것이라고 한 이후 중국에 대해서도 다차원적인 관여를 해 나갈 것이라고 하였다. 공동의 도전과제에 대한 해결책을 찾고, 공동의 이익이 되는 이슈에 대해 협력한다는 것이다. 그러면서 중국이 인도 태평양 지역의 평화와 번영에 나름의 역할을 하도록 권유할 것이라고 했다. 아울러 인권 문제도 거론하였다. EU가 중국과 근본적으로 이견을 갖고 있는 인권과 같은 문제에 대해서는 맞서서 반격할 것이며, EU의 핵심 이익과 가치를 지킬 것이라고 하였다.

그리고 비전을 추구하는 데 있어 7개의 우선 협력 분야를 제시하고, 이에 대해 전략 문서 대부분을 할애하였다. 각 분야는 ① 지속 가능한 그리고 포용적인 번영, ② 녹색 전환, ③ 대양 거버넌스, ④ 디지털 거버넌스와 파트너십, ⑤ 연계성, ⑥ 안보와 방위, ⑦ 인간안보 등이다.

7개 우선 협력 분야 가운데 "지속 가능한 그리고 포용적인 번영"이 눈에 띄는데, 인도 태평양 지역과의 교역이나 투자를 증진하는 데 그치지 않고, 규칙과 가치 규범에 기반을 둔 국제교역 질서를 보호하고 ESG 경영을 확산하려는 내용 역시 다루고 있다. 구체적으로 전략 문서에서는 한국, 일본, 싱가포르, 베트남 등과의 경제 협력 협정을 효율적으로 이행하는 내용, 그리고 호주, 뉴질랜드, 인도, 말레이시아, 필리핀, 태국 등과 각각 무역 또는 투자와 관련한 협정을 신규로 체결하는 데 관심을 두겠다고 하였다.

이와 함께, 전략 문서에서는 공급망을 다변화하고, 불공정한 관행(보조금, 경제 강압, 강제적 기술 이전, 지적 재산권 탈취)으로부터 국제교역 질서를 보호하겠다고 했다. 또한, 노동 권리를 비중 있게 다루면서, 특히 기업 실사(實査, due diligence)에 대해서도 언급했다. 이와 관련하여, 인도 태평양 전략 문서가 발표된 이후 실제 EU는 2022년 2월 "기업 공급망 실사법"(A Directive on Corporate Due Diligence and Corporate Accountability)을 공식화하였다. 그리고 2024년 7월 발효되었다. 주요 내용은 EU 시장에 제공되는 재화와 서비스에 대해 본사, 자회사를 망라하고 EU 내에서의 소재 여부를 떠나 공급망에 있는 모든 기업에 대해 인권 실사를 해야 한다는 것이다. 즉 공급망 전체를 대상으로 책임을 지게 만드는 것이다.

7개 우선 협력 분야 가운데 일곱 번째로 있는 인간안보, 즉 보건과 재난 대응 역시 주목을 끈다. 우선 보건 분야와 관련해서는 코로나19와 앞으로 발생할 수 있는 전 세계적 보건 위기에 대응하는 다자적인 체계를 구축하기 위해 인도 태평양 국가들과 협력할 것이라고 했다. 이어서 코박스 퍼실리티(Covax facility)를 언급했는데, 이는 전염병이라는 이슈의 성격상 특별히 인도 태평양에 한정하는 내용은 아니다. 또한, 'Horizon Europe' 프로그램을 언급하면서 전염병 예방을 위한 연구 개발 과정에서

EU의 재원을 신청할 수 있다고도 했는데, 이 역시 특별히 인도 태평양 지역에 한정한 것이 아니며, 전략 문서 발표 이전부터 있던 프로그램으로 새로운 것은 아니다.

다만, 원료의약품(active pharmaceutical ingredients)의 품질에 대한 것을 포함하여 의약품의 원활한 수급을 위해 인도가 협력의 중심이라고 언급한 대목이 눈에 띈다. 전략 문서에서 이에 대해 별도의 부연 설명을 제시하지 않고 있으나, 인도 제약산업의 현 상황을 감안하면 중국과의 연결 지점이 발견된다. 인도에는 3,000여 개 이상의 제약회사와 1만 개가 넘는 생산시설이 소재하고 있는 것으로 알려져 있으며, 제약시장 규모는 매년 성장하고 있다. 2023년 600억 달러, 2030년경 1,200억 달러 규모로 성장할 것으로 전망되고 있다. 다만, 인도 제약산업은 원료의약품을 수입하여 신약이나 복제약품을 수출하는 형태인데, 70% 정도의 원료를 중국으로부터 수입하고 있다. 인도 제약업체 역시 수입선 다변화를 추구하고 있는 상황에서 유럽은 이에 대해 인도와의 협력을 강화하려는 것으로 보인다.

재난 대응 분야에서도 기존 프로그램이나 인도 태평양 지역에 한정된 새로운 프로그램을 언급하고 있지는 않다. 다만, '재난 회복력을 지닌 인프라 연합(CDRI: Coalition for Disaster Resilient Infrastructure)'과 관련하여 EU가 할 수 있는 조치를 고려할 것이라고 하였다. CDRI에는 30여개 국가[81]와 EU, UNDP, 아시아개발은행 등이 참여하며, 자연재해에 회복력이 있는 인프라를 건설함으로써 지속가능발전목표에도 부합하자

---

81 참여국 가운데 선진국 그룹으로는 호주, 미국, 캐나다, 영국, 프랑스, 독일, 네델란드, 일본이 참여하고 있고, 여타 국가들은 아프리카와 중남미 국가들이다. 우리나라와 동남아시아 국가들은 참여하지 않고 있다.

는 아이디어에서 출발하였다. 2019년 9월 유엔 기후정상회의에 참석한 인도의 나렌드라 모디 총리가 제의하여 출범하였으며, 상설 사무국은 뉴델리에 소재하고 있다.

한편, EU가 전략 문서를 발표한 이후 폰 데어 레이엔 EU 집행위원장의 중국과 인도 태평양에 대한 발언이 더욱 빈번해졌다. 더욱이 2022년 2월 러시아의 우크라이나 침공 이후에는 중국에 대한 비판의 강도가 더욱 강해졌다. 폰 데어 레이엔 위원장은 2023년 3월 말 브뤼셀에서 EU-중국 관계에 대해 연설하였다. 유럽에서 유명한 두 싱크탱크, European Policy Centre (EPC)와 Mercator Institute for China Studies (MERICS)가 공동으로 주최한 세미나에서였다. 그리고 이 시점은 폰 데어 레이엔 위원장이 마크롱 대통령과 동반하여 중국을 방문하기 직전이었다. 집행위원장은 우선 러시아의 우크라이나 침공 그리고 시진핑 주석의 모스크바 방문 및 푸틴과의 면담 등을 언급하면서, "중국이 푸틴의 전쟁에 대해 어떻게 반응하고 소통하느냐가 앞으로의 EU-중국 간의 관계에 결정적인 요인이 될 것이다(How China continues to interact with Putin's war will be a determining factor for EU-China relations going forward)."라고 하였다. 러시아를 규탄하면서, 우크라이나의 "정당한 평화(just peace)"를 주장해 온 EU 집행위원장으로서 러시아와 "한계 없는" 관계를 천명하였던 중국 정부에 압박을 가하려는 의도로 들리는 메시지다.

둘째, 우크라이나 문제에 이어 레이엔 위원장은 중국이 이웃 국가들에 대해 군사력을 과시한다고 문제를 제기하였다. "중국이 남중국해와 동중국해 그리고 인도와의 국경에서 군사력을 과시하는 것은 그 지역의 EU 파트너 국가들의 정당한 이해관계에 직접적으로 영향을 미치고 있다."라고 했다. 셋째, 대만 해협의 평화와 안정도 지적하면서, 이 지역의 안정을 약화하는 행위는 EU의 이해관계에도 영향을 미친다고 하였다. 넷째, 신장 지역에서의 심각한 인권 침해에 대해서도 우려를 표하였다. 다섯째, 가짜뉴스와 경제무역에서의 강압 조치 강화를 우려하였다. 그러면서 EU 회원국이 대만 문제나 중국 내 인권 문제를 거론하면 중국은 이에 대해 강압적인 제재 조치를 취한다고 주장하였다. EU 이외의 국가에 대한 중국의 조치에 대해서도 언급하였다. 호주 정부가 코로나19 바이러스의 기원을 문제 삼자 중국 정부는 호주산 보리와 와인의 수입을 제한하였다고 하면서, 이러한 조치들은 중국에 대한 경제적 의존 그리고 경제적 지렛대를 의도적으로 이용하여 중국보다 더 작은 나라들로부터 중국이 원하는 바를 얻고자 하는 것이라고 하였다. 그래서 중국은 "국내적으로는 더욱 억압적이고(repressive), 해외에서는 더욱 자기 주장을 적극적으로 펼치고(assertive)" 있다고 하였다.

폰 데어 레이엔 위원장은 결론적으로 중국의 변화하는 모습을 세 가지로 도출할 수 있겠다고 하면서 이에 따른 EU의 정책 변화도 필요하다고 하였다. 첫째, 중국은 이제 개혁개방의 시기를 지나 "안보와 통제(security and control)"의 시대로 진입하고 있다는 것이다. 첨단 기술을 포함하여 민간 영역까지 동원하여 국가안보와 공산당의 경제 통제를 우선하려 하며, 대외적으로는 다른 나라들의 중국에 대한 의존도는 높이고, 중국의 다른 나라에 대한 의존도는 줄이려 한다는 것이다. 리튬과 코발트 같은 미래산업 분야에 필수적인 핵심 광물에 대해 특히 그러하다고 하였다. 둘째, 중국에서 "안보와 통제"라는 당위성은 "시장개방과 자유무역"의 논리를 압도하고 있다고 하면서, 이는 세 번째 결론과 연결된다고 하였다. 즉, 중국 공산당의 분명한 목표는 "중국을 중심에 두는 형태로의 국제질서 체제 변화(systemic change of the international order with China at its center)"라고 보았다. 중국은 기존의 질서와 다른 모습과 새로운 비전을 제시하려 시도해왔다고 하면서, 이러한 시도는 개인의 자유를 국가안보에 종

속시키는 것이고, 안보와 경제를 정치적·시민적 자유보다 앞세우는 것이라고 하였다. 그러면서 구체적으로 이는 중국의 일대일로 구상이나 중국 주도의 개발 은행 설립 등의 시도에서 알 수 있다고 하였다.

　폰 데어 레이엔 위원장은 이처럼 중국의 변화 과정에 대해 비판적으로 평가 분석한 이후 이어서 중국의 변화에 대한 EU의 대응 방향을 제시하였다. 흥미로운 점은 대응의 방향은 중국의 변화에 대해 언급한 비판의 내용에 비해서는 어조가 그리 강하지는 않다는 것이다. 첫째, 중국과의 열린 소통이 중요하다고 하였다. 중국과의 "탈동조화"는 가능하지도 않고, EU의 이해관계에도 맞지 않다고 하였다. 흑백 논리가 아니라는 것이다. 그래서 "탈동조화"가 아니라 "위험 제거(de-risking)"에 중점을 두어야 한다고 하였다. 중국 책임자들과 열린 소통을 나누는 것이 "외교를 통한 EU-중국 관계의 위험 제거(de-risking through diplomacy of our relations with China)"의 핵심이라고 하였다. 중국에 대해 각종 우려되는 사안에 대해서는 계속해서 제기할 것이나, 대화를 통해 더욱 생산적인 협력을 도출할 수 있는 여지를 찾아야 한다는 쪽에 방점을 두었다. 기후변화, 전염병, 비확산, 국제금융 안정 등에 대한 대응을 예로 들었다.

　둘째, "경제적인 위험 제거(economic de-risking)"가 필요하다고 하였다. 폰 데어 레이엔 위원장은 EU-중국 간 교역의 불균형 문제, 그리고 투자와 관련해서도 국가안보에 위협이 되는 민감 기술의 중국으로의 이전 그리고 중국으로의 기술 이전이 강제되는 투자 방식의 문제 등을 제기하면서, 외교를 통한 위험 제거에 이어 경제적인 위험 제거가 필요하다고 하였다. 이를 위해 네 개의 '필러(pillar)'를 제시하는데, 우선 유럽 자체의 경제와 산업, 특히 친환경 녹색산업을 더욱 경쟁적이고 회복력 있게 해야 한다고 하면서, 90%가 넘는 핵심 광물의 중국 의존도를 낮추고, 다변화할 필요성을 언급하였다. 이어서 해외 정부의 보조금을 받은 수입 물품의

EU 시장 진출과 같은 불공정 상황에 대응하고 외부의 경제적 강압 조치를 억지하기 위해 EU 스스로 준비해 둔 각종 대응조치를 단합하여 공동으로 견고하게 이행해야 한다고 했다. 세 번째로는 퀀텀, 인공지능, 로봇 등 첨단 기술 분야에서 EU의 기술력이 투자나 교역으로 인해 체제 대결자들에게 이전되어 EU의 안보에 위협이 될 수 있을지 냉철히 평가 분석해야 한다고 했다. 네 번째는 다른 파트너 국가들과의 연계(alignment)라고 하였다. 이 역시 EU의 공급망 회복력을 강화하고 교역 관계를 다변화하기 위한 것이라고 보았다.

폰 데어 레이엔 위원장은 중국과의 경제 관계에서 보조금 문제, 공정한 경쟁 등을 언급하였고, 다른 한편으로는 EU 회원국 간의 단합을 보일 수 있는 일치된 정책을 시행하는 것이 중요하다고 하였다. 이 당시 위원장이 중국 문제를 언급하면서 EU 회원국들의 단합을 강조한 배경에는 중국산 전기 자동차 문제가 연결돼 있다. 그간 줄곧 유럽에 수입되는 중국산 전기 자동차에 높은 관세를 부과하려는 EU 내부의 논의가 진행됐으나, 이에 대해 주요 회원국 간 입장에 차이를 보여왔다.[82]

EU에서는 2023년부터 중국산 전기 자동차에 대한 중국 정부의 보조금 지불 상황에 대한 조사를 진행하였다. 이후 2024년 7월 EU 집행위에서는 중국의 전기 자동차에 최대 37.6%의 새로운 관세를 부과할 계획이라고 밝혔다. 중국산 전기자동차 업체가 중국 정부로부터 "불공정한" 보조금을 받았으며, 이는 유럽의 차량 제조업체에 경제적 위해(危害)가 된다는 것이 이유였다. 새로운 관세는 기존에 모든 전기자동차에 부과하던 10% 관세에 더하여 부과되는 것이므로 판매 경쟁력에 크게 영향을 미칠

---

82 폰 데어 레이엔 위원장은 2024년 7월 유럽의회에서의 투표를 통해 EU 집행위원회 위원장 연임이 확정되었다. 2029년까지 5년간의 두 번째 임기를 수행하게 된다.

것이 분명하다.[83]

이러한 EU 집행위의 움직임에 프랑스를 포함하여 다수 회원국이 찬성하는 입장이나, 독일과 스페인 등은 미온적이다. 독일의 반응은 독일 브랜드의 자동차와 관련된다. 즉, 중국에서 생산된 독일 브랜드 자동차가 유럽으로 수입돼 올 때 가격 경쟁력이 하락하는 부분에 대해 우려한다. 스페인이 신중한 입장을 보이는 것은 중국의 대응조치 움직임 때문이다. EU의 전기 자동차 보조금 조사 그리고 새로운 관세 부과 움직임이 가시화되면서, 중국에서는 유럽으로부터의 돼지고기, 낙농 제품에 대해 관세를 부과할 움직임을 보이기 시작한 것이다. 중국은 스페인의 돼지고기 주요 수출국 가운데 하나다.

이상에서와 같이 EU와 주요 국가 정부 차원에서는 중국과의 관계에서 위험 제거, de-risking을 공통적으로 언급하고 있으나, 실제 경제 관계가 진행되는 현장 상황을 감안하면, 여전히 어려운 과제라는 것을 알 수 있다. 이러한 딜레마 상황을 어떻게 극복해 가느냐가 EU에게도 지속적인 이슈가 될 것으로 보인다. 이런 상황에서 트럼프 2기 미국 행정부와의 관계도 새로이 정립해야 하는 과제다. 특히, 미국과는 우크라이나 전쟁이나 나토의 분담금 문제, 교역 관계 등에서 중국과는 별도의 방정식을 풀어 내야 한다.

---

83 중국산 전기자동차에는 중국에 공장을 둔 미국 테슬라나 독일 BMW, 프랑스 르노 등도 해당되는데, 이들에 대한 관세는 최대 관세의 절반 수준인 것으로 전해졌다. 비야디(BYD)를 포함하여 EU의 보조금 조사에 협조한 중국 업체에 대해서도 최대 관세의 절반 수준으로 전망되고 있다. 다만, 중국 상하이 자동차(SAIC) 그룹이 가장 높은 관세율의 적용을 받은 것으로 알려졌다. 다만, 실제 EU 집행위의 관세 부과 내용은 EU 각 회원국의 결정으로 확정되는 절차를 거쳐야 실제 이행할 수 있다.

영국은 현지 시간으로 2020년 1월 31일 23시 공식적으로 EU를 탈퇴했다. 2016년 6월 23일 국민투표를 통해 브렉시트(Brexit)가 결정된 이후 3년 6개월여 만에 공식적으로 탈퇴하게 되었다. 테레사 메이(Theresa May) 총리 주도로 영국 정부와 EU 간에 진행했던 브렉시트 협의 결과가 의회를 통과하지 못하자 메이 총리가 사임하면서, 2019년 7월 보리스 존슨(Boris Johnson)이 보수당의 신임 대표로 선출되었고 동시에 영국의 신임 총리가 되었다. 신임 당 대표가 그대로 총리직을 승계한 것이다. 존슨 총리는 브렉시트 강경파로 알려져 있었으며, 당 대표 경선 과정에서도 이러한 입장을 표명했다. EU와 합의 없는 노딜 브렉시트를 마다하지 않겠다는 입장도 반복했다.

　총리 취임 이후 EU와의 브렉시트 합의는 재협상을 통해 이루었으나, 여전히 보수당이 다수를 차지하지 못한 하원을 통과하지 못했다. 브렉시트에 관한 새로운 국민투표 실시를 노리는 노동당과의 입장 차이는 좁혀지지 않았고, 결국 보수당과 노동당은 12월 조기 총선 개최에 합의하게 된다. EU 역시 당초 영국과의 브렉시트 합의 시한을 2019년 10월 말에서 2020년 1월 말로 늦추는 데 합의했다. 존슨 총리는 취임 5개월 만에 총선을 치르게 되었는데, '브렉시트 총선'으로 불렸을 만큼, 당시 조기 총선은 브렉시트에 관한 영국 국민들의 의견을 총선을 통해 다시 확인하는 과정이었다. 영국 국민들은 존슨 총리의 손을 들어주었다. 존슨 총리의 뚝심도 빛을 발했다고 하겠다.

　수년을 끌어왔던 브렉시트를 둘러싼 영국 국내외적 논란이 2020년 초 마무리되던 시기에 보리스 존슨 정부는 본격적인 브렉시트 이후 영국의 대외정책 방향을 재검토하는 작업에 착수하였다. 그 결과, 2021년 3월 영국 정부는 "경쟁적인 시대의 글로벌 브리턴 : 안보, 국방, 개발, 외교 정책에 관한 통합 검토 보고서(Integrated Review)"를 발표하게 된다. 100쪽에 달하는 방대한 문서다.

이 보고서는 영국의 EU 탈퇴, 즉 브렉시트 이후 "글로벌 브리턴(Global Britain)"이라는 영국 대외정책의 지향점을 이행하기 위해 발표한 문서다. 보고서 서문에서 보리스 존슨 당시 총리는 자유민주주의와 시장경제가 인류의 사회적 및 경제적 진보에 최선의 모델이라고 했다. 그리고 민주 사회는 "개방적이고 회복력 있는 국제질서"에 대한 가장 강력한 지지자라고 하면서, 개방적이고 회복력 있는 국제질서 하에서는 범세계적 기구들이 인권을 보호하고, 강대국 간 긴장을 관리하며, 분쟁이나 불안정, 기후변화를 해결할 수 있는 능력을 보여줄 수 있다고 했다.

이 보고서에서 인도 태평양에 대해 직접적으로 언급하고 있는 부분은 "Indo-Pacific Tilt"라는 제목으로 전체 100쪽 가운데 두 쪽 분량에 불과하다. 다만, 이에 대해서는 전체적인 보고서의 맥락에서 볼 필요가 있다. 그래야만 영국 대외전략의 2%만 인도 태평양 전략에 할애했다는 오해에서 벗어날 수 있다. 전체적인 맥락이란 위에서 언급한 대로 "안보, 국방, 개발, 외교 정책에 관한 통합 검토 보고서(Integrated Review)"의 큰 제목, 즉 "글로벌 브리턴"이라는 비전에 관한 것이다. 이 비전은 2016년 6월 브렉시트를 둘러싼 국민투표[84] 이후 테레사 메이 당시 총리가 제시하였다. 메이 총리는 2016년 10월 버밍엄에서 나흘간 개최된 보수당의 연례 전당대회 첫날 연설에서 브렉시트 이후의 영국의 비전으로 "글로벌 브리턴"을 언급하였다.

---

84 6월 23일 국민투표 결과, 브렉시트 찬성 52%, 반대 48%로 영국의 EU 탈퇴가 결정되었다.

당시 메이 총리는 브렉시트 국민투표 이후 영국 정부와 EU 간의 브렉시트 협상을 성공적으로 완수하겠다는 의지를 보임과 동시에, 브렉시트가 단순히 영국의 EU 탈퇴만이 아니라 더 넓은 세계에서의 영국의 역할을 생각해보는 계기가 되어야 한다고 역설했다. 여러 국가와의 협력을 언급하면서 일본, 캐나다, 중국, 인도, 멕시코, 싱가포르, 한국, 호주, 뉴질랜드 등을 언급했다. 그리고 메이 총리는 연설 마지막에 "영국은 '그 무게 이상의 펀치(punch above weight)'를 날릴 필요가 없다. 영국의 무게는 이미 상당한 수준이기 때문이다."라고 했다. 메이 총리는 브렉시트 협상을 성공적으로 마무리하고, 브렉시트 이후에도 국제사회에서 영국의 역할에 대한 자신감을 보여주려 했던 것으로 이해된다.

메이 총리 연설 2개월 후 당시 외교장관을 맡고 있던 보리스 존슨이 런던 채텀하우스에서 "글로벌 브리튼" 주제로 연설하였다. 존슨 장관은 영국의 글로벌 접근법이 영국과 전 세계에 공히 이익이 될 것이라고 하면서 세 가지 이유를 제시하였다. 첫 번째 이유는 전 세계의 안정과 평화와 질서에 기여한다는 것이다. 이에 대해서는 규칙 기반 자유주의 질서를 수호해야 한다는 점을 강조하면서, 특히 당시 중동지역에서의 이슬람 급진 세력 ISIS 문제를 거론하였다. 규칙 기반 질서를 지키지 못하면 야만적 체계로 돌아갈 것이라고 하면서, 야만적 체계는 강자가 약자를 자유로이 괴롭히고, 힘이 항상 선(善)이 되는 상황이 될 것이라고 했다. "힘이 항상 선(善)이 되는 상황"이라는 용어는 이후 중국을 겨냥하여 서방 세계에서 자주 언급되고 있다. 이어 존슨 총리는 불안정한 안보 상황으로 지중해 남부와 우크라이나 동부에 대해서도 언급하였다. 특히 러시아가 크림반도를 점령하고 있는 것을 비난하였다. 다만, 억제(deterrence)와 대화(dialogue)는 상충되는 것이 아니라고 하면서, 영국은 러시아에 강경히 대응할 준비가 되어 있으나, 그렇다고 러시아와 대화하고 관여하는 것이 잘못은 아니라고 했다.

한편, 존슨 장관은 글로벌 브리턴은 유럽 주변에 한정되지 않는다고 하면서, 새로운 세력의 부상 즉 중국과 동아시아에 주목하였다. 그는 아시아에서 새로이 등장하는 세력 균형 체제는 규칙 기반 체계를 강조하는 우호국들의 영향력을 필요로 하며, 그래야 오판의 위험과 원치 않는 대결의 위험을 줄일 수 있다는 것이다. 이어서 존슨 장관은 흥미로운 언급을 하는데, 영국이 역사에서 얻은 교훈 가운데 하나는 "시스템을 지키기 위해서는 그 시스템을 개혁하려는 의지가 있어야 한다."라는 것이었다. 그래서 영국은 인도를 포함한 다른 글로벌 국가들이 유엔 안보리 상임이사국에 포함되는 방안을 지지하였으며, 또한 중국이 주도한 아시아인프라투자은행(AIIB)에도 일찍이 가입했다고 하였다.

두 번째 이유는 글로벌 브리턴 비전으로 글로벌 경제체제에 새로운 동력을 불어넣는다는 것이다. 존슨 장관은 첫 번째 이유로 들었던 "평화와 안정" 분야에 비해 이에 대해서는 매우 간략히 언급하였는데, 세계 무역에 있어 개방주의에 대한 정치적 지지가 약해지고, 전 세계 무역의 성장세가 수십 년 만에 처음으로 전 세계 GDP 성장세에 미치지 못하는 상황을 언급하면서, 영국이 자유무역협정을 비롯하여 시장개방에 있어 선봉장을 맡겠다고 했다. 세 번째 이유는 글로벌 브리턴 비전으로 영국의 가치를 투영함으로써 전 세계에 좋은 일이 될 것이라고 언급하였다. 이어서 영국의 공적개발원조를 통한 아프리카와 아시아의 사회 개발 사례를 소개했다.

이렇게 당시 메이 총리에 이어 존슨 장관이 글로벌 브리턴 비전을 설파하였으나, 영국 국내적으로는 논란의 여지를 남겼다. 이후 수년 동안 영국 의회에서는 '글로벌 브리턴'이 무엇을 의미하는지, 실체가 무엇인지, 그 성과는 어떻게 측정할 것인지 등에 대한 논쟁이 지속되었다. 그리고 이러한 논란 가운데 보리스 존슨 총리 재임 시기에 발표된 것이 바로 "경쟁적인 시대의 글로벌 브리턴 : 안보, 국방, 개발, 외교 정책에 관한 통합 검토 보고서"다.

보고서 내용의 대부분은 우선 2030년의 국제적 여건에 대한 항목이며, 이에 따라 4개의 "전략적 프레임워크"를 마련하는 것으로 되어 있다. 4개의 프레임워크는 ① 과학기술을 통한 전략적 우위 유지, ② 미래의 개방된 국제질서 형성, ③ 국내외에서 안보와 국방의 강화, ④ 국내외에서 회복력 강화 등이다. "인도 태평양 경사(傾斜)(Indo-Pacific tilt)"는 ②항 '미래의 개방된 국제질서 형성'의 세부 항목으로 언급되고 있다.

2쪽 분량의 "인도 태평양 경사" 세부 항목에서는 영국이 인도 태평양 지역에서 관여를 강화해야 할 이유로 경제적 기회 측면(새로운 통상협정, 디지털 혁신, 녹색 기술, 공급망), 안보 측면(특히, 항행의 자유를 위한 해양안보), 가치 측면(열린 사회, 국제규범, 소녀 교육, 기후변화)을 언급하였다. 이어 9개의 우선 순위 분야에 중점을 두고 영국 정부의 관여를 강화하겠다고 하였다. 양자 FTA 협정 체결과 이행, CPTPP 가입, 공급망 회복력의 강화, 아세안 대화 상대국 지위 획득, 국방과 안보 협력 강화, 사이버 안보 역량 강화, 기후변화 대응, 개방적인 사회(인권, 법치 포함), 공적개발원조(ODA)의 전략적 활용 등이다. CPTPP의 경우 실제 영국은 2021년 6월 가입 협상을 시작하였다. 2023년 7월에는 기존 CPTPP 참여국들로부터 공식 가입 승인을 받게 된다. 그리고 2024년 12월 CPTPP의 12번째 회원국으로 공식 합류하였다.[85]

한편, 중국에 대한 영국의 인식 역시 4개의 프레임워크 가운데 ②항 "미래의 개방된 국제질서 형성"에 포함되어 있는데, 여기서 중국을 권위주의 국가(authoritarian state)라고 하였다. 그리고 그 의미는 중국이 영국 및 동맹국들과 다른 가치를 갖고 있다는 것이며, 이러한 사실은 영국과 동맹국들에 "도전"이 된다고 했다. 또한, 중국과 영국이 상호 교역과 투자를 통해 혜택을 받을 수 있지만, 중국은 영국의 경제 안보에 최대의 "위협"이 되기도 한다고 했다. 따라서 영국 정부는 중국과의 의견 차이를 관리하고(manage disagreements), 영국의 가치를 보호하며(defend our values), 이익이 겹치는 부분에서 협력의 공간을 지킬 수 있도록(preserve space for cooperation) 탄탄한 외교적 틀을 갖춰 나갈 것이라고 했다.

아울러 영국은 중국과의 교역 확대와 더 많은 중국으로부터의 투자 유치를 포함하여 긍정적인 경제 관계를 추구해 나갈 것이나, 동시에 국가 기간시설과 민감 기술을 보호하고 핵심 공급망에 대한 회복력을 계속 강화할 것이라고 했다. 그리고 영국의 가치와 이익이 위협받는다든지 중국이 기존 협정을 위반하여 행동하는 경우 주저 없이 가치와 이익을 옹호할 것이라고 했다. 실제 영국 정부는 2020년 화웨이를 5G 통신망 사업에서 배제하는 결정을 내렸다. 이어 2021년 2월에는 중국의 관영 영어방송 CGTN의 활동 역시 금지하였다. 물론 이에 대해 중국 당국은 중국 내 BBC 방송을 금지하는 맞대응 조치를 내렸다. 중국 정부는 또 2021년 5명의 현역 의원을 포함하여 영국인 9명에 대해 제재조치를 단행하였다. 2023년에는 영국 의회가 의회 내 와이파이 망으로 '틱톡'을 사용하지 못하게 하였고, 2024년 4월 들어서는 영국 경찰이 중국을 위해 스파이 활동을 했다는 혐의로 2명을 기소하기도 하였다.

한편, 통합 검토 보고서 내용 가운데 대부분을 차지하는 2030년의 국

---

85 CPTPP는 기존 회원국이 모두 찬성해야 가입할 수 있다. 도널드 트럼프 미국 대통령이 2017년 태평양 주요 국가 간의 자유무역협정(FTA)으로 추진하고 있던 환태평양파트너십 협정(TPP)의 파기를 선언하면서, 좌초 위기에 놓였으나, 여타 11개국, 즉 일본, 캐나다, 호주, 뉴질랜드, 멕시코, 칠레, 페루, 말레이시아, 베트남, 싱가포르, 브루나이 등이 모여 2018년 포괄적이고 점진적(comprehensive and progressive)이라는 수식어를 붙인 새로운 FTA, 즉 CPTPP를 발효시켰다.

제적 여건 항목에서도 중국에 대해 언급하고 있다. 우선 2030년으로 가는 국제사회의 추세로 ① 지정학적 그리고 지경학적 변화, ② 전 체계에 걸친 경쟁(systemic competition), ③ 신속한 기술 변화, ④ 초국가적 도전 등 네 가지를 꼽았다. "지정학적 그리고 지경학적 변화"는 "다극화된 세계"로의 전이로 보았다. 2030년으로 다가가면서 지정학적 그리고 경제적 무게 중심은 인도 태평양 방향으로 동진(東進)하면서, 더욱 다극 체제가 될 것이라고 보았다. 여기서 중국을 "전 체계에 걸친 경쟁자(systemic competitor)"로 칭하였다. 이는 러시아를 "가장 임박한 심각하고 직접적인 위협(most acute direct threat)"이라고 칭한 것과는 대비된다.

[그림 20] 르 미에르 연구원의 글에 포함되어 있는 위의 삽화가 흥미롭다.
유니언 잭(Union Jack)이 그려진 방패를 들고 있는 기사는 영국이고, 독수리는 미국이다.
독수리와 기사가 향하고 있는 곳은 만리장성, 즉 중국으로 추측된다. 삽화 : Craig Stephens

이어 중국은 인구와 경제 규모, 기술개발 그리고 일대일로와 같은 구상을 통해 국제무대에 그 영향력을 투사하려는 야심을 갖고 있는데, 이는 전 세계에 큰 영향을 미치게 될 것이라고 했다. 그러면서 영국과 같은 개방된 통상 국가는 중국과 관여할 필요가 있고, 중국의 무역과 투자에 개방적일 필요가 있다면서, 동시에 번영과 안보에 부정적인 영향을 미칠 수 있는 관행에 대해서는 스스로를 지켜야 한다고 했다.

한편, 영국 정부가 인도 태평양을 중시하려는 정책에 영어 단어 'tilt'를 사용한 이유에 대해 명확히 설명되어 있지는 않으나, 과거 오바마 정부에서 아시아 중시 정책으로 한때 'pivot'을 사용한 것이 연상되기는 한다. 이와 관련하여, IISS 연구원으로 근무했던 크리스티앙 르 미에르(Christian Le Miere)는 영어 관용어 "tilting at windmills"를 끌어들인다. 이 관용어는 돈키호테가 풍차를 거인으로 착각하여 공격했던 것처럼, 가상의 적을 공격한다는 의미로 쓰인다. 물론 지금 영국이 tilt 하는 것은 상상의 적이 아닌 실체가 분명한 중국이라는 차이가 있다고는 하였다.[86]

르 미에르 연구원의 글에 포함되어 있는 위의 삽화 역시 흥미롭다. 유니언 잭(Union Jack)이 그려진 방패를 들고 있는 기사는 영국이고, 독수리는 미국이다. 독수리와 기사가 향하고 있는 것은 만리장성, 즉 중국으로 짐작된다. 흥미롭기는 하나, 과장된 측면이 많아 보이며, 영국이 미국이 몰아가는 대로 만리장성 성벽으로 돌진하는 것은 아닐 터다. 영국이 유럽연합을 떠나면서 중국이 경제적으로 부상하는 데 대해 이를 기회 요인으로 보면서 협력할 의지를 갖고 있는 것은 분명하다. 다만, 중국의 가치와 이념이 근본적으로 영국이나 서방의 자유민주주의와 차이가 있다고 보기에 이에 대해서는 분명한 목소리를 내겠다는 것이다.

보리스 존슨 총리에 이어 2022년 10월부터 2024년 7월까지 인도계 영국인으로는 최초로 총리직을 역임한 리쉬 수낙(Rishi Sunak) 총리 역시 그 연장선에 있었다. 수낙 총리는 2022년 11월 연례 로드 메이어 연회[87](Lord Mayor's Banquet)에서 영국의 대외관계에 대해 연설하면서, 중

---

86 Le Miere가 2021년 2월 21일 South China Morning Post에 기고한 글이다. https://www.scmp.com/comment/opinion/article/3122408/why-britains-indo-pacific-tilt-has-china-squarely-its-sights

국에 대해서도 비중을 두고 언급하였다. 수낙 총리는 로드 메이어 연회에서 중국에 대한 접근법을 상황에 맞춰 진화시켜야 한다고 하면서, 중국과의 "황금시대(golden era)"는 끝났으며, 무역을 통해 중국이 자동적으로 사회적인 그리고 정치적인 개혁을 추진하게 될 것이라는 순진한 생각도 끝났다고 하였다. 그러면서도 냉전적 수사에만 의존하면 안 된다고 했다. 중국은 영국의 가치와 이익에 도전(systemic challenge)이 되며, 권위주의가 강화되면서 이 도전이 더욱 격심해진다고 보았다. 또 전 세계의 경제적 안정이나 기후변화 이슈 등 협력이 필요한 분야를 무시할 수 없다고 하면서, 격화되는 경쟁 상황을 외교와 관여라는 방식으로 관리해 나갈 것이라고도 밝혔다. 이어서 수낙 총리는 인도 태평양 전반에 걸쳐 새로운 기회가 되는 지역이라면서, CPTPP 가입, 인도 및 인도네시아 등과의 양자 FTA 체결 추진 등을 언급하였다. 안보 측면에서는 해양안보 증진을 위해 50여 년간 유지하고 있는 5개국 안보 협정(FPDA: Five Power Defence Arrangements, 영국, 호주, 뉴질랜드, 싱가포르, 말레이시아) 그리고 오커스(AUKUS, 영국, 미국, 호주)를 언급하였다. 제임스 클레벌리 당시 외교장관도 2022년 9월 싱가포르에서 개최된 밀켄 연구소(Milken Institute) 아시아 회의에 참석하여 인도 태평양 경사(傾斜)는 단순히 슬로건이나 수사(修辭)에 그치지 않고 그 이상이 될 것이라는 의지가 강하다고 하면서, 수낙 총리와 유사한 메시지를 전하였다.

한편, 수낙 총리와 클레벌리 장관의 연설에서는 안보 측면에서 해양안보 그리고 경제 측면에서 인프라 투자를 위한 개발 금융에 대한 언급이 등장한다. 그리고 해양 안보 관련해서는 남중국해에서의 항행의 자유를

---

87 로드 메이어(Lord Mayor)는 City of London으로 불리는 런던의 금융가의 수장을 칭한다. 영국의 수도 런던의 행정을 총괄하는 런던 시장(Mayor of London)과는 구분된다.

비중 있게 다룬다. 해양 안보와 항행의 자유와 관련해서는 수낙 총리가 언급한 지역 내 국가들과의 안보 협정, 즉 FPDA에 대해 더 살펴볼 필요가 있다. 영국은 이 지역에서 과거 식민지로서 그리고 영연방 국가로서 인연이 있는 싱가포르, 말레이시아, 호주, 뉴질랜드 등과 1971년부터 5개국 안보 협정(FPDA)을 맺어 왔다. 수에즈 운하 동쪽으로부터는 영국의 군대를 모두 철수시킨다는 1960년대 후반 영국 정부의 결정 직후, 당시로서는 분쟁 지역이었던 동남아시아의 신생 독립국 싱가포르와 말레이시아에 대한 보호 차원이었다.

핵심 내용은 5개국 중 어느 나라를 대상으로 한 무력 공격의 징후가 있을 때 5개국은 서로 "즉각적으로" 협의한다는 것이다. 군사적인 개입에 대한 확약이 있는 것은 아니고, 협의 성격이다. 이에 따라 5개국은 평상시 연례 연합 군사 훈련과 국방장관회의를 개최하고 있다. 1960년대 그리고 1970년대에 비해 현재 동남아시아 지역의 안보 상황은 많이 달라졌으나, FPDA에 대해서는 그 적실성과 효용성이 5개국 모두에게 그대로 인정되고 있다. 2021년 5개국은 FPDA 출범 50주년 행사를 개최하면서, FPDA의 적실성을 이어가기 위한 의지를 더욱 굳건히 하였다. 영국의 입장에서도 인도 태평양 경사(傾斜) 정책에 FPDA라는 기존의 틀이 계속 중요할 것이라는 메시지를 던지고 있으며, 2021년 발표된 통합 검토 보고서에서도 언급하였다.

FPDA뿐만 아니라 인도 태평양 경사(傾斜) 정책에 따른 영국 해군의 인도 태평양 지역에서의 가시적인 움직임이 나타났다. 2021년 4월 영국 해군은 항공모함 퀸 엘리자베스호(HMS Queen Elizabeth)와 전투 타격 전단(Combat Strike Group)을 인도 태평양으로 보낸다. 이 임무에 참여한 규모는 항공모함 외에도 구축함, 호위함 등 선박 8척, F-35 등 항공기 32대, 3,700여 명의 인력으로 구성되었다. 항해는 7개월에 걸쳐 진행되었고, 지중해와 수에즈 운하를 통과하여 벵골만, 남중국해를 거쳤으며, 한국, 일본에까지 40여 개 국가와 교류하였다. 영국의 항공모함 전단이 이 지역을 찾은 것은 1997년 홍콩의 중국 반환 이후 처음이다. 영국의 인도 태평양 지역에 대한 안보 측면의 공약과 의지를 보여주는 구체적인 조치로 평가된다.

한편, 2024년 7월 총선에서 노동당이 전체 의석 650석 가운데 412석을 확보하는 압승을 거두며, 키어 스타머(Keir Starmer) 당 대표가 신임 총리로 취임하였다. 노동당으로서는 14년 만에 정권을 되찾은 것이다. 노동당은 대외관계에서의 우선 순위로 집권 이전부터 '유럽, 글로벌 사우스' 등과의 관계 또는 정책에 대한 "재설정(reset)"을 강조하였다. 그럼에도 인도 태평양 지역 그리고 중국과의 관계는 영국의 경제 그리고 대외관계 전반에 주요한 이슈가 되고 있다. 그리고 인도 태평양이나 중국과의 관계에 큰 변화가 있을 것으로 보이지는 않지만, 보수당 정부 하에서 다소 불편해진 중국과의 관계를 어떻게 풀어가느냐는 스타머 총리 하에서도 여전히 과제이다.

스타머 총리는 취임 이전 중국은 "전략적 도전(strategic challenge)"이라는 인식을 보였다. 예를 들어 2023년 9월 'Politico Europe'과의 인터뷰에서 중국과의 경제통상 관계 그리고 기술 발전 분야에서 중국과의 관계를 벗어나야 한다고 했다. 또한 중국의 영국 국내 정치 간섭이나 스파이 문제, 인권 문제 등에 대해서는 단호해야 한다고 했다. 그러면서도 중국과 협력해야 하는 이슈로 기후변화를 꼽았다. 한편, 총리 취임 이후 8월 23일 시진핑 주석과의 통화 결과에 대해 영국 총리실의 보도자료에서는 두 정상이 교역, 경제, 교육 등을 포함한 분야에서 공조 방안을 논의했다고 하였다. 기후변화와 전 세계 안보 이슈에 대해서도 긴밀한 협력 필요성에 동의했다고 하였다. 다만, "홍콩, 러시아-우크라이나 전쟁, 인권 등 의

견이 갈리는 영역에 대한 해결과 이해를 위해 솔직하고 열린 대화를 희망한다고 했다.”라고 하였다.[88]

그러나, 중국 정부의 보도자료에서는 다른 톤이 느껴진다. 시진핑 주석은 “변혁과 요동치는 국제 정세 하에서 중국과 영국이 상호 장기적이고 전략적인 관점에서 상호 관계에 접근할 필요가 있고, 서로를 파트너로 보면서 대화와 협력을 강화할 필요가 있다.”라고 언급했다고 썼다. 이어 중국은 “중국식 현대화 노선”을 통해 위대한 국가 건설과 국가 부흥(national rejuvenation)을 추구한다고 하면서, “영국이 중국을 객관적이고 이성적으로 바라보기를 희망한다.”라고 밝혔다. 또한, “상호 이해와 신뢰를 증진하기 위해 중국은 영국과 동등한 그리고 상호 존중하는 대화를 할 준비가 되어 있다.”라고도 했다.[89] 시진핑 주석의 실제 언급 내용인지 일반적 원칙적 표현인지 명확하지는 않으나, 정상 간 통화 과정에서 불편한 분위기가 있었던 것으로 보이는 대목이다.

스타머 총리 내각에서 외교 수장으로 임명된 데이비드 라미(David Lammy) 장관은 중국에 대한 노동당 정부의 정책은 “경쟁, 협력, 도전”을 목표로 한다고 했다. 외교부에서 인도 태평양 지역을 담당하는 국무상(Minister of State for Indo-Pacific)으로 일하고 있는 캐서린 웨스트(Catherine West) 의원 역시 임명 직후 SNS 영상 메시지로 중국에 대해 노동당 정부는 “협력할 수 있는 데서는 협력하고, 경쟁할 필요가 있는 데서는 경쟁하고, 도전해야 하는 데서는 도전할 것”이라고 하였다. 전반적

---

88 양국 정상 통화에 대한 영국 총리실 보도자료 원문 링크는 아래 참고. https://www.gov.uk/government/news/pm-call-with-president-xi-jinping-of-china-23-august-2024

89 양국 정상 통화에 대한 중국 외교부의 보도자료 원문 링크는 아래 참고. https://www.mfa.gov.cn/eng/xw/zyxw/202408/t20240823_11478871.html

으로 스타머 정부는 과거 보수당 정부가 중국에 대해 "위협"이라 했다가 중국과의 협력을 강조하면서 "황금시대"라고 하는 등 일관되지 않은 정책을 펴왔다고 본다. 국내외적으로 혼란스러운 메시지를 발신했다는 것이다. 따라서 중국에 대한 정책을 점검하면서 장기적이고 일관된 정책을 추진하겠다는 의지를 보이고 있다. 새로운 중국 전략을 발표할 시기나 그 방식이 명확하지는 않으나, 과거 정부에서 추진하던 오커스(AUKUS) 협의체는 그대로 이어갈 것으로 보이며, 인도 태평양 지역에 대한 영국 해군의 군사력 관여 정책도 큰 변화 없이 한 동안 지속될 것으로 보는 것이 다수의 관측이다.

캐나다 정부는 3년여 동안의 작업 끝에 2022년 11월 27일 26페이지 분량의 인도 태평양 전략의 내용을 발표하였다. 발표 장소는 캐나다 수도 오타와나 토론토가 아니라 태평양과 닿아 있는 서부 브리티시 콜롬비아 주의 밴쿠버였다. 캐나다 인도 태평양 전략의 서론 부분에서 캐나다는 태평양 국가라고 정의하고 있는데, 이를 실감나게 보여주려는 의도로 보였다. 발표 현장에는 멜라니 졸리(Melanie Joly) 외교 장관, 메리 응(Mary Ng) 통상 장관, 하지트 사지안(Harjit Sajjan) 국제개발 장관, 마르코 멘디치노(Marco Mendicino) 공공안전부 장관 등 4명의 각료가 참석했는데, 인도 태평양 지역에 캐나다 정부가 부여하는 중요성을 보여주고자 하였다. 발표 시기는 11월 중순 아시아에서 연쇄적으로 개최된 다자 지역회의[90]에 저스틴 트뤼도(Justin Trudeau) 총리가 참석하고 귀국한 직후였다.

캐나다 인도 태평양 전략 문건의 구성은 인도 태평양 지역의 중요성과 전략의 대상이 되는 지리적 범위, 지역 내 주요 국가에 대한 인식, 그리고 5개의 전략적 목표 및 각 목표별 협력 방안 등의 순서로 돼 있다. 향후 5년에 걸쳐 총 23억 캐나다 달러에 해당하는 정부 재정을 투입하겠다는 내용

---

[90] 11월 12일부터 캄보디아 프놈펜에서 아세안 관련 정상회의, 인도네시아 발리에서 G20 정상회의, 태국 방콕에서 APEC 정상회의가 연이어 개최되었으며, 캐나다는 트뤼도 총리가 세 회의 모두 참석하였다.

과 예산이 활용될 사업 분야도 제시했다. 오랜 기간 준비해 왔던 만큼 일정 부분 구체성을 가진 요소를 충실히 반영한 정책 로드맵이라고 하겠다.

우선, 캐나다는 인도 태평양을 지리적 개념으로 접근하려는 의지를 보인다. 캐나다 인도 태평양 전략에서는 인도 태평양 지역을 총 40개국으로 명시하여 표시하고 있다. 북한도 포함됐다. 대만도 명시하고 있어서 엄밀히는 "40개의 국가와 경제권(countries and economies)"으로 표현했다. 서쪽으로 파키스탄부터 동쪽으로 태평양 도서국들까지로 돼 있다. 소지역별로는 동남아시아, 남아시아, 태평양 도서국, 북태평양 등으로 구분해 놓았다. 우리나라와 일본은 일반적으로 동북아시아로 불리는데, 여기서는 '북태평양'이라는 지역에 포함된다. 우리를 비롯해 다수 국가의 인도 태평양 전략의 경우 각 소지역에 대해 골고루 서술하는 경우가 일반적이다. 그러나 캐나다의 전략에는 지리적 범위를 4개의 소지역으로 구분한다

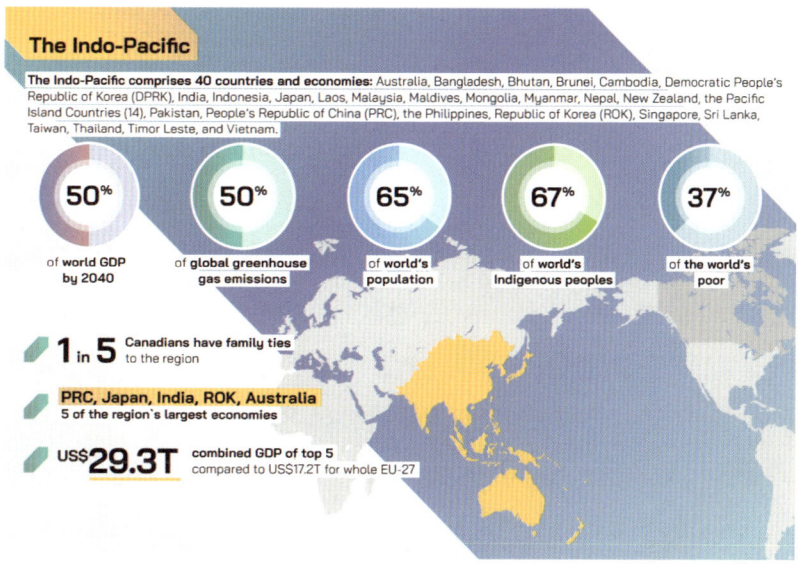

[그림 21] 캐나다의 인도 태평양 전략은 지리적 개념으로 접근하려는 모습을 보이고는 있다. 하지만, 중국 관련 내용과 인도 태평양 전략에서 상정한 5개 전략 목표 등을 보면 지리적 개념이 아니라 미국의 인도 태평양 '전략'과 닮은 모습을 보인다. 출처 : 캐나다 외교부 홈페이지.

고는 되어 있으나, 이들 소지역에 대한 각각의 서술 내용은 없고, 그 대신 중국, 인도, 일본 및 한국(북태평양으로 구분), 아세안을 대상으로만 상세 서술하였다. 40개 인도 태평양 국가 그리고 4개 소지역(동남아시아, 남아시아, 태평양 도서국, 북태평양) 가운데 이들에 대해 우선 협력 대상으로서 부여하는 상대적 중요성이 드러난다.

한편, 캐나다 인도 태평양 전략이 일견 지리적 개념으로 접근하려는 모습을 보이고는 있으나, 정작 중국에 대해 서술하고 있는 내용과 인도 태평양 전략에서 상정하고 있는 5개 전략 목표 등 그 내용을 보면 인도 태평양은 단순히 지리적 개념이 아니라 문서의 제목에서처럼 그리고 미국의 인도 태평양 '전략'과 유사한 모습을 보인다.

중국, 질서를 어지럽히는 교란 세력

캐나다의 인도 태평양 전략에서는 중국을 "질서를 어지럽히는 교란 세력(disruptive power)"으로 규정한다. 정보통신 분야에서 기존 사업의 운영 방식을 크게 달라지게 만들고 산업 전반을 흔들 수 있는 획기적 기술이나 혁신적 기술을 영어로 disruptive technology로 부르고 있지만, 중국을 대상으로 한 형용사 disruptive는 전후 맥락상 분명 규범에 기반한 기존의 국제질서를 교란하는 세력으로 부정적 의미를 담고 있다. 이어 전략 문서에서는 중국이 국제 규칙과 규범을 점점 더 무시하고 있다고 했다. 그리고 중국이 추구하는 이익과 가치를 위한 국제질서 환경은 캐나다의 이익과 가치로부터 점점 더 멀어지는 것으로 보았다. 규칙 기반 국제질서를 해치는 중국의 행위와 정책은 캐나다의 국익을 저해한다고 봤다. 따라서 중국이 강압적 행위를 한다거나 인권 의무를 위반하거나 캐나다의 국가안보 이익을 저해하면 중국에 이의를 제기하겠다는(challenge) 입장이다. 다만, 이와 동시에 기후변화, 종 다양성 훼손, 보건, 핵 비확산 문제 등에 있어서는 중국과의 협력(cooperate)이 필요하다고 했다. 또한, 중국의 경제는 캐나다의 수출업자들에게 큰 기회가 된다고도 밝혔다.

중국에 대한 인식을 바탕으로 전략 문서에서는 중국에 대한 대응책을 다양한 수준 – 국내적, 양자적, 지역적, 다자적 - 에서 구체적으로 제시한다. 첫째, 국내적 차원에서 제시하고 있는 대응책에는 국내 정치에 대한 개입을 철저히 막겠다는 내용과 핵심 광물 분야를 포함하여 국가안보에 위협이 되는 중국의 투자에 단호히 대응한다는 내용이 들어 있다. 국내 정치 개입 문제는 구체적으로는 중국의 캐나다 총선 개입 의혹 그리고 중국의 비밀경찰서 운영 의혹과 관련된 것이다.

먼저 총선의 경우 2019년 캐나다 총선 과정에서 중국 정부가 최소 11명의 여당(자유당) 및 야당(보수당) 소속 의원 후보들의 당선 또는 낙선 과정에 영향을 미치고자 했다는 의혹과 관련된 것이다. 2019년 캐나다 총선 과정에서 중국이 선거에 개입했다는 의혹은 2022년 11월 초 캐나다 언론사 Global News에서 사후적으로 보도하면서 알려졌다. 후보에 대한 자금 지원, 의원사무실에 첩자 근무, 반중 정서를 지닌 정치인에 대한 반(反)캠페인 등이 이뤄졌다는 것이다. 캐나다 총리실 성명에서는 동 보도의 사실 여부는 확인하지 않고, 캐나다 시민에 대한 위협은 묵과할 수 없으며, 개입 의혹은 안보당국에 의해 철저한 조사가 이루어지고 있다는 입장을 밝혔다. 다만, 같은 날 기자들과의 질의응답 과정에서 트뤼도 총리 본인은 "캐나다의 민주주의와 제도를 외국의 개입으로부터 지키기 위해 계속 노력할 것"이라고 하면서, "안타깝게도 우리는 중국이든 다른 나라든 전 세계의 국가와 국가 행위자들(state actors)이 캐나다의 민주주의와 제도를 대상으로 계속 공격적인 게임을 펼치고 있는 것을 보고 있다."라고 했다.

또한, 캐나다에서 중국의 비밀경찰서가 운영되고 있다는 의혹도 연결되어 있다. 중국의 해외 비밀경찰서 운영 의혹과 관련해서는 스페인에 본부를 둔 NGO인 SafeGuard Defenders가 2022년 9월 발간한 문서에 의해 전 세계적으로 알려지게 되었다. 비밀경찰서는 중국 공산당과 연결되어 해외에 체류하는 중국인의 송환과정에 활용되고 있다고 했다. 동 문서는 캐나다 토론토에 3개소를 포함하여 전 세계에 50여 개의 중국 비밀경찰서가 설치돼 운영 중이라고 주장했다. 이와 관련한 보도에 대해 캐나다 연방경찰은 조사 중이라는 입장을 밝혔으며, 주캐나다 중국 대사관측은 경찰서 설치 의혹에 대해 코로나 사태로 인하여 중국 교민들이 본국으로 제때 귀국하지 못하였으므로 이들의 운전면허증 갱신 등 서비스를 지원해 주는 곳이며, 근무 인원은 경찰력이 아닌 자원봉사자들이라고 설명했다.

한편, 핵심 광물 분야에서의 중국의 캐나다 투자와 관련하여 캐나다 연방정부는 인도 태평양 전략을 공개하기에 앞서 2022년 11월 초 자국 핵심 광물 업체들에 투자하고 있던 중국 국영기업 3곳에 투자 철회를 요구하였다. 캐나다 산업부 프랑수아-필립 샴페인(Francois-Philippe Champagne) 장관은 11월 2일 중국 3개 기업에 투자 철회를 명령하면서, 해외 기업에 대한 엄격한 조사를 바탕으로 이러한 결정을 내렸다고 하고, 국가 안보와 핵심 광물 공급망을 위협하는 투자에는 단호하게 대처할 것이라고 했다.

둘째, 양자적 차원에서는, 캐나다의 가치를 지키면서 국익을 증진하기 위해 그간 체결했던 실질적인 협력을 다루는 양해각서들과 정부 기관 간 회의체에 대해 검토한다고 했다. 이는 캐나다의 국익 우선 순위, 가치 등을 고려하여 현재 운영되고 있는 중국-캐나다 간 다양한 협력 메커니즘의 존폐 여부를 결정할 것이라는 이야기로 해석된다. 경제적으로는 외교부의 기업 지원 기능을 개선하여[91] 캐나다 수출업자들의 중국에서의 상업적 기회가 캐나다의 국가안보와 분명하게 일치되도록 서비스를 제공하겠다고 했다. 또한, 위구르족, 티벳족, 여타 소수민족의 보편적 인권을 강력히 옹호할 것이며, 홍콩 시민들과도 어깨를 맞춰 서겠다고도 했다.

셋째, 지역적 차원에서는, 동중국해와 남중국해 그리고 대만 해협에서의 현상 변경을 위협하는 일방적 행동에 맞서기 위해 파트너 국가들과 협력할 것이라고 했다. 여기서 열거하고 있는 해양 안보 문제는 인도 태평양 전략을 발표한 여러 나라에 공통적으로 제기되고 있는 문제로서 캐나다 역시 동일하게 관심을 갖고 개입할 것이라는 입장을 밝히고 있다. 대만 해협에서의 "현상 변경 위협"이라든지 "일방적 행동" 등의 표현은 이미 미국, 일본 등의 인도 태평양 전략 문서에서도 동일하게 등장하고 있다. 명시적으로 쓰지는 않았으나, 누가 보더라도 중국에 대한 메시지로 읽힌다.

마지막으로 다자적 차원에서는, 자의적 구금과 경제적 강압에 맞서기 위한 새로운 해결책을 다자적으로 만들어가겠다고 했다. 경제적 강압의 경우에는 해양 안보와 같이 유사한 입장을 가진 국가들의 전략 문서와 동일한 맥락을 갖는다. 그런데, 이 경제적 강압의 문제가 캐나다의 전략 문서에서는 "자의적 구금(arbitrary detention)"이라는 이슈와 연결되어 다자적 차원의 대응책으로 등장한다. 이는 캐나다가 중국으로부터 경험한 사례에 기인하는데, 바로 캐나다 자국민 2명의 중국 내 구금과 관련되어 있다. 이에 대해서는 뒤에서 다시 상세히 다루고자 한다.

한편, 중국과 관련된 전략의 내용은 대만에 대한 언급으로 마무리하였

---

[91] 캐나다 정부 기관 중 해외 진출 자국 기업에 대한 지원업무는 외교부가 맡고 있다. 외교부와 재외공관에서 통상을 담당하는 부서를 Trade Commissioner Service로 부르며, 이는 우리의 코트라(KOTRA)에 해당하는 기관이다.

다. 캐나다는 하나의 중국 정책(One China Policy)을 계속 유지해 나가면서도, 대만과의 다양한 관여를 지속할 것이며, 구체적인 이슈로는 무역, 기술, 보건, 민주적 거버넌스, 가짜뉴스 등 분야를 구체 거론하였다. 그리고 캐나다는 대만 해협의 현상 유지를 위협하는 일방적 행동에 반대할 것이라는 입장을 반복하였다.

이상과 같이 중국에 대한 인식과 대응책을 상세히 기술하고 있는 것은 그만큼 중국과 관련한 내용이 캐나다 인도 태평양 전략에 있어 핵심적이기 때문이다. 문서 본문에서도 중국에 대해 어떻게 접근할 것인지가 인도 태평양 전략의 "핵심 부분(critical part)"이라고 쓰고 있다. 중국과의 협력의 여지를 분명 남겨두고 있지만, 기본적으로 중국을 "교란 세력"이라는 강한 용어로 규정하는 것은 중국에 대한 미국의 인식과도 맥락이 닿아 보인다.

미국과 캐나다의 지리적 관계, 그리고 전통적인 정치·군사·경제적 관계를 생각할 때 캐나다가 미국과 유사하게 중국에 대해 부정적 인식을 가지는 것은 당연하게 보일 수 있다. 그러나, 캐나다로서도 미국에 대한 과도한 의존을 완화하고 다변화해야 한다는 현실적 필요성을 느껴왔다는 점 – 특히 트럼프 행정부 시기 – 그리고 이러한 필요성을 충족시키기 위해 최근 10여 년간 거대 시장 중국에 갖고 있었던 기대감, 마지막으로 중국에 대한 트뤼도 총리의 개인적 인연 등을 감안해 보면, 캐나다의 인도 태평양 전략에 담긴 중국에 대한 인식이 당연하게 받아들여지는 것은 아니다.

먼저 캐나다와 미국의 관계다. [그림 22]는 캐나다와 미국의 관계를 단적으로 보여준다. 무역, 투자 측면에서 미국은 캐나다에 있어 압도적으로 1위 자리를 차지하고 있다. 2021년 기준 양국 간 무역 규모는 1조 캐나다 달러(USD 8,000억) 규모다. 상품과 서비스까지를 포함하여 미국으로 향하는 캐나다의 수출 비중, 즉 수출 시장으로서 미국이 캐나다에서 차지하는 비율은 전체 수출의 70%를 상회한다. 수입원으로서 미국이 차지하는 비중 역시 60%를 넘어선다. 미국 다음의 2위 교역 대상은 중국인데 수출 시장으로서 비중 4.4%, 수입 시장으로서 비중 7.9%에 불과하다.

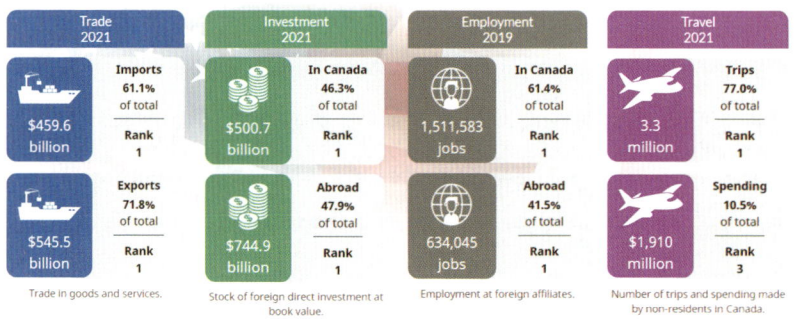

[그림 22] 캐나다와 미국의 관계에서 미국은 무역, 투자 측면에서 캐나다에 압도적으로 1위 자리를 차지하고 있다. 2021년 기준 양국 간 무역 규모는 1조 캐나다 달러(USD 8,000억) 규모다. 캐나다 통계청(Statistics Canada)에서 인용.

캐나다의 대외 무역 의존도는 2020년 기준 GDP의 61%이며, G7 국가 가운데는 독일(81%) 다음으로 높고, 우리나라(69%)와 유사한 수준이다. 우리와 함께 캐나다 역시 개방되고 자유로운 국제무역 질서 하에서 혜택을 보고 있는 대표적인 나라인 셈이다. 미국에 대한 과도한 의존은 단기간에 만들어진 상황도 아니고, 미국이 캐나다에 강압적인 정책으로 위협하거나 비상식적인 경제적 보복 행위를 가하는 등의 상황이 조성된 것도 아니었다. 그럼에도 불구하고 환태평양 경제 파트너십(TPP)으로부터의 탈퇴를 포함하여 미국 트럼프 대통령이 주창한 "미국 우선주의" 정책들은 캐나다에도 큰 실망감을 안겼다. 이러한 대목은 캐나다가 미국 이외의 새로운 경제 협력 파트너를 찾아야 할 필요성을 인식시켜 준다.

그러면 다음으로 트뤼도 총리의 중국과의 인연을 살펴보자. 저스틴 트뤼도 총리의 부친인 피에르 트뤼도(Pierre Trudeau)는 1968~1979년 그리고 1980~1984년 등 2차례에 걸쳐 캐나다의 총리를 역임하였다. 1973년에는 중국을 방문하여 캐나다와 중국 간 외교관계를 수립하였다. 피에르 트뤼도 총리는 중국에 대해 매우 호기심 많고, 호의적으로 바라보았다. 이로 인해 국내적으로는 비판을 받기도 했다. 베이징으로서도 피에르 트뤼도 총리는 정치적 고려로 인해 경제통상 관계가 영향을 받는 것을 원치 않는 인물로 이해했으며, 이에 양국 간 우호 관계가 지속되었다. 1973년 중국 방문 당시 피에르 트뤼도 총리는 마오쩌둥(Mao Zedong)과 저우언라이(Zhou Enlai) 등 중국 지도자들에게 중국의 현 사회체제가 인민들에게 인간적 존엄과 기회의 균등을 제공하기 위해 노력하고 있다고 칭찬을 아끼지 않았다고 한다.

2013년 11월 저스틴 트뤼도는 당시 야당이던 자유당의 대표를 맡고 있었다. 저스틴 트뤼도가 공개 행사에서 어느 나라를 가장 존경하는지(admire most)를 묻는 질문이 있었고, 이에 대해 중국에 존경심을 갖고 있으며, "실제로 그들의 기초적 독재가 경제를 신속하게 호전시키고 있다(Their basic dictatorship is actually allowing them to turn their economy around on a dime)."라고 답하면서 논란을 빚기도 했다.

2015년 총리에 취임한 저스틴 트뤼도는 이듬해 2016년 9월 총리 취임 후 처음으로 중국을 방문하였다. 시진핑 주석과의 회담 이후 그 내용을 기업인들과 언론에 소개하는 자리에서 자신은 중국의 인권 문제를 언급하였으며, 아울러 캐나다 역시 인권 문제에 대한 비판으로부터 자유롭지 않다는 점도 그들에게 언급했다고 말했다. 캐나다 국내적으로 경제 회복이 급선무였으므로 중국을 자극하지 않으려 했던 것으로 이해되었으나, 총리의 언급은 캐나다 국내적으로 많은 비판을 받았다. 어찌 되었든 첫 방문을 계기로 저스틴 트뤼도는 중국 국내에서는 아버지 트뤼도의 후광에 힘입어 언론이나 SNS를 통해 "little potato(작은 감자)"라는 사랑스러운 별명까지 얻게 되었다.[92]

트뤼도 총리가 개인적으로 중국을 가까이 생각하는 차원을 넘어 사실 캐나다 국내 기업인 그리고 적지 않은 일반 국민들도 경제적으로 부상하는 중국을 새로운 기회로 인식하는 것은 당시에는 당연해 보였다. 트뤼도 총리와 자유당의 집권 이후인 2016년 캐나다 일반 국민들의 중국에 대한 호의적 여론은 40%를 넘어서고 있었고, 2017년에는 48%에까지 이르렀다.[93]

이상에서와 같이 2018년경까지 미국 트럼프 행정부 시기 미국-캐나다 관계, 중국에 대한 트뤼도 총리의 개인적 친분, 기업인들의 중국에 대한 긍정적 인식 등의 상황에서 중국-캐나다 관계 역시 우호적이었다. 이러한 배경 하에서 무엇이 캐나다로 하여금 중국에 대해 부정적 인식을 갖게 하였느냐이다. 이에 대해 좀 더 그 변화의 배경을 살펴볼 필요가 있다.

4-3   **두 명의 마이클(Two Michaels) 구금 사건**

2022년 발표된 캐나다의 인도 태평양 전략에서는 중국을 교란 세력으로 명시적으로 지목하고 있다. 정부 문서에서 이렇게 지목하는 데에는 당연히 그 이유가 있는 것인데, 그 배경에는 2018년 말 중국 화웨이(Huawei) 최고재무책임자 멍완저우(孟晚舟) 부회장이 캐나다에서 체포되는 사건 그리고 뒤를 이어 중국에서 캐나다 국민 2명이 구금되는 사건이 결정적이었

---

92 "트뤼도"라는 발음이 중국인들에게는 土豆(tudou, 감자)로 들렸던 모양이며, 저스틴 트뤼도 총리는 피에르 트뤼도 총리의 아들이니 "작은 감자"로 부르기 시작했다.

93 캐나다 여론조사기관 Angus Reid, https://angusreid.org/covid19-china/

다. 중국과 캐나다 관계 그리고 중국에 대한 캐나다 정부와 일반 국민들의 인식이 바뀌게 되는 소위 게임 체인저(game changer)였다고 할 수 있다.

중국의 세계적 IT 장비업체 화웨이(Huawei)의 재무와 회계를 총괄하는 최고재무책임자(CFO)인 멍완저우 부회장은 2018년 12월 1일 캐나다 밴쿠버 공항에서 체포되었다. 멍 부회장은 화웨이 창업자인 런정페이(任正非) 최고 경영자의 딸이기도 하다. 당시 멍 부회장은 홍콩에서 출발하여 밴쿠버를 잠시 경유해서 멕시코로 향하던 길이었다. 캐나다의 조치는 미국 검찰이 미국의 대이란 제재 이행과 관련한 사기(詐欺, fraud) 혐의 등으로 멍완저우를 체포하여 신병을 인도해 줄 것을 캐나다 정부에 요청한 데 따른 조치였다.[94] 이는 캐나다와 미국 간 범죄인 인도조약에 근거한 의무 조치에 해당하였다.

중국 외교부는 외교 경로를 통해서뿐만 아니라 공개적으로 성명을 통해 멍 부회장의 즉각적인 석방을 촉구했으며, 그렇지 않을 경우 캐나다에 후과(後果, consequences)가 있을 것이라는 경고까지 하였다. 그리고 멍 부회장의 구금으로부터 10여 일이 지나는 시점에 캐나다인 2명 - 마이클 코브리그(Michael Kovrig)와 마이클 스페이버(Michael Spavor)[95] - 의 구금 소식이 알려졌다. 12월 13일 중국 외교부는 2명의 캐나다 국민이 구금

---

94 미국 사법당국 주장의 요지는, 멍완저우 부회장이 화웨이와 홍콩에 본부를 둔 Skycom의 관계에 대해 HSBC 은행에게 부정확한 설명을 했으며, 이로 인해 HSBC가 미국의 대이란 제재 조치를 위반할 수 있는 위험에 빠뜨렸다는 것이다. 법적 다툼에 있어 핵심 가운데 하나는 실제 Skycom이 단순히 화웨이의 비즈니스 파트너였는지, 이란 내 화웨이의 활동을 위장하기 위한 실질적인 자회사(subsidiary) 기능을 했는지에 대한 것이었다.

95 마이클 코브리그는 캐나다 외교관이었다. 휴직 상태에서 국제 NGO인 국제위기그룹(International Crisis Group) 중국 사무소에서 근무하고 있었다. 마이클 스페이버는 중국에 머무르면서 주로 북한과의 사업(여행 등)에 종사하였다. 2014년 미국 농구 선수 데니스 로드맨의 북한 방문에도 깊이 관여한 것으로 알려져 있다.

되었다는 사실을 확인했으며, 구금 사유는 "국가안보를 위협"했다는 것으로 설명했다.[96] 캐나다 외교부는 2명의 마이클에 대한 구금을 중국 당국에 의한 "자의적 구금(arbitrary detention)"으로 부르면서 깊은 우려를 표하였고, 이들의 즉각적인 석방을 촉구했다. 2명의 마이클에 대한 구금은 정당한 법적 절차가 아닌 정치적이고 자의적인 조치이며, 중국이 인질외교(hostage diplomacy) 행각을 벌이고 있다는 것이다. 중국 정부는 2명의 마이클에 대한 구금이 멍 부회장의 구금과 연계돼 있다는 주장에 대해서는 이를 부인하였다.

이렇듯 캐나다가 직접 관련되지 않으면서, 미국과 중국이 관련된 사건에 의도치 않게 연루되면서 자국민 2명이 구금되는 상황까지 맞이하게 되어 캐나다 정부는 매우 난처한 상황에 처하게 되었다. 일각에서는 캐나다가 두 거대 강국의 정치적 싸움에 말려 들어갔으므로 미국이 멍완저우 부회장에 대한 범죄인 인도를 포기하도록 압박해야 한다는 목소리도 나왔다. 이러한 주장에 기름을 부은 것은 캐나다 국내가 아니라 오히려 미국이었다. 2018년 12월 당시 트럼프 대통령은 미국의 안보 이익에 도움이 되고, 중국과 갈등을 겪고 있던 통상문제 해결에 필요하다고 판단한다면, 멍 부회장의 사건에 반드시 개입할 것이라고 로이터 통신과의 인터뷰에서 이야기했다.[97] 이 사안을 법적이 아니라 정치적 사안으로 볼 수 있다는 것인데, 멍 부회장과 중국측의 주장과도 맥락을 같이하는 언급이었다. 트럼프 대통령의 이 발언은 곧바로 비판에 직면했다. 미국 법무부는 자신들

---

96 같은 시기 멍 부회장은 법원에 1,000만 달러의 보석금을 내고 구치소를 벗어났으며, 대신 자신이 소유한 밴쿠버의 저택에서 가택연금 생활을 시작한다.

97 "Exclusive: Trump says he could intervene in U.S. case against Huawei CFO" (2018.12.11.) https://www.reuters.com/article/technology/exclusive-trump-says-he-could-intervene-in-us-case-agaist-huawei-cfo-idUSKBN1OA2PQ/

이 통상정책의 수단이 아니라고 미 의회에서 증언하였고, 캐나다 정부 역시 입장을 명확히 하였다. 트럼프 대통령 발언 직후 제기된 캐나다 언론들의 질의에 당시 외교장관이던 크리스티아 프리랜드(Crystia Freeland)는 [98] 캐나다로부터 범죄인 인도를 추구하는 나라들은 그들의 요청이 전적으로 정의를 실현하기 위한 것이어야 하며, 정치적으로 개입하려 하면 안 된다고 했다.

한편, 2019년 1월 트뤼도 총리는 당시 논란이 되고 있던 존 맥컬럼(John McCallum) 주중 캐나다 대사의 사임 의사를 받아들였다. 이는 사실상 경질이었다. 당시 맥컬럼 대사는 멍 부회장이 미국의 범죄인 인도 청구에 맞서 반박할 만한 충분한 근거가 있다고 생각한다는 입장을 공개적으로 밝히면서 파문이 일었다. 그는 또 다른 자리에서는 미국이 범죄인 인도 청구를 취하하면 캐나다에도 매우 좋은 일이 될 것이라고 언론과의 인터뷰에서 언급하였다. 두 번의 발언 모두 캐나다 정부의 입장이나 일반 국민의 정서와도 부합하지 않았다. 결국 법치에 대한 캐나다의 확고한 인식과 믿음은 지속되었고, 구금 사건으로 인한 중국과 캐나다 간의 긴장 관계는 계속되었다.

2018년 12월 구금 사건이 발생하고 나서 만 3년여 가까운 시기, 일수(日數)로는 1,000일이 넘어가던 2021년 9월 멍 부회장과 2명의 마이클은 같은 날 석방된다. 9월 24일 브리티시 콜롬비아 주 관할 법원에서는 멍 부회장이

---

[98] 프리랜드 장관은 이후 경제 부총리로 자리를 옮기는데, 2022년 10월 워싱턴 소재 브루킹스 연구소 연설 기회에, 러시아의 우크라이나 침공을 강력히 비난하면서, 기본 가치를 존중하지 않는 러시아에 경제적으로 의지하는 것은 전략적으로 어리석은 짓(strategic folly)이라는 교훈을 유럽에서 각국이 배우고 있으며, 아시아에서도 중국의 공격적인 전랑(戰狼) 외교(aggressive wolf diplomacy)로 인해 민주주의 국가들이 유럽에서와 유사한 경험을 이미 시작했다고 봤다. 이에 프리랜드 부총리는 유사한 가치를 공유하는 국가들간의 프렌드쇼어링(friendshoring)의 필요성을 강조했다.

미국 정부와 기소유예합의(deferred prosecution agreement)에 이르렀고, 이에 캐나다 법무부에서도 멍 부회장의 미국으로의 인도를 더 이상 추진하지 않으므로 멍 부회장은 캐나다를 떠날 수 있다고 밝혔다. 같은 날 저스틴 트뤼도 총리는 2명의 마이클이 캐나다로 돌아오고 있다고 발표했다. 9월 25일 멍 부회장은 캐나다를 떠나 화웨이 본사가 있는 선전(Shenzen)에 도착하였으며, 두 명의 마이클은 캐나다 캘거리에 도착하였다.

멍 부회장은 캐나다를 떠나면서 기자들에게 이렇게 얘기했다고 한다. "내 삶이 그간 엉망이 되어버렸다. 그 시간은 나에게 교란을 일으킨 파괴적인 순간들이었다(My life has been turned upside down. It was a disruptive time for me)[99]." 멍 부회장이 캐나다를 떠나면서 사용했던 단어 하나, "disruptive"라는 형용사가 2022년 11월 캐나다 정부가 발표한 인도 태평양 전략 문서에서 중국을 정의하는 형용사가 된 것은 매우 아이러니하다.

한편, 구금 사건이 진행되는 중에 중국은 캐나다산 돼지고기와 카놀라유의 수입에도 제한 조치를 취하는데, 캐나다 일반 국민들은 법적인 이슈가 경제적 측면에까지 심대한 영향을 미치는 것을 지켜보면서, 중국에 대해 부정적 인식이 확산되었다. 2명의 마이클이 귀국한 이후에도 이들과 관련된 소식은 "1,000일이 넘은 구금"이라는 표현으로 언론에 상시적으로 회자되었다. 2019년 말 시행된 여론조사에 의하면, 캐나다 국민 가운데 29%만이 중국에 대해 긍정적 시각을 가졌으며, 이 수치는 2020년 5월 조사에 의하면 역대 최저치인 14%로 더 떨어졌다.[100]

또 다른 여론조사에서는 중국과의 관계를 생각할 때, 인권과 법의 지

---

99 "Huawei's Meng Wanzhou flies back to China after deal with US" (BBC News, 24 September, 2021) https://www.bbc.com/news/world-us-canada-58682998.amp

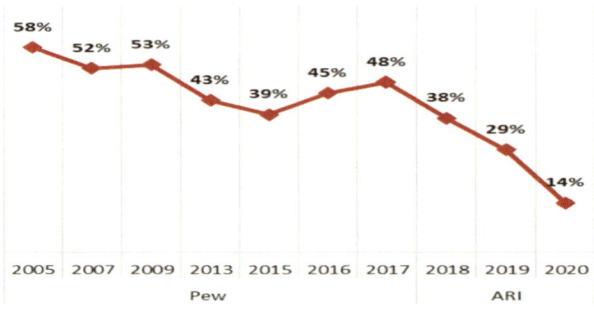

Percentage of Canadians holding 'favourable' view of China

58% 52% 53% 43% 39% 45% 48% 38% 29% 14%

2005 2007 2009 2013 2015 2016 2017 2018 2019 2020

Pew   ARI

[그림 23] 2019년 여론조사에 따르면, 캐나다 국민 중 29%만이 중국에 대해 긍정적 시각을 가졌으며, 이 수치는 2020년 5월 조사에 의하면 역대 최저치인 14%로 더 떨어졌다. *출처 : Angus Reid 연구소

배 측면 그리고 무역과 투자의 기회 측면 등 둘 가운데 어느 쪽을 더 중시해야 하느냐 하는 질문에 대해 2019년 1월 조사에서는 각 62%와 38%였으나, 2021년 11월 들어서는 77%와 23%로 차이가 더 벌어졌다. 이 조사 결과는 지역(캐나다 주)과 연령, 지지하는 정당에 무관하게 동일한 양상을 보였다. [101] 이와 함께, 캐나다의 조치가 중국의 행동에 변화를 가져올 수 있을 것으로 보는가 하는 질문에 73%의 응답자가 캐나다의 조치가 중국의 행동 변화를 가져올 수 있다는 것은 비현실적이라고 답하였다.

자국민 구금이 해제되어 귀국한 이후에도 중국에 대한 캐나다 정부의 실망감은 구체적인 정책으로 계속 표출되었다. 2022년 9월 당시 외교부 프랑수아-필립 샴페인(Francois-Philippe Champagne) 장관은 캐나다 유력언론 Globe and Mail과의 인터뷰에서 트뤼도 총리 집권 이후 추진해 오던 캐나다-중국 간 자유무역협정(FTA)을 더 이상 추진하지 않겠

---

100 http://angusreid.org/huawei-meng-wanzhou-canada-china-relations/

101 http://angusreid.org/canada-china-trade-economy-2022/

다고 했다. 그러면서 "2020년의 중국은 2016년의 중국과 같지 않다(The China of 2020 is not the China of 2016)."라고 일갈했다. 2016년 당시 캐나다 업계에서는 캐나다-중국 FTA가 체결되면 이를 통해 2030년까지 캐나다의 수출이 77억 달러 증가하고, 2만 5,000개의 새로운 일자리가 창출될 것으로 내다봤었다.

한편, 캐나다 외교부는 2명의 마이클 사건 이후 "자의적 구금"은 국제관계에서 정책적 수단이 될 수 없다는 이니셔티브를 추진하게 된다. 정식 명칭은 "국가 대 국가의 관계에서 자의적 구금을 반대하는 이니셔티브"(Initiative against arbitrary detention in State-to-State relations)이다. 캐나다 정부의 이러한 노력은 2명의 마이클이 석방되기 이전인 2021년 2월 시작되었다. "국가 대 국가의 관계에서 자의적 구금을 반대하는 선언문(Declaration against Arbitrary Detention in State-to-State Relations)"을 작성하여 모든 나라가 이에 동참하기를 촉구한 것이다. 캐나다가 초안을 작성한 이 선언문의 요지는 "구금 과정에서 가혹한 여건의 방지", "법적 조력을 받을 수 있는 권리 보장", "고문 방지", "기타 잔혹하거나 비인간적인 처우 방지" 등을 모든 국가에 촉구하는 것을 골자로 하고 있다. 중국을 명확히 거명하고 있지는 않으나, 당연히 2명의 마이클 사건을 염두에 두었던 것이다.

캐나다는 이 선언문을 개방해두고 유사한 입장을 가진 국가들이 이 선언문에 동참하기를 요청하였다. 이 선언문에 동참하고 있는 나라는 2024년 11월 기준 79개국이다. 미국과 유럽 국가, 중남미 국가, 일부 아시아 국가들이 포함돼 있다. 아프리카 국가 가운데에는 말라위가 포함돼 있는 것이 눈에 띈다. 캐나다 외교부는 각국의 동참 현황을 종합적으로 업데이트하여 정리하고 있는데, 캐나다 외교부 홈페이지를 보면 1차와 2차로 구분하여 명단을 공개하고 있다. 1차로 2021년 2월 기준으로 58개국의 명단이 나열되었고, 이어 2차로 2024년 11월 기준 21개국이 나열되어 있다. 우리나라는 2차 명단에 포함되어 있다.

　우리의 참여와 관련하여 필자의 개인적 경험을 포함하여 설명하고자 한다. 캐나다가 당초 자의적 구금 관련 선언문 구상을 공개적으로 추진하던 시기, 즉 2021년 2월경 우리 국내 언론에서도 "자의적 구금 반대 선언"이 알려졌다. 캐나다로서는 2020년부터 준비해 왔던 선언문과 그리고 이에 동참 의사를 표명한 여러 나라의 명단을 대외적으로 조속히 발표하기를 희망하였던 것으로 보인다. 그 결과, 2021년 2월 캐나다의 대외 발표가 있었고, 선언문을 지지하는 58개국의 명단이 알려졌다. 로이터 등 국제뉴스를 통해 이 소식을 접한 우리 국내 언론에서는 선언문을 공식 지지한 국가에 한국이 포함되어 있지 않은 점에 주목하고, 이에 대한 보도를 다수 내놓았다. 일부에서는 한국 정부가 해당 공동선언이 북한과 중국을 간접적으로 겨냥하고 있는 것을 고려해 주저한 것 아니냐는 비판을 제기하기도 했다. 언론의 이러한 질의에 대해 당시 우리 외교부에서는 "우리 정부는 캐나다가 주도하는 '자의적 구금 반대 선언' 관련 사안에 대해 인지해 왔다."라고 하면서, "앞으로 국제사회의 논의 동향을 주시해 나갈 것"이라는 정도로 언급했다.

　당초 선언문 참여국에 이름을 올리지 못하였던 우리 정부는 2021년 가을 공동선언 동참에 대한 논의에 보다 적극적으로 참여한다. 2022년 봄에는 주캐나다 한국 대사관에서 캐나다 외교부에 공식 공한으로 자의적 구금 반대 선언문에 대한 동참 소식을 알릴 수 있었다. 필자는 당시 오타와의 한국 대사관에 근무하면서, 이러한 과정에 관여하였다. 2021년 가을 대사관 부임 이후 필자는 한-캐나다 양국 간의 현안에 대해 파악해 가던 중에 자의적 구금을 반대하는 선언문 이슈를 접하게 되었다. 이와 연관하여 2명의 마이클 구금 사건 그리고 이후 지속된 캐나다와 중국의 불편한 관계 등에 대해서도 파악해 가고 있었다.

　자의적인 구금에 반대해야 한다는 원칙론적인 차원에서 보았을 때 그리고 우리와 캐나다 간의 전통적 우호 관계를 고려할 때 선언문에 대한 참여가 필요하다는 판단 하에 필자는 우선 대사관 내부 논의를 진행하였다. 대체적으로 선언문 참여가 필요하다는 데 공감하였다. 공동선언이 우리의 전통적인 우방국인 캐나다가 주도하고 있는 상황에서, 이 선언이 중국을 명시적으로 언급하거나 겨냥하여 다루는 것도 아니고 누구나 공감할 수 있는 '원칙'을 다루고 있기에 참여에 따르는 문제를 염려할 필요가 없다고 보았다. 더욱이 이미 58개국이 참여하고 있는 명단이 발표되어 있었고, 이 명단에 우리의 우방국이 다수 포함되어 있는데, 이 경우 한국이 불참하고 있다는 사실이 너무 부각되는 점도 지적되었다. 영어에도 "conspicuous by absence"라는 표현이 이런 상황에 부합한다. 또한, 2021년 가을 당시에는 이미 2명의 마이클의 구금이 종료되어 안전하게 캐나다로 귀국한 상황이었기에, 최초로 공동선언 참여가 논의되었던 2020년 전후와는 상황이 달라졌다는 점에도 주목하였다.

　다음 단계로 필자는 캐나다 외교부와 선언문 참여 건에 대해 논의하였다. 코로나19 상황이 완전히 해소되지 않아 화상으로 회의를 했는데, 캐나다 외교부 여러 부서에서 국장·과장이 참석하였다. 공동선언의 추진 배경과 요지에 대해서는 이미 이해하고 있던 터라 새로운 내용으로 들린 것은 없었으나, 우리의 입장에 대한 이들의 인식이 흥미로웠다. 우선 한국이 동참한다면 매우 고마운 일이 될 것이라고 하였다. 이어 주변국과의 관계로 인해 그간 한국이 참여치 못했던 어려움이 있을 것으로 생각하는데, 한국이 동참을 결정하더라도 한국이 이에 대한 대외 발표를 원치 않으면 그 사실 자체를 캐나다가 대외적으로 먼저 발표하지 않을 것이라고 하였다. 이에 대해 필자는 캐나다가 주창한 선언문은 자의적 구금과 관련한 국제사회의 원칙으로, 특정 국가만을 대상으로 하는 것이 아니고 인권 존중과 법의 지배 등 보편적인 가치에 대한 것이므로 서울 역시 이러한 점에 착안하여 적절한 고려와 판단을 할 것으로 본다고 하였다.

대사관 차원의 논의와 캐나다 외교부와의 논의까지를 거치고 나서 우리의 선언문 동참을 서울에 건의하였다. 결과적으로 우리 정부 차원의 동참 결정이 내려졌다. 당시 서울에서도 선언문에 대한 참여 문제를 긍정적으로 검토하려던 차였기에 어디에서도 심각한 이견이 제기되었던 것으로는 기억되지 않는다.

그런데 캐나다의 자의적 구금 반대를 위한 국제 이니셔티브와 관련하여, 아이러니하게도 캐나다 정부가 주창했던 "자의적 구금 금지"의 화살이 캐나다 자신에게 겨냥되는 일이 최근 발생하였다. 2024년 5월 유엔 인권최고대표 사무소(OHCHR: Office of the UN High Commissioner for Human Rights)의 '자의적 구금 실무그룹'[102]에서는 캐나다 원주민(indigenous people, First Nations로 부르기도 한다)에 대한 자의적 구금 우려와 관련하여 현지 조사를 실시하였다. 뉴질랜드, 우크라이나, 말레이시아 출신의 민간 전문가 3명이 이에 참여하였다. 캐나다 현지 조사 실시 이후 이들이 발표한 예비 결과 문서에는 여전히 캐나다에서 원주민을 대상으로 하는 자의적 구금 위험이 상존한다는 비판적 견해가 담겼다.[103] 결국에는 원칙의 문제는 원칙에 관한 것이고, 원칙의 이행은 또 다른 문제이다. 원

---

[102] 유엔 인권최고대표 사무소 자의적 구금 실무그룹(Working Group on Arbitrary Detention)은 유엔 인권이사회(Human Rights Council)가 임명하는 5명의 독립 전문가로 구성되어 있다. 2024년 말 기준 실무그룹 멤버는 Matthew Gillet (뉴질랜드), Ganna Yudkivska (우크라이나), Priya Gopalan (말레이시아), Miriam Estrada-Castillo (에콰도르), Mumba Malila (잠비아) 등 5명이다.

[103] 이 보고서는 예비 조사결과(preliminary findings)이며, 최종 보고서(final report)는 2025년 9월 유엔 인권이사회에 제출될 예정이다.

칙을 표명하는 것과 별도로 원칙의 이행이 충분치 않다면, 어느 누구도 그 비판에서 자유로울 수 없는 것이라는 점을 다시 한번 기억하게 된다.

캐나다 인도 태평양 전략 문서에는 한국과 일본을 북태평양으로 분류하고 있다. 그리고 중국보다는 확연히 분량이 적지만, 두 나라에 대해서도 따로 떼어 기술하고 있다. 두 나라 모두 무역 측면에서나 캐나다로의 투자 유치 측면에서 중요한 파트너로 언급하고 있다. 또한, 한국과 일본 두 나라와 양자 정보보안협정(General Security of Information Agreement) 체결을 포함하여 안보협력을 강화한다고 했다. 정보보안협정은 양국 간 방위산업 협력 확대를 위한 법적 기반을 제공하게 된다.[104] 또한, 캐나다는 신뢰할 만한 에너지 안보 파트너이므로 한국 및 일본과 핵심 광물 그리고 수소 등 청정에너지 분야에 있어 협력을 강화하겠다고 했다. 아울러 일본과 관련해서는, 인도 태평양 지역 내 유일한 G7 회원국이라는 점을 언급했고, 2025년 일본 오사카에서 개최되는 엑스포에 참여하여 캐나다의 혁신, 자원, 투자, 교육 등에 대해 소개할 것이라고 했다. 한국과 관련해서는, 경제 안보 고위급대화(high-level Dialogue on Economic Security)

---

[104] 정보보안협정은 상대국과 교환되는 비밀정보(군사 및 방산 정보)를 자국과 동일한 수준으로 보호하기 위한 절차를 규정하기 위한 것이다. 비밀정보 교환이 수반되는 정부 조달 사업 입찰에 양국 민간 업체의 참여가 가능해진다. 캐나다와 1999년 이미 체결한 군사정보보호협정(GSOMIA)의 경우에는 비밀정보 교환 주체가 양국 정부로 제한되어 있으나, 별도의 정보보안협정 체결을 통해 정보교환 대상에 방산 협력 시 필수적인 민간 계약자까지 포함토록 하는 것이다. 우리측 절차와 제도보다는 캐나다의 국내 절차와 제도적 필요성으로 인해 정보보안협정 체결 필요성이 제기된 것이다.

를 출범시킬 것이라고 했다.

이와 함께 북태평양의 안보 도전 요인으로 북한을 거론하고 있다. 한국 전쟁 이후에도 캐나다는 유엔 사령부를 통해 한반도의 평화를 지원하기 위해 노력하고 있다고 밝혔다. 남북한 관계와 관련하여서는 비핵화된, 평화로운 그리고 번영하는 한반도를 만들기 위한 한국 정부의 노력을 지지한다고 했다. 캐나다와 한국 전쟁 그리고 유엔 사령부와의 관계는 각별하다. 캐나다는 한국 전쟁 기간 중 2만 7,000여 명의 병력을 파병했는데, 이는 미국과 영국에 이어 세 번째 규모다. 또한, 2018년 7월부터 1년여 간 유엔사령부 부사령관 직책에 캐나다의 웨인 에어(Wayne Eyre) 장군이 근무하였다. 유엔사는 사령관과 부사령관 공히 미군 장성이 역임해 왔는데, 미군이 아닌 다른 나라 장성이 부사령관직을 맡은 것은 처음 있는 일이었다.[105]

한편, 캐나다는 전략적, 경제적, 인구적 측면에서 인도의 중요성이 증가하는 데 주목하면서 인도를 "매우 중대한 파트너(critical partner)"로 정의했다. 양국이 공동으로 민주주의, 다원주의, 규칙 기반 국제체제와 다자주의에 대한 확고한 의지를 공유하고 있다고 했다. 중국에 대한 캐나다의 인식과 확연히 차이를 보이는 대목이다. 구체적인 협력 방안으로는 경제통상 증진을 위한 양자 FTA 체결 추진, 인도에 주재하는 캐나다 대사관과 총영사관의 비자 처리 역량 강화, 문화 교류 확대, 기후변화 대응, 대규모 통상 사절단(Team Canada trade missions) 파견 등을 제시하고 있다.

아세안과 관련해서는 전략적 파트너인 아세안의 중심성(centrality)을

---

[105] 유엔사 사령관은 주한 미군 사령관이 겸임하고 있다. 연합사 사령관 자리도 주한 미군 사령관이 겸임한다. 한편, 웨인 에어 장군은 2021년 11월 캐나다 군 국방총장(우리의 합참의장)에 임명되었다.

존중한다는 문장으로 시작하였다. '아세안 중심성'은 우리를 포함하여 여러 나라에서 존중하고 있는 개념이다. 동아시아에서 개최되는 그리고 특히 아세안이 의장으로 회의를 주재하는 모든 회의에서 아세안이 중심적인 역할을 수행한다는 개념이다. 이에 더하여 지역 내 주요 이슈에 있어서 아세안이 주요국들에 의해 주변화되지 않으려는 의지를 보여주는 개념이기도 하다. 구체적인 협력 방안으로는 우선 아세안 확대 국방장관회의(ADMM+: ASEAN Defense Ministers' Meeting Plus)와 동아시아 정상회의(East Asia Summit)[106]에 참여를 추구하겠다고 했다. 아세안 지역에서 근무하는 외교인력을 확충한다고도 했다. 경제 분야에서는 아세안 전체 차원으로 그리고 인도네시아와 양자적으로 각각 자유무역협정을 체결하겠다고 했다. 또한, 아세안 내 캐나다 통상 사무소(Canadian Trade Gateway)를 설치하여 동남아 시장에 무역과 투자 진출을 희망하는 캐나다 기업들에게 더 적극적인 서비스를 제공하겠다고 했다. 아울러 캐나다의 인도 태평양 전략과 인도 태평양에 대한 아세안의 관점(ASEAN Outlook on Indo-Pacific)[107]의 연계를 강화하겠다고도 했다.

캐나다 정부가 인도와 아세안과의 관계 강화를 천명한 것과 관련하여, 아세안의 경우에는 불편한 현안이 없으나, 캐나다-인도 관계는 순탄해 보이지만은 않는다. 2024년 10월 중순 캐나다 정부는 캐나다에서 근무하고 있던 인도 외교관 6명을 추방한다고 발표했다. 인도 정부 역시 곧바로 캐나다 외교관 6명을 추방한다고 맞받았다. 여기에는 주인도 캐나다 대

---

106 ADMM+와 EAS 공히 현 회원국은 아세안 10개국에 한국, 중국, 일본, 호주, 뉴질랜드, 인도, 미국, 러시아 등 총 18개국이다.

107 "인도 태평양에 대한 아세안의 관점"에 대해서는 이 책 8장 아세안 부분에서 상세히 다루고 있다.

사관의 대사대리도 포함되어 있었다. 외교관 맞추방 사건의 배경에는 캐나다에 거주하고 있던 시크교 분리주의 지도자 하딥 싱 니자르(Hardeep Singh Nijjar)가 2023년 6월 캐나다 서부 밴쿠버 외곽에서 총격을 받고 사망하는 사건이 관련된다.

니자르는 인도에서 출생한 시크교도인데, 1997년 캐나다로 이주해 브리티시 콜롬비아 주에 정착하였고, 캐나다 국적자가 되었다. 캐나다 인구의 약 2%가 시크교도인데, 이는 인도 이외의 나라 가운데 가장 많은 시크교도 규모다. 시크교는 인도의 펀자브 지방에서 발전한 종교이다. 시크교 분리주의자들은 1947년 인도의 독립 때부터 인도로부터의 독립을 주장하며, 펀자브 지역 중심으로 독립 국가 건설을 주장해 왔다. 그리고 이는 시크교도를 위한 국가 이름, 칼리스탄(Khalistan)을 따서 칼리스탄 운동이라고 부른다. 1980년대 중반 인도 정부가 칼리스탄 운동을 탄압하는 과정에서 시크교도들이 가장 신성시하는 '황금사원'에서 500여 명이 사망하는 유혈사태가 발생하였다. 이 여파로 당시 인도 총리였던 인디라 간디가 경호를 맡고 있던 시크교도에 의해 암살당하기도 하였다.

니자르가 밴쿠버 외곽에서 암살당한 이후 캐나다 정부는 인도 정부가 암살 사건에 연관되어 있다고 주장하였다. 저스틴 트뤼도 총리까지 나서서 인도 정부를 비판하였다. 트뤼도 총리는 2023년 니자르 암살 이후 "우리는 인도가 캐나다의 주권을 침해했다는 분명한 조짐(indication)을 갖고 있다."라고 여러 계기에 언급하였다. 2024년 10월 연방의회에 출석해서는 "인도를 자극하거나 싸우려 하는 것은 아니다."라고 하면서도 "인도 정부는 그들이 할 수 있는 가장 공격적인 방식으로 캐나다의 안전과 주권에 간섭할 수 있다고 생각한 거 같은데, 이는 끔찍한 실수(horrific mistakes)를 저지른 것이다."라고 하였다. 이에 대해 인도 정부에서는 일관된 입장을 보였다. 2024년 10월에도 트뤼도 총리의 언급에 대해 인도 외교부 대변인은 "캐나다는 그간 어떠한 증거도 제시하지 못했다."라고 하고, "이러한 무신경한 행태(cavalier behaviour)로 인도-캐나다 관계에 발생한 손상에 대한 책임은 오로지 트뤼도 총리에게 있다."라고 강하게 되받았다. 캐나다 정부의 인도 태평양 전략의 중요한 파트너로 인도를 부각하려던 당초 의도가 무색해지는 사건이다.

일부 개별 국가 및 지역(중국, 인도, 일본, 한국, 동남아시아)에 대한 서술에 더하여 캐나다 인도 태평양 전략의 상당 부분은 5대 전략적 목표 달성을 위한 협력 구상에 할애하고 있다. 협력 구상에는 예산 규모까지 책정된 경우가 대부분이다. 이런 면에서 캐나다 인도 태평양 전략은 행동 지향적이라고 평가할 수 있겠다. 5대 목표는 ① 평화와 안보의 증진, ② 무역·투자·공급망 회복력 확대, ③ 인적 유대 증진, ④ 지속 가능한 녹색 미래 건설, ⑤ 인도 태평양에서의 적극적인 파트너로서의 캐나다 등이다. 5대 목표를 달성하기 위한 각각의 협력 구상과 책정된 예산 규모를 살펴보면 아래와 같다. 총 예산 규모는 5년에 걸쳐 23억 캐나다 달러에 달한다.

　우선 평화와 안보 증진 분야, 즉 국방·안보 분야에는 7억 2,000만 달러를 책정하였다. 이 가운데 가장 큰 규모인 3억 7,000만 달러는 인도 태평양 지역에서 캐나다 해군력 파견을 확대하고 다국적 군사훈련을 실시하는 데 활용된다. 이에는 캐나다가 매년 파견해 오던 호위함(frigates) 규모를 2척에서 3척으로 늘리는 것을 포함한다. 기존 호위함 2척은 남중국해와 동북아시아 해역을 위주로 활동하였는데, 추가로 파견될 세 번째 호위함은 주로 인도양에서 활동할 예정이라고 소개했다. 캐나다 해군의 역내 다국적 군사훈련 외에도 추가로 4,800만 달러를 투입하여 캐나다 육군과 공군의 인도 태평양 파트너 국가들과의 다국적 연합훈련도 지원한다. 또한, 인도 태평양 지역 내 우호국들 특히 인도네시아, 말레이시아, 필리핀, 베트남의 군병력 역량 강화를 위한 맞춤형 교육훈련을 제공하기 위해 6,800만 달러를 배정했다.

캐나다의 군사력 증강은 한반도 안보와도 관련이 깊다. 캐나다 군이 최근 수년간 동아시아 지역에서 수행해 오고 있는 군사적 관여는 두 가지 - '투사 작전(Operation Projection)'과 '네온 작전(Operation Neon)' - 를 통해 이루어지고 있다. 두 작전을 통해 군사훈련, 불법행위 감시, 연안국 항구 방문(port visit), 다른 나라 군과의 연합 작전 수행 등이 진행된다. 2022년 사례를 보면, 8월부터 12월 초까지 두 척의 호위함(frigates) - 위니펙 號(HMCS Winnipeg)와 밴쿠버 號(HMCS Vancouver) - 이 동아시아에서 훈련과 작전을 수행하고 복귀하였다. 두 척 모두 승선 인원이 각 230여 명이다.

투사 작전이 남중국해와 동남아 해역에서 전개되는 한편, 네온 작전은 한반도 인근에서 전개된다. 네온 작전에서는 북한의 핵실험과 미사일 발사에 대한 유엔 안보리 차원의 제재가 제대로 작동하도록 감시한다. 당초 2018년 시작된 투사 작전에서는 북한에 대한 감시활동까지를 포함하였으나, 2019년부터는 네온 작전이라는 이름으로 별도로 실시하고 있다. 네온 작전에는 통상 캐나다 공군의 CP-140 Aurora 초계기도 함께 참여한다.[108] 유엔 제재에 직면한 북한이 해상에서의 선박 대 선박 간 불법 환적을 통해 정유 제품 수입과 석탄 수출 등을 시도하고 있어 이에 대한 감시활동을 전개하고 있다.

둘째, 무역, 투자, 공급망 회복력 확대 분야에 2억 4,000만 달러를 투입한다. 아세안 내 캐나다 통상 사무소(Canadian Trade Gateway) 설치에

[그림 24] 캐나다 호위함과 이에 탑재된 헬기, 그리고 오키나와에서 출격한 캐나다 공군 초계기(사진 맨 위)가 합동으로 네온 작전을 수행하고 있다. *출처: 캐나다 국방부

2,400만 달러를 투입하여 캐나다 기업들의 동남아 시장에 대한 진출을 지원할 예정이다. 그리고 인도 태평양 지역에 대한 캐나다의 농산물 수출을 확대하기 위한 농업 사무소(agriculture office)[109]를 설치하는 데 3,000만 달러를 투입할 예정이다. 또한, 1,300만 달러를 투입하여 천연자원 분야

108 캐나다 군의 네온 작전은 통상적으로 호위함 1척과 캐나다 공군 소속의 CP-140 오로라(Aurora) 초계기가 같이 합동으로 수행한다. 초계기는 작전 기간 중 일본 오키나와 카데나 공군 기지에 머무른다. 2022년 4월에는 호위함 없이 CP-140 초계기 단독으로 임무를 수행하였는데, 이 당시 중국 전투기들이 근접 비행을 하여 캐나다 항공기가 위협을 느낀(이러한 비행을 영어로 "buzzing"으로 표현한다) 사건이 발생하기도 하였다.

109 우리 정부의 공공기관 가운데 하나인 한국농수산식품유통공사(aT)는 우리 농수산물의 해외 수출을 지원하기 위해 해외 사무소를 운영하고 있는데(중국, 아세안, 일본, 미주 지역 등 20여 개 도시), 캐나다의 농업사무소도 이와 유사할 것으로 보인다.

에 대한 인도 태평양 지역 국가들과의 연계를 확대하기로 했다.

셋째, 인적 유대 증진에는 2억 6,000만 달러를 책정하였다. 대표적인 사업으로는 인도 태평양 지역에서의 여성 권리 신장을 위해 1억 달러를 사용한다. 또한, 인도, 파키스탄, 필리핀에 주재하고 있는 캐나다 대사관과 총영사관의 비자 처리 역량을 개선하는데 7,400만 달러를 투입할 예정이다.

넷째, 지속 가능한 녹색 미래 건설을 위해 9억 1,000만 달러를 투입한다. 다섯 개의 목표 가운데 예산 규모로는 가장 많은 금액이다. 인도 태평양 지역 인프라 개발에 향후 3년간 7억 5,000만 달러를 투입하겠다고 하였다. 이는 캐나다 연방정부 공공기관(Crown Corporation) 가운데 하나인 개발금융기관(Development Finance Institute Canada Inc.)을 통해 이행된다.[110] 2018년 설립된 캐나다 개발금융기관은 FinDev라는 브랜드 명칭으로 활동하고 있다.

FinDev는 주로 개발도상국의 민간 기업들을 대상으로 금융 지원을 제공하는 역할을 한다. FinDev의 역할은 우선 자금이 필요한 중소기업들에 중장기 저리 융자를 제공하는 것이다. 필요한 경우 상환을 일정 기간 유예하기도 한다. 다음으로 대규모 사업에 지분 참여를 통해 투자하기도 한다. 마지막으로 금융보증을 서기도 한다. 민간투자 사업자가 금융기관 등으로부터 조달하는 금전 채무에 대해 신용보증을 제공하여 사업 자금의 원활한 조달을 지원하는 것이다. 표방하고 있는 주요 가치로는 남녀평등(equality), 사회적 포용(inclusion), 환경(environment)을 들고 있다. 이에 따라 금융 지원 대상을 선정하는 과정에서 일자리 창출, 여성들의 경

---

110 FinDev는 캐나다 수출개발금융공사(Export Development Canada)의 자회사(子會社)다.

제적 역량 강화, 기후변화 대응 등에 역점을 두고 있다. FinDev의 금융 지원은 그간에는 주로 중남미, 아프리카를 대상으로 하였으나, 향후 인도 태평양 지역에 대한 지원사업을 확대할 것으로 예상된다.

마지막으로 인도 태평양에서 적극적인 파트너로서 캐나다의 위상과 입지를 강화하기 위해 1억 4,000만 달러를 투입한다. 이 가운데 1억 달러 는 캐나다 외교부 본부 인도 태평양 관련 부서와 동 지역 내 재외공관의 역량을 강화하는 데 활용된다.

이상에서와 같이 캐나다 인도 태평양 전략의 내용은 이 지역에 대한 캐나다의 전략적 고려사항, 즉 중국에 대한 인식이 상세히 기술되어 있고 동시에 지역 내 여러 국가들과의 실질적인 협력 이니셔티브에 대해서도 구체적인 예산 규모와 함께 기술하고 있다. 향후 5년간의 정부 예산 규모 를 포함하려다 보니 전략의 준비와 발표에도 상당한 시간이 소요되었다. 필자가 당시 캐나다 정부 관계자들로부터 들은 바에 의하면, 인도 태평양 전략을 준비하고 있다는 사실이 알려진 이후 코로나 상황이 발생하였고, 2022년 2월 러시아의 우크라이나 침공까지 겹치면서 전략 발표가 계속 지연된 측면이 분명 있지만, 이외에도 모든 정부 부처를 전략의 논의에 관 여하게 만들고 구체 예산을 확보하는 과정에도 상당 기간이 소요되었다 고 한다.

캐나다는 태평양 국가라고 강조하면서, 캐나다 정부가 인도 태평양 지 역에 대한 협력을 강화하려는 의지를 보이고, 지역 전략 문서를 공개하는 행보를 보인 것은 분명 큰 의미가 있다. 지역 내 국가들에게 캐나다의 적 극적 관여에 대한 기대감을 불러일으킨다. 트뤼도 정부는 역대 캐나다 정 부 차원에서 처음으로 포괄적으로 특정 지역에 대한 전략을 발표하는 것 이라고 설명하였다. 캐나다 국내적으로는 전반적으로 정부의 전략 발표 에 대해 긍정적으로 평가하였다. 특히, 중국에 대해 단호하게 공세를 취하는 데 대해 공감을 받았다. 평소 반중 정서를 갖고 있는 학계 전문가들조차 정부 문서에 중국에 대해 이렇게 강경한 내용을 담고 있으리라고는 예상하지 못했다는 반응을 보였다.

다만, 인도 태평양 전략을 정부의 생각대로 추진해 나가는 데 있어 해결해야 할 과제가 존재한다. 우선, 국내적인 공감대 확보 문제다. 전략 문서에는 캐나다는 태평양 국가라고 강조하고 있다. 그러나 캐나다는 지리적으로나 역사적으로 문화적으로 유럽에 더 가깝다. 많은 캐나다 국민들이 우크라이나 상황에 관심을 갖고 염려하고 있다. 캐나다 국내에 140만 명에 달하는 우크라이나 이민자들이 살고 있다는 영향도 있다. 우크라이나 상황과 유럽의 상황에 당분간 집중하지 않을 수 없다.

한편, 전문가 중에는 인도 태평양 지역과의 협력 분야에서 캐나다 정부가 안보 문제를 과다하게 부각하는 데 대해 비판적 시각을 보이고, 또한 인도 태평양 전략의 발표로 캐나다 외교 정책이 중견국 외교에서 미국 추종이라는 방향으로 기울고 있는 것으로 해석하는 우려도 보인다. 캐나다 아시아태평양 재단(밴쿠버 소재) 제프리 리브즈(Jeffrey Reeves) 부회장은 캐나다가 아시아 지역에 다가갈 때 안보 분야를 부각시키면 별로 도움이 되지 않을 것이라고 생각한다. 인도 태평양 지역에 해군력을 증강하겠다는 캐나다 정부의 결정은 아시아 국가들을 지원한다는 것보다 서구권 국가들의 연합이라는 차원으로 받아들여진다는 것이다. 지역 내에서 캐나다의 더 굳건한 안보 측면의 역할에 대한 기대가 없는 상황에서 캐나다는 비안보적인 분야에서 관여를 확대하는 것이 낫다고 하였다. 브리티시 콜롬비아 대학의 폴 에반스(Paul Evans) 교수는 2022년 12월 싱가포르 Straits Times를 통해 캐나다가 전통적인 아시아-태평양 개념을 고수하지 않고, 미국의 인도-태평양 개념에 줄을 서게 되어 중국에 대한 레버리지를 잃게 될 것을 우려한다고 했다.[111]

그러나, 캐나다가 당초 생각한대로 중국과의 관계를 가져갈 수 있을지 그리고 여타 인도 태평양 전략의 내용을 추진할 수 있을지와 관련하여 새로운 변수가 발생하였다. 믿었던 미국과의 관계다. 캐나다 인도 태평양 전략에 미국은 포함되어 있지 않다. 미-캐나다 양자 관계로 정치외교 군사 경제 차원에서 굳건한 동맹 차원의 관계로 이해되어 왔는데, 트럼프 2기 행정부 체제 출범과 동시에 관세 부과 문제를 둘러싼 갈등이 부각되고 있다. 캐나다 정부는 인도 태평양 전략의 이행 과정에서 국내적인 공감대를 확보해 가면서, 계획하고 있는 예산 사업들을 차질 없이 시행하기 위해 노력할 것이며, 이 과정에서 인도 태평양 국가들과의 직접적인 소통 과정도 더욱 늘려나갈 것으로 기대한다. 그러나 트럼프 2기 행정부와의 불편한 관계로 인해 일정 기간 걸림돌이 될 것으로 보인다.

2023년 5월 오타와 주재 한국 대사관에서는 "캐나다 인도 태평양 전략과 아세안"을 주제로 공개 세미나를 개최하였다. 캐나다 오타와의 대표적 싱크탱크인 맥도널드 로리에 연구소(Macdonald-Laurier Institute)[112]와 공동으로 개최하였다. 패널로는 필자와 캐나다 전현직 외교관료, 그리고 아세안 외교단 가운데는 필리핀 대사, 베트남 대사관 대사대리가 패널로 참

---

[111] 에반스 교수의 언급은 2022년 12월 15일자 Straits Times의 Ravi Vellor의 기고문에서 등장 https://www.straitstimes.com/opinion/canada-really-wants-to-be-the-us-deputy-sheriff-in-asia

[112] 존 맥도널드(John Macdonald) 그리고 윌프레드 로리에(Wilfrid Laurier) 두 전직 총리의 이름을 따서 지었다.

여하였다. 캐나다 전직 관료로는 전주일 대사 Jonathan Fried 대사가 참석하였다. 이외 청중석에는 100여 명의 캐나다 민간 및 정부 인사, 아세안 회원국 대사 등 외교관들이 자리를 같이 하였다.

아세안 회원국[113]의 경우 전반적으로 캐나다의 인도 태평양 전략을 환영하는 입장을 보였으나, 전략에서 밝히고 있는 내용처럼 아세안 개별 회원국들을 대상으로 실질적으로 이행될지는 지켜보아야 하겠다는 신중한 입장도 개진되었다. 캐나다가 과연 한국, 중국, 일본 등 동북아시아에 주로 관심을 보여 왔던 상황에서 이와 별도로 얼마만큼이나 동남아시아에 추가적인 외교력을 쏟을 수 있을지에 대한 현실적 의구심이 표출되기도 하였다.

필자는 당시 기준 주요국들이 경쟁적으로 발표하는 인도 태평양 전략에 대한 아세안 내부의 인식, 즉 아시아 지역을 둘러싸고 전개되는 미-중 경쟁과 갈등에 대한 아세안의 우려 등을 중심으로 이야기하였다.[114] 그리고 캐나다 정부의 인도 태평양 전략의 이행 과정에서 아세안과의 소통을 강화하기를 기대하였다. 또, 한국과 캐나다 양국의 인도 태평양 전략이 비슷한 시기에 발표되었고, 양국이 전략의 내용에 아세안과의 협력 강화를 명시하고 있으므로 각국의 이행 과정에서 아세안을 대상으로 하여 연계 협력할 수 있는 방안을 모색하자고 제안하였다. 이후 청중석에 있던 아세안 대사 가운데 한 분이 필자의 발표에 공감한다면서[115], 아세안 전반의 인식을 조금 더 신랄하게 언급하였다. 아세안으로서는 인도 태평양 전략을

---

113 오타와에는 아세안 10개국 가운데 브루나이, 캄보디아, 싱가포르를 제외한 7개국이 대사관을 운영하고 있다.

114 발표 내용은 이 책 5장 아세안 편에서 다루고 있는 이야기들과 닿아있다.

115 당시 세미나는 "회의에서의 발언을 외부에 인용할 수는 있으나, 발언의 출처는 밝히지 않는다"는 '채텀하우스 규칙'(Chatham House rule)에 따라 진행되었다.

통해서든 다른 어떤 명칭에 의한 것이든 캐나다 정부가 아세안에 대한 관심을 증진하겠다는 데 대해 당연히 환영하는 입장이라고 하였다. 다만, 실제 오타와에서 캐나다 외교부를 포함하여 정부 차원으로부터 아세안 공관들이 이러한 의지를 피부로 느끼지는 못하고 있다고 하였다.

　이러한 언급은 한국과 캐나다 사이에서 당시 전개되던 관계를 감안하여 생각해 보면, 아세안 입장에서는 다소의 서운함이 묻어나는 발언으로 들렸다. 실제 2022년 당시 캐나다와 한국의 관계는 급속히 진전되었다. 한국 전쟁 주요 참전국이기도 하고, 교역이나 인적 교류 측면에서 한국은 전통적으로 캐나다와 우호협력 관계를 긴밀히 해 왔다. G7 회원국으로서 그리고 국제사회의 주요 이슈에 항시 목소리를 표출해 왔던 캐나다에 대해 주로 우리가 가까이 다가가려는 노력을 많이 해 온 것이 사실이다. 그러나, 이번에는 캐나다측이 우리에 대해 매우 적극적인 모습을 보였다. 멜라니 졸리(Melanie Joly) 캐나다 외교장관의 일정을 보면 곧바로 알 수 있다. 졸리 장관은 2022년 10월 한국을 방문하였고, 6개월 뒤 2023년 4월 다시 방한하였다. 그리고 2024년 7월에도 한국을 방문하였다.

　산업 및 통상 분야로 보아도 마찬가지이다. 2022년 프랑수아 필립 샴페인(Francois-Philip Champaign) 산업장관이 방한하였다. 양국 산업장관 회담에서는 핵심광물 공급망 협력이 주요 의제로 논의되었다. 샴페인 장관은 2023년 5월에 다시 한국을 찾았다. 양국의 외교 및 산업 장관이 같이 참여하는 "2+2 경제안보대화"에 참석하기 위해서였다. 통상적으로 국제관계에서 "2+2"라는 회의 형식은 외교 및 국방장관 회의를 의미해 왔으며, 주로 국방 및 안보, 외교 이슈를 다루었는데, 한국과 캐나다 간에 "2+2 경제안보대화"라는 새로운 모델을 만든 것이다. 경제안보대화의 주요 의제는 핵심광물, 공급망 등이다. 그리고 2024년 4월에는 메리 응(Mary Ng) 통상장관이 한국을 찾았다. 한국경제인연합회(한경협)가 주최한 한-캐나다 기업인 회의에 대규모 사절단을 이끌고 참석하였다. 회의 정식명칭은 "한-캐나다 CEO 다이얼로그"였다.

이러한 상황에 대해 2021년 말부터 2023년 초까지 필자가 캐나다에서 느꼈던 점은 이러하다. 캐나다는 미국과의 관계를 계속 긴밀히 하되 경제통상투자 관계에서 과다한 의존을 줄이고, 다른 주요 국가들을 대상으로도 다변화해야 한다는 욕구가 크다. 그리고 그 주요 대상 가운데 하나로 우리 한국을 바라보고 있다는 것이다. 한국은 그들에게 자유, 인권, 민주주의, 법치주의 등 옹호하는 가치 측면에서 그리고 자본력과 기술력 측면에서 모두 매력적인 대상이다. 따라서 캐나다 정부는 한국 기업들의 캐나다 투자 진출을 강력히 희망하였고, 이를 위해 연방정부 및 주정부 차원에서 여러 혜택을 제공할 준비가 되어 있었다.

과거 우리의 산업화 시절 우리 정부와 민간 차원에서 캐나다를 포함하여 주요 서방국가를 대상으로 정부 차원의 지원을 받아 내고, 기업의 투자를 유치하려 애썼는데, 바로 그 선망의 대상이 되었던 선진국이 이제 우리 한국을 대상으로 투자를 유치하려는 모습을 적극적으로 보인 것이었다. 한국의 이차전지 업체인 LG에너지솔루션이 다국적 자동차 업체 스텔란티스(Stellantis)와 합작으로 캐나다 온타리오 주(Ontario Province) 윈저(Windsor)에 배터리 공장을 설립하고, 퀘벡 주(Quebec Province)의 베캉쿠아(Becancour) 산업 단지에 우리 업체인 포스코퓨처엠과 에코프로비엠 등이 배터리 제조 관련 공장을 세우기로 한 결정도 이 시기에 이루어진 것들이다. 물론 우리 업체들로서는 캐나다가 보유한 광물 자원, 캐나다 국내 자동차 시장, 특히 전기자동차에 대한 수요, 그리고 가장 중요하게는 '미국 시장'에 대해 핵심적으로 고려한 것으로 이해된다.

우리 한국 기업들의 캐나다 진출과 관련해서는 캐나다 산업부 장관 등 각종 경제부처의 장관, 그리고 투자유치를 희망하는 해당 주의 주 총리

(Premier)가 직접 나서서 우리 기업들과 소통하였고, 트뤼도 총리 역시 방한 등 기회 있는 대로 우리 기업과 직접 접촉하기도 하였다. 트뤼도 총리는 2023년 5월 캐나다 총리로는 9년 만에 한국을 방문하였고, 방한 기간 중 삼성, SK, 현대자동차, LG 등 우리 기업 총수들과도 면담하였다.

한편, 트뤼도 총리는 개인적으로 한국과 특별히 인연이 있지는 않은데, 그의 측근으로 벤 진이라는 한국계 보좌관을 두고 있다. 행정 관료는 아니고, 정무직 인사인데 주요 국내외 정책 결정 과정에서 그와 자주 상의하는 것으로 알려져 있다. 벤 진(Ben Chin) 보좌관은 한국 대사관과도 협조 관계를 잘 유지하고 있는데, 이에 대해 필자가 오타와에서 근무하던 시절 일본 대사관에서는 총리실에 한국계 고위인사가 근무하고 있는 것에 부러움의 눈길을 보내기도 하였다. 벤 진 보좌관(한국명 진병규)은 1970년대 부친이 주캐나다 한국대사(진필식)로 부임하면서 캐나다로 이주하였고, 이후 캐나다 시민권자가 되었다.

□ (캐나다) 2021년 총 교역액은 1조 2,268억 캐불(수출 6,311억 캐불, 수입 6,137억 캐불) 174억 캐불 흑자

(단위: 백만 캐불, 캐나다통계청)

순위	국가	교역액(A+B)	비중(%)	수출(A)	수입(B)	무역수지(A-B)
1	미국	774,178	63.1	476,627	297,551	179,076
2	중국	114,845	9.4	28,800	86,045	-57,245
3	멕시코	41,610	3.4	8,187	33,423	-25,236
4	일본	29,806	2.4	14,361	15,444	-1,082
5	독일	25,967	2.1	6,858	19,109	-12,251
6	영국	24,090	2.0	16,216	7,873	8,342
7	한국	16,045	1.3	5,706	10,339	-4,632
8	이태리	13,120	1.1	2,649	10,471	-7,821
9	스위스	8,723	0.7	3,029	5,694	-2,664
10	네덜란드	8,682	0.7	4,773	3,909	864

□ (한국) 2021년 총 교역액은 1조 2,594억불(수출 6,444억불, 수입 6,150억
불)로 293억불 흑자

ㅇ 지역별로는, 아시아(54.3%), 유럽(14.8%), 북미(14.5%), 중동(6.3%),
중남미(4.3%), 대양주(4.1%) 順   (단위: 백만 미불, 무역협회)

순위	국가	교역액(A+B)	비중(%)	수출(A)	수입(B)	무역수지(A-B)
1	중국	301,541	23.9	162,913	138,628	24,285
2	미국	169,115	13.4	95,902	73,213	22,689
3	일본	84,704	6.7	30,062	54,642	-24,580
4	베트남	80,695	6.4	56,729	23,96	32,763
5	대만	47,771	3.8	24,285	23,486	799
6	호주	42,668	3.4	9,750	32,918	-23,168
7	홍콩	39,714	3.2	37,467	2,247	35,220
8	독일	33,105	2.6	11,109	21,996	-10,887
9	러시아	27,335	2.2	9,979	17,356	-7,377
10	싱가포르	24,839	2.0	14,148	10,691	3,457
11	인도	23,659	1.9	15,603	8,056	7,547
12	말레이시아	20,563	1.6	10,107	10,456	-349
13	인도네시아	19,275	1.5	8,550	10,725	-2,175
14	멕시코	19,179	1.5	11,290	7,889	3,401
15	태국	15,539	1.2	8,524	7,015	1,509
16	필리핀	13,553	1.1	9,659	3,894	5,765
17	캐나다	13,084	1.0	6,714	6,370	344
18	영국	11,772	0.9	5,962	5,810	152
19	터키	8,263	0.7	7,026	1,237	5,789
20	폴란드	7,698	0.6	6,596	1,102	5,494

2부
인도 태평양
패권 경쟁

5장

미국, 인도 태평양 패권 그리고 "다시 위대한 미국 건설"

미국의 인도 태평양 전략의 진화 과정에 대해서는 도널드 트럼프(Don-ald Trump) 전 대통령으로부터 시작하는 것이 타당하겠다. 트럼프 대통령은 2017년 11월 10일 베트남 다낭에서 개최된 APEC 기업인 행사 (APEC CEO Summit)에서 연설자로 나섰다. 21개국 정상이 참여하는 연례 APEC 정상회의의 부대행사였다. 트럼프 대통령은 취임 후 처음으로 아시아 지역을 12일간 순방하였는데, 베트남과 함께 한국, 일본, 중국, 필리핀을 방문하였다.

APEC 회원국으로부터 참석한 수백 명의 기업인 그리고 정부 관계자들 앞에서 트럼프 대통령은 여러 차례에 걸쳐 "공정하고 상호 호혜적인 무역 질서"를 강조하였다. 또한, 그러한 질서를 통해 인도 태평양 지역에서 다 같이 번영할 수 있다고 하면서, 이를 "인도 태평양의 꿈(Indo-Pacific Dream)"으로 표현했다.[1] 한편, 인도 태평양의 꿈을 달성하기 위해서는 모두가 규칙에 따라야 한다고 말했다. 규칙을 따르지 않는 국가에 대해서는 좌시하지 않겠다고도 했다. 다른 나라들이 각자의 국익을 위해 미국을 이용하는 행태에 대해 과거 오바마 행정부에서 아무것도 하지 않았다면

---

[1]　트럼프 대통령이 "인도 태평양 꿈"을 언급한 것이 2017년 19차 공산당 대회에서 시진핑 주석이 중국몽(China Dream)을 30여 차례 언급하고 2050년까지 세계 최강국으로 발전하겠다는 목표를 제시한 것을 염두에 두고 한 것인지 정확하지는 않다. 다수 언론은 그렇게 분석하였다.

서, 자신은 그냥 있지 않을 것이라고 했다. 아시아 지역에 대한 새로운 브랜드의 정책이 제시되었다는 인상보다는 대선 기간에도 줄곧 이야기해 왔던 미국 우선주의 연설의 연장선으로 보였다.[2]

트럼프 대통령의 연설은 여러모로 버락 오바마(Barack Obama) 대통령의 첫 아시아 방문 행보 및 당시 연설의 메시지와 대비된다. 오바마 대통령은 2009년 11월 아시아 방문길에 올랐다. 취임 후 첫 방문이었다. 10일간 일본, 싱가포르, 중국, 한국을 방문하였다. 싱가포르 개최 APEC 정상회의 참석 직전에 일본을 방문한 오바마 대통령은 동경 아카사카에 있는 산토리 홀(Suntory Hall)에서 미국이 아시아 태평양으로 복귀한다는 것을 강조했다. "미국이 돌아왔다(America is back)."라고 외친 대표적 연설로 꼽힌다. 당시 아시아 지역 다수의 국가는 부시 행정부 동안 미국이 중동 지역에 관심을 집중적으로 쏟으면서 아시아 지역에 상대적으로 관심을 덜 두었던 데 대해 실망하고 있었으며,[3] 이제 미국이 다시 아시아에 복귀했다는 선언에 기대와 환영의 뜻을 표했다. 특히, 오바마 대통령은 자신의 출생과 성장 환경, 즉 하와이와 인도네시아와의 인연을 언급하면서 아시아 태평양 지역에 그 의미를 부여하였고, 이 지역의 경제적 중요성에 대해서도 강조하였다.

오바마 대통령의 연설에서 표방된 '아시아 중시 정책'은 이후 오바마 행정부 내내 지속되었으며, 힐러리 클린턴 국무장관 역시 여러 기회에 같은 요지의 연설을 하였다. 정책의 명칭이 따로 있었던 것은 아니나 학계와

---

2   당시 CNN(인터넷)에서도 트럼프 대통령의 연설 소식을 전하면서 "트럼프 대통령이 APEC 정상회의에서 '미국 우선주의' 연설을 했다(Trump delivers 'America first' speech at Asia-Pacific economic summit)."라는 제목을 뽑았다.

3   미국 내 아시아 전문가들은 부시 행정부의 아시아에 대한 저조한 관심을 "상냥한 무관심(benign negligence)"이라고 부르기도 했다.

언론에서는 "Pivot to Asia"로 즐겨 불렀다.[4] 미국 정부가 공식적으로 아시아 중시 정책에 대한 구체 명칭을 발표하지는 않았으나, pivot to Asia 용어가 확산되면서 이후 미 국무부는 중립적인 용어로 들리는 "아시아 재균형(Rebalance to Asia)"이라는 용어를 공식적으로 쓰기 시작했다.[5]

트럼프 대통령의 연설은 미국 우선주의(America First)를 내세우며, 국익을 증진하기 위해 과거와는 다른 미국의 모습을 보여줄 것이라는 으름장을 놓는 것처럼 들렸다. 오바마 대통령의 연설과는 느낌이 다르다. 그래도 트럼프 대통령은 다낭 연설의 마지막 부분에서는 "평화롭고, 번영하는 그리고 자유로운 인도 태평양(peaceful, prosperous, and free Indo-Pacific)"을 위해 다 같이 일하자고 하고, 이어 "자유롭고 열린 인도 태평양을 선택하자(Let us choose a free and open Indo-Pacific)."라고 하였다. 트럼프 대통령은 '아시아 태평양'이나 '재균형'이 아니라 '자유롭고 열린 인도 태평양'이라는 화두를 새로이 언급한 것이다. 그래서 다낭 연설은 트럼프 행정부의 인도 태평양 전략의 출발 지점으로도 자주 인용되었다. 어쨌든 트럼프 대통령의 베트남 다낭 연설은 큰 관심을 끌었다. 많은 나라가 트럼프 행정부 출범 이후 오바마 행정부의 "아시아 재균형(Rebalance to Asia)" 정책에 어떤 변화가 있을지에 관심이 많았던 터였기 때문이다.

---

4   2011년 10월 당시 힐러리 국무장관은 Foreign Policy 誌에 "America's Pacific Century"라는 제목의 기고문을 싣는데, 여기에 pivot이라는 단어가 등장하며, Asia Pivot이라는 명칭은 여기서 유래한 것으로 보기도 한다. pivot이라는 단어는 "축"으로 번역할 수 있는데, 이 영어 단어는 농구에서도 등장한다. 선수가 공을 잡고 몸을 회전할 때 두 발을 모두 떼면 안 되니 한쪽 발은 중심을 잡고 고정하는데, 이를 pivoting이라고 부른다.

5   미 행정부가 공식적으로 사용하지는 않았으나, Pivot to Asia 용어가 보편화되는 상황에서 전통적으로 미국과 긴밀한 우호협력 관계를 유지해 온 유럽에서 이에 대해 불편한 심기를 표출했다고 하며, 이에 미국 정부는 Rebalancing이라는 용어를 사용하게 된다.

트럼프 대통령은 베트남 방문 전 일본과 한국을 방문했는데 이때도 미국의 "인도 태평양 전략"을 언급하였다. 11월 6일 일본에서 아베 총리와의 정상회담 이후 백악관에서 발표한 자료는 트럼프 대통령의 일본 방문을 통해 "자유롭고 열린 인도 태평양이라는 공동의 비전을 향하여 서로의 전략적 우선 순위를 연계하였다(aligned)."라고 했다. 같은 해 2017년 2월 아베 총리가 워싱턴에서 트럼프 대통령과 정상회담 후 발표한 공동성명에는 포함되어 있지 않았던 내용이다. 2월 공동성명에는 지리적 개념을 언급할 때 기존에 자주 활용하던 "아시아 태평양" 용어를 양측이 그대로 사용하였다.[6]

다음날인 7일 한국 방문 중 개최된 문재인 대통령과의 정상회담 결과 문서에서도 유사한 표현이 등장한다. "트럼프 대통령은 한미동맹이 인도 태평양 지역의 안보, 안정, 번영을 위한 핵심축임을 강조했다."라는 문구가 있었다. 통상 공동성명에서 주어로 쓰이는 "양국 정상"이 아니라 이 문장에서는 "트럼프 대통령"으로 표현되었다. 당시 청와대 관계자는 "트럼프 대통령이 인도 태평양 라인을 언급했고, 문 대통령은 사실상 처음 듣는 개념이기 때문에 공동발표문에서 한국 입장은 빠지는 것으로 정리한 것"이라고 설명했다.[7] 이와 관련해서는 이 책의 9장 한국 편에서 별도로 상세히 다루고자 한다.

---

6 "The unshakable U.S.-Japan Alliance is the cornerstone of peace, prosperity, and freedom in the Asia-Pacific region. The U.S. commitment to defend Japan through the full range of U.S. military capabilities, both nuclear and conventional, is unwavering. Amid an increasingly difficult security environment in the Asia-Pacific region, the United States will strengthen its presence in the region, and Japan will assume larger roles and responsibilities in the alliance." (백악관 보도자료, 2017.2.10)

7 조선일보 2017년 11월 9일 (기사 제목 靑 "트럼프, '인도 태평양 안보' 동참 제안...文대통령 수용 안 해")

사실 오바마 행정부에서도 지리적 개념으로서 인도 태평양이 간혹 언급되기는 하였다. 그러나 트럼프 대통령이 아시아 지역 순방 과정에서 인도 태평양을 언급한 것은 전혀 새로운 국면이었다. 더 이상 지리적 개념으로만 받아들여지지 않은 것이다. 즉, "인도 태평양"이라는 용어가 아시아 태평양을 단순히 지리적으로 확대한 것으로만 받아들여지지 않았다. 트럼프 대통령이 언급한 인도 태평양 개념이 인도의 전략적 가치를 높게 보는 한편, 중국을 포위하려는 의도라는 해석이 광범위하게 제기된 것이다. 이러한 인식에는 일본 아베 총리와 일본 정부의 역할도 한몫하였다. 2017년 당시는 아베 총리가 2016년 8월 발표한 "자유롭고 열린 인도 태평양 전략"을 국제사회에 부각하려는 노력이 일본 정부 차원에서 본격적으로 진행되고 있던 시기였다.

2017년 1월 트럼프 행정부의 출범과 함께 아시아 또는 아시아 태평양 지역에 대한 미국의 정책에 대해 지역 내 국가들은 많은 관심을 갖고 있었다. 오바마 대통령과 힐러리 클린턴 국무장관 시절 "아시아 재균형" 정책이 자리를 잡고, 비교적 안정적으로 역내 국가들과의 관계를 맺어 온 상황에서, 새로이 출범한 공화당 행정부 특히, 미국 지도자로 매우 새로운 스타일의 트럼프 대통령이 어떤 정책 방향성을 제시할지 관심의 대상이 된 것은 당연했다. 이러한 상황에서 2017년 11월 "인도 태평양" 화두를 던진 것이다. 기본적으로 전임 정부와 마찬가지로 아시아 태평양에 대한 관심과 우선 순위를 유사하게 가져가면서도, 대외적으로 새롭고 신선한 느낌을 주는 차원에서 "인도 태평양"이라는 용어는 매력적이었던 것으로 보인다. 인도양 또는 인도를 명시적으로 부각하면서, 지리적인 대상 범위가 오바마 행정부 때보다 넓어진 것으로 해석될 수 있고, 아시아 정책의 외연을 확대한 것으로 해석되기 때문이다. 이를 통해 전 정부와의 차별화도 가능하였다. 이런 의도에서 "인도 태평양" 개념을 다른 나라, 즉 일본 정부가 먼저 주창하였다는 점은 그다지 문제가 되지 않았다.

트럼프 행정부가 인도의 전략적 가치와 인도 태평양을 부각하려는 노력은 당시 국무장관이던 렉스 틸러슨(Rex Tillerson)의 워싱턴 전략국제문제연구소(CSIS) 연설에서 더욱 정교하게 드러난다. 트럼프 대통령의 아시아 방문 1개월 전인 2017년 10월이다. 틸러슨 장관은 미국과 인도의 전략적 이해관계가 겹치고 있고(strategic convergence), 이러한 전략적 관계는 양국이 법치주의, 항행의 자유, 보편적 가치, 자유무역을 신봉하는 데서 나온다고 했다. 두 나라는 "양 지역의 안정과 번영에 있어 책꽂이의 양쪽 받침대(bookends of stability) 역할을 한다."라고 했으며, "두 나라가 인도 태평양의 동쪽 그리고 서쪽을 밝히는 불빛(beacons)이 되어야 한다."라고도 했다. 이어 "자유롭고 열린 인도 태평양이라는 목표를 갖고 두 나라가 노력해야 한다."라고 밝혔다.[8]

틸러슨 장관의 연설에서 미국이 생각하는 인도 태평양의 지리적 범위가 어디인지 자연스레 정의되고 있다. 인도양 전체와 서태평양을 둘러싸고 있는 나라라고 했다가, 미국과 인도를 책꽂이의 양쪽 받침대 그리고 각각 동쪽과 서쪽의 불빛이라고도 했다. 한편 중국에 대해서는 인도와 같이 "성장하는 나라"이나, 덜 책임감 있게 성장한다고 하고, 중국이 때때로 규칙 기반의 국제질서를 훼손한다고 했다. 또한, 남중국해에서 중국의 도발적 행동은 국제법에 대한 직접적인 도전이라고 했다. 인도 태평양 지역이 무질서, 갈등 그리고 "약탈적인 경제(predatory economics)"가 아니라 평화, 안정, 번영하는 지역이 되어야 한다고 했다. 연설문에서는 "약탈적

---

8 "Defining Our Relationship with India for the Next Century: An Address by U.S. Secretary of State Rex Tillerson" CSIS (2017년 10월 18일), https://csis-website-prod. s3.amazonaws.com/s3fs-public/publication/171018_An_Address_by_U.S._Secretary_of_State_Rex_Tillerson.pdf

인 경제"와 관련하여 중국을 명시적으로 언급하지 않았으나, 이어진 청중과의 질의응답 시간에 이에 대한 질문이 있었고, 틸러슨 장관은 이에 응답하는 과정에서 중국의 개도국 인프라 사업 지원과정에서의 불합리한 점들을 지적했다.[9] 틸러슨 장관의 연설에서 중국에 대한 언급이 그리 많지는 않으나, "규칙 기반의 국제질서", "항행의 자유", "인프라 사업과 관련한 경제 침탈" 등 중국을 겨냥한 핵심 개념을 다루고 있다. 이 개념들은 이후 트럼프 행정부에서 인도 태평양 전략의 개발과 진화 과정에서 계속해서 중요하게 등장하게 된다.

틸러슨 장관의 CSIS 연설 2개월 뒤 그리고 트럼프 대통령의 다낭 연설 1개월 후인 2017년 12월 공개된 미국의 "국가안보전략"(National Security Strategy)[10]에서도 미 행정부는 인도 태평양 전략을 더욱 공식화하는 모습을 보인다. 이 문서에서 "중국"은 23차례에 걸쳐 언급되고 있는데, 2015년 2월 오바마 행정부 시절의 국가안보전략보다 두 배 가까이 중국에 대해 더 언급한 것이다. 또한, 오바마 대통령 시절 국가안보전략에서는 중국에 대한 협력과 관여를 위한 노력이 보였던 데 비해, 2017년 문서에는 중국에 대한 비판이 더욱 광범위하게 포함되었다.

오바마 대통령 시기인 2015년 2월 공개된 국가안보전략 문서의 제5장

---

[9] 질의응답 시간에 "약탈하는 경제"에 대한 구체 사례를 들어달라고 질문한 데 대해, 틸러슨 장관은 중국을 구체 언급하면서 개도국이 부채 비율이 높아지거나 인프라 사업 시행 과정에서도 중국 본토로부터 근로자가 투입되어 정작 해당 국가의 근로자들에 대한 일자리가 창출되지 않는다는 점 등을 지적했다.

[10] 1986년 골드워터-니콜스 법(Goldwater-Nichols Act)은 미국 국방태세를 강화하고 개혁하는데 있어 중대한 기반이 되었다. 골드워터 의원과 니콜스 의원은 당시 상원과 하원의 군사위원회 위원장을 각각 맡고 있었다. 이 법에 의거하여 1986년 당시 레이건 대통령에서부터 미국의 모든 대통령은 임기 중 국가안보에 관한 기본계획서를 의회에 제출하고 있다. 대통령 임기중 국가안보전략 문서의 발간 횟수는 각기 다르지만, 최근에는 4년 임기 중 1회 발간으로 관행화되고 있다.

국제질서(International Order) 가운데 "아시아 태평양 지역으로의 미국의 재균형(Advance to Our Rebalance to Asia and the Pacific)" 분야에서 "미국은 안정적이고, 평화로운, 그리고 번영하는 중국의 부상을 환영하며, 건설적 관계(constructive relationship)를 추구한다."라고 했다.[11] 특히 지역 및 전 세계 차원에서 공동의 도전 과제에 대한 협력을 추구한다고 하면서 기후변화, 공중보건, 경제성장(economic growth), 한반도 비핵화를 구체적인 사례로 들었다. 그리고 "미국과 중국 간 경쟁은 있으나, 두 나라 간 대결이 불가피한 것으로 보지 않는다."라고 했다.[12] 협력을 추구할 수 있는 분야에 "경제성장"이 포함되어 있었던 것이 인상적이다. 트럼프 행정부 이후에도 기후변화 같은 이슈는 협력이 가능한 이슈로 등장하지만, "경제성장"은 더 이상 협력이 가능한 이슈로 등장하지 않는다.

2017년 트럼프 대통령의 국가안보전략에서는 지역별 전략으로서 인도 태평양을 처음으로 명시하였다. 인도의 서부 해안으로부터 미국의 서부 해안에 이르는 인도 태평양 지역에서 "자유로운 세계질서"라는 비전과 "억압적인 비전" 사이에 지정학적 경쟁이 발생하고 있다고 보았다. 그리고 중국이 남중국해에서 군사화 조치를 하고, 인프라 투자 등을 통해 주변국을 압박하거나 유인하고 있다고 보았다. 또한, 중국의 독점적 우위(dominance)는 인도 태평양에 있는 많은 나라의 주권을 침해할 위험을 안고 있다고 보았다. 중국을 러시아와 함께 "수정주의 국가(revisionist power)"라고 규정하고, 미국의 국익과 영향력에 도전하고 있다고 했다. 아울러 인도의 부상을 환영하면서, 일본, 호주, 인도와의 4개국(쿼드) 협

11 미국 국가안보전략(National Security Strategy, 2015년 2월) 24페이지
12 미국 국가안보전략(National Security Strategy, 2015년 2월) 24 페이지, "While there will be competition, we reject the inevitability of confrontation."

력 증대를 추구하겠다고 했다. 다만, "우리의 인도 태평양 비전은 어느 국가도 배제하지 않는다(Our vision for the Indo-Pacific excludes no nation)."라고 쓰고 있기는 하다[13].

2018년 5월 미국 국방부는 기존 태평양 사령부(Pacific Command)를 인도 태평양 사령부(Indo Pacific Command)로 명칭을 변경하였다. 미국의 태평양 사령부는 1947년 설립되어 전 세계 지역별 통합 사령부 가운데 가장 오래되고 규모가 크다. 사령부 관할 인력은 군 병력과 민간인 지원 인력을 합쳐서 37만 5,000여 명에 달한다. 5개의 항공모함 전단이 운영되고 있으며, 36개국이 관할 지역에 있고, 사령부 본부는 하와이 호놀룰루에 위치해 있다. 태평양 사령부에서 인도 태평양 사령부로 명칭만 변경되었고 관할 국가는 동일한데, 지도상에서 표시된 관할 지역은 동북아시아, 동남아시아, 남아시아, 오세아니아, 태평양 도서국 등임을 알 수 있다. 인도의 서쪽부터는 중부사령부(Central Command)에서 관할한다.

2018년 10월 워싱턴에서 미국 상공회의소 주최로 개최된 제1차 인도 태평양 비즈니스 포럼[14]에서도 트럼프 행정부의 인도 태평양 전략에 대한 구체 내용이 제시되었다. 이 포럼에는 마이크 폼페오(Mike Pompeo) 당시 국무장관과 윌버 로스(Wilbur Ross) 상무장관, 릭 페리(Rick Perry) 에너지 장관이 참석하였다. 폼페오 장관은 "미국의 인도 태평양 경제 비전(America's Indo-Pacific Economic Vision)"을 제목으로 한 연설에서 "미국 서부 해안부터 인도 서부 해안까지"를 인도 태평양으로 우선 정의

---

13 미국 국가안보전략(NSS, 2017년 12월) 인도 태평양 부분 가운데 정치 분야 우선 순위 행동(Priority Actions)의 첫 문장.

14 제1차 포럼 개최 이후 매년 장소를 바꿔가며 개최되고 있다. 2차 포럼은 2019년 11월 태국 방콕, 3차 포럼은 2020년 베트남 하노이, 4차 포럼은 2021년 10월 비대면으로 개최되었다. 바이든 행정부 들어 5차 회의가 2023년 1월 일본에서 개최되었다.

[그림 1] 2018년 5월 미국 국방부는 기존 태평양 사령부(Pacific Command)를 인도 태평양 사령부(Indo Pacific Command)로 명칭을 변경했다. 미국의 태평양 사령부는 1947년 설립되어 전 세계 지역별 통합 사령부 가운데 가장 오래되고 규모가 크다. *지도 출처 : 미국 국방부(DoD) 홈페이지.

하고 미국 외교 정책의 매우 중대한 지역으로 본다고 했다. 그리고 몇 가지 진전된 인도 태평양 전략의 개념과 내용을 제시하였다.

첫째, 폼페오 장관은 "자유로운(free)" 그리고 "열린(open)" 인도 태평양의 의미에 대해 언급하였다. 우선 "자유로운"의 의미는 모든 나라가 다른 나라의 억압(coercion)으로부터 주권을 보호할 수 있어야 한다는 것으로 설명했다. 그리고 한 국가 내에서의 자유는 굿 거버넌스(good governance)[15] 그리고 시민들이 자신의 기본적 권리와 자유(liberty)를 확실하게 누릴 수 있는 것을 의미한다고 했다. 한편, "열린"의 의미는 모든 나라가 해양과 상공에 대한 개방적인 접근을 할 수 있는 것이라고 했다. 그리고 영토와 해양 분쟁의 평화적 해결을 원한다고 덧붙였다. 경제적으로 "열린"의 의미는 공정하고 호혜적인 무역(fair and reciprocal trade), 개방적인 투자 환경, 국가 간 투명한 협정 체결, 개선된 연계성으로 풀이했다.

둘째, 폼페오 장관은 인도 태평양 지역에 대한 미국의 관여에는 한 가지 큰 주제가 있다고 하면서, 그것은 "미국이 가는 곳에서는 동반자관계를 추구하려는 것이지 지배하려는 것이 아니다(Where America goes, we seek partnership, not domination)."라고 설명하였다. 이어 미국이 지난 수십 년 동안 지역 내의 국가들을 지원했던 사례들을 언급하였다. 일본, 한국, 동남아시아, 홍콩, 대만 등을 거론하였다. 필리핀에서의 텍사스 인스트루먼트(Texas Instruments), 말레이시아에서의 GE, 태국에서의 쉐브론(Chevron) 등 미국 민간 기업의 투자 성공사례들도 언급하였다. 미국과 인도 태평양 지역 간 상호 호혜적인 경제 협력 사례로 설명한 것이다. 이러한 사례들을 통해 인도 태평양에서 미국의 민관 경제 협력은 해당 국가의 자율성과 주권을 존중하면서 진행돼왔다고 했다. 그리고 미국은 정치적 영향력을 위해 투자하지 않는다고도 했다.

셋째, 인프라 개발에 대해서도 언급했다. 폼페오 장관은 미국이 생각하는 연계성은 주권과 지역통합, 신뢰를 증진하는 것이어야 하며, 이는 인프라 사업이 "물리적으로 안전하고(physically secure), 재정적으로 실행가능하고(financially viable), 사회적으로 책임 있을(socially responsi-

---

15 세계은행(World Bank)은 거버넌스를 '한 나라의 시민이나 대표자가 요구하는 공공재나 기타 재화를 제한된 자원을 가지고 효과적으로, 투명하게, 공정하게, 책임감있게 제공할 수 있는 공공조직의 제도적 능력'으로 정의하고 있다.

ble)" 때에 가능한 것이라고 했다. 이의 의미는 인프라 사업 시행 과정에서 높은 품질의 안전한 사업을 추구해야 하고, 필요한 금융 조달 측면에서 재정 건전성이 갖춰져야 하며, 환경이나 노동 기준 등 사회적으로 문제가 없이 추진되어야 한다는 점을 지적한 것으로 해석된다.

그러면서, 폼페이 장관은 연설의 제목에서와 같이 인도 태평양에서의 경제 비전을 제시한다. 아시아개발은행(ADB)이 아시아 지역 개도국의 인프라 개발을 위해 2030년까지 26조 달러가 필요하다고 한 통계를 인용하면서, 이러한 재원을 확보하기 위해서는 민간 차원의 투자가 필수적이라고 하였다. 그리고 각국 정부는 민간의 투자를 유인하기 위한 노력을 해야 하며, 이를 위해 "인도 태평양 지역 각국 정상들은 투명성(transparency), 반부패(anti-corruption), 그리고 책임 있는 재원 조달(responsible financing)에 우선 순위를 두어야 한다."라고 했다. 미국의 기업들과 사업하면서, 전 세계는 이미 정직한 계약, 정직한 조건, 그리고 장부에 기재되지 않는 장난질(off-the-books mischief)이 필요 없다는 것을 알고 있다고 하면서, "사업을 수행하는 데 있어 성실성(integrity)이 미국이 추구하는 인도 태평양 경제 비전의 핵심축"[16]이라고 했다.

그럼에도, 폼페이 장관은 연설에서 중국을 지목하여 배제하거나 부정적으로 언급하지는 않았다. 오히려 "우리의 인도 태평양 비전은 어느 나라도 배제하지 않는다(Our Indo-Pacific vision excludes no nation)."라고 했다. 2017년 12월 발표된 "국가안보전략"에서와 동일한 표현이다. 중국을 포함하여 다른 인도 태평양 지역 국가들을 동일한 맥락에서 포괄적으로 언급하였다. 인도 태평양 지역의 역동성을 언급하면서, 미국을 포함

---

16 "Integrity in business practices is an essential pillar of our Indo-Pacific economic vision."

하여 중국, 일본, 인도 등 전 세계 6대 경제 대국 가운데 네 나라가 이 지역에 있다고 했다. 물론 미국과 다른 국가와의 협력은 미국 국민이 요구하는 최고 수준의 기준에 부합해야 한다는 단서를 달기는 했다. 그리고 미국은 "인도 태평양에서 지배(domination)하려 들지 않을 것이며, 그러한 국가에 대해서는 맞설 것이다."라고 했다. 정제된 언어로 원칙론적인 그리고 모두가 공감할 수 있는 연설을 한 것으로 평가된다.

한편, 트럼프 행정부 당시 안보 분야에서의 인도 태평양 전략이 구체적으로 행동으로 나타나는 모양을 보면, 우선 2017년 11월 마닐라에서 '쿼드' 4개국의 관료들이 만났다. 트럼프 대통령의 다낭 APEC 연설 직후였으며, 필리핀이 연례 아세안 정상회의 의장국을 맡고 있던 시기였다. 각국 외교 부처의 국장급으로 진행된 이 면담은 2008년 이후 중단되었던 4개국 간 만남, 즉 쿼드가 재결성된 시점이라 할 수 있다. 당시 미국 국무부에서는 보도자료에서 "자유롭고 열린 인도 태평양에서의 번영과 안보를 증진하기 위한 공통의 비전을 논의하기 위해" 네 나라의 고위 관료들이 만났다고 썼다. 이어 공동으로 지향하는 목표로 규칙 기반 질서 유지, 항행과 상공비행의 자유 보장, 국제법 존중, 분쟁의 평화적 해결, 그리고 국제법과 기준에 부합하면서 신중한 자금조달(prudent financing)에 기초한 "연계성(connectivity)" 증진 등을 언급하였다.

　여기서 목표로 언급된 용어들은 이후에도 미국 정부가 중국을 염두에 두고 비판적 입장을 밝힐 때 일관되게 등장하게 된다. 규칙 기반 질서, 항행의 자유 등은 중국이 남중국해에서 필리핀과 베트남 등 여타 영유권 주장 국가들과 갈등과 긴장을 초래하면서 취하는 여러 조치를 비판할 때 등장하는 표현이다. 인프라 관련 사업에서 "신중한 자금조달"을 언급한 것은 이미 중국이 일대일로 기조하에 동남아를 포함하여 개도국에 대규모 유무상 원조를 제공하면서 도로, 항만, 공항 등 인프라를 건설하고 개도국의 채무 부담을 높이는 상황과 관련하여 이를 비판하려는 의도다.

흥미로운 지점은 당시 인도 외교부가 내놓은 보도자료의 경우 그 방점이 미국과는 다소 다르다는 것이다. 인도 외교부 보도자료에서 4개국 관료들은 "자유롭고, 열린, 번영하는 그리고 포용적인(inclusive) 인도 태평양 지역은 지역 내 모든 국가에 장기적 이익을 가져다 줄 것"이라는 데 공감하였다고 했다. 또한, 4개국 관료들은 "연계성을 증진하는 방안에 대해 의견을 교환하였다."라고 했다. "규칙 기반 질서"는 등장하지 않고, 연계성과 관련하여 자금조달에 대한 언급도 없으며, 미국 국무부 보도자료에는 없는 "포용성" 개념이 등장하고 있다.

쿼드 협의체의 첫 장관급 회의는 2019년 9월 유엔 총회 계기에 뉴욕에서 개최되었다. 마이크 폼페오 당시 국무장관과 일본, 인도, 호주의 외교장관이 참석하였다. 2차 장관회의는 2020년 일본 동경에서 개최되었다. 다자회의 계기에 만난 것이 아니라 쿼드 장관회의로만 성사된 만남이었다. 참가국의 쿼드에 대한 의지가 점차 강화되어 간 것을 알 수 있다. 이후 쿼드 장관급 회의는 연례 회의로 정례화되어 운영되고 있다. 그러나 정상 차원의 쿼드 회의는 트럼프 대통령 재임 중에는 성사되지 않았고, 바이든 대통령이 집권한 이후 이루어진다.

안보 분야의 쿼드 재가동과 함께 트럼프 행정부 당시 경제 분야에서 인도 태평양 전략이 구체적으로 나타난 형태 중 하나가 "BUILD Act"이다. 2018년 10월 트럼프 대통령이 법안에 서명하였다. 'BUILD'는 'Better Utilization of Investments Leading to Development'의 머리글자들이다. "개발을 유도하는 투자의 더 나은 활용" 정도로 번역할 수 있 겠다. 법률 명칭으로도 대략적으로 그 의미를 유추할 수 있게 머리글자를 따서 만들었다.[17]

중국의 일대일로 구상에 따른 인프라 프로젝트 사업이 확대되어감에 따라 미국 정부는 인도 태평양 지역에서의 인프라 구축에 자신들의 금융 지원을 강화하고자 노력하게 되는데, 'BUILD Act' 통과는 그러한 노력 의 연장선에 있었다. 개발금융 분야에서 중국의 영향력이 확대됨에 따라 미국에서도 경쟁력을 갖춘 개발금융기관이 필요하다는 인식이 증가하였 다. 'BUILD Act'의 중요한 내용은 미국 행정부의 대외원조 체계의 변경 이었다. 기존의 '해외민간투자공사(OPIC: Overseas Private Investment Corporation)' 그리고 '국제개발처(USAID: US Agency for International Development)'[18]에 속해 있던 일부 기능을 통합하여 새로운 개발금융 집 행기관을 신설하는 것이었다. 새로 신설된 기관의 이름은 "미국 국제 개 발금융 공사(USIDFC: US International Development Finance Corpo- ration)"로 하였다.

이 법을 통해 1970년대부터 해외 개발금융지원 사업을 총괄해왔던 OPIC과 USAID 내의 개발금융 부서[19]는 통합되어 2019년 IDFC로 출범 하였다. OPIC의 총 투자 한도는 290억 달러였으나, IDFC는 600억 달러 로 늘어났다. 대출 업무 외에 지분 투자도 가능해졌다. 미국 정부는 이를

---

17 미국의 법률 명칭 중에는 이러한 경우가 자주 보인다. 예를 들어, 2008년 당시 미얀마 군부 에 대한 제재조치의 일환으로 군부가 통치하던 미얀마의 옥(jade)과 루비의 미국 내 수입을 금지하는 법안이 통과되었는데, 그 명칭이 'Junta's Anti-Democratic Efforts'였으며, 약칭 으로 JADE Act로 불렸다.

18 USAID는 우리의 코이카(KOICA)와 유사한 대외 무상원조 시행 기관이다.

19 국제개발처 내에 금융 지원사업을 담당하던 Development Credit Authority.

통해 인도 태평양과 아프리카, 중남미 지역의 개도국과 저개발국에 중국의 일대일로 이외의 대안으로 "양질의 그리고 높은 환경과 윤리 기준을 갖춘 인프라 사업(high quality infrastructure with high environmental and ethical standards)"을 수행할 수 있는 선택지를 제시하려 한다고 설명하였다.

미국이 주창한 고품질의 인프라(quality infrastructure), 높은 기준의 인프라 프로젝트 화두는 개도국에서의 인프라 사업과 관련하여 새로운 이니셔티브인 "블루 닷 네트워크(Blue Dot Network)"[20]의 출범으로도 이어진다. 포용적이고 투명한 그리고 재정적으로 건실하고, 환경이나 사회적으로도 지속 가능한 인프라 프로젝트를 심사하여 인증하겠다는 것이다. 미국과 함께 일본, 호주, 영국, 스페인이 2019년 11월 시작하였다. 이후의 실제 운용은 양자 차원이 아닌 다자 차원에서 OECD가 주로 이행하고 있다. 이후 G7 회의를 포함하여 미국이 주도하거나 참여하는 국제회의 문서에서는 개도국에서의 인프라 투자에 대해 "고품질의 인프라"가 건설되어야 한다는 내용이 항상 포함되기 시작한다.

트럼프 행정부 기간 동안 미국의 인도 태평양 전략은 진화 또는 구체화되어 갔으나, 오바마 행정부 시기와 달리 미국 우선주의를 부각하고, 동맹조차도 거래 관계로 간주하는 듯한 인식을 보이면서, 지역 전략, 정책으로서의 인도 태평양에 대해 지역 내 국가들로부터 광범하고 일관되게 지지를 받지는 못했다. 특히, 트럼프 행정부 초반에 그러하였다. 동남아시아 국가들 다수는 트럼프 행정부의 인도 태평양 전략이 분열적인 접근이라

---

20 'Blue Dot(푸른 점)'은 미국의 천문학자 칼 세이건(Carl Sagan)의 책 '창백한 푸른 점(Pale Blue Dot)'에서 유래했다고 한다. 1990년 2월 14일 칼 세이건의 제안으로 보이저(Voyager) 1호가 지구를 촬영하였는데, 지구로부터 64억 km 떨어진 위치였다. 사진 속 지구의 모습, 작은 점 하나를 보고 칼 세이건은 '창백한 푸른 점'이라 부르고, 같은 제목의 책도 집필하게 된다.

는 시각을 보였다. 그리고, 트럼프 대통령이 동아시아 회의체, 즉 미국이 회원국으로 있는 '동아시아정상회의(EAS, East Asia Summit)' 정상회의에 참석하지 않은 데 대해 실망감을 감추지 않았다.

실제 트럼프 대통령은 집권 4년 동안 EAS 정상회의에 모두 불참하였다. 오바마 대통령이 연방정부 셧다운 문제로 2013년 불참했던 경우를 제외하고 모두 참석했던 사례와 비교된다. 트럼프 대통령은 임기 첫해였던 2017년 필리핀에서 개최된 미-아세안 정상회의에는 참석하였으나, EAS 정상회의는 참석하지 않았다. EAS 정상회의가 당초 예정되었던 일정보다 2시간여 늦게 개최되었는데, 기다리지 않고 바로 출국한 것이다. 2018년 싱가포르가 의장국이었던 회의에는 아예 싱가포르에 가지 않았고, 마이크 펜스(Mike Pence) 부통령이 대리 참석하였다.

이와 관련한 개인적인 일화가 있다. 2018년 당시 서울 외교부 본부에서 동아시아 지역 협력 그리고 신남방정책에 관여하고 있던 필자가 10월경 호주 캔버라를 출장 갔던 적이 있다. 싱가포르에서 EAS 정상회의가 개최되기까지 1개월여 정도 남은 시점이었다. 호주 정부 인사들과 여러 지역 현안들에 대해 소통하던 중 트럼프 대통령의 EAS 정상회의 참석 여부와 관련한 이야기가 오고 갔다. 우리측과 호주 양측은 트럼프 대통령이 이번에도 참석하지 않을 것 같다는 데에 공감하였다. 그러나, 호주측 인사들은 미국의 그러한 판단, 즉 대통령의 정상회의 불참 결정이 아세안과 여타 동아시아의 우호국들에게 미국에 대한 부정적인 시그널을 줄 것으로 우려된다는 메시지를 워싱턴에 계속 전달하고 있다고 했다. 다자회의 개최 시기만 되면, 미국을 포함하여 각국 정상들의 회의 참석 여부 그 자체만을 파악하려 해 온 우리 외교 관행을 다시 한번 생각해 보는 계기가 되었다. 그리고 이후 필자 개인적으로는 호주와 같이 미국 정부에 유사한 메시지를 전달하게 되는 동기부여가 되었다.[21]

2019년 태국 방콕에서 개최된 EAS 정상회의에는 로버트 오브라이언 (Robert O'Brien) 국가안보보좌관이 트럼프 대통령의 특사 자격으로 참석하였다. 마지막 기회였던 2020년 베트남이 의장국이었던 시기에는 코로나19로 인하여 화상으로 개최된 정상회의였음에도 불참하였고, 다시 오브라이언 보좌관이 대신 참석하였다. 2020년 EAS 정상회의는 11월 14일 개최되었는데, 트럼프 대통령은 자신이 패배한 11월 3일 대선 결과에 승복할 뜻을 보이지 않았다. 미국의 아름다운 전통으로 불리는 승복 연설 124년 역사에 처음으로 연설 없는 상황이 벌어진 '사건'으로 받아들여졌다. 선거에도 패배한 마당에 다자 정상회의 일정까지 챙겨 볼 여력은 없었을 것으로 이해되기는 하였다. 그러나 당시 동아시아의 여타 17개국, 아세안 10개국과 한국, 중국, 일본, 호주, 뉴질랜드, 인도, 러시아의 정상들은 화상으로라도 이임하게 될 미국의 대통령에게 인사를 건넬 기대를 하였을 텐데, 트럼프 대통령은 불참한 것이다. 임기 마지막 해에 정상회의에 참석하는 정상의 경우 다른 정상들로부터 인사를 받고, 자신도 인사를 건네는 문화가 다자 정상회의에는 빈번하다. 선거에 지게 되어 의도치 않게 그리고 유쾌하지 않게 마지막 회의 참석이 되는 경우에도 이를 마다하지 않고, 참석하는 정상도 없지 않다.[22]

---

21 이와 관련해서는 우리와 미국 간 신남방정책-인도 태평양 전략 간 연계 협력 회의에서 거론되었으며, 이 책 9장 한국 편에서 구체적으로 소개하고 있다.

22 2015년 11월 8일 미얀마에서 총선이 실시되었는데, 민주화의 상징 아웅산 수지(Aung San Suu Kyi)가 이끌던 민주주의민족동맹(NLD: National League for Democracy)이 압승을 거두었다. 대통령은 헌법에 의해 의회에서 간선으로 선출하는데, NLD의 압승으로 의회의 군부 의석의 도움을 받더라도 당시 떼인 세인(Thein Sein) 대통령은 재선에 실패하게 된다. 군부 출신이었지만, 개혁 의지를 통해 서방권으로부터도 상당 부분 긍정 평가를 받아왔던 떼인 세인 대통령은 선거 결과에 이의를 제기하지 않았다. 그리고 열흘 뒤 말레이시아에서 개최된 아세안 관련 정상회의에 참석하였고, 동아시아의 여러 정상들과 작별의 시간을 가졌다.

2020년 11월 화상 정상회의 개최 당시 필자는 우리측 대표단의 일원으로 지켜볼 기회가 있었는데, 전체 화면에 정상이 아닌 대표가 참석한 나라가 두 나라였던 것으로 기억한다. 미국과 함께 캄보디아에서도 훈 센(Hun Sen) 당시 총리가 참석하지 않고, 아운 폰모니롯(Aun Pornmon-iroth) 경제 부총리가 참석하였다. 당시 오브라이언 보좌관은 다른 정상들이 지켜보는 가운데 캄보디아를 콕 집어 발언하기도 하였는데, 캄보디아의 시하누크빌에 있는 리암(Ream) 해군 군사기지 관련 사항이었다.[23] 캄보디아측은 이미 발언을 마친 상태였기에 미국의 발언 이후 재차 발언을 신청하는 상황이 벌어졌다. 아세안 관련 회의는 참석 국가가 많아 관례상 제한된 시간 내에 정상별로 1회씩 발언 기회가 제공되어 왔는데, 당시 상황은 여러모로 이례적인 상황이었다. 정상들이 모두 참석하고 있는 회의에서 정상이 아닌 대표가 참석한 두 나라가 공방을 벌이는 모습이 연출되었다. 특히, 트럼프 대통령이 마지막으로 화상으로라도 참석할 수 있는 회의였는데, 여러모로 아쉬움이 남는 회의였다.

트럼프 대통령을 대선에서 이기고 2021년 1월 취임한 조 바이든 대통령의 외교 정책 전반에 대해서는 취임 직후였던 2월 바이든 대통령이 국무부를

---

23 캄보디아의 시하누크빌(Sihanoukville) 인근에 있는 리암(Ream) 해군 기지 문제인데, 2020년 당시 캄보디아는 미국의 지원으로 건축된 리암 해군 기지 시설을 철거하기로 하고, 인근에 중국의 지원으로 새로운 항만 건설을 추진하였다. 미국은 이를 중국 해군력의 캄보디아 기지 보유를 위한 개입으로 보았고, 캄보디아는 훈 센 총리까지 나서 외국의 자국 내 기지 보유는 헌법으로 금지되어 있다고 하면서, 이를 부인해 왔다.

직접 방문하여 시행한 연설에서 그 대강이 드러난다. 트럼프 행정부 당시와는 차별화된 메시지도 있는 한편, 연속성을 갖는 내용도 눈에 띈다. 바이든 대통령은 "미국이 돌아왔고(America is back)", "외교가 돌아왔다(Diplomacy is back)"라고 반복적으로 언급했다. 그리고 동맹과 파트너 국가들과의 관계를 복원하겠다고 했다. 아시아 외교에 대해 특정하여 길게 언급하거나 인도 태평양을 언급하지는 않았으나, 중국을 미국의 "가장 심각한 경쟁자(most serious competitor)"로 부르면서 중국의 도전에 직접적으로 대결할 것이라고 했다. 중국의 강압적 행동에 맞설 것이라고도 했다. 그러면서 미국의 국익에 부합할 때는 중국과도 일할 것이라고 덧붙였다. 간략한 메시지이나 이후 중국 그리고 인도 태평양 지역과 관련한 외교 정책을 논할 때 이러한 메시지는 계속해서 등장하게 된다.

바이든 대통령은 2021년 3월에는 "잠정 국가안보 전략 지침(Interim National Security Strategic Guidance)"을 발표한다. 정식 국가안보전략(National Security Strategy)이 준비되고 있으며, 그때까지 활용될 지침이므로 명칭 앞에 '잠정(interim)'이라고 붙였다. 지침에서 명시적으로 '인도 태평양 전략' 또는 '자유롭고 열린 인도 태평양'을 기술하고 있지는 않다. 다만, 중국에 대해서는 비중 있게 다루고 있다.

지침에서는 국제 안보 정세와 관련하여 중국이 더욱 적극적으로 목소리를 내고 있는(assertive) 상황에 대해 그리고 기술발전, 특히 청정 기술, 5G 같은 차세대 통신 기술 개발에 따른 정세 변화 추이에 대해 주목하였다. 중국에 대해서는 경제력·외교력·군사력 그리고 기술력을 결합하는 능력을 보유하고 안정적인 국제체제에 지속적인 도전이 될 수 있는 "유일한 경쟁자(only competitor)"라고 보았다. 그리고 권위주의 체제의 중국과 경쟁에서 이기기 위해 우선 미국 국민, 미국 경제, 미국의 민주주의에 투자해야 한다고 했다. 아울러 동맹과 파트너 국가와의 관계를 강화함으로써 중국의 공세를 억제할 수 있고, 위협에 대항할 수 있다고 했다. 또한, 미국의 이익과 가치가 직접적으로 위협 받을 때에는 중국의 도전에 책임을 물을 것이며, 불공정한 무역관행이나 강압적인 경제 관행에 대해서는 맞설(confront) 것이라고 했다. 다만, 전략적 경쟁 상황에서도 국익 차원에서 필요한 경우에는 중국과의 협력을 환영할 것이라고 하고, 기후변화, 보건 안보, 군비 감축, 비확산 등을 예로 들었다.[24]

잠정이긴 하지만 이 지침에 담긴 내용은 이후 미국 행정부에서 발표되는 여러 문서(2022년 10월 발표된 '국가안보 전략', 2022년 2월 발표된 '인도 태평양 전략' 등)와 여러 정책 연설(2022년 5월 블링컨 국무장관의 조지 워싱턴 대학 연설 등)에도 영향을 미치게 된다. 예를 들어, 2022년 10월 백악관이 발표한 바이든 행정부의 "국가안보전략(National Security Strategy)"에서는 러시아와 중국을 같이 전제주의 국가(autocracies)로 분류하였으며, 다만 러시아와 중국으로부터의 도전은 서로 차이가 있다고 보았다. 러시아가 자유롭고 개방된 국제체제에 당면한 위협(immediate threat)이 되고 있는 데 비해, 중국은 국제질서를 재편하려는(reshape) 의지를 갖고 있고, 점차 그 역량까지도 갖춰가고 있는 유일한 경쟁자(only competitor)라고 했다. 또한, 중국에 대해 가장 중대한 지정학적 도전(most consequential geopolitical challenge)이라고 했다.

한편, 잠정 국가안보 전략 지침 발표 며칠 후인 3월 12일 쿼드 정상회의가 화상으로 개최되었다. 바이든 대통령과 함께 호주 스캇 모리슨(Scott Morrison) 총리, 일본 요시히데 스가(Yoshihide Suga) 총리, 인도

---

24 '잠정 국가안보 전략 지침'에 기술되어 있는 중국 관련 내용의 요지는 2022년 5월 토니 블링컨 국무장관의 조지 워싱턴 대학 연설("The Administration's Approach to the People's Republic of China")에도 반영되어 상세하게 소개되고 있다.

나렌드라 모디(Narendra Modi) 총리가 모두 참석하였다. 바이든 대통령은 대외적으로 공개된 정상회의 모두발언에서 "자유롭고 열린 인도 태평양"은 4개국 모두에게 긴요하다고 언급했다. 또한, 이 지역이 국제법에 의해 다루어지고 보편적 가치를 옹호하며, 강압으로부터 자유로워야(free from coercion) 한다고 했다. 그리고 쿼드 협의체가 인도 태평양에서의 협력에 있어 필수적인 무대(vital arena for cooperation)가 될 것이라고 했다.[25] 이는 쿼드 정상회의가 일회성 회의로 끝나는 것이 아니라, 쿼드 협의체를 계속해서 정상 차원으로 유지하겠다는 바이든 대통령의 의지를 보여준 것이다. 정상회의에서는 코로나19 공동 대응, 비확산, 기후변화 문제 등에 대해 논의가 이루어졌다.

코로나19 팬데믹 상황에서 비대면으로 개최되기는 하였으나, 쿼드 국가 간 첫 정상회의였으며, 바이든 행정부 들어서도 전 정부에서와 같이 인도 태평양 전략이 본격적으로 추진될 것이라는 예견을 하기에 충분하였다. 실제 바이든 대통령은 2021년 9월에는 쿼드의 각국 정상들을 워싱턴으로 초청하여 대면으로 쿼드 정상회의를 개최하였다. 그러면서도, 미국 백악관에서는 새로이 활성화되는 쿼드 모임이 아시아 국가들에게 특정 국가를 표적으로 한다는 인상을 주는 데에는 부담을 느꼈던 것으로 보인다. 정상회의 개최 이후 제이크 설리번(Jake Sullivan) 국가안보보좌관은 4개국 정상들이 중국의 도전에 대해 논의했다고 하면서도 쿼드 모임이 근본적으로 중국에 대한 것은 아니라고 언급했다. 쿼드의 재결성을 "아시아판 NATO"로 비유하는 일부의 해석과 분위기를 의식한 것으로 보였다.

2021년 9월 24일 바이든 대통령이 백악관에서 대면으로는 첫 쿼드 정

---

25 백악관 연설문 자료, https://www.whitehouse.gov/briefing-room/speeches-re-marks/2021/03/12/

상회의를 주최한 시기는 3월 비대면 회의 이후 6개월밖에 지나지 않았으며, 또한, 미국, 영국, 호주 3개국 간 안보협력(AUKUS)이 발표된 지 1주일여 지난 시점이었다. 쿼드 정상회의에서 발표된 공동성명 1항에서는 4개국 정상들이 "자유롭고 열린 인도 태평양"이라는 공동의 비전으로 통합되어 있다고 하였다. 그리고 4개국 정상이 공통으로 지지하는 개념들을 나열하였다. 이 개념에는 규칙 기반 질서, 법의 지배, 항행과 상공비행의 자유, 분쟁의 평화적 해결, 민주주의 가치, 억압으로부터의 자유 등이 포함되었다. "중국"을 명시하지 않았으나, 미국이 과거부터 중국을 염두에 두고 사용해왔던 개념들이다. 여타 이슈로는 3월 정상회의와 마찬가지로 인도 태평양 지역에 대한 코로나19 백신 공급과 기후변화, 북한의 비핵화, 미얀마 쿠데타 상황 등에 대해 논의한 것으로 되어 있다.

이후 쿼드 정상회의는 매년 1회 개최되고 있는데, 2022년 5월과 2023년 5월에는 2년 연속 일본에서 개최하였고, 2024년 9월 미국에서 개최하였다. 2025년 회의는 인도에서 개최하기로 되어 있다. 2024년 9월 바이든 대통령은 쿼드 정상들을 자신의 오랜 지역구이면서, 자택이 있는 델라웨어 윌밍턴(Wilmington, Delaware)에 초대하였다. 임기 말 마지막 쿼드 정상회의였다. 정상회의 결과 문서로 "윌밍턴 선언"이라는 제목의 공동성명을 발표하였다. 선언문에서는 그간 쿼드 협의의 주요 의제였던 보건 안보, 인도적 지원, 해양 안보, 인프라 개발, 첨단기술 등의 실질 협력에 대한 사항과 한반도 문제와 남중국해, 중동사태, 우크라이나 사태 등 지역 정세에 대한 논의가 포함됐다. 그리고 윌밍턴 선언의 마지막 문장이 "The Quad is here to stay."로 되어 있다. "쿼드는 계속될 것이다." 정도로 번역될 수 있겠다. 바이든 대통령 역시 "쿼드는 11월 이후에도 한참 더 계속 살아남을 것이다(It will survive way beyond November)."라고 했다. 11월 미 대선 결과에 상관없이 쿼드 협의체는 지속되어야 한다는 것이다.

한편, 2022년 2월 백악관은 '미국의 인도 태평양 전략(Indo-Pacific Strategy)'이라는 구체적인 제목의 19페이지 분량의 문서를 발표하였다. 인도 태평양을 구성하는 모든 지역에 집중할 것이라 하고, 구체적으로 '동북아시아', '동남아시아', '남아시아', '태평양 도서국을 포함한 오세아니아'를 명시하였다. 이어서 5개 전략과 그 실행계획(Action Plan)으로 구성되어 있다.

우선 5개의 전략은 ① 자유롭고 열린 인도 태평양으로 전진(advance a free and open Indo-Pacific), ② 인도 태평양 지역 내부 및 외부와의 연결망 구축 (build connections within and beyond the region), ③ 인도 태평양 지역의 번영 견인 (drive Indo-Pacific prosperity), ④ 인도 태평양 지역의 안보 강화 (bolster Indo-Pacific security), ⑤ 국경을 넘나드는 21세기형 도전에 대응하기 위한 지역 차원의 회복력 구축 (build regional resilience to 21st-century transnational threats) 등이다.

전략의 내용은 그간 바이든 대통령과 행정부에서 여러 계기마다 언급했던 사항들을 일목요연하게 정리한 것으로 볼 수 있다. "자유롭고 열린"의 의미에 대해 다시 한번 각국 정부가 강압으로부터 자유롭게(free from coercion) 자주적으로 정치적 선택을 내릴 수 있도록 보장하는 것이며, 또한, 민주적 제도, 자유 언론, 활발한 시민사회 등에 투자를 증진한다는 것이라고 했다. 그리고 지역이 개방되도록(open) 유사한 입장을 가진 국가들과 협력할 것이며, 지역의 해양과 상공이 국제법에 따라 다뤄지고 이용되도록 보장해야 한다고 했다.

인도 태평양 지역 내부 및 외부와의 연결망 구축과 관련해서는 지역 내 양자 동맹 5개국인 호주, 일본, 한국, 필리핀, 태국과 주요 지역 파트너로서 인도, 인도네시아, 말레이시아, 몽고, 뉴질랜드, 싱가포르, 대만, 베트남, 태평양 도서국 등을 언급하고 있다. 동맹과 파트너 상호 간 특히, 한국과 일본과의 관계 강화를 위해서도 노력한다고 했다. 아울러 쿼드 협의체와 아세안 중심성을 존중한다고 했고, 쿼드와 아세안 상호 연계 방안도 모색한다고 했다. 유럽과 NATO 차원에서도 인도 태평양 지역에 대한 관심이 증대하고 있는데 맞춰 "인도-태평양"과 "유로-대서양"을 연계하는 방안도 강구할 것이라고 했다.

또한, 인도 태평양 지역의 번영을 견인하기 위해 기술발전, 디지털 경제, 에너지와 기후 전환 그리고 높은 수준의 노동과 환경 기준을 충족하는 무역을 견인할 것이라고 하였다. 회복력 있는 안전한 공급망 그리고 회복력 있는 안전한 전 세계 통신망 증진을 위해 5G 장비업체를 다변화하고 개방형 무선 접속망(Open RAN)에 중점을 두겠다고 했다. 개방형 무선 접속망은 무선 기지국 연결에 필요한 인터페이스와 기지국 운용체제를 개방형 표준으로 구축하는 기술이다. 네트워크 장비의 하드웨어 종속성을 탈피함으로써 유연한 기술 진화를 표방하는 5G 이동 통신의 핵심기술이다. 다양한 무선통신 표준과 장비 공급업체 간의 상호 운용성을 지원하므로 통신사 및 서비스 제공자가 자유롭게 장비를 선택하고 조합할 수 있는데, 이는 결국 무선통신 사용 비용의 절감으로 이어질 수 있다.

인도 태평양 지역의 안보 강화와 관련해서는 대만의 자위 능력을 지원하고, 대만해협의 평화와 안정을 언급하고 있다. 미국의 정책은 '하나의 중국 원칙'과 '대만관계법(Taiwan Relations Act)'에 공히 부합한다고 했다. 그리고 북한 문제와 관련하여 한반도의 완전한 비핵화를 이루기 위해 대화를 추구하되, 동시에 도발에 대응하여 확장 억제 및 한·미·일 공조를 강화한다고 했다.

21세기형 초국가 도전에 대응하는 지역 차원의 회복력 구축과 관련해서는 기후 위기에 대응하고, 지구 온도 상승을 1.5℃로 제한하는데 필요한 중국의 기여를 촉구하고 있다. 코로나19 종식을 위한 인도 태평양 지역과의 협력도 포함했다.

다음으로 전략 문서는 10개의 실행계획을 나열하고 있다. 전략 이행을 위해 향후 1-2년 내 수행할 업무의 방향이다. ① 인도 태평양 지역에 새로운 자원의 투입(drive new resources), 여기에는 재외공관 신설 및 기존 공관 확대·강화, 해안경비대 파견 등이 포함된다. ② 인도 태평양 경제 프레임워크(Indo-Pacific Economic Framework) 주도, ③ 억지력 증강, ④ 아세안의 능력과 단합 강화, ⑤ 인도의 부상과 지역 내 리더십 지지, ⑥ 쿼드 협력의 성과 지속(deliver on the Quad), ⑦ 한미일 협력 확대, ⑧ 태평양 도서국의 회복력 강화, ⑨ 거버넌스 증진, 여기에는 부정부패 근절을 위한 지원, 미얀마 군부를 압박하여 미얀마 민주주의를 회복한다는 내용도 들어있다. ⑩ 개방적이고, 회복력 있고, 보안성 높은, 신뢰할 만한 기술 지원 등이다.[26]

　　　　　　　　　　　　　　　　　　　　　　바이든 행정부의 중국 전략

인도 태평양 전략을 발표한 지 3개월이 채 지나지 않은 2022년 5월에 토니 블링컨 국무장관은 국무부 인근에 있는 조지 워싱턴 대학[27]을 찾아 바이든 행정부가 중국을 어떻게 인식하는지 어떻게 다루어 나갈 것인지에

---

[26]　백악관의 2022년 2월 인도 태평양 전략 문서의 상세 요지는 4장의 참고자료로 별도로 작성하였다.

[27]　현 미국 국무부 건물은 워싱턴 D.C. 시내 서쪽의 Foggy Bottom이라는 지역에 위치해 있다. 과거 이 지역에서 다수 위치한 공장에서 뿜어져 나오는 연기와 포토맥 강에 가까운 지형적 위치로 인한 습도 등으로 안개(fog)가 자주 발생하여 붙여진 이름이다. 국무부 별칭으로 불리기도 한다. 조지 워싱턴 대학은 국무부 바로 인근에 위치해 있다. 가까운 지하철 역의 이름도 Foggy Bottom이다.

대해 연설하였다. 인도 태평양 전략에 나와 있는 내용이 다시 확인되는데, 바이든 행정부의 인도 태평양 전략과 대중국(對中國) 정책이 불가분이라는 점을 알 수 있다.

조지 워싱턴 대학 연설에서 블링컨 장관은 중국이 국제질서에 "가장 심각한 장기적 도전(most serious long-term challenge)"이라고 보았다. 아울러 중국이 국제질서를 재편하려는 의지(intent)를 갖고 있고, 이를 위해 경제력·외교력·군사력·기술력도 갖춰나가는 유일한 국가라고 했다. 연설에서 블링컨 장관이 언급한 대중(對中) 전략의 3대 요소는 투자(invest), 연계(align), 경쟁(compete)이다.

첫째, '투자'는 미국의 경쟁력 강화를 위한 국내적 투자를 의미한다. 미국은 GDP 대비 연구개발(R&D) 투자 1위던 시기에 우주 개발, 반도체 개발, 인터넷 구축 등 기술 분야에서 전 세계를 주도했는데, 이제 9위로 밀려났다고 했다. 반면에 중국은 8위에서 2위로 뛰어올랐다고 소개하였다. 이에 미국 내 인적 자원의 교육 훈련에 전략적 투자를 하고 있고, 이를 통해 미국의 근로자들이 인공 지능, 바이오, 양자 컴퓨팅(quantum computing) 등 미래의 기술을 주도해 나가도록 할 것이라고 하였다. 이를 통해 미국 경제와 공급망의 회복력이 개선되고, 경쟁력이 강화될 것이라고 보았다. 민주주의 역시 미국의 강점이라고 하면서, 미국 민주주의 제도가 중국의 1당 중심체제보다 현재의 여러 도전에 대응하고, 기회를 창출하고, 인간 존엄을 더욱 증진한다는 것을 다시 한번 증명하겠다고 했다.

블링컨 장관의 메시지를 통해 바이든 행정부가 장기적으로 미국의 산업전략과 경제전략, 과학기술 전략을 외교전략과 긴밀히 연동하여 이행하고 있다는 것을 알 수 있다. 최근 수년간 지속되어 온 중국의 산업과 기술 경쟁력 향상, 전반적인 경제성장으로 인해 오랜 기간 당연시 되어 왔던 미국의 위상과 지도력, 경쟁력이 더 이상 온전히 유지되지 않을 수 있다는 위기의식을 불러일으킨 것으로 보인다.

둘째, '연계'는 미국의 동맹국 및 파트너 국가들과의 관계를 강화하겠다는 것이다. 블링컨 장관은 한국, 일본 등 양자 동맹과의 관계 강화, 13개 국 간의 인도 태평양 경제 프레임워크(IPEF) 출범과 미국·일본·호주·인도 4국 간의 쿼드(Quad) 협의체, 아세안과의 관계, 미국·영국·호주 3국 간의 오커스(AUKUS) 협의체 등에 대해 언급하였다. 한편, 유럽과의 연계에 대해서도 광범위하게 언급하였다. 미국과 유럽은 철강과 알루미늄 수입 문제 해결을 위해 같이 일해 왔다고 하고, 중국의 고의적인 시장 교란 행위를 저지하기 위해 높은 기준을 만들고 있다고 하였다. 다자 국제기구와의 연계에 대해서는 미국의 유엔 인권이사회, 세계보건기구(WHO) 복귀에 대해 언급하였다.

블링컨 장관은 글로벌 최저한세(global minimum tax)에 대해서도 언급하였다. 글로벌 최저한세는 다국적 기업의 조세회피를 방지하기 위해 OECD와 G7, G20 등을 중심으로 하여 추진되었는데, 2021년 140여 개국이 합의하여, 계획된 일정에 따라 2024년부터 시행되고 있다. 글로벌 최저한세는 전 세계 매출이 7억 5,000만 유로 이상인 다국적 기업을 대상으로 최소 15%의 실효세율을 부과하는 글로벌 정책이다.[28] 저세율 국가에 페이퍼 컴퍼니를 세워 세금을 회피하는 걸 막겠다는 것이다. 글로벌 최저한세와 중국과의 연결 지점은 최저한세가 외국 기업의 중국 내 투자에 미칠 영향과 관련된다. 중국의 법인세율은 25%지만, 하이테크 기업 등 예외적으로 실효세율이 15% 이하인 경우가 상당한 것으로 알려져 있다. 따

---

[28] 글로벌 최저한세는 다국적 기업이 법인세율이 낮은 국가에 자회사를 세워 세금을 적게 내는 것을 막기 위한 제도다. 예컨대 한국 기업이 법인세율이 낮은 헝가리(9%)에 공장을 지어도 한국에서 6%(15%-9%)의 세금을 더 내야 한다.

라서 일각에서는 글로벌 최저한세 도입 시 중국 시장에 도전이 될 수 있다는 우려를 제기하며, 외국자본이 대규모로 중국을 빠져나갈 것으로 예상하기도 한다.

그리고 연계와 관련하여 블링컨 장관은 "다른 나라가 미국과 동일하게 중국을 평가하기를 기대하지 않는다."라고 했다. 그리고, 미국은 "다른 나라에 선택을 강요하지 않는다."라고 했다. 다만, 투명하지 않은 투자 즉, 다른 나라에 빚을 부과하고, 부패를 조장하며, 환경에 해를 입히고, 국내 일자리를 창출하지 못하고, 주권을 희생하게 만드는 투자가 유일한 선택지가 아니며, 다른 선택도 가능하다는 것을 미국이 보여주려는 것이라고 했다. 또한, 블링컨 장관은 동맹과 파트너 국가와의 연계가 필요한 부분으로 '인권'을 들었다. 중국의 신장, 티벳, 홍콩에서의 인권 문제를 거론하였다. 중국이 이에 대해 국내 문제 불간섭을 주장하는 것은 잘못이라고 했다.

셋째, '경쟁'은 말 그대로 중국과 경쟁하여 이기겠다는 것이다. 블링컨 장관은 중국의 기밀 활동, 기술 유출, 해킹 문제를 언급하면서 이를 막기 위해 미국의 수출통제제도를 강화하고 있다고 했다. 실질적으로 기술을 다루고, 상업활동을 하는 기업들도 중국 시장 진출의 위험성에 대해 냉정하게 평가하고 책임감 있게 판단하기를 주문했다. 그리고 그간 미국 기업이 중국 시장에 진출할 때 중국 기업이 미국 시장에 진출할 때보다 훨씬 까다로운 조건이 붙었는데, 더 이상 받아들일 수 없다고 했다. 중국 정부 차원에서 관여하여 저렴한 상품으로 시장을 교란하는 조작행위가 철강, 태양 전지판, 전기차 배터리 등에서 발생했다고 지적했다. 이에 대응하기 위해 리쇼어링(reshoring)을 통한 미국 내 생산을 늘리고, 중국 이외 국가로부터 소재를 조달함으로써 공급망 안보를 강화할 것이라고 했다.

블링컨 장관은 경쟁이 충돌로 이어질 필요는 없다고 하면서도, 어떠한 위협에도 맞서서 미국의 국익을 지킬 것이라고 했다. 이와 관련하여 "통합 억제(integrated deterrence)" 개념을 언급하였다. 동맹과 파트너 국가, 재래식·핵·우주·정보 영역, 그리고 경제·기술·외교력 등을 결집한 역량으로 평화를 지킨다는 것이다. 이러한 통합 억제 개념은 블링컨 장관의 연설 5개월 뒤인 2022년 10월 국방부에서 발표한 "국가방위전략(National Defense Strategy)"의 핵심 개념이 된다.

한편, 블링컨 장관은 중국과의 '경쟁'을 언급하는 동안에 동·남중국해에서의 항행과 상공비행의 자유를 언급하고, 대만 문제에 대해서도 언급하였다. 대만 문제 관련, 어느 쪽으로부터도 일방적인 현상 변경에 반대한다고 하였다. 대만의 독립을 지지하지 않는다고도 했다. 또한, 대만에 대한 중국의 강압적 행동과 상황을 불안정하게 만드는 행동들이 늘어나고 있는 데 대해 우려를 표했다.

마지막으로 블링컨 장관은 중국과의 3대 전략을 이행하면서도, 미국과 중국의 이해관계가 일치하는 부분에서는 같이 일하겠다고 하였다. 구체적인 분야로는 기후변화에 대한 대응, 코로나19에 대한 대응, 비확산과 군축, 불법 마약류 유통, 미-중 간의 거시경제 조정 문제를 언급하였다. 또한, 미국과 중국 두 거대 국가가 평화롭게 공존하지 못할 이유가 없다고 마무리했다. 중국에 대해 비판적 목소리를 높인 것은 분명하지만, 동시에 중국과의 협력 가능성에 대해서도 언급한 것이며, 블링컨 장관과 국무부의 중국에 대한 섬세한 접근(nuanced approach)을 보여주는 부분이다.

사실 블링컨 장관이 언급한 대중(對中) 3대 전략, 즉 투자, 연계, 경쟁 전략은 완전히 새로운 내용이라기보다는 조지 워싱턴 대학 연설을 전후하여 이미 구체적인 모습으로 그리고 현재 진행형으로 미국의 정책에서 선명하게 드러나고 있던 것이었다. 산업과 과학기술 분야의 우위를 점하기 위해 국내 투자를 강화하고, 유사한 입장을 가진 국가들과의 연계를 강화하고 있다. 국내적으로는 '반도체·과학법(CHIPS and Science Act)'[29]과 '인플레이션 감축법(Inflation Reduction Act)'이 통과되었다. 블링컨 장관의 표현대로라면 '투자'에 해당하는 노력이다. 또한, 여러 지역으로부터 우호국을 결집하여 '핵심 광물 연합(Minerals Security Partnership)'과 '인도 태평양 경제 프레임워크(IPEF: Indo-Pacific Economic Framework)'[30]가 출범하였다. 이러한 다자주의적 노력은 '연계'에 해당한다. 그리고, 투자가 되었든 연계가 되었든 이러한 노력은 중국과의 '경쟁'을 위한 것이다. 반도체·과학법, 인플레이션 감축법, 인도 태평양 경제 프레임워크 등 이 셋의 내용을 들여다보면 미국이 추구하는 인도 태평양 또는 국제사회 전반의 모습을 알아볼 수 있다.

첫째, 반도체·과학법은 2022년 7월 미 의회를 통과하고, 8월 9일 바이든 대통령이 서명하였다. 당초 상원과 하원은 미국의 산업 경쟁력 강화를 위해 각기 발의한 법안을 갖고 있었으나, 두 법안의 핵심인 반도체 산업 육성과 관련한 내용으로만 우선 처리한다는 합의가 이루어졌다. 핵심 내용은 미국 내 반도체 제조시설에 대한 투자와 연구개발을 유인하기 위해 대규모 인센티브를 부여한다는 것이다. 2026년까지 총 527억 달러를 지원할 계획이다. 보조금이나 신용 공여 등 금융 지원을 제공하며, 그 대상은 미국 내 반도체 제조, 조립, 테스트, 패키징, 증설 등이 이루어지는 경우다. 투자 금액 25%에 대한 세액 공제 혜택도 부여된다.

---

29 여기서 CHIPS는 이 자체로도 반도체를 의미하지만, 실제로는 "Creating Helpful Incentives to Produce Semiconductors"의 머리글자를 딴 것이다. 미 의회의 법안에는 이러한 형태의 기교를 부리는 경우가 꽤 있다. 예를 들어 2008년 미얀마 군부를 제재하기 위해 통과된 법안 가운데 미얀마 산 옥(jade)의 수입을 금지한 것이 있었는데, JADE Act로 불렸다. 법안의 명칭이었던 Burmese Junta's Anti-Democratic Efforts의 머리글자들이다.

30 인도 태평양 경제 프레임워크의 영어 약자 IPEF는 대개 '아이페프'로 읽는다.

다만, 이러한 혜택과 함께 중국을 대상으로 하는 규제 조항도 두고 있다. 미국 정부로부터 혜택을 받게 되는 기업은 중국 내 증설이나 신규 투자를 금지한다. 이는 혜택을 받은 시점부터 10년간 중국과 같은 '우려 국가'를 대상으로 적용된다고 했다. 이러한 소위 '가드레일' 조항은 28나노미터(나노미터는 10억분의 1m) 이상의 공정으로 제작되는 반도체와 그 외 미국의 국가안보와 직결되지 않는다고 판단되는 기타 반도체에 대해서는 예외를 인정하고 있다. 성숙 공정 반도체 또는 레거시 반도체(legacy chips)에 대해서는 인정하되, 첨단 반도체에 대해서는 중국에 대해 제한을 두겠다는 것이다.[31]

둘째, 인플레이션 감축법은 2022년 8월, 상원 통과(7일)와 하원 통과(12일) 그리고 대통령의 서명(16일)까지 일사천리로 진행되었다. 그 이전까지 관련한 논의가 이미 충분히 있었기 때문이다. 바이든 대통령은 임기 초부터 3조 5,000억 달러 규모의 국가재건법안(Build Back Better Act)을 추진했고, 의회 내에서도 이에 대한 논의가 오랜 기간 진행되었다. 그러나 물가 상승과 증세 우려 등으로 민주당과 공화당 간 합의에 이르지 못하였고, 이에 예산 규모를 7,400억 달러 규모로 축소하고, 법안의 대상을 기후변화 대응과 관련된 산업 투자 차원의 내용으로 수정한 새로운 법안이 추진되었다. 명칭은 인플레이션 감축법으로 변경하였다. 이 과정에서 특히 민주당 의원이면서도 바이든 대통령의 국가재건법안 추진에 반대해 왔던 조 만친(Joe Manchin) 상원의원이 인플레이션 감축 법안에 대해서는 지지하면서 전격적으로 법안 통과가 이루어졌다. 핵심적인 내용의 하나는 미국 시장에서 판매되는 전기차 보조금에 대한 개편과 관련된 것이다.

---

31 성숙 공정이란 28 나노미터 이상 제조공정으로, 이미 10년 이상 오래된 기술을 의미한다.

인플레이션 감축법에 의하면, 세 가지 요건을 충족하는 경우에만 전기차 1대당 최대 7,500달러를 지원받는다. 세금 면제(tax credit) 형식으로 차량 1대당 7,500달러가 지원되면, 이를 지원받지 못하는 차량의 경우 가격 경쟁력에서 치명적이다. 혜택의 대상이 되는 요건을 보면, 우선 전기차가 북미 대륙 즉, 미국, 캐나다, 멕시코에서 최종 조립되어야 한다. 이 요건은 세제 혜택을 받기 위한 세 가지 요건 중에서도 필수적인 요건이다. 둘째, 전기차 내 배터리의 원자재가 되는 핵심 광물(critical mineral)의 일정 비율 이상은 미국 또는 미국과 FTA를 체결한 국가로부터 생산되어야 한다.[32] 셋째, 전기차 내 배터리의 부품(component)이 일정 비율 이상 북미에서 생산되어야 한다.[33]

세 가지 요건을 모두 충족해야만 7,500달러의 혜택을 받게 된다. 최종 조립 요건을 달성하였으나, 핵심 광물과 부품 요건 가운데 하나만 충족된다면 3,750달러의 혜택만 받을 수 있다.[34]

---

32 전기차 광물 비율 요건은 2023년까지 40%이며, 여기서 시작하여 그 비율은 매년 10%씩 늘어나게 된다. 2027년 이후부터는 80% 이상이어야 한다.

33 전기차 부품 비율 요건은 2023년까지 50%이며, 여기서 시작하여 2029년 100%가 될 때까지 그 비율은 매년(2025년 제외) 10%씩 늘어나게 된다.

34 다만, 전기차를 포함한 친환경 기술과 제품에 대한 각종 세액 공제 혜택과 인센티브 정책은 트럼프 대통령 취임 이후 변화하고 있다. 선거 유세 기간 중 그리고 취임 직후 인플레이션 감축법을 전면 폐지하려는 기세를 보였으나, 완전히 폐지하기는 어려울 것으로 보인다. 행정명령을 통해 이의 실행을 방해하고, 의회를 통해 세액 공제 및 지원 조항을 축소하는 조치를 진행하고 있다. 구체적인 사례로 등장한 것이 '하나의 크고 아름다운 법(One Big Beautiful Bill)'이라는 기괴한 명칭의 법이다. 이 법안은 2025년 7월 초 미 의회에서 통과되었다. 논란이 많았던 만큼 상원과 하원 공히 가까스로 통과되었다. 의회 통과 직후 트럼프 대통령은 7월 4일 미국 독립기념일에 맞추어 곧바로 이 법안에 서명하면서 발효하였다. 세금 감면 그리고 이민 및 국경 보안 예산을 지원하는 등의 내용과 함께 일부 친환경 인센티브 제도를 폐지하는 내용이 포함되었다. 이에 따라 전기차에 대한 최대 7,500달러 세액 공제 혜택은 2025년 9월 30일 종료될 운명이 되었다.

셋째, 인도 태평양 경제 프레임워크(IPEF)는 2022년 5월 23일 공식 출범하였다. 당시 일본을 방문하고 있던 바이든 대통령이 출범행사를 주재하였다. 참여 국가는 총 13개국인데, 쿼드 4개국(미국, 일본, 호주, 인도), 아세안 7개국(브루나이, 인도네시아, 말레이시아, 필리핀, 싱가포르, 태국, 베트남), 그리고 한국, 뉴질랜드 등이다. 출범 행사 현장에는 미국, 일본, 인도 등 3개국 정상이 대면으로 참석하였고, 여타 10개국으로부터는 정상 또는 각료급에서 화상으로 참석하였다. 한편, 출범 회의에는 참석하지 않았으나, 태평양 도서국인 피지의 참여도 확정되면서, 총 14개국이 되었다. 출범 이후 IPEF가 다루고 있는 4개의 필러(pillar)는 구체적으로 무역(fair and resilient trade), 공급망(supply chain resilience), 인프라·탈탄소·청정 에너지(clean energy), 조세·반부패 등이다.

바이든 대통령은 2021년 10월 개최된 연례 동아시아정상회의(East Asia Summit)에서 처음으로 IPEF 구상을 발표하였다. 이후 7개월여 동안 관련되는 국가들과의 사전 협의를 거쳐 2022년 5월 공식 출범하게 된 것이다. 반(反)중국 연대로 보일 수 있다는 우려 그리고 시장개방 조치가 수반되지 않는 협의체의 성격으로 인해 지역 내 국가들, 특히 아세안의 참여가 저조할 것으로 예상되었으나, 아세안 7개국이 참여하였다.[35] 당시 일본 언론은 아세안 다수 국가를 포함하여 10여개 국가 이상이 참여한 형태로 IPEF가 출범할 수 있었던 것은 일본 정부가 미국과 아세안을 대상으로 적극적으로 교섭한 결과라고 보도하였다. 미국 정부에는 다수 국가의 참여를 유도하기 위해 유연한 입장을 요청했다는 것이고, 아세안 국가들에게는 IPEF의 경제적 이해관계를 적극적으로 설명하고 참여를 독려했

---

[35] 물론 출범 회의에는 인도네시아를 포함하여 아세안 4개국은 정상급이 아닌 각료급이 참석함으로써 신중한 모습을 보이기도 하였다.

다는 것이다.[36]

일본 정부의 노력이 어느 정도 작용한 것으로 보이나, 초기부터 다수 국가가 참여한 데에는 여러 가지 다른 이유가 있었던 것으로 보인다. 바이든 대통령이 2022년 5월 중순 IPEF 출범 직전 아세안 정상들을 워싱턴으로 초청하여 미-아세안 특별정상회의를 개최하는 등 아세안에 공을 들인 것도 IPEF 참여국 확대에 기여했던 것으로 보인다. 또한, 브루나이, 말레이시아, 싱가포르, 베트남은 이미 CPTPP에 참여하고 있었으므로, IPEF 참여에 대해서도 자연스럽게 관심을 가졌을 것으로 예상할 수 있다. 또한, IPEF 참여국들이 4개 필러 모두 또는 일부에 선별적으로 참여할 수 있도록 신축적으로 운영하기로 한 점도 도움이 되었을 것이다.

실제 미-아세안 특별정상회의에 참석한 리센룽(Lee Hsien Loong) 싱가포르 총리는 무역이나 투자 관점에서 IPEF의 실질적인 내용은 명확하지 않으나, 이를 계기로 미국과의 경제 협력을 온전히 회복할 수 있는 출발점이 될 수 있지 않을까 기대한다고 했다.[37] 또한, 리센룽 총리는 특별정상회의 계기 개최된 미-아세안 기업인 협회 주최 행사에서는 IPEF가 '포용적(inclusive)'이어야 한다고도 했다.[38] 이는 미국이 TPP로부터 이탈한 이후 이에 복귀할 가능성이 희박한 상황에서, 아시아 지역에 대한 미국의

---

36 일본 아사히 신문(2022.5.24.) "Japan shores up U.S. vision for IPEF economic bloc in Asia" (http://www.asahi.com/sp/ajw/articles/14628711)

37 리센룽 총리의 워싱턴 방문 당시 기자들과의 질의응답 과정에서 언급 "In terms of trade and investment, there is not much substance yet, byt looking at it from another angle, it has its own value. It is, after all, a new start. Although the U.S. is not ready to participate in trade or investment cooperation, hopefully with the IPEF, we will be able to work from there and eventually restore economic cooperation fully." (The Straits Times, "US, ASEAN to upgrade ties; PM Lee says this shows US values its partnership with ASEAN" (2022.5.15.) (https://www.straitstimes.com/world/united-states/us-and-asean-close-summit-with-commitment-to-upgrade-ties)

경제적 관여가 새로이 확대되기를 기대한다는 싱가포르의 입장을 보여주는 것이며, 동시에 다수 아세안의 기대를 반영하는 것이라고도 하겠다. 또한, 포용성을 언급한 것은 싱가포르를 포함한 아세안과 역내 국가들이 미-중 사이에서 선택을 강요받지 않아야 한다는 점을 다시 지적한 것으로 해석된다.

앞에서 언급하였듯이 IPEF에서는 그간 전통적으로 자유무역협정, 즉 두 나라 간 양자 FTA 또는 여러 나라 간 다자 FTA 협상을 통한 관세 인하와 시장 진출 확대와 같은 이슈를 다루지 않는다. 통상이나 산업의 기준에 대한 규범을 논의하는 것이다. 그래서 IPEF의 분야 가운데 하나인 "공정하고 회복력 있는 무역"은 관세 인하를 통한 시장 접근 문제가 아닌 디지털, 경쟁, 노동, 환경에 대한 것이다.

미국 내 경제 상황이나 일자리 문제 등으로 공화당이냐 민주당이냐를 떠나 TPP 복귀라든지 새로운 FTA 체결을 기대하기 어려운 상황에서 IPEF는 인도 태평양 지역과의 경제적 관여를 증진하기 위한 바이든 행정부 버전의 노력으로 일단 평가된다. 그러나, 출범 초기 아세안에서 여러 나라가 참여하기는 했으나, 결국 계속 가기는 어려울 것으로 전망하기도 하였다. 국제전략문제연구소(IISS) 아시아 사무소(싱가포르 소재)의 제임스 크랩트리(James Crabtree) 연구원은 아세안 국가들은 미국에 대한 시장 접근 개선 전망도 없이 근로나 환경에서의 높은 기준을 맞춰야 하는 부담만 지게 된다고 생각하게 될 것이며, "고통만 따르고 이득은 없는 합의(all-pain, no-gain economic deal)"로 인식될 것으로 보았다.[39]

IPEF 협상은 2023년 말 미국이 주최한 APEC 정상회의에 맞추어 타

---

38   The Straits Times (2022.5.13.) (https://www.straitstimes.com/asia/se-asia/singapore-welcomes-us-proposed-indo-pacific-says-pm-lee)

결한다는 목표를 갖고 일정을 진행하였다. 2023년 11월 네 개 필러 가운데 '공급망 협정'이 먼저 체결되었다. 공급망 협정은 2024년 2월부터 순차적으로 발효하고 있다. 발효를 위한 최소요건이던 5개국(일본, 미국, 싱가포르, 피지, 인도) 비준 및 기탁 절차가 완료되어 2024년 2월 24일 발효한 것이다. 우리나라는 4월 17일부터 발효하였다. 이 협정은 14개 회원국 간 공급망 협력 분야와 품목을 지정하고 무역장벽 최소화, 물류 병목현상 해결 등을 추진하게 된다. 공급망 위기가 발생하면 공동의 위기대응네트워크(crisis response network)가 운영된다. 구체적으로는 15일 내에 14개국 정부는 수요-공급 기업 매칭, 공동 조달, 대체 선적경로 및 항공 경로 발굴, 신속 통관 협조를 상호 보장하기로 하였다. 평상시에는 기술 협력이나 공동의 투자 기회를 발굴하기로 하였다.

한국의 경우 2022년 기준 특정국 수입 의존도가 50% 이상인 품목은 4,000개를 상회하고, 2023년 기준으로 리튬, 코발트, 흑연 등 핵심 광물의 경우 특정국 수입 의존도가 80%가 넘었다. 이런 상황에서 IPEF 공급망 협정이 우리에게 갖는 의미가 작지 않다.

이어 청정경제 협정 및 공정경제 협정이 2023년 11월 타결되었고, 2024년 6월 싱가포르에서 개최된 IPEF 장관회의에서 정식 서명되었다. 각 협정이 발효하려면 5개 이상 회원국이 자국 내 절차를 마치고 이를 IPEF 사무국에 기탁하면 되는데, 이 절차를 마치고 두 협정 모두 2024년 10월 발효하였다. 청정경제 협정은 원전, 수소, 청정에너지 등 모든 청정에너지원을 포함한 에너지 생산과정부터 탄소 저감기술, 탄소 거래시장까지 에너지 전 단계에서 협력을 강화하는 내용을 담고 있다. 특히 청정에

---

39 제임스 크랩트리 연구원의 Foreign Policy 게재 글(2022.5.11) (https://foreignpolicy.com/2022/05/11/us-china-asean-southeast-asia-competition-biden-xi/)

너지 저장, 재생에너지, 탄소 제거 등 핵심 분야에선 2030년까지 약 1,500억 달러(민간투자 포함) 규모의 신규 투자를 약속했다. 공정경제 협정에서 합의된 내용은 부패 신고자에 대한 보호 강화, 부패 공무원 징계 절차와 정부조달 과정에서 불법 행위 처벌 규정 정비 등이다.

이로써 IPEF는 체제 출범과 함께 추진해 온 4개 필러 중 무역협정을 뺀 3개 협정이 발효하였다. 다만, IPEF 자체가 미국 행정부의 교체 상황에서 어떠한 과정을 겪을지는 더 두고 보아야겠다. 도널드 트럼프 신 행정부가 IPEF를 TPP의 연장선에서 보는 경향이 있고, 트럼프 대통령이 후보 시절 IPEF를 "제2의 TPP(TPP Two)"라고 하면서, 취임하면 이를 곧바로 없앨 것이라고도 했다.[40]

한편, 인도 태평양 지역에서 구축되어 있는 경제 관련 협의체 또는 다자무역협정의 회원국들을 아래 표와 같다.

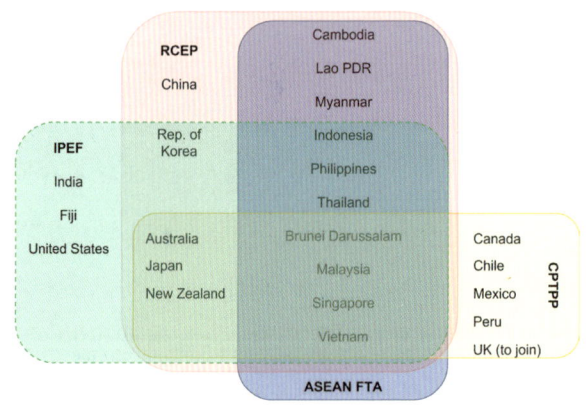

[그림 2] 인도 태평양 지역에서 구축되어 있는 경제 관련 협의체 또는 다자무역협정의 회원국.
Sherillyn Raga, "How will Southeast Asia benefit from the Indo-Pacific Economic Framework?", ODI, 2022년 7월에서 인용.

과거 조지 부시 행정부 대외정책의 중심에는 "테러와의 전쟁"(War against Terror)이 있었고, 지역적으로 중동 지역에 집중하였다. 동아시아 지역에 대해 상대적으로 관심이 소홀했으며, 특히 회의에 걸맞은 적절한 인사의 다자회의 참석(presence)을 중요시하는 동남아 국가들에게는 아세안지역안보포럼(ARF) 같은 아세안 중심 연례 다자회의에 미국 국무장관의 불참은 큰 실망감을 안겼다.[41] 2001년 9·11 이후 10여 년간 이러한 상황은 지속되었으며, 이에 대해 일각에서는 미국의 "상냥한 무관심(benign negligence)" 기간이라 부르기도 했다. 반면 이 기간은 중국으로서는 "매력 공세(charm offensive)"를 통해 아시아 국가들의 연계를 강화한 기간이라 할 수 있다. 이러한 기조는 오바마 대통령과 힐러리 클린턴 국무장관 시기에 변화를 맞이한다. 그 정책은 앞에서 살펴보았듯이 아시아 재균형 정책(Rebalance to Asia)으로 나타났고, 미국의 아시아 회귀("America is back to Asia")라는 슬로건으로 표방되었다.

당시 미국은 태평양 국가이며, 아시아 태평양 지역에 대한 외교적 역량을 강화하겠다고 했다. 중국에 대해서는 중국의 발전을 "봉쇄(contain)"하지 않을 것이라고 했다. 아시아 국가들은 환영의 뜻을 밝혔다. 특히 동남아시아 국가들은 미국이 아세안과의 양자 및 다자 차원의 관계를 강화하겠다는 의지를 긍정적으로 받아들였다. 미국의 EAS 가입, 아세안 사무국이 위치한 인도네시아 자카르타에 '주아세안대표부 대사'를 파견

---

40 "Trump vows to kill Asia trade deal being pursued by Biden if elected" By Nathan Layne (Reuters, November 18, 2023)

41 콘돌리자 라이스 국무장관은 ARF 외교장관회의에 두 차례나 참석하지 않았다.

하는 조치 역시 이 시기에 이루어졌다.

그럼에도 불구하고 오바마 행정부의 아시아 중시 정책에 대해 미국의 상당 수 전문가들은 재균형 정책이 아시아 전반이 아니라 결국 중국에 대한 정책인 것으로 평가하였다. 겉으로 아시아 국가, 특히 동남아 국가를 중시하는 모습을 보이지만, 실제로는 중국과의 관계를 미국이 원하는 대로 끌고 가기 위한 포장이라는 것이다. 이러한 평가가 빈번해지던 터에 국무부 고위 관료들은 재균형 정책은 아시아 전체로의 미국 외교 정책의 재균형이라는 의미와 함께 아시아 내부 여러 국가들 간의 재균형이라는 의미를 동시에 갖고 있다고 설명하기도 했다. 한국, 중국, 일본 등 동북아에 전통적으로 쏠려 있던 주된 관심을 여타 지역으로도 균형적으로 확대한다는 것이다. 그 설명의 진위나 진정성 여부를 떠나 오바마 행정부의 재균형 정책이 중요한 의미를 갖는 이유는 아시아 태평양 지역 전체를 그 대상으로 하고 관계 강화를 추구한다는 "진정성 있는 메시지"를 계속 일관되게 보냈다는 점이다. 그리고 지역 내 국가들도 그렇게 인식하고 있었다.

그러나 2017년 트럼프 대통령이 집권한 이후 미국의 아시아 정책의 주된 대상은 더욱 직접적으로 중국에 쏠린 것으로 이해되었다. 미국과 중국이라는 틀 아래에서 주변 아시아 국가들을 바라보는 듯한 인상을 주었다는 것이다. 미국의 인도 태평양 전략의 등장 역시 이러한 맥락에서 이해되었다. 인도 태평양 전략의 구성 요소로서 중국에 대한 전략을 두는 것이라기보다는 중국에 대한 전략이 최우선이며, 지역 내 다른 국가들과의 관계를 그에 맞춰가고 있는 것으로 보였다. 일본의 아베 전 총리가 중국에 대한 견제를 염두에 두는 의미로 인도 태평양을 언급하고 있었고, 이의 일환으로 미국, 일본, 호주, 인도 4개국 간 안보 다이아몬드를 구축하려고 했던 것을 알고 있기 때문이다. 따라서 "동아시아"나 "아시아 태평양"이라는 지리적 개념에서는 없었던 대중(對中) 견제와 관련한 전략적 안보적 성격의 의미가 "인도 태평양"에는 내포된 것으로 많은 나라가 이미 인식하고 있었다. 오히려 일본의 경우에는 인도 태평양 전략의 원조 격에 해당하는데, 2018년 이후부터는 발 빠르게 "자유롭고 열린 인도 태평양 전략"에서 "전략"을 뺀 "자유롭고 열린 인도 태평양" 비전이라는 메시지를 대외적으로 발신해 왔다.[41]

한편, 바이든 행정부가 전임 트럼프 행정부의 인도 태평양 전략 용어를 그대로 사용하기는 하였으나, 두 대통령 간에도 차이는 있다. 트럼프 대통령은 2017년 11월 베트남 다낭 연설에서 '인도 태평양 꿈'을 언급했지만, 이를 접한 많은 사람들은 '미국 우선주의 꿈'을 추구하는 것으로 인식했다. 그러지 않아도 중국이든 누구든 특정 국가를 대상으로 배타적 협력을 논하는 데 대해 편하게 느끼지 않던 아시아의 많은 국가들에게 배타적인 미국 우선주의와 함께 울려 퍼진 '자유롭고 열린 인도 태평양'이라는 메시지는 그다지 큰 울림을 갖지 못했다. 공감대가 형성되기 어려웠다. 트럼프 대통령의 거래중심적인 외교 행태에 따른 부정적 영향이 있었다. 물론 트럼프 행정부 중후반부 수년에 걸쳐 국무부를 중심으로 지역 내 국가들의 마음을 얻고 인도 태평양 전략에 대한 지지와 호응을 얻고자 하는 노력이 전개되었고, 일정 부분 트럼프 대통령의 불편한 외교 행태에 따른 부정적 여파를 만회하기는 하였다.

한국 정부 역시 2017년 말 트럼프 대통령으로부터 인도 태평양 전략에 대해 처음 접했을 때에는 신중한 반응을 보였으나, 2019년 이후로는 협력의 접점을 찾으려는 노력을 추진하였다. 구체적으로는 한국 정부의 신남방정책과 미국의 인도 태평양 전략의 연계 협력이라는 형태로 진행되었

---

42 이에 대해서는 이 책 1장 일본 편에서 자세히 다루고 있다

다. 양국 정상 차원의 정상회담 의제에도 올랐으며, 실무적으로도 구체 협력의 성과를 발굴하기 위한 노력이 전개되었다.

연계 협력을 추진할 수 있었던 기본 배경과 인식은 명료하다. 미국이 인도 태평양 지역(동북아시아, 동남아시아, 남아시아, 오세아니아, 태평양 도서국)의 평화와 번영을 위해 추진하던 협력 사업과 한국이 신남방정책 대상 지역(동남아시아, 인도 등)의 평화와 번영을 위해 추진하던 사업 간에 공동으로 할 수 있는 여지가 있다. 양국 정책의 대상 지역이 겹치고, 사업의 내용도 중복되기 때문이다. 물론 한국과 협력을 같이 할 수 있는 국가는 미국만이 아니다. 호주가 될 수도 있다. 협력의 대상 국가 역시 동남아시아뿐만이 아니라 태평양 도서국이 될 수도 있다. 대상 분야는 보건 협력이 될 수도 있고, 해양 환경과 관련될 수도 있고, 인프라 투자에 대한 금융 지원까지도 가능하다. 포용적이고, 개방적이고, 투명한 사업을 추진하는 것이면 된다.[43]

필자가 외교부 본부에서 동아시아 지역 협력과 신남방정책을 맡고 있을 때 미국과 추진했던 협의체가 바로 '한-아세안 정책대화(ROK-US Policy Dialogue on ASEAN and Southeast Asia)'였다. 협의체의 명칭이나 의제 설정에서 우리가 주도하였는데, 미국측의 관심이 매우 높았던 것으로 기억한다. 국문과 달리 영어 명칭에서는 '아세안'과 '동남아시아'로 나눠 두었다. 지역 협력체로서 아세안 회의체, 즉 양국이 공히 참여하고 있는 EAS나 ARF 협의체에서의 상호 입장이나 협력 사업을 조율해야 할 필요성이 있었기 때문이다. 남중국해 상황에 대한 정보 공유나 입장 조율이

---

[43] 한국의 신남방정책과 미국 등 여타 국가 인도 태평양 전략과의 연계 협력에 대해서는 이 책 제9장에서 자세히 다룬다. 또한, "신남방정책과 인도-태평양 전략"(이재현 선임연구원, 아산정책연구원 2022.1.14.)에도 비교적 상세히 기술되어 있다.

대표적이며, 중국과 관련된 사안들도 해당한다. '동남아시아'는 개별 아세안 회원국에 대한 의견 조율 필요성을 염두에 둔 것이었는데, 2021년 2월 발생한 미얀마 군부의 쿠데타에 대한 공조 방안이 대표적이다.

[그림 3] 화상으로 개최된 제1차 한-미 아세안 정책 대화(우리측 대표단과 기념 촬영). 2021.5.13., 사진 출처 : 외교부

한-아세안 정책대화 회의에서는 양측 공히 외교부 이외에 국방부와 기재부 등 경제 관련 부처가 다수 참석하였고, 다양한 실질 협력 사업에 대해 논의가 이루어졌다. 코로나19 백신 보건분야 협력 확대, 인프라·스마트시티, 녹색성장, 디지털 혁신, 메콩지역 협력, 해양역량강화, 인적교류 등 다양한 주제에 대해 협의했다.

한편, 필자는 미국측 수석대표에게 트럼프 대통령의 EAS 정상회의 불참에 대한 아세안 내부 분위기에 대해 개인적으로 직접 들었던 이야기들을 공유했으며, 2021년 당시 막 취임하였던 바이든 대통령으로서는 임기 첫해 아세안 관련 정상회의에 참석할 필요성을 강조하였다. 미국측 수석대표는 전적으로 공감하였다.[44]

한편, 트럼프 대통령과 달리 바이든 대통령의 인도 태평양 전략은 미국 고유의 세련된 외교력이 더욱 발휘되는 모양새였다. 민주주의와 인권의 가치를 전면에 내세우면서도 동맹과 파트너 국가와의 공조를 중시하는 모습을 보인다. 미국의 국익을 우선시하는 경우라 하더라도, 거래적 관점으로 외교를 재단하지는 않았다. 더욱 세련된 모습이다. 그러나, 기본적으로 미국의 국익을 고려한다는 점에는 전임 대통령과 차이가 없으며, 특히 대외무역 등 경제적인 면에서는 더욱 그러하다.

일각에서는 이러한 바이든 행정부의 미 국내 경제에 대한 보호주의적 조치는 트럼프 대통령 시기와 그래도 차별화되며, 그래서 이를 '공손한 보호주의(polite protectionism)'로 부르기도 한다.[45] 바이든 행정부가 미국의 국내 산업 기반과 과학기술 역량을 재정비하는 노력에 대해 자국을 우선시하는 보호주의적 정책으로만 비치지 않도록 애쓰는 것은 매우 현명해 보인다. 다만, 기본적으로 미국의 조치들이 때로는 자유주의적 시장 경제의 원칙에 배치되는 것으로 보이기도 하므로 '보호주의적'이라는 꼬리표를 완전히 떼기는 어려워 보인다. '스마트 보호주의(smart protectionism)' 정도로 부를 수 있지 않을까 한다.

앞으로 국제사회에 대한 중국의 외교적·경제적 영향력이 미국을 능가하는 상황이 일어날지 알 수 없지만, 미국이 그대로 기다리고만 있지는 않을 것으로 보인다. 미국이 추구하는 국제질서가 흔들리거나 국제사회에서 미국의 위상이 흔들리는 것을 당연히 방관할 수는 없을 것이다. 군사 안보, 무역, 과학기술, 우주 등 전 방위적으로 전개될 것이며, 이러한 과정

---

44 코로나19로 인하여 2021년 EAS 정상회의 역시 전년도와 마찬가지로 화상 형식으로 개최되었으며, 바이든 대통령이 참석하였다.

45 민주당 하원의원 출신으로 WTO에서도 근무한 제임스 바커스(James Bacchus)는 CATO 연구소에 게재한 글에서 바이든의 보호주의적 정책에 대해 이렇게 불렀다.

에 양국 간 직접적인 대화와 일정 수준 협력의 모습도 당연히 노정될 것이다. 이렇게 미-중 간의 전략적 경쟁은 상당 기간 전개될 것으로 보인다. 그리고 두 거대 강국 간 경쟁은 더욱 치열해질 것이며, 이러한 경쟁이 충돌과 갈등의 소용돌이로 빨려 들어가지 않기를 바랄 뿐이다. 이러한 상황은 국제사회 모두에게 불운이 될 것이기 때문이다.

결국 미국이라는 거대 국가가 느끼는 중국의 도전이나 위협에 대한 인식을 다른 모든 국가가 완벽히 동일하게 느끼기는 어렵다. 마치 북한의 위협에 대해 한국이 인식하는 수준이 다른 나라의 인식과 결코 동일하지 않다는 것과 마찬가지다. 위협 인식은 단순히 지리적 위치뿐만이 아니다. 서로 간의 체제나 역사적 배경 등 많은 요인이 작용한다. 그리고 위협에 대한 인식뿐만이 아니다. 위협에 대응하려는 의지와 능력 또한 매우 중요하다. 미국의 표현대로라면 중국은 기존 국제질서를 재편하려는 의지와 능력을 갖춘 유일한 경쟁자이다. 마찬가지로 중국의 부상을 전반적으로 견제할 수 있는 의지와 능력을 공히 보유한 국가는 미국이 유일하다. 어느 국가도 미국이 주장하는 수준으로 중국과의 경쟁을 공개적으로 언급하고 실행에 옮기기는 쉽지 않다.

이제 바이든 행정부를 지나 새로운 트럼프 2기 행정부의 시대다. 트럼프 1기와 비교해서 미국의 인도 태평양 전략이 어떠한 모습으로 전개될지 명확히 알 수 없다. 그러나 우선적으로 드러나고 있는 트럼프 대통령의 말과 행동은 동맹국, 우방국, 우려국 등에 대한 구분이 딱히 보이지 않는다. 표현 그대로 "미국 우선"만을 생각하는 것으로 말하고 행동한다. 과거 트럼프 1기 시절 트럼프 대통령의 주변에서는 대통령의 말이 아니라 실제 행동에 주목하라는 조언이 있었다. 말은 강하게 몰아붙이는 식으로 하지만 실제 정책과 행동은 항상 그렇지 않다는 의미다. 그러나 2기 시점에서 보면 말과 행동이 다르지 않고, 그 강도 역시 더욱 거세지는 모양새다.

2025년 3월 상원 하원 합동회의 세션에서 트럼프 대통령은 취임 후 첫 연설을 하였다. 100분 가까이 되는 긴 연설이었다. 일관되게 민주당과 바이든 행정부를 비난하였다. 대선에서 승리하고 취임 후 2개월도 지나지 않은 시점의 연설이라 자신감에 가득 찬 연설로 평가할 수 있겠다. 그리고 "미국을 다시 위대하게(MAGA: Make America Great Again)"라는 기존의 레토릭을 중심으로 연설 전부를 채워나갔다. 국경에서의 불법 이민자 문제, 펜타닐 마약 문제, 관세 부과를 통한 무역 적자 감소 및 미국 내 투자 확대 등 단기적으로 미국 유권자들의 지지를 받을 수 있는 이슈들에 집중하였다. 특히 바이든 행정부에서 중요시했던 전기 자동차 및 반도체 분야에 대해 거듭 부정적 입장을 밝혔다. 연설에서 트럼프 대통령은 취임 이후 바이든 행정부의 환경 관련 제약을 폐지했다라고 자랑하였다. 지난 정부의 "정신 나간 전기차 명령(insane electric vehicle mandate)"을 끝냈다고 언급하였다. 이는 트럼프 대통령이 취임 직후 2021년 바이든 대통령이 서명한 전기 자동차 관련 행정명령을 취소한 점을 언급한 것이다. 당시 바이든 대통령은 2030년까지 미국 내 신차 판매의 50%를 전기 자동차로 전환한다는 행정명령(executive order)을 발표하였었다. 이외에도 전기 자동차 확충을 위해 충전 인프라를 지원하는 행정명령과 화석연료 배출 규제 기준에 대한 행정명령들도 철회하였다.

이러한 연장선에서 트럼프 대통령은 바이든 행정부 시절 입법화한 인플레이션 감축법(IRA)에 대해서도 부정적인 입장을 보였는데, 이는 의회의 조치이므로 당장에 변화가 있지는 않다. 그리고 3월 의회 연설에서 IRA를 직접 거론하지는 않았다. 그러나, 반도체법(CHIPS Act)에 대해서는 의회 연설에서 "끔찍한"(horrible) 법이라고 하면서 의회에서 폐기할 것을 주문하였다. 트럼프 대통령은 그러면서 외국 반도체 기업들에게 미국 정부 예산으로 보조금을 주지 않아도 관세 부과를 통해 그들 기업이 어차피 미국에 투자하게 된다는 논리이다. 이 외국 기업에는 삼성, SK 등 한국 기업들도 포함된다. 과거 바이든 행정부와 당시 미 의회 양당의 반도체법 합의 배경에는 미국 기업의 미국 내 반도체 생산 증가와 동맹 및 우방국 반도체 기업들의 미국 내 투자로 인한 반도체 생산 증가는 중국 반도체 기업의 성장을 억제하고 공급망 장악을 방지한다는 공감이 있었다. 이는 동맹 및 우방국 입장에서도 이익이 되는 것으로 받아들여졌고, 실제 투자가 이어졌다. 향후 트럼프 행정부와 의회에서 반도체법의 운명이 결정되겠지만, 전적으로 폐지하기는 어려울 것으로 보인다. 미국 회사에게도 불리하기 때문이다. 따라서 미국 내 유권자들에게 적절히 "예산 절감"이라는 메시지를 던진 후 기업들과는 새로운 협상 과정을 통해 보조금[46]을 조정해 나가려 할 것으로 전망된다.

트럼프 1기에 대한 기억을 갖고 있는 인도 태평양 지역 국가들로서는 트럼프 2기 행정부를 어떻게 대응할지 과제다. 그러나 트럼프 행정부로서도 단기적으로 우방국까지 강하게 압박하는 모습을 보이고 있으나, 결국에는 조정 과정을 거치면서 지역 내 국가로부터 신뢰와 존경을 받으면서 미국의 국익과 위상을 어떻게 유지할지가 미국에게도 마찬가지로 과제가 될 것이다.

---

[46] 보조금의 수준은 총 527억 달러로 되어 있고, 이 가운데 390억 달러는 미국 반도체 제조업체를 위한 것이다.

미국의 인도 태평양 전략 (2022.2월)

5개의 전략

① 자유롭고 개방된 인도 태평양으로 전진 (advance a free and open In-do-Pacific)

- 각국 정부가 강압으로부터 자유롭게(free from coercion) 자주적으로 정치적 선택을 내릴 수 있도록 보장
- 민주적 제도, 자유 언론, 활발한 시민사회 등에 투자 증진 / 민주 제도, 법치주의, 민주적 거버넌스 강화에 미국이 파트너가 될 것
- 경제적 강압에 맞설 수 있도록 파트너 국가들과 협력
- 지역이 개방되도록(open) 유사입장국들과 협력할 것이며, 지역의 해양과 상공이 국제법에 따라 다뤄지고 이용되도록 보장
- 특히, 남중국해와 동중국해 포함 해양 영역에서의 규칙 기반 접근 지지
- 필수 신흥 기술에 대한 공동의 접근방식 개발, 개방적이고 신뢰할 만한 상호작용 가능한 인터넷 지원

② 인도 태평양 지역 내부 및 외부와의 연결망 구축 (build connections within and beyond the region)

- 양자 동맹 5개국(호주, 일본, 한국, 필리핀, 태국) / 주요 지역 파트너(인도, 인도네시아, 말레이시아, 몽고, 뉴질랜드, 싱가포르, 대만, 베트남, 태평양 도서국) / 동맹과 파트너 상호간(특히, 한국-일본) 관계 강화 노력
- 쿼드 / 아세안(중심성 존중) / 쿼드-아세안 상호 연계 방안 모색
- 유럽의 인도 태평양 지역에 대한 관심 증대에 맞춰 연계 방안 강구
- 인적교류 증진(YSEALI, 쿼드 펠로십)

③ 인도 태평양 지역의 번영 견인 (drive Indo-Pacific prosperity)

- 기술발전, 디지털 경제, 에너지 기후 전환 / 높은 수준의 노동과 환경 기준 충족하는 무역 / 국경 간 데이터 이동을 개방성 원칙에 따라 규율

- 회복력 있는 안전한 공급망 진전 / 다양한, 개방된, 예측 가능한 공급망

- 회복력 있는 안전한 전 세계 통신망 증진 : 5G 장비업체 다변화 및 개방형 무선접속망 (Open RAN)에 중점

④ 인도 태평양 지역의 안보 강화 (bolster Indo-Pacific security)

- 대만의 자위 능력 지원, 대만해협 평화안정

- 미국의 정책은 하나의 중국 원칙과 대만관계법에 공히 부합

- 북한 : 한반도 완전한 비핵화 ⇒ 대화 추구 / 동시에 도발에 대응하여 확장 억제 및 한미일 공조 강화

- 테러, 자연재해, 마약 밀매 등 대응

⑤ 21세기형 초국가 도전에 대응하는 지역 차원의 회복력 구축 (build regional resilience to 21st-century transnational threats)

- 기후 위기 대응, 지구 온도 상승 1.5℃ 제한에 필요한 중국의 기여 촉구 포함

- 기후변화에 따른 기회요인 측면도 고려

- 코로나19 종식을 위해 인도 태평양 지역과 협력

10개 행동계획(전략 이행을 위해 향후 1-2년 내 수행할 업무방향)

---

① 인도 태평양 지역에 새로운 자원 투입 (drive new resources)

- 재외공관 신설 및 기존 공관 확대·강화

- 해안경비대 파견 확대 : 해양 역량 강화, 해양영역인식(MDA) 증진

- 평화봉사단 포함 인적교류 강화

- 정부 내 필요한 자원 확보를 위해 의회 차원의 지지도 확보

② 인도 태평양 경제 프레임워크(IPEF) 주도

- 높은 수준의 무역과 디지털 경제 규범, 공급망 회복력 개선, 높은 수준의 인프라 촉진, 디지털 연계성 구축 등을 위한 새로운 파트너십을 2022년 초 출범

③ 억지력 증강

- 대만해협 포함 동맹과 파트너 국가를 겨냥한 군사 공격을 억지

- Pacific Deterrence Initiative 및 Maritime Security Initiative 재원 확보를 위한 의회 협력 확보(해양 아세안 및 태국 베트남 해양 역량 강화를 위한 미 국방부의 역량강화 중점사항)

- AUKUS 통해 호주 해군에 핵추진잠수함 조기 제공

- 사이버, 인공지능, 양자기술 등 선진기술을 통한 상호운영성 개선

④ 아세안의 능력과 단합 강화 (strengthen an empowered and unified ASEAN)

- 워싱턴에서 미-아세안 특별정상회의 개최

- EAS, ARF 협력 지속 및 아세안과의 여타 각료급 회의체 추진

- 새로운 미-아세안 구상들에 1억 달러 투입

- 양자 차원의 협력도 확대하되, 보건안보, 해양안보, 연계성 증진, 인적교류 증진 등 분야에 우선 순위 부여

⑤ 인도의 부상과 지역내 리더십 지지

- 인도와의 양자관계 및 남아시아 지역협의체를 통해 전략적 동반자관계 지속

- 보건, 우주, 사이버 분야 등 새로운 영역 협력

⑥ 쿼드 협력의 성과 지속 (deliver on the Quad)

- 쿼드를 최고의 지역그룹으로 강화 지속

- 코로나19 대응에 있어 지역내 주도적인 역할 수행(백신 10억회분)

- 신흥기술, 공급망, 기후대응 협력

- 남아시아, 동남아, 태평양 도서국에 높은 수준의 인프라 제공 노력

- 쿼드 펠로우십 : 2022년 중 4개국 출신 100명 선발, 23년 중 미국내 STEM 분야 석·박사 학위과정 개시

- 정례적으로 정상급 및 각료급 회담 개최

⑦ 한미일 협력 확대

- 북한 문제에 대해 3자 협력 채널 통해 공조 강화

- 지역 내 개발과 인프라, 필수 기술 및 공급망, 여성의 리더십 등 분야에서도 협력

- 3자 협력 틀에서 지역 전략을 조율

⑧ 태평양 도서국 회복력 강화

- 태평양 도서국들을 지원하기 위해 파트너 국가들과 함께 다자적인 전략적 협의체 구축

- Compact of Free Association 남태평양 연장 협상 타결에 우선 순위 부여[47]

47 미국-태평양 도서국 간 협정으로 미국의 동중국해 남중국해 진출 과정에서 병참선 제공 역할. 현 협정은 2023년까지 유효.

⑨ 거버넌스 증진
- 부정부패 근절을 위한 지원, Open Government Partnership
- 미얀마 군부를 압박하여 미얀마 민주주의 회복

⑩ 개방적이고, 회복력 있고, 보안성 높은, 신뢰할 만한 기술 지원
- Open RAN 같은 혁신적인 네트워크 협의체 통해 장비업체 다양성 제고
- 공동의 사이버 안보 증진을 위한 새로운 지역 이니셔티브 구축

결론적으로 미국의 전략적 야심의 배경은 인도 태평양 지역이 전 세계에 있어서 그리고 미국인들의 일상에 있어 가장 중요한 지역이 될 것이라는 믿음에서 비롯됨.

주요 국가들이 인도 태평양 전략을 발표하고 있는 상황에서 이에 대한 중국의 인식을 알아보는 것 역시 인도 태평양 전략 자체에 대한 이해를 높이는 데에 도움이 된다. 2018년 3월 왕이(Wang Yi) 외교부장은 베이징 주재 언론과 기자회견을 하였다. 피닉스 TV[48] 기자는 미국, 일본, 인도, 호주가 추구하는 인도 태평양 전략에 대해 중국의 견해는 어떠한지, 중국을 봉쇄하기 위한 시도로 보는지 질문하였다. 이에 대해 왕이 부장은 "언론에는 항시 헤드라인을 장식하는 아이디어들이 있는 것 같다. 그것들은 약간 관심을 끌다가 곧 사라질 것이다. 태평양이나 인도양에 있는 거품과도 같은 것이다. 일부 학자들과 언론에서 인도 태평양 전략은 중국을 봉쇄하려는 의도라고 주장하고 있는데, 미국, 일본, 인도, 호주 등 네 나라는 인도 태평양 전략이 어느 누구를 표적으로 하지 않는다는 입장을 보인다. 그들의 행동이 그들의 말과 일치되기를 바란다. 요즘에 신냉전을 부추기는 것은 시대착오적이며, 진영 간 대립을 불러일으켜 봐야 장사가 안 될 것이다 (find no market)."[49]라고 답하였다.

---

[48]   친중 성향의 홍콩 매체로 우리 국내에서는 봉황 TV로도 알려져 있다.

[49]   왕이 부장의 기자회견 질문과 답변 내용 전체는 중국 외교부 홈페이지에서 확인 - https://www.fmprc.gov.cn/mfa_eng/wjb_663304/wjbz_663308/2461_663310/201803/t20180309_468677.html

인도 태평양 전략에 대한 중국 정부의 이러한 인식은 이후에도 같은 모습으로 나타나고 있다. 미국의 인도 태평양 전략이 트럼프 대통령을 지나 바이든 행정부에서 더욱 본격화하였던 것처럼 인도 태평양 전략에 대한 중국의 입장 역시 더욱 강경해졌다. 2022년 5월 22일 베이징에서 중국과 파키스탄 외교장관 회담 후 진행된 기자회견장에서다.[50] 미국이 인도 태평양 전략을 본격적으로 추진하는 데에 대한 견해를 묻는 기자의 질의에 왕이 부장은 매우 직설적이고 공세적으로 미국을 비판했다. 2018년 언급 당시보다도 답변의 길이는 더욱 길어졌고, 직설적으로 변하였다.

우선 왕이 부장은 미국의 인도 태평양 전략은 아시아 태평양 국가들과 전 세계로부터 우려를 불러일으키고 있다고 했다. 왕 부장은 인도 태평양 전략이 "아시아 태평양"이라는 이름과 아시아 태평양 지역의 효과적인 지역 협력의 틀을 없애려 하며, 수십 년 동안 이 지역 국가들이 공동으로 쌓아온 평화와 개발의 성과도 없애려 한다고 했다. 그러면서 과거 중국 위·촉·오나라가 각축을 벌이던 삼국시대의 고사에서 유래한 성어(成語)를 인용하였는데, "사마소지심, 로인개지(司馬昭之心, 路人皆知)"가 그것이다. "사마소(司馬昭)의 마음에 대해서는 길 가는 사람 모두가 다 안다."라는 뜻이다.[51] 사마소는 삼국시대 위나라의 실권자였는데, 당시 위나라의 황제는 어린 13세의 조모(曹髦)였다. 황제 조모는 자신을 꼭두각시로 만들려는 사마소의 권력욕이 도를 넘는다고 느껴 그를 제거하려는 계획을 세우고, 신하들을 불러 모았다. 이 자리에서 황제 조모가 사마소를 제거하

---

50 왕이 부장의 기자회견 당시 발언 내용은 중국 외교부 홈페이지에서 확인 – https://www.fmprc.gov.cn/mfa_eng/wjb_663304/wjbz_663308/activities_663312/202205/t20220523_10691136.html

51 중국 외교부의 영문 보도자료에는 왕이 부장 발언의 영문 번역을 "Sima Zhao's ill intent is known to all."로 하고 있다.

고자 거사를 도모하면서 신하들에게 언급한 것이 "사마소지심, 로인개지(司馬昭之心, 路人皆知)"였다. 이후 이 표현은 겉으로는 아닌 척 하지만, 권력을 찬탈하려는 속마음이 드러났음을 비유하는 데 사용되어 왔다.[52] 왕 부장은 2016년 2월 우리 한국 정부의 사드 배치 결정을 비판하는 과정에서도 이 성어를 인용한 적이 있다.[53]

인도 태평양 전략에 대한 왕이 부장의 훈계와 비판은 계속 이어졌다. 그는 아시아 태평양 지역의 국가들은 일반적으로 어느 한쪽 편을 드는 것을 주저하며, 모든 국가가 조화롭게 생존하고, 서로 승리하는(win-win) 협력을 이어가기를 희망한다고 했다. 그리고 아시아 태평양 지역에서의 시대적인 흐름은 지역통합을 추구하면서 미래를 공유하는 "아시아 태평

---

[52] 사마소는 위나라의 실권자였던 사마의(司馬懿)의 둘째 아들이다. 삼국지연의에서 사마의는 명석한 지략가로 촉나라 제갈량(諸葛亮)의 라이벌로 등장한다. 사마의의 첫째 아들은 사마사(司馬師)이다. 그리고 사마소는 265년 서진(西晉)을 건국한 사마염(司馬炎)의 부친이다. 사마소는 서진의 건국 과정에서 황제를 시해한다. 사마의와 사마사의 경우 권력 찬탈을 위해 쿠데타를 감행하기도 하였으나, 사마소가 아버지나 형보다 더욱 욕을 먹는 것은 이 때문이다. 현대적인 의미로 겉과 속이 다른 경우를 비난할 때 쓰기도 한다.

[53] 2016년 2월 12일 왕이 부장은 독일 방문 계기에 로이터와 인터뷰를 가졌으며, 한국 내 THAAD 배치 문제와 관련한 질문에 이렇게 대답했다. "The coverage of the THAAD missile defense system, especially the monitoring range of its X-band radar, goes far beyond the defense need of the Korean Peninsula and will reach deep into the Asian hinterland. It will directly damage China's strategic security interests and also harm the security interests of other countries in the region. There are two old Chinese sayings. The first is "Xiang Zhuang performed the sword dance as a cover for his attempt on Liu Bang's life." What are the United States' actual motives? It doesn't require an expert to make sense of the situation. Ordinary people can see it clearly. It strikes a chord with the other saying by ancient Chinese 2,000 years ago, which is, "Sima Zhao's trick is obvious to every man in the street" the villain-ous design is apparent." China's stance is clear enpugh that we firmly oppose any countries' attempt to infringe upon China's legitimate rights and interests with the excuse of the Korean Peninsula nuclear issue."

양 미래 공동체(Asia-Pacific community with a shared future)"라고 했다. 이어서 "미국이 지어낸 인도 태평양 전략은 '자유와 개방'이라는 기치를 내걸고 여러 종류의 패거리 무리를(various sorts of small cliques by ganging up on others) 만들어 남들을 괴롭히는 데 주력하고 있다."라고 주장했다. 또한, 인도 태평양 전략은 중국을 봉쇄하기 위한 것이며, 아시아 태평양의 국가들을 미국 헤게모니의 "앞잡이(pawns)"로 만들려 하는 것이라고도 주장했다. 미국이 다른 지역을 엉망으로 만들고 나서 염치없이 "대만 카드"와 "남중국해 카드"놀이를 하면서, 아시아 태평양 지역에서 긴장을 다시 조성하려는 것이 특히 위험한 짓이라고 했다.

왕 부장은 마지막으로 어떤 모습으로 분장하더라도, 인도 태평양 전략은 실패할 수밖에 없을 것이라고 단언하면서, 이 지역의 시민들은 냉전 시대의 각본이 아시아에서 다시 펼쳐져서는 안 되며, "다른 지역에서의 전쟁이 이 지역에서는 설 자리가 없다는 점을 미국에 단호히 경고해야 한다"라고 했다. 왕이 부장의 언급 시기, 즉 2022년 5월을 감안할 때 여기서 "다른 지역에서의 전쟁"은 러시아의 우크라이나 침공에 따른 전쟁을 의미할 텐데, 미국이 이 전쟁에 책임이 있다는 중국의 인식을 여지없이 보여준다.

한편, 왕이 부장의 발언은 정책 연설문이나 발표문이 아닌 언론과의 질의응답 과정에서 나온 내용이긴 하나, 미국의 인도 태평양 전략에 대한 중국의 인식을 포괄적으로 보여주기에 손색이 없다. 특히, 왕 부장이 발언한 날짜, 2022년 5월 22일은 미국 바이든 대통령이 취임 후 처음으로 한국과 일본을 방문한 시기와 겹친다. 더욱이 5월 22일 일본에서는 쿼드 정상회의가 개최되었고, 이를 계기로 인도 태평양 경제 프레임워크(IPEF)가 공식 출범한다. 의도적으로 이 날짜에 맞춰 미국을 대상으로 날 선 메시지를 보낸 것으로 해석된다. 또한, 왕 부장은 미국에 대한 비판에서 끝나는 것이 아니라 중국이 구상하는 나름의 지역 비전도 언급하면서 지역 내 국가들을 대상으로 한 소위 '내러티브'(narrative) 전략을 구사하고자 한 것으로 평가된다. 몇 가지로 나누어 왕이 부장이 전달하려는 메시지를 다시 정리해 보면 아래와 같다.

첫째, 왕이 부장은 발언 과정에서 430여 단어를 사용하였는데, 여기서 '아시아 태평양'을 10여 차례나 언급한다. 빈번하게 아시아 태평양을 언급한 것은 지역을 지칭하는 용어로 '아시아 태평양'이 적절하고, 올바르다는 점을 강조하기 위한 것으로 풀이된다. 다시 말해, 지리적 개념으로 봐서도 '인도 태평양'은 옳지 않으며, '아시아 태평양' 개념이 옳은 것이라고 주장하는 것이다. '인도 태평양'은 중국의 발전을 가로막기 위해 억지로 만들어낸 다시 말해 있지도 않은 지리적 개념이라고 주장하려는 의도로 보인다.

지리적 개념으로만 따져서 생각해 보면 이는 잘못된 주장은 아니다. 굳이 왕이 부장의 주장이 아니더라도 실제 동북아시아, 동남아시아, 남아시아, 오세아니아 그리고 유럽이나 다른 지역에서도 일반인들에게 지리적 분류 차원에서 가장 친숙한 개념은 '아시아'일 것이다. 사실 지리적 개념으로만 본다고 한다면 아시아 태평양이 훨씬 더 지역 내 일반시민들에게 익숙한 용어이다. 그리고, 아시아보다 확대된 개념으로서 '아시아 태평양' 개념에도 상당 부분 친숙한데, 이는 1989년 출범한 '아시아 태평양 경제 협력체', 즉 APEC (Asia-Pacific Economic Cooperation)의 역할도 크다. 미국 역시 APEC의 창립회원으로서 APEC을 아시아 지역에 대한 관여를 대표하는 협의체의 하나로 간주해 왔다. 특히, 미국이 2011년 동아시아정상회의(EAS) 체제에 참여했던 당시에는 정치 안보 측면에서 EAS, 경제 측면에서 APEC으로 나누어 많은 의미를 부여하였다. EAS와 APEC은 미국의 아시아 외교, 특히 당시 오바마 행정부의 아시아 재균형 정책의 '다자주의적 관여'를 추구하는 두 개의 핵심축을 구성하였다.

이 책의 5장 미국 부분에서 자세히 살펴보고 있듯이 미국은 여전히 EAS와 APEC에 참여하고, '동아시아' 그리고 '아시아 태평양' 개념을 쓰고 있는데, 이와 동시에 인도 태평양 개념을 부각하였다. 중요한 이유 가운데 하나는 인도다. 인도는 아세안과의 관계 강화 내지 전반적인 인도의 동쪽 지역과의 관계 강화, 즉 동방정책 차원에서 EAS에 참여하고 있다. EAS 협의체를 주도하고 있는 아세안의 입장에서도 한국, 중국, 일본 이외에 확장된 동아시아 협력 차원에서 2005년 EAS 출범 당시부터 인도의 참여를 받아들였다. 그러나 APEC의 경우는 다르다. 태평양을 중심으로 하고 있다. 인도는 APEC에 참여하지 못하고 있다.[54]

사실 아시아 태평양이든 인도 태평양이든 순전히 지리적 개념으로만 인식하는 것이라면 미국과 중국이 이를 두고 서로 격렬하게 충돌할 필요도 이유도 없다. 서로 원하는대로 편리한대로 부르면 그만이다. 세르비아와 크로아티아 등 발칸 반도 국가들에 대해 중유럽으로 칭하는 경우도 있고, 남유럽으로 칭하기도 한다. 이에 대해 해당 국가들이 특별히 불편함이나 불쾌감을 드러내는 경우는 드물다. 그러나 인도 태평양의 경우에는 다르다. 모두가 지리적 개념으로만 받아들이지 않는다. 인도 태평양은 지리적 개념만을 나타내기 위해서 등장한 것이 아니기 때문이다. 더욱이 인도 태평양에 '전략'이라는 꼬리표까지 붙게 되면, 지리적 개념을 넘어 "중국의 가치 체계, 군사안보 정책, 경제 및 기술력 등을 염두에 두고, 이에 대응하기 위한 정치·안보·경제·외교 등 총체적인 차원의 국가적 노력"이라는 맥락을 갖는 것으로 이해되고 있다.

---

[54] 그 결과 트럼프 행정부 이후 인도에 대한 관심은 '인도 태평양' 개념에 대한 관심 증대로, 인도 태평양 전략의 발표로 이어졌다. 바이든 행정부 역시 이를 받아들이는 한편, 경제적으로는 인도가 포함된 '인도 태평양 경제프레임워크'(IPEF)를 발표하게 된다.

둘째, 왕이 부장은 "아시아 태평양 지역의 국가들은 일반적으로 어느 한쪽 편을 드는 것을 주저하며, 모든 국가가 조화롭게 생존하기를 희망한다."라고 했다. 국제사회에서 강대국의 입장에 민감할 수밖에 없는 중견 국가와 약소국의 입장에서 강대국 간 긴장과 갈등 상황은 많은 경우 중견 국가나 약소국에 난처한 상황을 만들게 된다.

왕이 부장이 언급한 어느 한쪽 편을 드는 것을 주저한다는 것은 아시아 태평양 지역뿐만이 아니라 다른 지역에도 대부분의 나라에 해당한다. 특별히 자기 나라에 안보상이나 경제적인 위협을 가한다든지 "적국"이 아니라면, 굳이 불편한 관계에 있을 이유가 없다. 인도네시아 수실로 밤방 유도요노(Susilo Bambang Yudhoyono) 대통령은 2009년 재임에 성공한 후 취임식에서 인도네시아 대외관계의 현황에 대해 "a million friends, zero enemies"로 비유했다.[55] 백만 명의 친구가 있고, 적(敵)은 하나도 없다는 의미이다. 전 세계 국가의 수가 190여 개이니 백만이라는 숫자는 당연히 과장이다. 핵심 메시지는 모든 나라와 가까이 지낸다는 의미이다. 지리적으로 서로 갈등하는 두 국가 사이에 처해 있더라도 모두와 가까이 지낼 수 있다는 의미이다. 선택의 문제가 아니라는 것이다. 물론 실제 갈등을 겪고 있는 두 국가 입장에서는 서로 자기 편으로 끌어들이려는 의도가 있을 텐데 서운하게 들릴 수도 있겠다.

아프리카 짐바브웨에서도 비슷하다. 1980년 독립 이후 30여 년 통치하던 로버트 무가베(Robert Mugabe) 대통령의 후임으로 2018년부터 대통령 자리를 지키고 있는 에머슨 므낭가과(Emmerson Mnangagwa)

---

55 2009년 취임 연설에서 유도요노 대통령은 "Indonesia is facing a strategic environment where no country perceives Indonesia as an enemy and there is no country which Indonesia considers an enemy. Thus Indonesia can exercise its foreign policy freely in all directions, having a million friends and zero enemies."라고 이야기했다.

대통령 역시 대외관계의 원칙을 한마디로 "Thousand friends, Zero enemies"로 표현한다. 2000년대 들어서면서 백인 소유 토지를 몰수하는 조치를 단행하였고, 이후 실시된 선거 과정에서의 인권 유린 문제 등으로 미국과 유럽 국가들로부터 제재를 받아오고 있는 국가인 짐바브웨 역시 적(敵)은 없고, 친구만 두겠다고 공언하고 있다. 남태평양 도서국 가운데 하나인 솔로몬 제도의 머내시 소가바레(Manasseh Sogavare) 전 총리[56] 역시 동일한 표현으로 자국의 외교 정책 기조를 설명하였다.

북한과 대척점에 서 있는 우리나라의 경우에 이를 그대로 대입하기에는 어려움이 있다. 일부 중동 지역 역시 그러할 것이다. 그렇지만 대부분의 주권 국가들에 있어 "외교관계에서 적을 만들지 않겠다."라는 말은 어렵지 않게 공감을 얻을 수 있다. 특히, 아시아와 아프리카의 많은 국가들이 그러하다. 진영을 만들거나 줄 세우기를 하는 모습은 이미 냉전 시대의 경험이 있고, 그 냉전의 과정에서 약소국들 다수는 스스로 비동맹 운동(Non-Aligned Movement)을 통해 나름의 세력권을 형성했던 경험도 있다.

최근에는 "어느 나라도 선택을 강요받는 상황에 처하지 않아야 한다."라는 목소리가 설득력을 얻는다. 강대국 미국과 중국 간의 경쟁에서 어느 한쪽을 선택하도록 강요받는 상황이 만들어지지 않아야 한다는 것이다. 동남아시아 국가들이 대표적이다. 인도 역시 그러하다. 싱가포르 리센룽(Lee Hsien Loong) 총리는 이러한 입장을 자주 밝히는 편이다. 2019년 5월 샹그릴라 대화 기조연설에서 "그들(미국과 중국)은 경쟁적 블록을 구축해서는 안 되며, 갈등의 골(fault lines)이 깊어지도록 해서도 안 되며, 다른 국가들에게 선택을 강요해서도 안 된다. 그들은 다른 국가를 분열시킬

---

56 2019년 4월부터 2024년 4월까지 솔로몬 제도의 총리를 맡았다.

것이 아니라 통합하도록 해야 한다."[57]라고 했다.

아시아 개도국과 저개발국에 만연해 있는 이러한 정서를 이해하고 있는 왕이 부장은 자신의 언급을 통해 중국은 대결과 갈등을 추구하지 않으며, 다른 국가에게 선택을 강요하지 않는다고 주장하려는 의도가 있었던 것으로 보인다.

| 6-2 | 시진핑 주석의 담론 공세, 아시아 태평양 운명공동체 |

위에서처럼 중국이 '인도 태평양' 개념을 반대하고 강력히 비판하면서, 다른 한편 '인도 태평양'에 대항할 만한 그리고 서방 국가들과는 다른 중국 나름의 구상 또는 비전, 즉 내러티브(narrative), 레토릭(rhetoric), 담론(discourse)이 필요하다고 느꼈던 것으로 보인다. 이러한 흐름에서 시진핑 체제의 중국이 내세우고 있는 아시아 지역에 대한 구상 또는 비전은 어떠한지 살펴보고자 한다.

2020년 11월 제27차 APEC 정상회의가 개최되었다. 당시 의장국은 말레이시아가 맡았다. 코로나19 팬데믹이 한창일 때였으니, 정상회의는 화상으로 열렸다. 시진핑 주석은 이 회의에서 "아시아 태평양 운명공동체(Asia-Pacific community with a shared future)"라는 개념을 제시한다. 이후 매년 개최되는 연례 APEC 정상회의에서도 동일한 메시지를 전달하고 있다. 2020년 APEC 정상회의 이전부터 시진핑 주석의 대표적인 대외관계에 대한 수사로 "인류를 위한 운명공동체(community of shared

---

57 https://www.pmo.gov.sg/Newsroom/PM-Lee-Hsien-Loong-at-the-IISS-Shangri-La-Dialogue-2019

future for mankind)"가 있었고, 아시아 태평양 운명공동체 개념은 여기에서 파생되었다. "인류를 위한 운명공동체"는 시진핑 주석이 2013년 러시아 모스크바 방문 당시에 처음으로 언급하였다. 그는 모스크바 국제관계 연구소(Moscow State Institute of International Relations) 연설에서 "모든 인류는 같은 시간과 공간 안에서 하나의 지구촌에 살고 있으므로 더욱더 공동의 운명공동체가 되어 가고 있다."라고 했다. 2017년 중국 공산당의 당헌에도 "인류를 위한 운명공동체" 내용은 포함되었으며, 이후 중국 외교와 대외관계의 중요한 지침과 원칙으로 활용되고 있다.

그러나 이 개념이 국제사회로부터 더 많은 주목을 받기 시작한 계기는 2017년 1월 다보스 포럼에서였다. 시 주석은 50여 분간 이어진 다보스 포럼 기조연설에서 국제 경제의 세계화 문제에 대해 연설하였다. 그는 경제성장의 문제, 다자경제기구의 지배구조(governance) 문제, 개발격차 문제 등을 지적하면서 이에 대한 해결책을 제시하려 하였다. 이러한 세 가지 문제점에 대한 해결 방안으로 혁신이 주도하는 경제성장, 상생의 경제성장, 개방 경제와 경제 자유화 추구, 보호주의 배격, 다자 경제기구에서의 공평한 거버넌스, 각국의 실정에 부합하는 개발모델을 통한 균형 있는 개발 등을 언급하였다. 또한, 중국이 세계화로부터 혜택을 받은 것은 맞지만, 이뿐만이 아니라 중국의 개발 역시 전 세계 경제의 균형 있는 성장, 포용적인 성장에 기여했다고 주장하였다. 사실 "인류를 위한 운명공동체"라는 단어는 2~3차례만 언급되었으나, 시 주석이 강조한 국가 간의 상호연계성, 상호의존, 상생, 공동번영 등 중요한 메시지와 직접 닿아있는 데다, 또한 개방되고, 공정하고, 포용적인 세계화를 강조하는 과정과도 잘 연결될 수 있는 용어로서 당시부터 "운명공동체" 개념은 많은 관심을 끌었다.

시진핑 주석의 2017년 다보스 방문은 시 주석 개인적으로 다보스 첫 방문이자 중국 국가주석으로도 다보스 포럼에 처음으로 참석하는 것이었기에 더욱 관심을 끌었다. 또한, 시 주석의 연설은 미국의 트럼프 대통령이 2016년 말 대선에서 승리하고 취임을 얼마 남기지 않은 시기에 이루어진 것이라 국제사회의 관심을 더 많이 끌었다. 대선 유세 과정에서나 당선 이후 일관되게 개방되고 자유로운 무역이 아니라 보호주의 성향의 무역기조를 취하겠다고 으름장을 놓던 트럼프와 달리 시 주석은 연설에서 시종 개방되고 자유로운 국제교역에 대한 신뢰와 의지를 강조하였다. 이후에도 여러 다양한 국제회의 계기에 시진핑 주석과 중국의 외교 관료들은 '인류를 위한 운명공동체'를 언급하게 된다. 그리고 지역적인 맥락에서 특히 아시아 지역에서는 '아시아 태평양 운명공동체'를 주창한다.

다시 2020년 11월 APEC 정상회의로 돌아가 보자. 시 주석은 아시아 태평양 운명공동체의 특징을 개방성과 포용성, 혁신이 주도하는 성장, 연계성 증진, 상호 호혜적인 협력 증진 등 네 가지로 언급하였다. 2017년 1월 다보스 포럼에서의 시진핑 주석의 연설 내용과 궤를 같이하였다. 한편, 2020년 APEC 정상회의에서 시 주석은 중국이 '포괄적·점진적 환태평양 경제 동반자 협정(CPTPP: Comprehensive and Progressive Trans-Pacific Partnership)'에 대한 가입을 호의적으로 고려하겠다고 하였다.

2020년 11월 APEC 정상회의 직전 아세안이 매년 정례적으로 열리는 정상회의가 당시 베트남을 의장국으로 하여 개최되었다. 이 계기에 '역내 포괄적 경제 동반자 협정(RCEP: Regional Comprehensive Economic Partnership)' 서명식이 15개 당사국 간에 개최되었다. 당초 RCEP은 아세안 10개국과 한국, 중국, 일본, 호주, 뉴질랜드, 인도 등 16개국으로 협상을 시작하였으나, 농산물 관세 추가 인하에 대한 국내적 부담에 막혀 인도는 이미 2019년 하반기부터 RCEP 협상에 참여하지 않았으며, 최종 서명에도 불참하였다. 인도가 빠진 상황이었지만, 중국을 포함하여 동아시아 15개국은 RCEP 체결에 성공하였는데, RCEP 서명 직후에 중국이 CPTPP 참여까지 언급한 것이다. 연이어 대외 개방 경제에 대한 의지를 보여주는 대목이다. 이후 2021년 9월 16일 중국은 실제로 CPTPP 참여를 공식 신청하였다.[58][59]

한편, 운명공동체 개념을 뒷받침하는 내러티브로서 중국 정부는 2021년부터 2023년까지 세 개의 범세계적 구상을 순차적으로 발표하였다. 세 개의 구상이 바로 범세계적 개발 구상(GDI), 안보 구상(GSI), 문명 구상(GCI) 등이다. 물론 경제적으로 뒷받침하는 구상은 2013년 이미 발표되어 있던 일대일로(BRI)다.

6-3 시진핑 주석의 3대 범세계 구상 : 하나, 범세계 개발구상 (Global Development Initiative)

코로나19가 여전히 종식되지 않은 상황이던 2021년 9월 제76차 유엔 총회에 각국 정상들은 화상으로 참여하여 연설하였다. 시진핑 주석 역시 화상으로 코로나19에 대한 보건 방역 차원의 대응 그리고 경제 회복의 필요성에 대해 연설하였다. 경제 회복과 관련하여 시 주석은 저개발국과 개도국의 개발 이슈에 대해 언급하면서 "범세계 개발구상"을 발표한다.

시 주석은 우선 전 세계의 개발 이슈를 새로운 단계로 견인해야 한다고 하면서, 그 새로운 단계는 "균형 있는(balanced)", "조율된(coordinat-

---

[58] 이 날짜는 공교롭게도 미국, 영국, 호주 세 나라가 핵잠수함 협력에 대한 합의, 즉 AUKUS 결성을 발표한 바로 다음 날이었다.

[59] 비슷한 시기에 대만 역시 CPTPP 가입을 신청하였다. 다만, 2024년 말 기준 CPTPP 회원국 사이에 중국과 대만의 CPTPP 가입에 대한 합의가 도출되지 않고 있다.

ed)", 그리고 "포용적인(inclusive)" 성장이어야 한다고 했다. 이를 위해 시 주석은 범세계 개발구상을 제안한다고 했다. 이어서 시 주석은 몇 가지 방향성을 제시한다. 첫째, 개발 이슈를 전 세계의 정책 우선 순위에 계속 두어야 한다고 했다. 그리고 주요 공여국 간에 정책 조율 필요성을 지적하였다. 둘째, "사람 중심의 접근"이 필요하다고 했다. 개발은 사람을 위한, 사람에 의한 것이어야 하며, 개발의 과실은 사람들 모두에 의해 공유되어야 한다고 했다. 셋째, 개도국의 특수한 사정을 배려해야 한다고 하면서, 부채 상환 유예와 같은 조치도 필요하다고 했다. 넷째, 혁신이 주도하는 개발의 필요성을 역설하면서 "도약식 개발(leapfrog development)"을 달성해야 한다고 했다.

도약식 개발이란 흥미로운 개념이다. 개도국이 선진국이 걸었던 발전의 단계를 모두 따라하기에 시간이 오래 걸리므로 개구리가 도약하듯이 급속 성장한다는 의미로 많이 활용되어 온 표현이다. 전화기를 갖고 있지 않은 가정에서 고정식 전화기를 쓰던 시대를 거치지 않고 곧바로 개인별 휴대전화 장치로 옮겨가는 것과 같다. 북한도 유사한 의미로 "단번 도약"이라는 말을 사용하고 있다.

다섯째, 환경과 기후변화 대응에 기여하는 개발이어야 한다고 했다. 중국은 2030년 이전에 탄소 배출 정점(peak)을 이룰 것이며, 2060년 이전에 탄소 중립을 달성할 것이라고 했다. 해외에 신규 석탄 발전소 건설사업을 추진하지 않을 것이라고도 했다. 여섯째, 성과 위주의 조치를 위해 주요 공여국들은 빈곤퇴치, 식량안보, 기후변화 대응 및 녹색 개발, 산업화, 디지털 경제, 연계성 등에 우선적으로 지원해야 할 것이라고 했다. 그러면서, 중국은 향후 3년간 30억 달러를 지원할 예정이라고 했다.

시 주석의 발표 이후 중국 정부에서 설명에 의하면, 중국의 범세계 개발구상의 우선 협력 분야는 여덟 가지이다. 빈곤 감소, 식량안보, 코로나

19 백신, 개발금융, 기후변화, 산업화, 디지털 경제, 연계성 등이다. 그리고 범세계 개발구상을 구체적 사업의 형태로 이행하는 기관으로 중국 국제개발 협력단(CIDCA: China International Development Cooperation Agency)이 있다. 줄여서 'China Aid'로 많이 불린다. CIDCA는 개발구상 발표 이전인 2018년 중국 국무원 산하에 설립되었는데, 전 세계 개도국 사이의 협력, 즉 남남협력(South-South Cooperation)과 그리고 유엔의 2030 지속가능발전목표 의제(SDG)를 지원하는 역할을 주로 하고 있다.

한편, 중국은 CIDCA 설립 이전 2000년대 초반부터 이미 저개발국에 대한 무상원조를 시행하고 있는데, 보통 선진 공여국들이 저개발국에 대한 원조를 공적개발원조(ODA: Official Development Assistance)로 부르고, OECD DAC (Development Assistance Committee)[60]에도 통보하여 공식 통계를 취합하고 있는데, 중국의 경우에는 다르다. 우선 명칭을 ODA로 하지 않고, 대외원조(對外援助, foreign assistance)라고 부르며, 중국과 중국의 지원을 받는 국가의 관계를 통상적으로 부르는 공여국과 수원국의 관계가 아니라 같은 개도국 사이의 협력, 즉 '남남협력'이라고 부른다.

[그림 4]에서 알 수 있듯이 중국의 개발원조는 2003년부터 2015년까지 줄곧 증가하였다. 2003년 약 6억 달러에서 2015년 31억 달러로 늘어났다. 이러한 연간 지원 규모는 최근 2023년까지도 유사하게 집행되고 있다. 통상 우리를 포함한 선진 공여국의 ODA는 유상원조(concessionary loan)와 무상원조(grant)를 합친 개념인데, 중국의 China Aid 통계는 무

---

60 OECD에 속해 있는 개발원조위원회(DAC)는 개발원조 공여국들의 협의체로 30개 회원국으로 구성되어 있다. DAC 회원국들은 매년 자국의 ODA 실적을 DAC에 보고하고 있고, 이 과정을 통해 전체 회원국의 ODA 실적이 집계되고 있다. 우리나라는 2010년 OECD DAC에 가입하였다. 중국은 회원국이 아니다.

상원조만 해당한다. 유상의 경우에는 연간 수백억 달러에 달하는데, 이에 대해서는 뒤에서 일대일로 이니셔티브와 관련하여 살펴보고자 한다. 2024년 대한민국 정부의 유상과 무상원조를 합친 ODA의 규모가 역대 최대 금액인 6조 5,000억 원, 약 47억 달러 정도였으며, 이 가운데 약 70%인 33억 달러 정도가 무상원조인 것을 감안하면, 중국의 저개발국에 대한 개발원조(무상원조) 규모 역시 상당하다는 것을 알 수 있다.

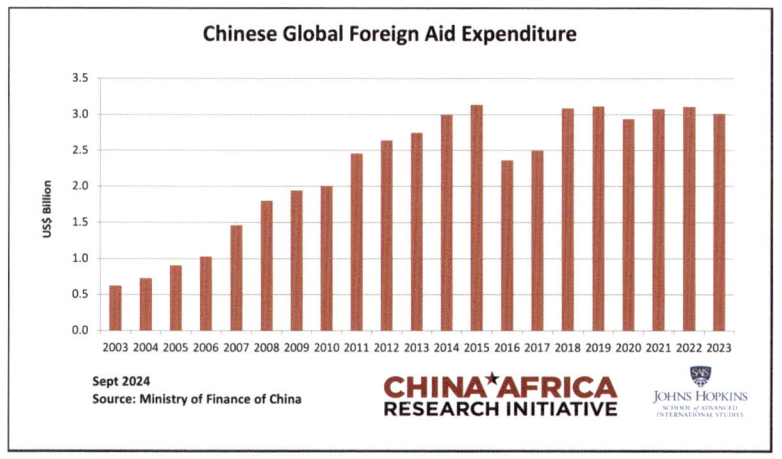

[그림 4] 중국의 개발원조는 2003년부터 2015년까지 줄곧 증가하였다. 2003년 약 6억 달러에서 2015년 31억 달러로 늘어났다. 이러한 연간 지원 규모는 최근 2023년까지도 유사하게 집행되고 있다. *출처 : 중국 재무부(미국 존스 홉킨스 대학 부설 China Africa Research Initiative 자료에서 재인용).

　　한편, 일대일로 사업이 대규모의 인프라 사업 위주로 진행되었다면, 범세계 개발구상 하에서 진행되는 개발협력 사업은 대체로 더 적은 규모다. 일대일로 사업 가운데서도 무상으로 진행되는 사업이 있고, 일대일로 사업과 범세계 개발구상 하에서의 개발협력 사업이라는 것이 때로는 구분이 어렵다 보니, 범세계 개발구상의 등장은 결국 일대일로 사업의 규모가 과거와 달리 작아지는 경향성과도 연관되는 것으로 이해된다. 그래서 범세계적 개발 구상을 두고 "작은 것이 아름답다"에 해당하는 개발협력 접근이라고 부르기도 한다. 미국 보스턴 대학교의 범세계 개발정책 센터에 의하면, 중국 개발은행과 수출입은행의 개발금융 지원 규모는 2016년 정점을 찍고, 2020년과 2021년 100억 달러대로 하락하였다. 중국의 전체 개발협력에 투입되는 금융의 규모가 줄어들고, 개별 사업의 수도 줄어드는 추세인 것이다. 결국 중국 국내적으로 더 이상 대규모의 자본을 해외로 돌려 활용하기에는 중국 내부의 경제 사정이 녹록치 않다는 것을 보여준다.

[그림 5] 미국 보스턴 대학교의 범세계 개발정책 센터에 따르면, 중국 개발은행과 수출입은행의 개발금융 지원 규모는 2016년 정점을 찍고, 2020년과 2021년 100억 달러대로 하락했다. 중국의 전체 개발 협력에 투입되는 금융의 규모가 줄어들고, 개별 사업의 수도 줄어드는 추세이다. *출처 : Boston University Global Development Policy Center, 2023.

한편, 2022년 6월 화상으로 범세계 개발구상 고위급 회의를 주최한 시진핑 주석은 코로나19로 인하여 유엔의 2030 지속 가능개발 의제의 이행이 더뎌지고, 남과 북의 격차(North-South gap)는 더욱 벌어지고 있으며, 식량과 에너지 안보의 위기는 커지고 있다고 했다. 또한, 시 주석은 중국은 개발도상국이라는 점을 강조하면서, 2021년 범세계 개발구상 발표 당시 공약한 30억 달러의 개발 기금에 10억 달러를 추가로 기여하겠다고 발표하였다. 총 40억 달러 규모의 기금을 남남 협력과 개발구상 이행을 위한 기금으로 활용한다는 것이다. 이어 2022년 9월 유엔 총회 계기에는 중국 왕이 국무위원 주최로 "범세계 개발구상의 우호 국가 그룹(Group of Friends of GDI)" 장관급 회의가 개최되었다. 아시아, 아프리카 등 개도국 60여 개 국가의 대표단이 참석하였다. 많은 나라에서 중국이 제시하는 규범적 수사(修辭)들과 그리고 개발 협력을 위한 실제 자금의 제공에 관심과 지지를 보였다. 이 회의에서 중국 정부는 범세계 개발구상 하에 여러 개도국에서 시행하고 있는 사업목록, 50여 개를 발표하기도 했다.

중국은 개발 이슈에 대한 새로운 화두와 재원을 개도국에 내세우면서 정치, 경제 등 전반적으로 중국에 대한 개도국의 지지를 확보하고자 노력하고 있는 것으로 보인다. 이러한 노력은 대개 개도국이 당면한 실질적 문제, 즉 빈곤의 문제, 에너지와 식량안보의 문제, 디지털 격차 및 인프라 격차의 문제 등을 부각하면서 이를 해소하는 데 있어 "공정하고 형평성 있는 개발"의 필요성을 주장하는 방식으로 전개된다. 그러나 때로는 노골적으로 미국 등 서방의 개발 협력 추진 방식을 비판하기도 한다. 2022년 5월 워싱턴에서는 미국-아세안 특별정상회의가 개최되었는데, 이 회의에서 바이든 대통령은 아세안을 대상으로 1억 5,000만 달러의 지원을 약속하였다. 해양 안보, 디지털 경제, 환경 보호, 클린 에너지, 인적교류 등에 활용한다는 설명도 덧붙였다. 회의 직후 중국 관영지 환구시보는 바이든 대통령이 제시한 지원금액, 1억 5,000만 달러를 기사에 명시하면서 이는 "우크라이나에 대한 미국의 지원과 비교하면, 양동이에 물 한방울(just a drop in the bucket)"이라고 꼬집었다. 또한, 2021년 시진핑 주석이 아세안에 약속한 15억 달러 규모의 개발지원에 비해서도 턱없이 부족하다고 비교하기도 했다.[60]

전 세계 저개발 국가 입장에서는 중국의 개발협력 접근은 그 규모를 떠나 정치 안보적 이슈를 부각하지 않고, 경제 협력 이슈에 치중하는 것으로 비춰지기에 이에 대한 수용성이 매우 높다. 남반구의 개도국과 저개발국, 즉 글로벌 사우스 입장에서 '범세계 개발구상'은 부담이 없는 화두이며, 자국의 개발 협력 수요를 충족하는 데 도움이 된다고 느끼게 만드는 효과가 분명하다. 인권이나 민주주의, 시민사회 역량 강화 등과 같은 가치를 내세워 온 서구식의 개발 협력에 비해 더욱 편안하고, 부담없는 새로운 화두로 느껴지는 것이다.

40억 달러 규모의 범세계 개발구상 기금에 이어 시진핑 주석은 2023년 8월 남아공에서 개최된 제15차 브릭스(BRICS) 정상회의에서는 100억 달러 규모의 특별기금을 마련하겠다고 발표하였다. 15차 브릭스 정상회의에는 기존 회원국인 브라질, 러시아, 인도, 중국, 남아공 등 5개국 외에도 여타 개도국 40여 개국이 참가하였다. 그야말로 개도국의 대표 주자로서 다수의 개도국과 저개발국 앞에서 중국의 위상을 높이려 노력한 것으로 보인다. 그리고 이 회의에서는 사우디아라비아, 이란, 에티오피아, 아르헨티나, 아랍에미레이트 등 6개국의 브릭스 가입이 확정되기도 했다.[62] 중국은 그간 브릭스의 확대에도 적극적인 입장을 보여 왔다.

61 Zhang Hui, "Biden's Summit pushes ASEAN to confront China, runs counter to their interest", *Global Times*, 2022년 5월 13일

62 이들 여섯 나라의 브릭스 가입 효력은 2024년 1월 1일 발효되었다.

2022년 4월 시진핑 주석은 보아오 포럼 기조연설에서 전 세계 안보 이슈에 대해 언급하면서, 범세계 안보 구상을 언급하였다. 전 세계 안보를 증진하기 위해 제시하는 새로운 안보 구상이라고 소개하였다. 그리고 이 구상은 "공동의, 포괄적인, 그리고 협력적이면서 지속 가능한 안보를 위한 비전(a vision of common, comprehensive, cooperative and sustainable security)"을 위한 것이라고 하였다. 사실 이 비전은 시진핑 주석이 2014년 아시아 지역 안보 포럼(CICA[63]) 정상회의에서 이미 제시했던 것이기는 하다. 중국 정부의 대외관계에 대한 내러티브가 장기간 연속적으로 전개되고 있는 것을 알 수 있다. 한편, 시 주석은 보아오 포럼에서 '개발'을 위해서는 '안보'가 전제되어야 하며, 우리 인류는 "분리할 수 없는 안보 공동체(indivisible security community)"에 살고 있다고 하였다.

그러면서 시 주석은 범세계 안보 구상과 관련된 여러 원칙과 내용에 대해 언급하였다. 그 원칙과 내용은 방대하다. 모든 국가의 주권 존중과 영토 보전, 국내 문제 불간섭, 각국의 개발노선과 사회체제의 자주적인 선택 존중, 유엔 헌장의 존중, 냉전적 사고(cold war mentality)와 일방주의 배격, 블록화하여 상호 대결(block confrontation)하려는 데 대한 반대, 모든 국가의 정당한 안보 우려(legitimate security concern)에 대한 배려, 균형 있고 효율적이면서 지속 가능한 안보 체제(security architecture) 구축, 타국의 안보를 희생시키면서 자국의 안보를 강화하려는 시도

---

[63] CICA는 아시아의 상호관계와 신뢰구축을 위한 회의체(Conference on Interaction and Confidence-Building Measures in Asia)로 1992년 카자흐스탄의 제의로 시작되었다. 2002년에는 처음으로 CICA 정상회의가 개최되었다.

반대, 대화를 통한 분쟁의 해결 그리고 평화로운 분쟁 해결을 위한 여건 조성, 이중적 기준 반대, 일방적 제재의 자의적 발동 반대, 전통적·비전통적 영역에서의 안보 유지 필요성 등이 포함된다.

시진핑 주석이 언급한 "분리할 수 없는 안보" 또는 "불가분의 안보"라는 개념은 러시아 역시 이미 오래전부터 국제무대에서 제시해 오던 것이다. 타국의 안보를 희생시키면서 자국의 안보를 강화하려는 시도에 반대한다는 의미다. 범세계 안보 구상이 언급된 2022년 4월이라는 시점은 러시아의 우크라이나 침공 이후 2개월여 지난 시점이다. 러시아는 친서방 노선을 걸었던 우크라이나가 종국적으로 나토를 끌어들여 자국 안보를 추구하는 것이 러시아의 안보에 위협이 된다면서 이는 안보 불가분성의 원칙에 위반된다고 주장했다. 그래서 시진핑 주석이 보아오 포럼에서 범세계 안보 구상에 대해 연설한 직후 미국 국무부 대변인은 중국이 "안보 불가분" 개념을 포함하여 "크렘린 궁으로부터 우리가 듣던 말들을 앵무새처럼 따라 하고 있다."라고 비판했다.

시 주석의 연설에 뒤이어 중국 외교 당국에서는 범세계 안보 구상을 보충 설명하고 홍보하려는 노력이 이어졌다. 왕이 국무위원 겸 외교부장은 보아오 포럼 직후 중국 공산당 기관지 인민일보에 범세계 안보 구상에 대해 기고하였다. 왕 부장은 범세계 안보 구상은 우선 세계 평화를 옹호하고, 분쟁과 전쟁의 예방이라는 국제사회의 긴급한 수요에 부응하기 위한 것이라고 했다. 또한, 인류가 처한 평화의 결핍(peace deficit) 문제에 대응하고, 범세계적 안보 도전에 대응하는 데 있어 도움이 되려는 것이라고도 했다. 그러면서 현재 전 세계는 전례 없이 분열의 위험에 처해 있다고 하면서, 그 이유는 일부 국가가 냉전적 사고에 집착하고 폐쇄적인 "작은 패거리 집단"(small cliques)에 열중하고 있기 때문이라고 했다. 그리고, 이들 국가는 다자주의 명분을 내밀지만 실제로는 일방주의에 빠져 있고,

민주주의를 내밀고 있지만 패권(hegemony)을 추구하고 있다고 했다. 왕부장은 이들 국가야말로 국제 안보 질서를 심각히 훼손하고, 범세계 안보 거버넌스 결핍 문제를 악화시키고 있다고 했다. 반면에 범세계 안보 구상은 다자주의를 옹호하고, 국제 연대를 보호하는 전 세계 공통의 열망에 부합하는 것이라고 했다.

한편, 왕이 부장은 범세계 안보 구상의 핵심은 공동의, 포괄적인, 그리고 협력적이면서 지속 가능한 안보라고 했다. 이어 한 나라의 안보는 다른 나라의 안보를 희생하면서 보장될 수 없다고 했다. 지역 안보 역시 군사 블록을 확장하면서 보장될 수 없다고 했다. 이는 우크라이나를 침공하면서 러시아가 주장하였던 명분과 맥을 같이 하고 있다. 그러면서 왕이 부장은 중국이 세계 평화에 기여하고 있고, 중화인민공화국 설립 이래 한 번도 전쟁을 일으키지 않았으며, 다른 나라의 영토를 침략하지 않았고, 대리전(proxy war)에 참여한 적도 없다고 했다. 핵보유국 5개국 가운데 핵무기의 선제적 사용을 하지 않기로 확약한 유일한 국가라고도 했다. 중국은 패권을 추구하지 않고, 세력권을 형성하려 하지 않으며, 군비경쟁을 추구하지 않는다고도 했다.

그러나, 중국이 주장하는 범세계 안보 구상의 원칙과 내용에도 불구하고, 서방권에서는 이를 그대로 받아들이기 어렵다고 비판한다. 중국이 역사적으로 그리고 현재 진행형으로 보여주고 있는 국제사회에서의 행태를 보면 중국의 위선이라는 것이다. 중국이 동남아시아 일부 국가를 세력권에 두는 상황이나, 남중국해 영유권 분쟁에서 보여주는 행태가 특히 그러하다는 것이다. 그럼에도 불구하고, 범세계 안보 구상에서 주장하는 원칙과 내용은 아시아, 아프리카, 중동 등 여러 지역 많은 나라로부터 환영받을 만한 내용이다. 최소한 이에 명시적으로 반대하기는 어려운 내용이다. 중국의 실제 행동과 행태에 부합하느냐의 문제를 떠나 중국은 소위 내러티브 전략을 일관되게 지속적으로 그리고 정교하게 진행하고 있는 것으로 보인다. 미국과 서구에서 전개해 온 "규칙 기반 국제질서(rules-based international order)" 개념이나 "인도 태평양 전략"에 대한 대응의 성격도 보인다.

한편, 중국 정부는 2023년 2월 범세계 안보 구상에 대한 설명서(concept paper)를 발표하였는데, 공교롭게 그 한 달 뒤인 2023년 3월 중국 정부의 중재 노력으로 이란과 사우디아라비아가 외교관계를 수립하게 된다. 외교관계 수립 직후 왕이 부장은 범세계 안보 구상의 실제 성공적인 적용 사례라고 하였다. 2016년 이란과 사우디가 단교한 지 7년 만이었다. 각각 이슬람 시아파와 수니파의 종주국으로 지역의 주도권을 다투는 이란과 사우디는 예멘과 시리아 내전에서도 서로 적대 진영을 지원하면서 갈등을 겪어 왔다. 이란과 사우디아라비아의 공식 합의는 중국 정부의 초청으로 양국 대표단이 베이징을 방문하여 이뤄졌다. 이란과 사우디가 베이징에서 만나 국교를 다시 맺는 장면은 중국의 위상이 단순 내러티브 이상으로 발휘되는 모습으로 비쳤으며, 또한 범세계 안보 구상에 대한 관심이 높아진 계기가 되기도 하였다. 안보 구상에 대한 '설명서'의 발표도 시의적절하였다. 설명서는 6개의 '핵심 개념과 원칙', 20개의 '협력 우선 순위', '협력의 플랫폼' 등으로 구성돼 있다.

6개의 핵심 개념과 원칙에는 ① 공동의, 포괄적인, 그리고 협력적이면서 지속 가능한 안보에 대한 약속, ② 주권과 영토 보존의 존중에 대한 약속, ③ 유엔 헌장의 목적과 원칙 준수에 대한 약속, ④ 모든 국가의 정당한 안보상 우려를 심각히 고려한다는 약속, ⑤ 국가 간 분쟁을 대화와 협의를 통해 평화롭게 해결한다는 약속, ⑥ 전통적·비전통적 분야에서의 안보에 대한 약속 등 여섯 가지이다.

20개의 협력 우선 순위에는 전 세계 안보 이슈에 대한 유엔의 역할 강화[64], 평화공존 원칙을 기반으로 주요국 간의 관계 관리, 핵보유국 간의 핵전쟁 위협 감소를 위한 노력, 우크라이나 등 분쟁지대(hotspot)에 대한 정치적 해결 추구 등이 포함되어 있다. 지역적으로는 우선 아세안 중심의 지역 안보 협력 체제에 대한 지지가 포함돼 있다. 이는 동아시아 지역안보협력 구조, 즉 미국, 중국 등 주요국을 포함하여 동아시아 27개국이 참여한 아세안지역안보포럼(ASEAN Regional Forum)을 의미하는 것으로 보이는데, 범세계 안보 구상이 아세안 국가들에게도 호소력을 갖도록 의도한 것으로 짐작된다. 이외 중동, 아프리카, 라틴 아메리카 등을 대상으로도 협력 방향을 기술하고 있다. 또한, 인공지능(AI), 보건, 식량 및 에너지 안보, 기후변화 등 다양한 전통적·비전통적 안보 이슈를 포괄한다.[65]

6-5   **셋, 범세계 문명 구상(Global Civilization Initiative)**

세 가지 범세계적 구상 가운데, 가장 최근 발표된 범세계 문명 구상은 2023년 3월 '중국 공산당과 세계 정당 고위급 대화(CPC in dialogue with World Political Parties High-Level Meeting)'에서 시진핑 주석이 처음으로 언급하였다. 화상으로 개최된 이 회의에 150여 개국으로부터 500여 명의 대표단이 참석하였으며, 시진핑 주석은 기조연설에서 범세계 문명 구상을 제의하였다.

---

[64] 여기에는 아프리카 지역에서의 평화유지 작전을 아프리카 자율적으로 시행하도록 아프리카연합(Africa Union)을 재정 지원하는 방안도 포함되어 있다.
[65] '범세계적 안보 구상' 설명서(Concept Paper)는 중국 외교부 홈페이지에서 확인 가능(http://www.fmprc.gov.cn/mfa_eng/wjbxw/202302/t20230221_11028348.html)

이 회의에서 시 주석 연설의 상당 부분은 개도국의 '현대화'에 맞춰져 있었다. 연설의 제목 역시 "현대화로 나가는 길에 손을 잡다(Join Hands on the Path Towards Modernization)"이다. 연설의 핵심을 한 문장으로 하면, "현대화는 일부 국가의 전유물이 아니며, 그 과정에 하나의 해법만 이 존재하지는 않는다."라는 것이다. 개도국의 경우 개발 과정의 일반적 인 규칙을 따른다고 될 일이 아니라, 각 국가가 처한 고유의 상황과 특징 을 잘 살펴보고 최상의 개발 모델을 택해야 한다는 것이다. 개도국은 자국 의 고유한 특징과 상황을 따져 보고 자주적으로 현대화 노선을 추진할 권 한과 역량을 갖고 있다고 했다.

회의 이후 시진핑 주석의 연설을 중국 국무원이 보도자료 형식으로 발 표하였는데 이 내용에 의하면[66], 범세계 문명 구상의 핵심 메시지는 문명 의 다양성 존중, 인간성에 대한 공동의 가치 옹호, 문명의 유산과 혁신에 대한 가치 부여, 국가 간 인적교류 강화 등 네 가지다. 역사, 문화, 정치 체 제 그리고 발전 단계가 다름에도 불구하고, 전 세계 국가들은 평화, 개발, 형평, 정의, 민주주의 등 인간성의 공동 가치를 공유하고 있다는 것이다. 그러므로 자신의 가치나 방식을 타인에 강요하거나, 이념적인 경쟁 구도 를 조장하지 않아야 한다고 했다. 문명의 다양성은 역동성의 원천이라고 하면서, 인적교류의 중요성 역시 강조했다.

시 주석의 범세계 문명 구상 발표 이후 중국 관영 매체와 전문가들은 앞다투어 긍정적인 평가를 내놓기 시작했다. 2023년 4월 환구시보는 문 명 구상에 대한 시리즈 기사를 게재하기도 했다. '문명'의 영어 단어 'civi-lization'을 시 주석의 이름을 차용하여 'Xivilization'으로 쓰기도 했다.

---

66 http://english.scio.gov.cn/topnews/2023-03/19/content_85177312.htm

이 기사에서는 그리스 아테네에 중국 정부의 지원으로 들어선 '그리스·중국 문명센터' 그리고 아테네 아고라 광장에 서 있는 소크라테스와 공자의 조각상에 대해서도 언급하였고, 이집트, 인도네시아 친중 학자들과의 인터뷰 내용을 소개하기도 했다.[67]

범세계 문명 구상에서 주창하는 메시지는 모든 인류는 공동으로 염원하는 평화, 개발, 형평, 정의, 민주주의와 자유가 있다는 점을 인정하면서, 각자의 가치 체계나 모델을 다른 사람에게 강요해서는 안 된다는 것이다. 이러한 가치는 모두 다 같이 공동으로 염원하는(common aspirations) 것이므로, 그 염원에 대해서는 인정하고, 다만 이를 구현하는 모습은 다양할 수 있다는 것이다. 서구세계가 목소리를 높이는 가치나 개발모델에 대해 개도국에서 표출되고 있는 불만을 중국 나름의 논리와 수사로 정리하려 애쓴 것으로 보인다. 또한, 절대적 가치가 아닌 가치의 상대성을 주창하면서, 서구세계가 주창해 온 규칙 기반 국제질서(rules-based international order) 개념에 대항하려는 것으로 보인다. 규칙 기반 국제질서는 2차 세계대전 종전 이후 미국을 포함하여 승전국 연합에 의해 마련된 질서를 의미한다. 자유민주주의 정치질서와 개방적인 시장 경제 질서를 기반으로 하고, 세계은행(World Bank), 국제통화기금(IMF), 세계무역기구(WTO) 등 다수 국가가 참여하는 국제기구와 조직을 통해 유지되어 왔으며, 이를 통해 수십 년간 전 세계의 평화와 안정, 번영을 가능케 한 것으로 이해되어 왔다.

그러나, 중국은 "규칙 기반 국제질서" 개념에 반대한다. 사실상 WTO

67 "The Global Civilization Initiative full of Chinese wisdom, injects fresh momentum into bright shared future," *Global Times*, 2023년 4월 17일, https://www.global-times.cn/page/202304/1289306.shtml

를 포함하여 전후 국제질서의 가장 혜택을 받은 나라가 중국이라는 점에는 이론의 여지가 없지만, '규칙 기반 국제질서'가 중국의 이념과 가치, 더 포괄적으로는 중국의 평화와 안정, 발전을 저해하려는 미국 등 서구 세력의 시도로 받아들인다. 아세안에서 주최하는 동아시아정상회의(EAS) 등의 다자 회의에서 중국은 이 개념에 대해 불쾌감을 표하면서, 여러 나라 대표단이 이 개념을 회의에서 언급하더라도 결과 문서에 반영하려는 데 대해서는 강하게 반대 입장을 표시해 왔다.

한편, 중국의 문명 구상에 대해서도 서구 사회는 비판적 입장을 보이고 있다. 우선 중국이 주장하는 문명의 다양성이라는 것은 결국 러시아, 중국, 이란 같은 권위주의 정권에 대한 해외로부터의 비판을 막기 위한 수사(修辭)라는 것이다. 그리고 소크라테스와 공자를 연결시키면서 문명의 공존을 이야기하지만, 결국 중국의 주장은 홉스적인 세계관을 보여주는 것으로 강자가 약자를 마음대로 지배하게 방치해 두려는 것이라고 비판한다. 예를 들어, 중국 내 위구르 무슬림 민족에 대한 박해 문제를 제기한다. 다른 나라, 다른 문명에 대한 존중을 논하기 전에 중국 내부의 다른 문명과 국민들을 어떻게 대우하는지 돌아보라는 것이다. 마찬가지로 중국의 이웃 동남아시아 국가 중 남중국해 영유권 분쟁을 겪고 있는 다른 나라들에 대해 중국이 어떻게 해 왔는지를 돌아보라고 비판한다.

6-6   일대일로(Belt and Road Initiative) 사업의 현장, 아프리카에서 태평양 도서국까지

3대 범세계 구상 발표 이전에 중국은 대외경제적으로 일대일로 구상을 추진해 왔다. 일대일로는 시진핑 주석이 해외 방문 중에 제안하였다. '일대(一帶, Belt)' 부분은 2013년 9월 카자흐스탄에서, 그리고 '일로(一路,

Road)' 부분은 2013년 10월 인도네시아 방문 중에 각각 발표하였다.[68] Belt 부분은 중국에서 중앙아시아를 거쳐 유럽까지 이르는 육상 교통로를 의미한다. 그리고 Road 부분은 중국에서 동남아시아, 남아시아, 중동과 아프리카까지 이르는 해상 교통로를 의미한다. 발표 초반 몇 년간 중국 정부는 일대일로(一帶一路)의 영어식 명칭을 중국어를 직역하여 "One Belt, One Road"(약칭으로 OBOR)로 하였다. 이후 일대일로가 중국의 일방적 전략과 정책, 자국 중심의 이익 추구만을 염두에 둔 것으로 이해된 데 대한 부담이 있었는지, 2016년부터 영어식 명칭은 "Belt and Road Initiative"(약칭으로 BRI)로 바뀌었다. 물론 중국어로는 여전히 '一帶一路'다.

일대일로에 의해 진행된 프로젝트의 총 규모나 참여하고 있는 국가 수에 대해서는 정확히 파악하기 어려워 전문가마다 다양한 통계치를 제시해 왔으나, 2023년 10월 중국 정부가 발표한 일대일로 백서[69]에 의하면, 2023년 6월까지 기준으로 150개 이상의 국가 그리고 30개 이상의 국제 기구와 200개 이상의 일대일로 협력 협정을 체결했다고 한다. 전체 프로젝트의 규모나 기금의 규모는 백서에서도 드러나지 않지만, 실크로드 기금(Silk Road Fund)과 아시아인프라투자은행(AIIB)으로부터의 지원 규모에 대해서는 구체적인 수치를 제시하고 있다. 2023년 6월까지 실크로드 기금으로 75개 프로젝트에 220억 달러가 지원되었다고 했다. AIIB는 227개의 프로젝트를 승인하였고, 436억 달러가 지원되었다고 했다. 또

---

[68] 발표할 당시에는 '실크로드'를 부각하여 불렀다. 카자흐스탄에서 발표할 당시 영어로 번역된 용어는 '실크로드 경제 벨트'(Silk Road Economic Belt)였다. 그리고 인도네시아에서 발표한 용어는 '21세기 해상 실크로드'(21st Century Maritime Silk Road)였다.

[69] 백서의 정식 영문 명칭은 "The Belt and Road Initiative: A Key Pillar of the Global Community of Shared Future"이다.

한, 중국 개발 은행(China Development Bank)과 중국 수출입은행 경우에도 각각 일대일로 지원을 위한 특별 융자를 설치했다고 했다. 그러면서 2022년 말까지 중국 개발 은행은 1,300개 이상의 프로젝트를 지원했다고 했으나, 여전히 구체적인 지원 액수는 제시하지 않았다. 수출입은행의 경우에는 2조 2,000억 위안(3,000억 달러 상당)의 융자로 130개국 이상을 지원하였다고 했고, 이를 통해 4,000억 달러 이상의 투자가 유발되었으며, 2조 달러 이상의 교역이 유발되었다고 했다.

구체적인 재원 가운데 재원 규모를 밝히지 않은 중국 개발 은행을 제외하고 재원을 밝힌 나머지 규모를 합치면, 4,000억 달러 정도로 보이는데, 실제 중국이 지난 10년간 전 세계에 투입한 재원의 총규모는 더욱 많은 것으로 추산되어 왔다. 전문가들은 일대일로 프로젝트에 투입된 중국의 자금이 1조 달러 이상일 것으로 본다.

사실 백서에서도 실크로드 기금, 아시아인프라투자은행, 중국 개발 은행, 수출입은행 등 4개 재원 이외에도 여러 다양한 재원 조달 방안이 마련되어 왔다고 쓰고 있다. 여타 재원 조달 방안으로 언급된 내용은 두 가지인, 우선 다자금융기구와의 협력이다. 세계은행(World Bank), 아시아개발은행(ADB: Asia Development Bank), 아프리카개발은행(AfDB: Africa Development Bank) 등과의 협력을 언급하고 있다. 두 번째로 다자 지역협의체와 경제 협력 기금을 새로이 조성했다고 쓰고 있다. 중국-유라시아 경제 협력 기금(China-Eurasian Economic Cooperation Fund), 중국-라틴아메리카 협력 기금(China-LAC Cooperation Fund), 중국-아세안 투자 협력 기금(China-ASEAN Investment Cooperation Fund), 중국-아프리카 산업 협력 기금(China-Africa Fund for Industrial Cooperation) 등이 그것이다.

그간 일대일로 이름으로 진행된 사업이 워낙 다양하지만, 대표적인 분야로는 교통, 에너지, 공항, 항만 등 인프라 사업을 들 수 있다. 2023년 일대일로 10주년을 맞이하여 중국 관영지 환구시보(環球時報, Global Times)는 8월부터 9월에 걸쳐 중앙아시아, 동남아시아, 아프리카, 동유럽, 남태평양 등 5개 지역의 주요 국가들을 방문하여 일대일로 프로젝트 현장을 취재하고, 5회에 걸쳐 각 지역별로 일대일로 사업에 관한 기사를 내보냈다. 이 기사들을 통해 중국이 시행하고 있는 일대일로 사업 가운데 중국이 부각하기를 희망하는 사업을 알아볼 수 있다. 일대일로 사업의 구체 내용을 알아보는 데에는 도움이 된다. 그리고 기사에는 다루고 있지 않지만, 일대일로 사업 시행을 위한 금융 구조에 대해서도 아래에서 함께 살펴보고자 한다.

환구시보가 시리즈의 첫 번째 기사로 게재한 대상 지역은 동남아시아였다. 일대일로 가운데 '일로'를 발표한 곳이 동남아시아의 인도네시아다. 2013년 10월 시진핑 주석은 취임 이후 처음으로 인도네시아를 찾았다. 그리고 외국 정상으로는 처음으로 인도네시아 의회에서 연설하였다. 인도네시아와의 양자 관계뿐만 아니라 중국과 아세안 간의 관계에 대해 광범위하게 언급하면서, 다섯 가지 협력 방향을 제시하였다. 신뢰 구축과 근린 친선관계의 발전, 상호 호혜적인 협력 추구, 상호 원조, 상호 이해와 우호 증진, 개방성과 포용성 견지 등이다. 이 가운데 두 번째 "호혜 협력"을 언급하면서 시진핑 주석은 동남아시아는 과거 해상 실크로드의 중요한 거점(hub)이었다고 하였고, "21세기 해상 실크로드" 건설을 위해 공동으로 노력하자고 했다. 시진핑 주석이 카자흐스탄에서 "일대"에 대해 연설한 지 한달 만이었고, 인도네시아에서 "일로"를 발표한 순간으로 기록되었다.

한편, 환구시보에서는 라오스의 수도 비엔티엔(Vientiane)에서 중국 윈난성의 쿤밍(Kunming)을 잇는 철도[184], 즉 중국-라오스 철도(China-Laos Railway)에 대해 취재하면서, 일대일로 구상으로 건설된 이 철도를 활용한 물류 이동의 사례를 소개하였다. 태국 짠타부리(Chanthaburi)에서 수확한 두리안(durian)이 중국-라오스 철도를 이용하여 중국의 소비자에게 제공되는 과정에 대한 것이다. 짠타부리는 방콕에서 동남쪽으로 250km 지점에 있는데, 이곳에서 태국에서도 가장 품질 좋은 두리안이 생산되고 있다. 매년 5월이면 두리안 축제가 열리기도 한다.

짠타부리에서 수확한 두리안은 우선 라오스 비엔티엔으로 트럭으로 이동한다. 비엔티엔에서는 중국-라오스 철도를 이용하여 중국 스촨성과 윈난성으로 이동하고, 여기서 다시 600여 개의 도시로 배송된다. 중국의 소비자들은 온라인 구매를 통해 집 현관문까지 태국산 두리안을 수확 후 6일 이내에 배달받게 된다.[71] 과거 해상 운송으로는 12일 이상 소요되던 것이 절반으로 줄어든 것이다. 두리안 스토리는 흥미롭다. 두리안은 '과일의 왕'이라는 별명을 갖고는 있으나, 그 독특하고 불쾌한 향으로 인해 호불호가 매우 갈리는 과일이다. 코로나19를 겪으면서 집에 머물러야 했던 시간이 길어지면서 중국인들이 두리안에 열광하게 된 모양이다. 2022년에만 30억 달러 상당의 태국 두리안이 중국에 수출되었고, 이는 전체 태국 두리안 수출의 90%에 해당한다.

중국-라오스 철도는 2000년대 초반부터 논의되어 온 것인데, 현재의 모양으로 완성된 체계는 2015년에서야 양국 간 합의에 이르렀다. 그리고 2016년 공사가 개시되어 2021년 12월 공식 개통되었다. 총 공사 비용은 60억 달러 규모다. 이 가운데 60%에 해당하는 36억 달러 규모는 중국의

---

70 라오스 구간은 북부 국경 도시 보텐(Boten)에서 수도 비엔티엔(Vientiane)까지 414km이다. 최대 속도는 여객 수송시 시속 160km, 화물 수송시 시속 120km이다.

71 두리안은 수확 당시에는 풀 냄새 정도를 발산하는데, 점점 익어가면서 냄새가 고약해진다. 따라서 6일 정도의 시점 이내에 소비자에게 정확히 배달되는 것이 중요하다.

수출입은행이 융자 형식으로 제공하였고, 40%인 24억 달러 규모는 중국과 라오스 양국이 합작투자 형식으로 만든 회사[72]가 부담하였다. 이 합작투자 회사의 지분은 중국과 라오스가 각각 70%, 30%로 하였다. 다시 이러한 지분 비율에 따른 라오스측 부담 규모인 7억 3,000만 달러 가운데 라오스 정부 자체 예산으로는 2억 5,000만 달러를 충당하였고, 잔여액 4억 8,000만 달러는 다시 중국 수출입은행으로부터 빌리게 된다. 그리고 이 철도는 BOT 방식[73]으로 건설되었는데, 5년 건설 기간, 그리고 이후 50년 동안 사용 기간이며, 이후 20년을 연장할 수 있는 가능성을 열어 두었다.

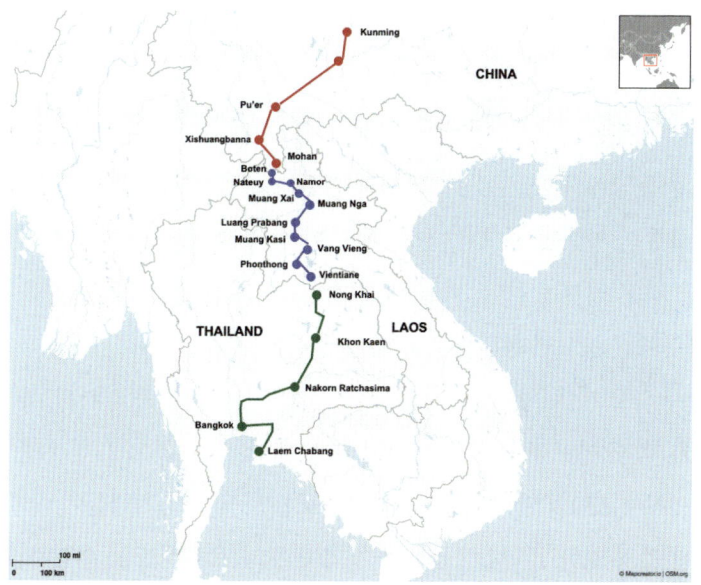

[그림 6] 중국 쿤밍(Kunming)과 라오스 비엔티엔(Vientiane)을 연결하는 중국-라오스 철로의 주요 구간을 보여주는 지도. *출처 : World Bank (China Global South Project에서 재인용[73])

---

72 Lao-China Railway Company Limited

73 BOT(Build-Operate-Transfer) 방식은 개발업자가 자기 자금을 투입하여 건설하고(build), 일정 기간 직접 운영하여 수익을 얻은(operate), 이후 국가나 지방자치단체에 소유권을 넘기는 (transfer) 개발 방식이다.

라오스뿐만 아니라 동남아시아 전 지역은 중국과 교류가 가장 많은 지역이다. 특히, 최근 20여 년 동안의 중국과 아세안 간의 경제 협력 관계를 보면 그 성장 속도가 가히 무서울 정도다. 2000년 중국과 아세안 간의 교역 규모가 400억 달러였으나, 2022년 기준 그 규모는 9,750억 달러에 이른다. 거의 1조 달러에 육박한다. 25배 증가한 수준이다.[75] 아세안에게 중국은 2009년 이후 최대 교역 대상이었으며, 2020년부터는 중국에게도 아세안은 최대의 교역 파트너로 부상했다.

일대일로 발표 이전 중국과 동남아국가들은 이미 오랫동안 긴밀한 관계를 맺어 왔다. 태국, 베트남, 미얀마, 캄보디아, 라오스와 같은 내륙 동남아국가들은 중국과 직간접적으로 육상으로 연결되어 있어 국경 지역의 두 나라 사이에서는 매일 주민들이 국경을 넘나들면서 공식, 비공식 경제 활동을 이어 왔다. 인도네시아, 말레이시아, 필리핀, 브루나이, 싱가포르 등 해양 동남아국가들은 남중국해와 연결되어 있다. 에너지, 자원 그리고 여타 물류의 이동에 중요한 해상 수송로를 공유하고 있는 셈이다. 영유권 분쟁을 겪고 있기는 하나, 이들 해양 동남아국가들은 일대일로 가운데 '일로' 부분에서 중요한 통과지점이 되는 국가들이다.

환구시보가 두 번째로 기사를 게재한 지역은 아프리카다. 중국은 2009년 이후 아프리카 대륙 최대의 교역 대상 국가다. 2022년 기준 양측 간 교역은 2,820억 달러 규모다. 환구시보는 중국 국영기업들이 아프리카 전역에 걸쳐 지난 10년간 1,600여 개의 인프라 프로젝트를 수행하였다고

---

74 https://chinaglobalsouth.com/analysis/china-laos-railway-brings-higher-mobility-employment-as-profit-concerns-linger/

75 두 시기에 미국과 아세안의 교역 규모를 비교해 보면 2000년 1,350억 달러, 2022년 3,000억 달러로, 두 배 조금 더 증가한 수준이다.

소개하였다. 아울러, "부채 함정"이라는 용어는 서방에서 아프리카의 발전을 폄훼하려는 시도에 불과하다는 것이 아프리카 국가들의 생각이라고도 전했다. 현장을 취재한 대상 국가는 케냐, 에티오피아, 마다가스카르 3개국이다.

케냐의 경우 인도양 몸바사 항구에서 수도 나이로비까지 잇는 철도 프로젝트를 소개했다. 2017년 5월 개통했는데, 10시간 걸리던 나이로비와 몸바사 472km 구간의 여행 시간을 4시간 이내로 줄였다. 그리고 개통 이후 6년간 1,000만 명 이상의 승객과 2,700만 톤의 화물을 수송하였다고 소개했다. 기사 내용 가운데 흥미로운 부분은 이 철로 구간 가운데 야생동물 보호구역 구간에서는 6.5m 높이의 교량 형태의 철로를 건설했다고 소개하고 있다. 이는 일대일로에 의한 철도 건설이 현지 야생동물의 생태계를 교란한다는 서방권의 비판을 반박하려는 의도로 보인다. 케냐를 여행하는 우리나라 여행객들도 이 기차를 탑승하는 경우가 꽤 있는데, 여행객들은 "케냐 고속철도"라고 쓰는 듯하다. 그러나 시속 120km 속도여서 엄밀히 고속철이라 하기는 어려울 듯하다. 케냐 현지에서 쓰고 있는 명칭은 "몸바사-나이로비 표준궤 철도(Mombasa-Nairobi Standard Gauge Railway)"다. 표준궤는 철도 선로의 궤 구간이 1,435mm인 것을 일컫는데, 우리나라 철도 역시 이 규격을 따르고 있다. 이보다 넓은 것은 광궤, 좁은 것은 협궤라 한다.[76]

표준궤 철도 건설에 소요된 비용은 36억 달러인데, 이 가운데 30억 달러를 중국 수출입은행의 차관으로 조달했다. 환구시보에서 성공사례로 소개하고는 있으나, 실제 운영 첫해부터 1억 달러의 적자가 발생하면서

---

[76] 표준궤는 유럽 다수 국가와 중국, 한국 등이 활용하고 있다. 태국 및 말레이시아(1,000mm), 러시아 및 인근 국가들(1,520mm), 인도 및 남아시아 (1,676mm) 등 궤의 기준이 다양하다.

케냐 정부를 압박하였다. 2019년부터는 중국 수출입은행에 대한 부채 상환도 시작되면서 케냐 정부는 철도 사용을 억지로 늘리고자 했고, 이에 수입업자들이 수입 물품을 철도로만 운송하도록 강제하기도 하였다. 이는 트럭 운전사들의 대규모 실직 사태를 초래하기도 하였다. 다시 말해 표준궤 철도는 케냐 국내 정치적으로 논란의 대상이 되었으며, 실제 2022년 케냐 대선 과정에서 쟁점이 되기도 하였다. 2022년 9월 대선에서는 야권 후보 윌리암 루토(William Ruto) 후보가 당선되었다. 2022년 대선 직전 뉴욕 타임즈는 표준궤 철도를 둘러싼 논란과 문제점에 대해 보도하였고, 이 기사에서 표준궤 철도를 비판한 내용 중에는 철로가 나이로비 국립 공원을 지나가고 있는 부분도 포함하고 있다.[77]

다음으로 소개하고 있는 나라는 에티오피아인데, 에티오피아-지부티 철도를 소개했다. 2018년 완성된 750km 구간으로 전철화되어 있으며, 국경을 넘는 이런 전철화된 형태의 철로는 아프리카에서 처음이라고 소개했다. 기존 5~6일 걸리던 여행 시간을 하루로 줄였고, 비용 측면에서도 다른 육상 이동 수단에 비해 절반 정도라고 했다. 철도 개통 단 5년만에 지출한 비용을 회수할 정도로 경제성이 높다고도 소개했다. 유사한 인프라 사업으로 콩고 공화국(Republic of the Congo)[78] 수도 브라자빌(Brazza-ville)에서 해상도시 포인트 누아르(Pointe-Noire)를 연결하는 535km 구간의 1번 국도 건설, 나이지리아 최대규모 도시 라고스(Lagos)에 건설된 심해 항만 등에 대해서도 소개했다.

---

77 https://www.nytimes.com/2022/08/07/world/africa/kenya-election-train.html

78 콩고 공화국은 콩고민주공화국(DRC: Democratic Republic of the Congo)과 다른 나라인데, DRC의 수도는 킨샤사(Kinshasa)다. 킨샤사는 브라자빌과 콩고강을 사이에 두고 서로 가까이 마주보고 있다.

환구시보에서는 아프리카 일부 국가만을 다루고 있지만, 사실 중국은 오랫동안 54개 아프리카 모든 나라에 공을 들여 왔다.[79] 그 관계를 상징하는 대표적인 협의체가 중국-아프리카 포럼(FOCAC: Forum of China Africa Cooperation)이다. 2000년 첫 회의는 장관급으로 베이징에서 개최되었고, 정상급으로 격상된 것은 2006년 회의부터였다. 3년 단위로 중국과 아프리카에서 번갈아 가며 회의를 개최한다. 정상회의에는 아프리카 정상 대부분이 참석한다. 2024년 9월 베이징에서 개최된 제9차 포럼에서 시진핑 주석은 향후 3년간 아프리카에 507억 달러 이상의 개발자금을 지원하겠다고 발표했다. 2021년 세네갈에서 개최된 제8차 포럼에서는 2022년부터 2024년까지 아프리카로부터 3,000억 달러 규모의 물품을 수입하기로 약속했다. 또한, 2000년부터 2020년까지 아프리카에 대한 중국의 대출액 규모가 약 5배 증가하여 7,000억 달러에 달했으며, 중국 금융기관은 아프리카의 공공 및 민간 부채의 약 12%를 차지하고 있다.

한편, 중국이 아프리카에 제공하는 원조사업 중에는 대통령 궁이나 의회 건물을 지어주는 경우가 많다. 이를 일부에서는 "궁궐 외교"(palace diplomacy)라고 이름 붙이면서 비판한다. 그러나, 해당 국가 입장에서는 국가의 상징물에 해당하는 건물들을 중국이 상당 부분의 자금을 제공하여 건설하고, 넘겨주는 데 대해 마다할 이유가 없다. 이를 통해 혜택을 받는 국가의 최고 지도자가 베이징에 대해 강력한 호감과 지지를 보낼 수밖에 없게 만드는 것이다. 미국 보수 싱크탱크 헤리티지 재단 조슈아 메저베이(Joshua Meservey) 연구원은 2020년 6월 이 문제를 다룬 보고서를 발

---

79 중국은 에스와티니(Eswatini)를 제외한 아프리카 모든 나라에 대사관을 설치하고 있다. 에스와티니는 아프리카 남동부, 즉 남아공과 모잠비크 사이에 위치한 인구 120만 여명의 작은 왕국이다. 과거 스와질랜드라는 영어식 명칭으로 불렸으나, 2018년 국명을 변경하였다. 아프리카 국가 가운데 유일하게 대만과 외교관계를 맺고 있다.

간하였다.[80] 제목은 "아프리카에서 전개되는 중국의 궁궐 외교(China's Palace Diplomacy in Africa)"다.[81] 그에 의하면, 1966년 이후 중국이 아프리카에서 186개의 정부 건물을 새로 신축하거나 개보수하였다고 하였다. 이 가운데 24개는 국가 정상의 집무실이거나 관저라고 하였다. 조슈아 연구원은 중국의 이러한 매력 공세(charm offensive)로 인해 아프리카 국가들은 베이징의 가장 든든한 조력자가 되었다고 비꼬았다.

환구시보가 세 번째로 기사를 게재한 지역은 중앙아시아다. 여기서는 카자흐스탄을 찾았다. 2022년 기준 중국과 중앙아시아 5개국과의 총 교역 규모는 700억 달러인데, 이 가운데 카자흐스탄과의 교역이 310억 달러다. 카자흐스탄은 2013년 시진핑 주석이 일대일로를 처음으로 발표한 곳이기도 하다. 2013년 9월 시진핑 주석은 카자흐스탄 나자르바예프 대학(Nazarbayev University)을 방문하여 행한 연설에서 "실크로드 경제 벨트"를 언급하였다. 2023년 9월 환구시보는 카자흐스탄을 일대일로 구상에 있어 "린치핀(lynchpin)"이라고 표현했다. 린치핀은 마차나 수레의 나무 바퀴(wheel)가 회전하는 고정 구동축(axle)에 잘 연결되고 붙어 있도록 꽂는 핀 장치이다. 마차의 바퀴가 충격이나 흔들림에 잘 견디며 굴러가려면 린치핀이 없으면 불가능하다. 조직으로 치면 없어서는 안 될 핵심 인물이다. 외교적으로는 꼭 필요한 동반자라는 의미도 있겠다. 사실 "린치핀"은 한국과 미국 사이의 견고한 동맹 관계를 표현할 때 자주 등장하는 용어인데, 환구시보가 이 단어를 카자흐스탄에 대해 사용한 것이 흥미롭다.

카자흐스탄을 포함한 중앙아시아 5개국은 중국의 일대일로 구상 가

---

80 조슈아 연구원은 현재는 헤리티지 연구소를 떠나, 허드슨 연구소(Hudson Institute)연구원으로 있다.

81 https://www.heritage.org/africa/commentary/chinas-palace-diplomacy-africa

운데, 특히 '일대'의 요충지라 할 수 있다. 유럽으로 통하는 지역이라는 점에서 경제적으로도 중요하지만, 이 지역의 안정이 중국의 안보에도 중요하다. 시진핑 주석이 일대일로 구상을 처음 발표했던 곳도 그래서 카자흐스탄이었다. 2023년 5월 시진핑 주석은 중국 산시성 시안(西安)에 중앙아시아 5개국 정상들을 초청하여 제1차 중국-중앙아시아 정상회의를 개최하였다. 중국과 이들 5개국이 수교를 맺은 지 30여 년 만에 처음으로 개최되는 회의체다. 산시성의 성도인 시안은 진시황의 병마용(terra-cota warriors)으로 잘 알려져 있으며, 과거 중국 실크로드의 출발점이기도 한 도시다. 회의 개최지 선정에서부터 중앙아시아 국가들이 중국의 일대일로 구상에서 차지하는 비중이나 상징성을 보여주려 했던 것으로 이해된다. 그리고 공교롭게 2023년 5월은 일본 히로시마에서 G7 정상회의가 개최되던 같은 시기였다.

오랜 기간 러시아와 깊은 관계를 맺어 온 중앙아시아로서도 일대일로 구상은 러시아 이외의 주요 국가와 관계를 강화하는 기회로 받아들여진다. 그리고 국내 정치적 이유로 폐쇄적인 국제관계를 유지했던 이들로서는 중국의 대규모 투자 진출을 유치하고, 이를 통한 자신들의 대외 개방에 큰 도움이 된다고 느끼는 것이다. 특히, 이 지역의 국가들은 동아시아와 유럽을 연결하는 자신들의 지리적이고 전략적인 위상을 최대한 활용하려는 의도가 있었는데, 2013년 중국의 일대일로 구상은 매우 반가운 일이 아닐 수 없었다. 우즈베키스탄, 카자흐스탄 두 국가를 중심으로 하여 키르기즈스탄, 타지키스탄, 투르크메니스탄 등 5개 국가에 대한 일대일로 사업에 150억 달러 이상이 투입된 것으로 알려져 있다.

한편, 2023년 10월 개최된 제3차 일대일로 포럼에서 시진핑 주석이 8가지의 새로운 정책 방향을 언급하였으며, 이 가운데 첫 번째가 "다차원적인 연계성 네트워크"의 구축이다. 그러면서 구체적인 사례로 언급한 것이 중국과 유럽을 잇는 열차 수송로의 추가 개발이었다. 현재 운행되고 있는 중국-유럽 철도는 당초 2011년에 처음 운항되었는데, 중국 허난성 정저우(鄭州)에서 출발하여 러시아 모스크바를 거쳐 독일 함부르크까지 이어진다. 그러나 2012년 이 철도를 이용한 열차는 불과 42대였다. 그러나, 중국-유럽 철도를 이용하는 화물 열차는 2013년 일대일로 발표 이후부터는 급격히 늘어나기 시작하는데, 중국 당국의 발표에 의하면 2022년 기준 1만 6,000대로 늘어났다. 그리고 중국-카자흐스탄-러시아를 거쳐 서유럽으로 이어지는 철로 외에 중앙아시아를 통과하여 이란과 튀르키예를 거쳐 유럽으로 이어지는 중국-유럽 철도의 추가 개발이 진행되고 있다. [그림 7]에서 검은색 긴 점선("planned western route"로 표기)으로 되어 있는 구간이다. 러시아를 거치지 않는다. 중국과 유럽 간의 해상 수송로가

China Railway Express routes

— Eastern route   — Central route   — Existing Western route
--- Planned Western route   ····· Cross-sea train-ferry intermodal transport

Source: China Railway Express Construction and Development Plan (2016-20)   SCMP

[그림 7] 중국-카자흐스탄-러시아를 거쳐 서유럽으로 이어지는 철로 외에 중앙아시아를 통과하여 이란과 튀르키예를 거쳐 유럽으로 이어지는 중국-유럽 철도의 추가 개발이 진행 중이다. 검은색 긴 점선("planned western route"로 표기)으로 되어 있는 구간으로. 러시아를 거치지 않는다. *출처 : 중국 철도 건설개발 계획(SCMP에서 재인용)[81]

50여 일 소요되는 데 비해, 현재 활용되고 있는 열차 수송로 덕분에 해상 수송보다 절반 가까이 운송 시간이 단축되었으며, 추가로 중앙아시아를 통과하는 중국-유럽 철도가 완공되면 운송 시간은 더욱 줄어들 것으로 기대하고 있다.

그리고 이 새로운 열차 수송로는 아래 지도에서처럼 중앙아시아 5개국을 통과하게 된다. 이를 통해 '일대'에서 중앙아시아가 차지하는 부분을 잘 알 수 있다. CSIS에서 만든 지도에 드러난 도시 가운데에는 중국과 카자흐스탄의 국경도시 호르고스(Huoerguosi)[83], 카자흐스탄의 과거 수도 그리고 현 경제중심도시인 알마티(Almaty), 키르기즈스탄의 수도 비슈케크(Bishkek), 과거 실크로드의 중심지였던 우즈베키스탄의 사마르칸드(Samarkand)[84], 타지키스탄의 수도 듀산베(Dushanbe) 등이 있다. 그리고 듀산베와 이란의 테헤란까지 사이에 투르크메니스탄이 있다.

환구시보가 네 번째로 기사를 게재한 지역은 남태평양이다. 특히 취재단이 솔로몬 제도와 피지를 방문한 기사를 게재하였다. 시작 부분에 일대일로를 칭송하는 솔로몬 제도 머내시 소가바레(Manasseh Sogavare) 총리의 인터뷰 내용을 실었다. "솔로몬 제도는 일대일로 구상의 일원으로

---

82 "Explainer | What is the China-Europe Railway Express, and how much pressure is it under from the Ukraine crisis?" (Ji Siqi, 2022.3.6.) https://www.scmp.com/economy/global-economy/article/3169239/what-china-europe-railway-express-and-how-much-pressure-it

83 호르고스는 중국과 카자흐스탄 국경 양쪽에 위치한 유사한 이름의 도시인데, Khorgos로 쓰기도 한다. 중국 국경쪽으로는 신장성에 위치하고 있다.

84 사마르칸드는 16세기 대항해시대 이전까지 아시아와 유럽, 동서 문명을 연결하던 실크로드의 중심도시 가운데 하나였다. 14세기 후반에는 티무르(Timur, 역사학계에서는 튀르크화된 몽골인으로 평가)가 몽골 제국과 이슬람 제국의 동시 재건의 기치를 내걸고 사마르칸드를 중심으로 하여 티무르 제국을 세우기도 했다.

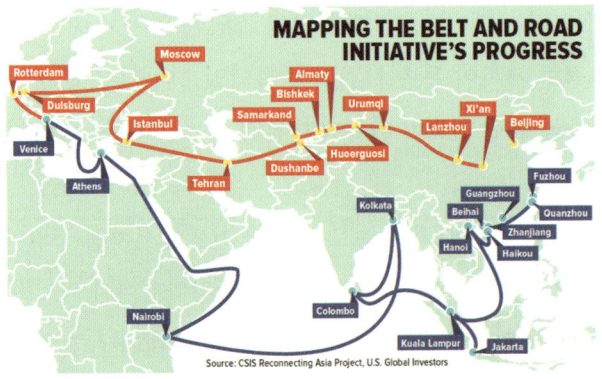

[그림 8] 일대일로에서 중앙아시아가 차지하는 지리적 중요성을 보여준다.
*출처 : CSIS Reconnecting Asia Project.

중국과 긴밀히 공조하고 있다. 일대일로는 솔로몬 제도의 발전에 필수적인 인프라 개발의 원동력이 되고 있다. 일대일로에 참여한 것에 자부심을 느낀다." 또한, 중국의 일대일로 투자 사례로 솔로몬 제도 최대의 종합 경기장을 소개했다. 이에 힘입어 솔로몬 제도가 태평양 도서국들의 올림픽에 해당하는 '태평양 게임(Pacific Games)' 2023년 개최국이라고도 소개했다.

이어서 피지에서는 중국인 전문가로부터 버섯 재배기술을 전파받고 있는 현지 농업인들을 소개했다. 이 재배기술은 중국이 자랑하는 준차오(juncao) 기술이다. '준차오'에서 '준'은 버섯(菌), '차오'는 풀(草)이다. 중국에서는 1980년대에 개발된 기술로 알려져 있고, 2000년대 들어서는 해외 개도국 농업을 지원하는 기술로 전파되고 있다. 준차오는 버섯의 인공재배 기술인데, 풀을 기저 균사체로 이용하는 것이다.[84] 버섯 재배 후에 이풀은 다시 가축의 사료로도 활용된다. 중국 정부는 기온, 수분, 토양 등 기후에 따른 제약을 극복하여 식용 버섯을 재배할 수 있는 기술로 선전하고 있고, 또한 빈곤 해소와 식량 문제 해결에 기여하는 것으로 홍보하고 있

다. 시진핑 주석이 직접 나서서 준차오 기술을 홍보하기도 한다. 환구시보
는 피지를 포함한 태평양 도서국에 대한 이러한 농업기술 전파사업 역시
일대일로의 성과로 선전하였다.

남태평양 도서국들은 14개 주권 국가들로 구성된 지역으로, 인구는 이
들 모두를 합쳐 1,300만 명 정도이다. 경제적으로 낙후돼 있는 데다, 지리
적 취약성, 기후변화의 영향을 직접적으로 받는 상황으로 모든 남태평양
도서 국가들은 대외원조에 대한 의존도가 높다.

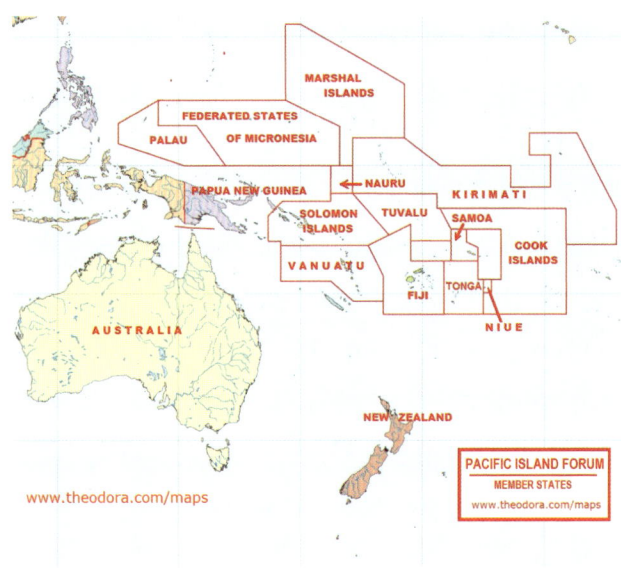

[그림 9] 남태평양 도서국들은 14개 주권 국가들로 대부분 대외원조 의존도가 높다.

85 버섯은 균사체와 자실체 두 개의 주요 부분으로 나눠진다. 균사체란 버섯의 뿌리에 해당한다.
버섯이 생존하기 위해 영양을 흡수하는 기관으로 식물의 뿌리와 같은 역할을 맡고 있다. 우리
가 먹는 버섯은 균사체는 아니고, 땅 위에 나와 있는 부분으로 이는 자실체라 한다. 버섯의 몸
체에 해당한다. 균사체는 자실체를 키우고 성장시키기 위해 자실체보다 훨씬 더 많은 영양소
를 함유하고 있다. 바이오 식품업체들은 이러한 점에 착안하여 균사체를 활용하여 영양식품
및 건강식품을 만드는 방안을 연구하고 있다.

제2차 세계대전 당시 일본에 의해 촉발된 태평양 전선에서 군수지원이나 병력을 전개하는 데 있어 남태평양 도서국들을 누가 통제하고 있느냐는 전쟁의 승패에 매우 중요한 요소였다. 다만 2차 대전 이후에는 비교적 지정학적으로나 국제정치적으로 크게 주목받지 않고, 조용한 시기를 보내왔다. 그러던 중 2000년대 들어 이 지역에서 중국의 행보가 활발해졌다. 남태평양 도서국들에 대한 중국의 통상 투자 관계, 개발협력 관계는 2020년을 전후하면서 괄목할 만한 증가세를 보였다. 현재 모든 남태평양 도서국들의 최대 교역 상대는 중국이며, 솔로몬 제도의 경우 전체 교역 규모 가운데 중국과의 비중이 50%에 이르고 있다.

유무상 원조 규모에 있어서는 호주가 전체 공여국 원조의 약 40%를 점하고 있으나, 중국은 뉴질랜드, 일본과 같은 9% 비중으로 이미 8%의 미국을 앞서고 있다.[86] 남태평양 도서국에서의 중국의 위상과 영향력이 고조된다는 것은 전통적으로 명실공히 이 지역의 리더 국가로 이해되고 있는 호주에게는 불편한 상황이다. 호주의 안보 상황과 안보 우려의 패러다임이 달라진다는 것을 의미하기 때문이다. 미국에게도 마찬가지다. 미국은 특히 이 지역 3개국, 마이크로네시아 연방, 마샬 제도, 팔라우 등과 1980-90년대부터 자유연합협약(COFA: Compacts of Free Association)을 맺고 있다. 이 협약을 통해 미국은 이들 국가를 미국의 군사작전에 이용할 수 있다. 남태평양 미국령 괌(Guam)에 소재한 미국의 군사기지와 함께 자유연합협약은 미국의 인도 태평양 지역에 대한 군사 투사력에 중요한 역할을 하고 있다. 대만 해협이나 남중국해, 동중국해, 한반도에서의 유사시 미국의 군사 자산 전개에도 중대한 기여를 하게 될 것이다.

---

86 각국의 남태평양 도서국에 대한 원조 현황을 잘 보여주고 있는 호주 시드니의 로위 연구소(Lowy Institute) 자료에서 확인할 수 있다. https://pacificaidmap.lowyinstitute.org/

한편, 태평양 도서국에 대한 중국의 행보에 대해서는 대만 역시 불편한 상황이었다. 대만은 2024년 6월 현재 전 세계 12개 국가와 공식 외교관계를 맺고 있는데, 이 가운데 3개국(마샬 제도, 팔라우, 투발루)이 남태평양 도서국이다. 솔로몬 제도는 2019년 대만과 단교하고, 중국과 수교하였다. 인근 도서국 키리바시(Kiribati) 역시 같은 해 동일한 조치를 발표했다. 2024년 1월 들어서면서는 나우루(Nauru)가 대만과의 단교 조치를 발표하였다.[87]

한편, 2022년 상반기 중 중국의 행보는 이 지역에 이해관계를 갖고 있던 미국과 호주를 놀라게 하면서, 남태평양 도서국, 특히 솔로몬 제도가 국제사회의 주요 뉴스로 부각하였다. 기존의 경제통상, 개발원조가 아닌 중국의 정치 군사적 행보가 알려졌기 때문이다. 그 내용은 2022년 들어 중국과 솔로몬 제도 간에 '안보 조약'을 추진하고 있다는 것이었다. 급기야 3월에 들어서는 안보 조약 초안으로 추정되는 문건이 뉴질랜드의 한 대학 교수에 의해 SNS상에 알려지기에 이르렀다. 곧바로 머내시 소가바레(Mannasseh Sogavare) 솔로몬 제도 총리는 공개적으로 중국과의 안보 조약 추진 사실을 인정하면서, 안보 파트너의 다변화라는 관점에서 이를 정당화하였다. 그리고 안보 조약의 특성상 비공개리에 추진해 왔던 점 역시 정당화하면서 협상 추진 사실이 공개된 부분에 대해서는 불만을 표출하였다.

---

[87] 남태평양 도서국들의 중국과 대만 사이의 외교관계는 부침을 거듭하였다. 키리바시는 1980-2003년 중국, 2003-2019년 대만, 그리고 2019년 다시 중국과 수교하였다. 나우루는 1980-2002년 대만, 2002-2005년 중국, 그리고 2005년 이후 대만과 수교하고 있다. 파푸아 뉴기니는 1978-1999년 중국, 1999년 잠시 대만과 수교 후 곧바로 다시 중국과 수교하였다. 솔로몬 제도는 1978-2019년 대만, 2019년 이후 지금까지 중국과 수교하고 있다. 바누아투는 1982-2014년 중국, 2014년 잠시 대만과 수교 후 곧바로 다시 중국과 수교하였다.

이러한 상황에서 호주와 미국은 솔로몬 제도에 4월 하순 고위 관료들을 급파하여 중국과의 안보 조약 추진을 저지하려고 노력하였다. 그러나 중국과 솔로몬 제도 양국은 4월 20일 전격적으로 상호 안보 조약을 체결하였다고 발표했다. 의회에 출석한 소가바레 총리는 "모든 국가와 우호 관계를 갖고, 누구도 적으로 삼지 않는다(Friends to all and Enemies to none)." 라는 솔로몬 제도의 외교 정책에 따라 중국과의 안보 협력을 추진한 것이라고 하면서, "두 눈을 부릅뜨고 국익에 기초하여 조약을 체결한 것이라는 점을 국민들에게 분명히 한다."라고 주장하였다. 같은 해 6월 초 왕이 중국 외교부장은 파푸아 뉴기니에서 기자들과 만난 자리에서 솔로몬 제도와의 안보 조약 체결에 대한 질문을 받고는 안보 조약은 "솔로몬 제도의 요청에 의해 동등한 위치에서 협의를 통해 추진된 것이며, 그 목적은 솔로몬 제도의 사회 질서 유지를 지원하는 것"이라고 하였다. 이어 그는 "중국은 누구에게도 그 어떤 것도 강요하지 않는다."라고 했다.[88] 안보 조약의 내용은 이후에도 공개되지는 않았으나, 솔로몬 제도의 국내사회적 소요사태 등 유사시에 중국 치안력의 지원을 받으려는 것으로 이해되고 있으며, 현재까지 중국의 해군력 주둔을 위한 항만 건설 등의 움직임은 포착되지 않고 있다. 이러한 에피소드는 남태평양 도서국에 대한 주요 국가들의 관심이 증대되는 결과를 낳는데, 미국은 2023년 2월 솔로몬 제도에 상주하게 될 대사관 재개설 작업을 마무리하고 업무를 개시한다고 발표했다. 1993년 대사관 폐쇄 이후 30년 만이다.

환구시보가 다섯 번째로 기사를 게재한 지역은 중부 및 동부 유럽이

---

[88] 2022년 5월 말부터 6월 초까지 태평양 도서국 8개국을 순방한 왕이 당시 외교부장은 파푸아 뉴기니에서 기자들과 만난 자리에서 솔로몬 제도와의 안보 조약 체결에 대해 이렇게 답변했다. (http://www.fmprc.gov.cn/eng/zxxx_662805/202206/t20220603_10698478.html)

다. 헝가리, 세르비아, 그리스 등 3개국을 취재하였다. 특히, 중국에서 대규모 자본을 투입하여 추진 중인 헝가리와 세르비아 사이의 철도 현대화 사업을 소개하면서, 사업이 완료되면 부다페스트와 베오그라드 사이에 기존 8시간 걸리던 이동시간이 3시간 이내로 줄어들 것으로 기대된다고 하였다.[89]

그리스의 경우에는 2016년 중국 코스코 해운(COSCO Shipping Group)이 피리우스 항만(Piraeus Port)을 인수하여 개발하고 있는 사례를 소개하였다. 피리우스 항만은 아테네 인근의 대규모 항구인데, 여행객

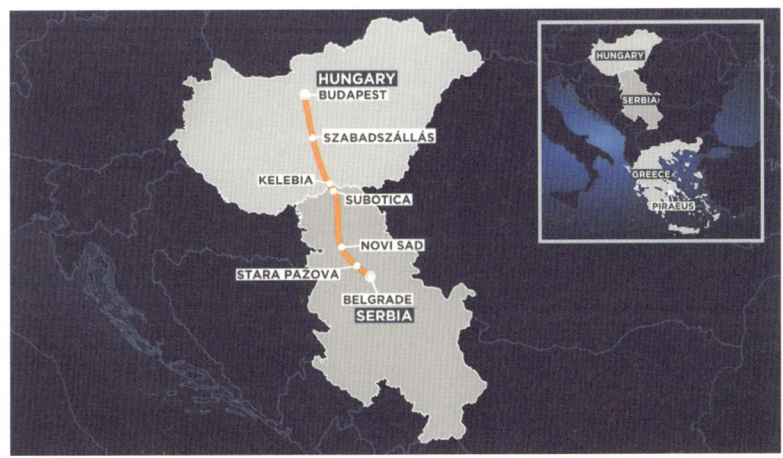

[그림 10] 중국에서 대규모 자본을 투입해 개발 중인 중부와 동부 유럽의 헝가리, 세르비아 사이의 철도 현대화 사업이다. 이 사업이 완료되면 부다페스트와 베오그라드 사이에 기존 8시간 걸리던 이동 시간이 3시간 이내로 줄어들 것으로 기대된다고 2023년 12월 한 중국언론은 전했다. *출처 : EuroNews https://www.euronews.com/my-europe/2020/10/06/will-the-4bn-belgrade-budapest-rail-upgrade-be-a-benefit-or-burden

---

89 중국 신화뉴스(2023.12.22.)는 세르비아의 알렉산더 부치치(Aleksandar Vucic) 대통령이 세르비아-헝가리 철도의 세르비아측 건설 현장 방문 소식을 전하면서, 부치치 대통령이 2024년 말까지는 세르비아측 철로는 건설이 완료될 것이며, 2026년까지 헝가리측 철로가 완공되면 베오그라드와 부다페스트 이동시간은 3시간 이내로 줄어든다고 했다고 보도했다. (https://english.news.cn/20231222/5462911cc3b94deda0f7232dac45964c/c.html)

수송 측면에서나 화물 처리 면에서 전체 유럽에서 5-6위권에 들어가는 대형 항만이다. 항만 운영 회사인 Piraeus Port Authority 지분의 70%를 중국 코스코 해운이 보유하고 있는 것으로 알려져 있다.

한편, 헝가리와 세르비아는 현 집권 지도부가 친중국적인 성향을 보여왔다. 헝가리의 빅토르 오르반(Viktor Orban) 총리는 보수적 민족주의자로 분류된다. 2010년부터 헝가리 총리 자리를 지키고 있다. 헝가리는 2015년에 일찍이 시진핑 정부가 추진한 일대일로 정책에 가입했으며, EU 회원국 중에서 가장 친중국적이라는 평가를 받는다. 러시아의 우크라이나 침공에 대해서도 친 푸틴 성향을 보이고 있으며, 스웨덴의 나토 가입에 대해서도 나토 회원국 가운데 가장 늦게 비준 조치를 취했다. 헝가리의 미온적 태도로 스웨덴은 나토 가입 신청 후 2년이나 지난 2023년 3월 정식으로 나토 회원국이 되었다. 2017년부터 세르비아 대통령을 역임하고 있는 부치치 대통령 역시 친러 및 친중 성향을 보인다. 자신이 이끄는 세르비아 혁신당(SNS)의 연정 상대는 명칭에서도 알 수 있듯이 사회주의 성향을 띄는 세르비아사회당(SPS)이다. 오르반 총리와 부치치 대통령은 러시아의 푸틴 대통령과 함께 2023년 10월 제3차 일대일로 포럼에 참석한 유럽 정상 3인방이기도 하다.

지난 10년간 일대일로에 대해서는 여러 평가가 있었다. 아시아에서 중국의 지정학적 우위를 확보하고, 미국에 대항하기 위한 전략으로서 일대일로를 바라보는 시각이 서방권에서는 다수 존재해 왔다. 이러한 맥락에서 일대일로를 부정적으로 바라보고 비판하는 대표적 설명이 바로 지원 대상 국가에 대한 금융 지원이 결국 대상 국가에는 감당하기 어려운 부담이 된다는 논리이다. 여기서 '부채 함정(debt trap)'이라는 용어가 등장한다. 중국이 지원 대상 국가를 부채의 함정에 빠뜨리고, 헤어나지 못하면 이를 빌미로 중국에 유리한 정치·경제·외교적 이득을 취하려 한다는 것이다. 부채 함정이란 용어는 중국의 자금 지원으로 건설 중이던 스리랑카 함반토타 항구(Hambantota Port)와 관련하여 2017년 인도의 싱크탱크에서 사용한 데서 유래하였다. 이후 언론에서나 학계, 심지어 정부 정책 결정자들 사이에서 일대일로의 부정적 측면을 묘사하는 과정에 보편적으로 활용되고 있다.

이러한 인식을 대표적으로 보여주는 사례가 미국 트럼프 1기 행정부 시절 국가안보 보좌관을 지냈던 존 볼턴(John Bolton)의 발언이다. 2018년 12월 볼턴 당시 보좌관은 미국 보수 싱크탱크인 헤리티지 재단에서 "새로운 아프리카 전략(A New Africa Strategy: Expanding Economic and Security Ties on the Basis of Mutual Respect)"에 대해 연설하였다. 새로운 아프리카 정책의 3대 기조를 "아프리카와의 무역 통상 관계 증진", "아프리카에서의 폭력적 갈등 상황에 따른 위협에 대응", "무차별적인 원조를 지양하고 우선 순위에 따른 효과적인 대외원조 시행" 등으로 설명하였다. 이 과정에서 중국의 일대일로에 대해 매우 직접적이고 원색적으로 이렇게 비난하였다.

"중국은 뇌물과 투명하지 않은 협정을 활용한다. 그리고 부채를 이용하여 아프리카 국가들을 꼼짝 못 하게 하여 베이징의 요구대로 움직이게 만든다. 투자사업들은 부패로 얼룩져 있고, 미국의 개발 프로그램이 추구하는 환경이나 윤리적 기준을 충족하지 못한다. 그러한 포식자 같은 행위(predatory actions)는 일대일로 등 중국의 전략적 구상의 하위 요소를 구성하고 있다. 그리고 일대일로 구상은 중국의 무역 통로를 개발하는 계획인데, 궁극적인 목표는 중국의 전 세계 지배를 추구하는 것이다." 이어서 볼튼 보좌관은 잠비아와 지부티의 구체적인 부채 상황을 언급하며, 일대일로 사업의 부정적 측면을 부각하려 하였다. 잠비아는 100억 달러 가까이 중국에 부채를 안고 있는데, 제때 상환이 어려워지자 중국은 잠비아의 국영 전력회사를 포함하여 인프라 관련 기업들을 탈취하려 한다고 했다. 지부티의 경우에도 부채 규모가 GDP 대비 최대 85%에 달하는데, 대부분 중국으로부터의 부채라고 하고, 부채 상환이 여의치 않자 지부티에 군사기지를 설치했다고 하였다.[89] 존 볼튼 보좌관이 워낙 강경 보수주의자인 데다 표현이 직설적인 인사이다 보니 과한 부분이 있어 보이지만, 사실 이러한 논조나 표현은 트럼프 행정부 시절 일관되고 지속적으로 드러난다. 렉스 틸러슨 당시 국무장관도 예외는 아니다. 공개적인 연설에서 중국이 포식자 같은 행동을 하고 있다고 거칠게 비판하였다.[90]

중국의 일대일로 구상에 따른 인프라 프로젝트 사업이 확대되어감에 따라 미국 정부는 호주, 일본과 3자 연대를 구축하여 인도 태평양 지역에서의 인프라 구축에 자신들의 금융 지원을 강화하려고 노력하였다. 지역에 있는 개도국들에 중국 이외의 대안을 마련하겠다는 의지로 보인다. 이 과정에서 1970년대부터 해외 개발금융지원 사업을 총괄해왔던 해외민간투자공사(OPIC: Overseas Private Investment Corporation)는 미국 국제개발처(USAID: US Agency for International Development) 내의 개발금융 부서[91]와 통합하여 2019년 국제 개발금융공사(DFC: Development Finance Corporation)로 새로이 출범하였다. DFC 설치에 대해서는 2018년 10월 미국 의회를 통과한 바이든 행정부의 BUILD 법령(BUILD Act)[92]에 포함되어 있었는데, 1년여 지난 2019년 12월 공식 출범하였다. OPIC의 총 투자 한도는 290억 달러였으나, DFC에 대해서는 600억 달러로 늘어났다. 대출 업무 외에 지분 투자도 가능해졌고, 특정 투자에 대한 미국 시민권 요건 역시 완화하였다. 인도 태평양과 아프리카 중남미 지역의 개도국에 중국 일대일로 이외의 대안으로 "양질의 그리고 높은 환경과 윤리 기준의 인프라 사업(high quality infrastructure with high environmental and ethical standards)"을 수행할 수 있는 선택지를 제시하

---

90 볼튼 보좌관의 실제 언급 내용은 다음과 같다. "China uses bribes, opaque agreements, and the strategic use of debt to hold states in Africa captive to Beijing's wishes and demands. Its investment ventures are riddled with corruption and do not meet the same environmental or ethical standards as U.S. developmental programs. Such predatory actions are sub-components of broader Chinese strategic initiatives, including "One Belt, One Road"—a plan to develop a series of trade routes leading to and from China with the ultimate goal of advancing Chinese global dominance. In Africa, we are already seeing the disturbing effects of China's quest to obtain more political, economic, and military power. The nation of Zambia, for example, is currently in debt to China to the tune of $6 to $10 billion dollars. China is now poised to take over Zambia's national power and utility company in order to collect on Zambia's financial obligations. Similarly, from 2014 to 2016, Djibouti's external public debt-to-GDP ratio ballooned from 50 percent to 85 percent, with most of that debt owed to China. In 2017, China established a military base in Djibouti that is only miles from our U.S. base, Camp Lemonnier, which supports critical U.S. operations to counter violent terrorist organizations in East Africa. In May, U.S. officials accused China of using military-grade lasers from this base to target and distract U.S. pilots on 10 different occasions. Two of our American pilots suffered eye injuries from exposure to laser beams. And soon, Djibouti may hand over control of the Doraleh Container Terminal, a strategically located shipping port on the Red Sea, to Chinese state-owned enterprises. Should this occur, the balance of power in the Horn of Africa—astride major arteries of maritime trade between Europe, the Middle East, and South Asia—would shift in favor of China. And our U.S. military personnel at Camp Lemonnier could face further challenges in their efforts to protect the American people."

91 렉스 텔러슨 국무장관의 중국 일대일로에 대한 비판과 관련해서는 이 책 5장 미국 편에 자세히 수록되어 있다.

92 국제개발처 내에 금융 지원사업을 담당하던 Development Credit Authority.

93 BUILD Act는 "Better Utilization of Investments Leading to Development"의 이니셜로 되어 있는 법령인데, 자세한 내용은 이 책 5장 미국 편에서 다루고 있다.

려 한다는 설명이 붙었다.

최근 발표된 DFC 사업으로는 2023년 11월 스리랑카 콜롬보 항만의 서부 터미널 확장사업이 포함되어 있다. 중국의 지원으로 운영되고 있는 함반토타 항구 옆이다. 총 사업 규모는 10억 달러인데, DFC의 지원 규모는 5억 5,000만 달러다. DFC가 스리랑카와 인도의 민간 컨소시엄에 대출하는 형식인데, 투자 발표식에서 DFC 청장은 "이번 터미널 확장사업은 배송 능력을 확장해 국가 부채를 추가하지 않고도 스리랑카의 수익을 창출하는 동시에 지역 전체에서 동맹국의 입지를 강화할 것"이라고 전했다. 스리랑카 주재 미국 대사 역시 "DFC의 투자는 스리랑카의 민간 부문 주도 성장을 촉진할 것"이라고 하고, 이어 "스리랑카가 경제적 기반을 되찾는 것은 자유롭고 번영하는 인도 태평양을 위한 공유된 비전을 더욱 발전시킬 것"이라고 했다.[94]

중국 일대일로에 대한 미국의 비판적 인식은 바이든 행정부 시기에도 이어졌다. 그래도 표현에 있어서는 트럼프 행정부보다는 덜 거칠어 보이기는 한다. 여러 사례가 있으나, 2021년 11월 토니 블링컨 국무장관이 아프리카 방문 중 언급한 내용이다. 나이지리아에서 블링컨 장관은 직접 중국을 언급하지 않으면서도 "국제사회에서의 사업 계약들이 너무나도 자주 투명하지 않거나(opaque), 강압적(coercive)이었다."라고 했다. 이어 세네갈에서 블링컨 장관은 미국은 세네갈과 아프리카 국가들에 대해 신규 투자를 적극적으로 추진할 것이라고 하면서, 이는 "감당할 수 없을 정도의 부채를 안기지 않고(without saddling the country with a debt that it cannot handle)" 해 나갈 것이라고 했다. 직접적으로 중국이나 일대일

---

94 스리랑카 주재 미국 대사관 홈페이지(US Embassy in Sri Lanka) (https://lk.usembassy.gov/dfc-commits-half-billion-dollars-to-port-infrastructure-in-colombo-sri-lanka/)

로를 언급하지는 않았으나, 누구나 이해할 수 있는 내용이다.

과거 트럼프 정부에 비해 바이든 행정부에서 표현에서라도 다소 차이가 있는 부분은 중국에서도 인식하고 있는 것으로 보인다. 기고문 형식이기는 하나, 환구시보 2022년 11월 22일자에는 블링컨 장관이 그 전임자인 마이크 폼페오 장관이 무모하게 반 중국적인 태도를 취했던 데 비해서는 신중한 자세를 보인다고 했다. 물론 그럼에도 이는 표현의 차이일 뿐 본질적으로 미국은 동일하다고 했다.[95] 한편, 미국이 DFC를 새로이 설립하면서 주창한 고품질의 인프라(quality infrastructure), 높은 기준의 인프라 프로젝트 화두는 개도국에서의 새로운 인프라 관련 이니셔티브, 즉 "블루 닷 네트워크(Blue Dot Network)"의 출범으로 이어진다. 이후 G7 회의를 포함하여 미국이 주도하거나 참여하는 국제회의 문서에서는 개도국에서의 인프라 투자에 대해 "고품질의 인프라"가 건설되어야 한다는 내용이 항상 포함되기 시작한다. 바이든 행정부 출범 이후에는 보다 포괄적으로 "더 나은 세계 건설(Build Back Better World)" 구상으로 이어진다.[96]

유럽 역시 일대일로에 대응하는 것으로 이해되는 개도국 대상의 인프라 구상을 발표했는데, "Global Gateway"라는 이름의 구상이다. 2021년 EU 집행위에서 발표한 구상인데, 전 세계로의 관문이라는 뜻으로 이해된다. 미국의 "더 나은 세계 건설"과 비슷한 시기에 발표된다. 우르술라 폰 데어 레이엔(Ursula von der Leyen) EU 집행위원장은 "우리는 최상의 사회적·환경적 기준을 존중하고, EU의 가치와 기준에 부합하면서 고품질의 인프라 사업에 대한 스마트한 투자를 지지할 것이다. Global Gateway 전략은 유럽이 세계와 더욱 회복력 있는 연결을 만들 수 있도록

---

[95] https://www.globaltimes.cn/page/202111/1239609.shtml?id=11
[96] "더 나은 세계 건설"에 대해서는 이 책 5장 미국 편에서 그 내용을 알 수 있다.

하기 위한 표준 모델(template)이다."라고 하였다.

Global Gateway의 배경과 내용에 대해 EU 집행위에서는 이렇게 설명한다.[97] 우선 2021년부터 27년까지 EU는 지속 가능한 그리고 고품질의 프로젝트에 활용하기 위해 최대 3,000억 유로를 모금한다는 것이다. 이를 통해 EU의 파트너 국가들이 그들 국가와 사회의 개발을 도모할 수 있을 뿐만 아니라, 또한 EU 회원국의 민간 영역의 경우에도 신규 투자를 하고, 경쟁력을 이어갈 수 있는 기회가 창출된다는 것이다. 또한, Global Gateway는 전 세계의 투자 갭(investment gap)을 메우는 데 기여하기 위한 것이라고 하였다. 지역별로 구체적인 사례 가운데, 아프리카-유럽 투자 패키지에 1,500억 유로가 투입되고 있는데, 아프리카 국가들과의 협력 강화를 위해 투입되고 있다고 하였다. 대상 분야는 디지털, 에너지, 교통 등을 꼽았다. 전 세계 인프라 건설을 위한 새로운 구상의 제시는 미국과 EU 등 서방 선진 국가들의 공통된 이해관계에서 비롯되는데, 이는 2021년 6월 G7 정상회의에서도 드러난다. 당시 회의에서는 바이든 대통령의 주도로 "더 나은 세계" 구상이 발표되었으며, 이는 위에서 언급한 미 바이든 행정부의 동일 명칭의 법안 제목에서 나온 것이다. 당시 백악관은 이 구상을 통해 2035년까지 전 세계 개도국에 필요한 40조 달러의 인프라 갭을 메꾸는 투명한 파트너십을 구축할 것으로 기대한다고 했다.

다음 해인 2022년 6월 독일에서 개최된 G7 정상회의에서는 더욱 구체적으로 글로벌 인프라 투자 파트너십(PGII: Partnership for Global Infrastructure and Investment) 구상이 발표되었다. 회의 직전 미국 백

---

[97] 폰 데어 레이엔 위원장 언급을 포함하여 관련 사항은 EU 집행위 홈페이지 참조 https://commission.europa.eu/strategy-and-policy/priorities-2019-2024/stronger-europe-world/global-gateway_en

악관이 PGII에 대해 발표한 설명서의 주요 내용은 다음과 같다. 첫째, G7 차원에서 2027년까지 개도국 인프라 사업에 6,000억 달러를 투자하겠다는 것이다. 미국은 정부 및 민간 투자로 2,000억 달러를 지원한다는 계획이다. G7 이외에도 유사한 입장을 공유하고 파트너 국가들과 다자개발은행, 개발금융기관, 국부 펀드 등으로부터도 추가적인 자본이 동원되도록 노력할 것이라고 했다. 둘째, PGII의 4대 우선 분야를 제시하였다. 기후 위기에 대응하고, 에너지 안보 증진을 위해 기후 회복력 있는 인프라 사업(climate resilient infrastructure)에 투자한다는 것이다. 신뢰할 만한 업체와 공조하여 안전한 ICT 네트워크를 개발한다는 계획이다. 위생 문제와 경제적 기회 제공 등을 포함하여 여성을 배려하고, 성평등을 달성할 수 있는 인프라를 구축한다는 내용도 담겼다. 의료 보건 체계를 개선하는 인프라를 구축한다는 것이다.

PGII 이슈는 이후 G7 회의에서 논의의 중심을 차지하게 되는데, 2024년 10월 이탈리아에서 개최된 G7 정상회의에서도 PGII에 대한 설명서(factsheet)가 발표되었다. 이 문서에는 2024년 시행 중인 11개의 주요 핵심사업(key flagship project)이 포함되어 있는데, 이 가운데 첫 번째로 언급되고 있는 것이 "로비토 회랑(Lobito Corridor)"이다. 로비토 회랑은 앙골라의 로비토 항구와 민주 콩고 공화국[98](DRC)의 카탕가 주(Katanga Province) 그리고 잠비아의 코퍼벨트(Copperbelt Province) 등 3개국을 연결하게 된다. DR 콩고는 전 세계 코발트 공급량의 70% 이상을 차지하고 있다. 그리고 대부분은 DR 콩고 남부인 카탕가 주에서 생산되고 있다.

---

[98] 콩고 민주 공화국(DRC)과 콩고 공화국(Republic of the Congo)은 이름이 비슷하고 맞닿아 있는 나라이긴 한데, 별개의 국가이다. DRC는 인구 1억이 넘고, 수도는 킨샤사(Kinshasa), 콩고 공화국은 인구 600만 명에 수도는 브라자빌(Brazzaville)이다.

잠비아는 구리로 유명하다. 2023년 70만 톤의 구리를 생산하였는데, 이는 전 세계 7위 규모다. 잠비아 북부 코퍼벨트 주에서 주로 생산된다. 코퍼벨트라는 지역의 이름부터 구리(copper)에서 유래하였다. DR 콩고와 잠비아 두 나라로부터의 핵심 광물을 앙골라 로비토까지 철로로 운반하고, 이후 항구를 이용하여 대서양 방면, 즉 미국과 유럽으로 원활하게 이동시키려는 것이다. 2024년 12월 초 미국 바이든 대통령이 임기 마지막 무렵에 아프리카를 방문하였고, 대상 국가는 서아프리카 섬나라 카보 베르데 그리고 앙골라였는데, 앙골라의 경우 로비토 회랑이 그 방문의 배경이었다.

한편으로 중국 역시 DR 콩고와 잠비아의 광물자원에 관심을 두고 있는데, 이러한 광물자원을 중국 본토로 옮겨가려면 대서양이 아니라 인도양 쪽으로 운반해야 한다. 이와 관련된 인프라 사업이 타자라(TAZARA)

[그림 11] *출처 : Institute for Security Studies.

프로젝트다. 탄자니아(Tanzania)와 잠비아(Zambia)를 잇는 철도(Rail-way)의 머리글자들을 따온 이름으로 추진되고, 중국의 지원으로 논의되고 있다. 이미 1970년대에 설치해 둔 탄자니아의 다레살람(Dar-es-Salam)과 잠비아 수도 루사카(Lusaka)를 연결하는 1,800km의 철도를 재건하는 사업이다.

미국을 포함하여 서방권에서는 부채 함정을 지적하면서 일대일로의 부정적인 측면을 부각하지만, 현실적으로 중국의 자본은 개도국과 저개발국의 인프라 구축에 기여하고 있다. 구체적인 사업을 시행하고 있는 대상 지역은 아시아, 아프리카, 유럽, 중남미, 태평양 도서국 등 전 세계를 포괄하고 있다. 구체 사업이 진행되는 국가의 숫자도 150여 개국에 달한다.

이와 관련하여 2019년 세계은행의 경제 전문가들이 일대일로의 경제적 효과와 부채 함정 존재 여부에 대한 분석 결과를 발표했다. 보고서의 제목은 "일대일로 경제학(Belt and Road Economics)"이고 부제를 "교통 회랑의 기회와 위험(Opportunities and Risks of Transport Corridors)"으로 했다.[99] 세계은행 8명의 경제학자들은 일대일로 사업 가운데 교통 회랑 분야를 중심으로 기회 요인과 위험 요인을 분석하였다. 중국이나 서방권 어느 한쪽의 시각이 아닌 보다 객관적인 분석을 의도했던 것으로 보인다. 저자들 역시 연구의 목적에 대해 일대일로 교통 회랑이 통과하는 70여 개 국가의 정책 결정자들이 "증거에 기반한 평가"를 통해 일대일로 참여에 따르는 편익을 극대화하고 위험을 관리하는 방법을 찾도록 도와주려는 것이라고 밝혔다.

보고서에서 찾아낸 결과는 총 네 가지다. 첫째, 일대일로 참여국 사이

---

[99] World Bank. 2019. *Belt and Road Economics: Opportunities and Risks of Transport Corridors*. Washington, DC:World bank

에도 인프라 격차가 커서 서로 간의 교역과 해외투자 유치를 저해하는데, 새로운 인프라 건설은 이러한 격차를 해결하는 데 도움이 될 수 있다. 하지만, 이에는 높은 비용이 따르며, 투자는 공공 부채의 증가 상황을 수반한다고 보았다. 둘째, 일대일로 교통 회랑 사업은 교역과 투자를 증가시키고 빈곤을 해소할 수 있다. 다만, 일부 국가에는 새로운 인프라에 따르는 비용이 혜택보다 더 클 수 있다고 보았다. 셋째, 상호보완적으로 정책적인 개혁을 이룸으로써 일대일로 사업의 긍정적 효과는 극대화하고, 그 혜택이 광범위하게 향유될 수 있다고 보았다. 여기서 '상호보완적'이라는 의미는 정책의 개혁이 중국과 일대일로 참여국 양측으로부터 필요하다는 의미다. 넷째, 대규모 인프라 사업에는 공통적으로 위험 요인이 있는데, 일부 국가에서처럼 투명성과 개방성이 제한적이고, 경제의 기초체력과 거버넌스가 허약하면 위험 요인은 더욱 악화한다고 보았다.

이상의 네 가지 결과 가운데, 일대일로 교통 회랑 사업에 따른 혜택 또는 기회라는 측면과 비용 또는 위험이라는 측면을 구체적으로 보여주는 내용이 두 번째 결과와 네 번째 결과다. 두 번째 결과와 관련하여, 세계은행 연구자들은 인프라 사업으로 일대일로 참여국의 물류 이동시간은 12%까지 단축되며, 따라서 교역에 따르는 비용은 줄어든다고 보았다. 일대일로 참여국의 인프라 개발에 힘입어 참여국 이외 국가 경우에도 평균 3% 정도 이동시간이 줄어든다고 했다. 그 결과 참여국들의 교역 규모는 2.8%에서 9.7% 사이, 그리고 전 세계 교역 규모는 1.7%에서 6.2% 사이 수준으로 증가할 것이라고 전망했다. 교역 품목 가운데 신선 과일이나 야채와 같이 이동시간에 민감한 품목이 가장 많은 영향을 받는다고도 했다.[99] 실질 소득 증대 효과도 발생하는데, 참여국의 경우 1.2%에서 3.4% 사이 그리고 전 세계로는 0.7%에서 2.9% 사이로 보았다. 또한, 일대일로 교통 회랑 사업만으로도 760만명이 극빈층(하루 1.9달러 이하)에서 벗어나고, 3,200만 명이 차상위 빈곤층(하루 3.2달러 이하)에서 벗어나는 데 기여할 것이라고 보았다.

네 번째 결과와 관련하여 연구자들은 위험 요인으로 "채무의 지속 가능성(debt sustainability)", "부패와 같은 거버넌스 위험", "환경 및 사회적 위험" 등을 꼽았다. "채무의 지속 가능성"과 관련해서는 구체적으로 중저소득국가 43개국 가운데 12개국의 경우 일대일로 사업에 따르는 투자 증대가 발생하더라도 채무의 지속 가능성 측면에서 상황이 악화된다고 보았다. 다만, 공공 측면에서 건전하게 투자를 관리하고, 호의적으로 파이낸싱 조건을 받아내고, 성장의 과실도 계속 발생한다면 그리고 이러한 긍정적 상황이 장기적으로 지속되면 채무 문제에 대한 일대일로의 영향은 긍정적으로 변할 수도 있다고 했다. "부패"와 관련해서는 일대일로 사업 가운데 60% 이상이 중국 기업과의 계약 체결로 이어진다는 통계를 인용하면서, 개방적이고 투명한 공공 조달 절차를 거쳐야만 최적의 시행기업이 선정될 가능성을 높일 것이라고 했다. "환경 및 사회적 위험"과 관련해서는 일대일로 교통 회랑 사업으로 전 세계 탄소 배출은 0.3% 증가할 것으로 전망된다고 하면서도, 캄보디아, 키르기즈스탄, 라오스 같은 나라에서는 7% 이상이 될 것이라고도 했다. 대규모 공사의 경우 노동력의 유입에 따른 각종 젠더 기반 폭력, 사회적 갈등에 대한 우려를 지적하며, 이러한 우려를 해소하기 위해서는 전략적인 환경영향평가의 필요성을 제기했다.

결론적으로 보고서에서는 일대일로의 야심찬 목표를 이행하기 위해서는 더욱 담대하고 깊이 있는 정책 개혁이 필요하고, 이러한 개혁은 중국

---

100 환구시보 시리즈 기사 중 동남아시아 편에서 언급된 태국 '두리안'의 중국 내 진출 상황이 이러한 변화에 해당하는 사례다.

과 참여국 모두 세 개의 핵심 원칙에 기반을 둔 것이어야 한다고 했다. 첫째, 투명성(transparency)이다. 개별 사업의 계획, 재정 투입 계획, 조달 등에 대한 정보를 공개하면 개별 사업의 효율성을 높일 것이라고 했다. 또한, 고도의 투명성은 사업투자 결정에 대한 일반 대중의 신뢰를 얻는 데도 필수적이라고 덧붙였다. 둘째, 개별국가 차원의 개혁(country-specific reform)이다. 참여국들이 각자 수출입을 제한하는 장벽을 낮추고, 개방적인 조달 체계를 도입하고, 재정 건전성을 도모할 수 있는 프레임워크를 갖추어야 일대일로 투자의 온전한 혜택을 얻게 된다는 것이다. 셋째, 일대일로 사업들 간의 조정을 포함한 다자적인 협력(multilateral cooperation)이다. 이에는 인근 국가 간에 무역 원활화나 국경 관리, 표준 통일 등을 공동으로 조율하고 진행하라는 것이며, 환경적 위험 요인에 대한 공동의 대응도 포함된다.

6-8　　　　　　　　　　　　　　　　　일대일로의 새로운 10년

2023년 10월 베이징 인민대회당에서 제3차 일대일로 포럼이 개최되었다. 인민대회당은 중국 공산당 전국인민대표대회와 같은 대규모 행사가 개최되는 장소다. 제3차 일대일로 포럼에는 아시아, 아프리카, 중남미, 유럽 등 다양한 지역 24개국으로부터 정상급 인사들이 참석하였다. 일대일로 10주년을 맞이한 시기에 정상급 참석율이 다소 저조해 보인다. 2017년 제1차 포럼에 30개국, 2019년 제2차 포럼에 38개국의 정상급 인사가 참석했는데, 3차 포럼에 그 숫자는 꽤 줄어들었다. 2차 포럼에 아세안 10개국 정상이 모두 참석한 데 비해 3차 포럼에 5개국만 참석한 것도 주목되는 부분이다. 그리고 2차 포럼에 11개국의 유럽 정상들이 참석했던 데 비해

3차 포럼에는 유럽으로부터 3개국만 참석했다. 이스라엘-하마스 전쟁의 여파 그리고 러시아의 푸틴 대통령이 3차 포럼에 참석하는 데 대한 유럽 국가들의 불쾌감 등이 작용한 것으로 보인다. 그러나, 참석자의 급을 떠나 대표단 자체를 파견한 국가의 총 규모는 여전히 130여 개국이었다.

개막식에서 시진핑 주석과 함께 연단에 오른 정상은 러시아 푸틴 대통령, 카자흐스탄 토카예프 대통령, 인도네시아 조코 위도도 대통령, 아르헨티나 알베르토 페르난데즈 대통령, 아비 아메드 알리 에티오피아 총리와 안토니오 구테흐스 유엔 사무총장 등이다. 일대일로의 주요 지역을 대표하는 국가들이다. 이 가운데 조코 위도도(Joko Widodo, '조코위') 대통령의 연설이 눈에 띈다. 조코위 대통령은 첫째, 더욱 분열되고 있는 세계에서 일대일로 협력이 정치화되지 않아야 한다고 했다. 둘째, 수원국 입장에서 자국의 국가사업을 독자적으로 추진하기 위해서는 중국 일대일로와 자국 국가개발사업 간에 시너지가 필요하며, 그리고 주인의식(sense of ownership)이 중요하다고 했다. 그러면서 자카르타-반둥 사업을 예로 들었다.[101] 셋째, 조코위 대통령은 일대일로 사업은 동등한 파트너십과 상호 호혜의 원칙에 기반을 두어야 한다고 강조했다. 그러면서 일대일로 사업은 신중한 계획(careful planning), 투명한 자금조달 체계(use of transparent funding system), 파트너 국가의 국내 노동력 활용(use of local employment), 파트너 국가의 국내산 자재 활용(utilization of domestic

---

[101] 인도네시아 정부는 자국 인프라 개발 전략의 하나로 자카르타와 반둥 사이의 고속철도 사업을 추진해왔고, 중국의 일대일로 사업으로도 연계하여 진행했다. 2023년 10월 철도가 개통되었는데, 150여 km의 거리를 당초 3시간 걸려 다니던 철도 여행이 50분 미만으로 줄어들었다.

products) 등이 필요하다고 덧붙였다.[102] 그리고 조코위 대통령은 일대일로 사업이 장기적으로 지속 가능해야 한다고 하면서, 파트너국의 경제 토대를 강화하는 방향이어야지 파트너국의 재정 상황을 복잡하게 해서는 안 된다고 했다.

조코위 대통령은 10여분 진행된 다른 정상의 연설과 달리 단 3분간 연설하였는데, 이를 통해 위에서와 같은 알맹이 있는 메시지를 던졌다. 이미 잘 알려져 있듯이 조코위 대통령의 실용적 성격을 그대로 보여준다. 조코위 대통령의 메시지는 일대일로에 대한 긍정적 측면에 대한 기대와 함께 부정적 측면에 대한 우려를 균형적으로 설파한 것으로 보인다. "자주적이고 능동적인 외교"(free and active diplomacy)를 추구하는 인도네시아 외교의 특징을 보여주는 것이기도 하다. 사실 메시지 내용으로만 보면 조코위 대통령의 연설 내용 중 일대일로에 대한 우려의 목소리는 이미 오래전부터 서방권 국가들 그리고 상당수 개도국으로부터 제기되어 왔다. 다만, 시진핑 주석을 포함한 중국 지도부 그리고 다수의 일대일로 참여국 정상들이 참여한 포럼에서 제기된 측면에서 관심을 끈다.

조코위 대통령의 발언 직전 발언한 시진핑 주석은 일대일로에 대한 국제사회에서의 우려를 염두에 두고 일대일로 사업의 새로운 방향성을 제시하고자 하였다. 시 주석은 우선 지난 10년간 150개국 이상이 일대일로 사업에 참여하였다고 성과를 평가하면서, "인류 운명 공동체"를 강조하였다. 그리고 기존의 일대일로 협력을 새로운 고품질 개발(high quality development)의 단계로 끌어가겠다고 했다. 이는 개방적인, 녹색의, 깨끗한(open, green and clean) 협력 그리고 높은 수준의 지속 가능한 협력

---

102 조코위 대통령의 연설 요지는 인도네시아 외교부 홈페이지 참고("President Jokowi: Strengthen Synergy and Cooperation for Infrastructure Development" 2023.10.19)

이라는 철학에 바탕을 둔 것이라고 했다. 사실 인프라 개발에 있어 '고품질'이라는 용어는 서방권에서 중국 일대일로 사업과 차별화하려는 취지로 서방권 자신들의 인프라 개발을 칭할 때 쓰고 있던 용어였다. 이어서 시 주석은 '고품질의 일대일로 사업'을 추진하기 위해 8가지 조치를 취할 것이라고 소개했다.

첫째로 다차원적인 일대일로 연계성 네트워크의 구축을 언급하면서 중국과 유럽을 잇는 열차 수송로(China-Europe Railway Express)의 고품질 개발에 속도를 올리겠다고 밝혔다. 둘째로 개방된 세계 경제를 지지한다고 언급하면서, 중국에 대한 외국인 투자 유치를 위한 제약을 없애겠다고 했다. 디지털 경제에 대해서도 언급하면서 2028년까지 중국의 상품 교역은 32조 달러를 넘어설 것이라고 전망했다. 셋째로 실용적 협력을 언급하면서, 시그너처 프로젝트와 함께 1,000여 개의 소규모이지만 스마트한 민생 프로그램(small yet smart livelihood program)을 추진할 것이라고 했다. 그러면서 중국개발은행과 수출입은행에 각각 3,500억 위안(원화 약 65조 원)규모의 금융 지원 기회가 있을 것이며, 이에 더하여 실크로드 펀드에 800억 위안(원화 약 15조 원)을 투입할 것이라고 발표했다.

넷째로, 녹색개발을 증진하겠다면서, 녹색 인프라, 녹색 에너지, 녹색 교통을 추진할 것이라고 했다. 그리고 일대일로 사업에 있어 녹색 투자원칙을 지켜나갈 것이라고도 덧붙였다. 다섯째로 과학기술혁신의 증진을 언급하면서, 특히 전 세계적으로 인공지능(AI) 개발을 위한 거버넌스 증진 노력을 기울일 것이라고 했다. 인공지능 부분의 규범을 만들어 가는데 있어 주도권을 쥐겠다는 의지를 밝힌 것으로 보인다. 여섯째 인적교류를 증진하겠다고 하면서, 실크로드 국가 간 문화예술 행사 개최, 문화예술 부문 장학금 지원 등을 언급하였다. 일곱 번째, 성실한(integrity-based) 일대일로 사업 추진을 말하며, 사업에 참여하는 민간 기업이 성실히 사업을 시행토록 할 것이라고 밝혔다. 여덟 번째, 국제적인 일대일로 협력을 위한 국제적인 제도적 틀(institutional building)을 만들겠다면서, 다자 기관과 연계하여 에너지, 재난구호, 반부패, 문화 등 다양한 분야에서 일대일로 협력을 위한 제도적 틀을 강화하겠다고 하였다.

이러한 시진핑 주석의 연설 내용은 제3차 일대일로 포럼 개최 1주일 전 중국 정부가 발표한 '일대일로 백서'의 내용과 동일하다. 과거 대규모 인프라 프로젝트 위주로 추진되던 일대일로 사업에서 민생 위주의 사업, 디지털 및 과학기술 사업, 그리고 개방적이고 투명한, 녹색 사업을 추진하겠다는 것이다. 반부패를 강조하는 것도 동일하다. 이러한 전환의 배경에는 두 가지 측면이 보인다.

첫 번째는 해외로부터의 비판과 우려에 대응한다는 것이다. 일대일로 사업이 불투명하게 진행된다는 비판, 중국의 이해관계를 과다하게 추구하려는 것으로 비춰진다는 비판, 개도국의 부채만을 키우고, 집권 세력의 이해관계를 고려하는 것으로 비춰진다는 비판, 환경을 무시하고 추진되는 것으로 비춰진다는 비판 등이다. 물론 중국 정부가 이러한 비판이나 우려를 그대로 인정한다는 것은 아니다. 그러나 베이징 정부로서는 서방권 국가뿐만 아니라 일대일로 대상 국가들 역시 일대일로 사업의 추진 과정에 유사한 우려를 갖고 있다는 것을 잘 알고 있다. 제3차 일대일로 포럼에 참석한 인도네시아 조코위 대통령의 연설 내용에서도 드러난다. 그러니 이러한 우려에 적극적으로 대응할 필요를 느낀 것으로 보인다. 그래서 "투명성, 개방성, 포용성, 녹색, 지속 가능성, 반부패" 등의 가치를 반복적으로 제시하면서, 가치 프레임에 있어서도 서방권 국가들에 밀리지 않으려는 모습을 띠었다.

두 번째 이유는 실제 중국의 경제 상황이 과거와 달라졌고, 메가 프로젝트들을 지속적으로 추진하기에 녹록치 않은 상황으로 변했다는 점이다. 코로나19 팬데믹을 지나면서 전 세계적인 경제적 위기는 중국에게도 예외가 아니었다. 중국 국내 경제의 활력이 과거와 같은 속도로 받쳐주지도 않았다. 미국 CSIS가 China Global Investment Tracker의 자료를 근거로 다시 정리한 [그림 12]에 의하면, 2022년 중국의 해외투자와 건설 프로젝트 규모는 2018년에 비해 44% 이상 감소하였다.[103]

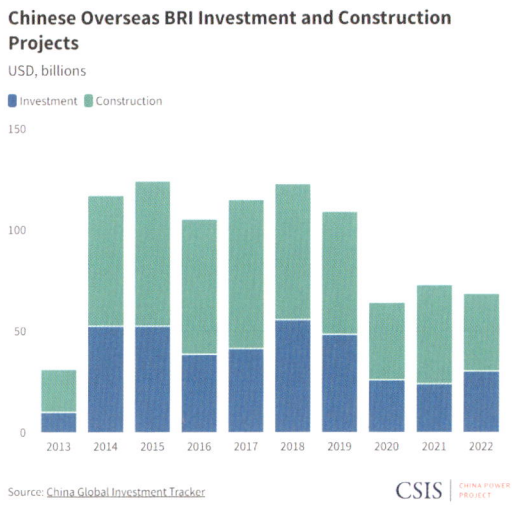

[그림 12] 2022년 중국의 해외투자와 건설 프로젝트 규모는 2018년에 비해 44% 이상 감소했다. *출처 : China Global Investment Tracker(CSIS에서 재인용).

2022년 기준 중국의 GDP는 18조 3,000억 달러까지 증가했으며, 이는 미국 GDP의 73% 수준이었다. 1990년 미국의 7% 수준이었던 것을 고려하면, 30여 년만에 괄목할만한 발전이다. 그러나, IMF가 2024년 2월

103 https://chinapower.csis.org/analysis/xi-putin-meeting-belt-road-forum/

발표한 보고서에 의하면, 중국의 성장세는 5% 이하로 내려간다. 2023년 5.2%에서 2024년 4.6%로 하락하고, 2028년에는 3.4%까지 더 하락한다는 전망을 내놓았다.[104] 코로나 팬데믹 기간을 제외하면 5% 이상의 견실한 성장세를 유지해 오던 중국 경제가 과거와 같은 성장을 지속하기 어렵다는 전망이다.

더욱이 중국 경제의 20-25%를 차지해 온 부동산 시장 상황이 악화된 것이 중국 경제의 악화에 영향을 주고 있다. 대규모 부동산 개발업체 헝다(恒大, Evergrande)의 3,000억 달러 부채에 따른 위기 상황과 청산 과정이 연쇄적으로 여타 부동산 개발업체에도 부정적 영향을 미칠 것으로 우려된다. 물론 부정적인 전망만 있는 것은 아니며, IMF 보고서에도 권고하듯이 중국 일반 시민들이 부동산 시장 이외에 자금을 투자하거나 시장 개혁을 이어간다면 기대 이상의 성장세가 이루어질 수도 있다. 중국 경제에 대해 비관적 전망을 내놓을 때 그 이유로는 주로 중국의 구조적 측면, 즉 고령화, 투명하지 않고, 반개혁적인 관행, 관치 경제 등을 언급하는 경향이 있다.

물론 다른 목소리도 들리는데, LSE에서 경제학을 강의하는 Keyu Jin 박사는 2023년 11월 Asia Society 주최 토론에 참석하여 중국 경제에서 부동산 분야가 30% 가까이 차지한다고 하면서, 첨단기술 분야 등 다른 분야가 부동산 영역을 대체할 수는 없다고 했다. 이어 고령화 문제 등 구조적 측면에 대해서도 동의하지 않으며, 중국 기업들의 생산성이나 혁신 역량에 높은 기대를 갖고 있다고 했다. 중국의 경제 성장율 저하는 구조적이

---

104 https://www.imf.org/en/Publications/WEO/Issues/2024/01/30/world-economic-outlook-update-january-2024

라기보다는 순환적인(cyclical)이라고 본다는 것이다.[105]

　　중국의 경제 상황이 과거만 못한 데 대한 정확한 평가나 전망을 떠나, 중국이 지난 10년간 해 왔던 것처럼 대외적으로 대규모로 투자하기는 어려울 것이라는 데 대해서는 대개 동의가 되는 것으로 보인다. 따라서 제3차 일대일로 포럼에서 시진핑 주석의 기조연설 내용이나 중국 정부의 백서 내용에서 소규모의 그리고 스마트한 민생 중심 사업이 부각된 두 번째 이유는 중국 경제 현실과 직접 관련되는 것으로 보인다. 앞으로 중국 정부의 말대로 일대일로 사업이 과거 10년과 차이를 보일지, 중국 스스로 부르짖고 있는 가치, 즉 녹색의 그리고 스마트하고 투명한 지속 가능한 민생 사업들이 얼마나 많이 실질적으로 시행될지 지켜볼 필요가 있다.

105　State of Asia 2023: Peak China or New China? (2023.11.22, 스위스 취리히)

3부
공존의
인도 태평양

7장
인도, 쿼드(Quad) 체제와 전략적 공간의 확장, 실용 외교

이 책 1장 일본 편에서 살펴보았듯이 2007년 8월 일본의 아베 신조 총리가 뉴델리를 방문하여 인도 의회에서 연설하였다. 인도양과 태평양이라는 두 해양의 만남으로부터 이야기를 시작하였다. 아베 총리의 연설 내내 인도 의회 의원들은 앉은 자리의 책상을 두드리고, 소리를 내면서 열광했다고 한다. 동아시아의 선진국인 일본의 총리가 그들의 나라를 찾아 인도와 인도양의 중요성을 열정적으로 이야기한 데 대해 흥분하지 않을 수 없었을 것이다. 태평양이라는 바다를 이야기할 때 특별히 한 나라만을 떠올리기가 어려운 데 비해 인도양은 그 이름에서부터 인도와 직결된다. 그 어느 국가도 인도만큼 인도양이 갖는 의미에 대해 적절히 설명하기는 어려울 것이다.

2020년을 전후해 '인도 태평양' 또는 '인도 태평양 전략'이라는 용어가 국제사회의 주요 화두가 되고 있다. 국제관계를 논하는 자리에서는 특히 아시아 태평양과 함께 인도 태평양으로 이야기하는 경우가 늘었다. 이렇게 태평양에 덧붙여 인도양을 이야기할 때 그 핵심 국가는 인도가 된다. 그래서 일본과 미국을 포함하여 많은 나라가 인도양을 언급하면서, 인도에 대한 전략적 경제적 중요성을 부각한다. 인도의 동쪽에 있는 국가들 또는 태평양에 연해 있는 국가들이 인도를 점점 더 중요하게 바라보고 있다.

그러나 정작 인도는 이미 오래전부터 인도의 동쪽, 즉 태평양 방향을 바라면서 동남아시아, 동북아시아와 관계를 강화하려 했고, 스스로 '아시아 태평양'의 일원이 되기 위해 노력해 왔다. 인도 정부는 이를 공식적으로 "Look East Policy"("동방정책"으로 번역) 그리고 이후 "Act East

Policy"("신동방정책"으로 번역)으로 호칭하며, 발전시켜 갔다. 그 과정에서 인도 정부는 굳이 인도양이라는 명칭을 부각하려 하지 않았다. 그런데 2020년을 전후해서는 인도가 바라보고 있던 바로 그 대상 국가들이 오히려 인도와 인도양을 강조하고 있는 상황이 벌어지고 있다.

1991년 집권한 나리시마 라오(Narisimha Rao) 인도 총리는 동남아시아 및 한국, 중국, 일본을 포함하는 동아시아 전체와의 관계를 강화하기 위해 동방정책을 발표한다. 동아시아와의 외교 관계와 통상 및 투자 협력을 증진하고자 하였다. 이러한 라오 총리의 정책은 비하리 바지파이(Bihari Vajpayee) 총리를 거쳐 만모한 싱(Manmohan Singh) 총리에 이르기까지 집권 정당과 무관하게 계속 이어진다.[1] 싱 총리를 이어 2014년 취임한 나렌드라 모디(Narendra Modi) 총리는 신동방정책을 발표하게 된다. 영어 명칭으로는 과거 Look East에서 Act East로 바뀐 것인데, 동쪽을 바라보는 정책에서 동쪽으로 행동한다는 의미를 담고 있어서, 더욱 구체적인 결과 지향적인 정책을 펼쳐 나가려는 의지를 보인 것이다. 정권과 상관없이 인도의 동쪽 국가들을 지향한다는 점에서는 동방정책의 계승이라고 볼 수도 있고, 모디 총리가 "Look"의 의미에 대해 적극적인 행동 지향성

---

[1]　인도의 동방정책을 추진했던 세 명의 총리 가운데 라오 총리와 싱 총리는 인도 국민회의(Indian National Congress) 소속이다. 영국 식민 통치 시절 마하트마 간디, 자와할랄 네루 등이 지도한 독립운동 단체로 시작했고, 독립 이후 정당으로 바뀌었다. 바지파이 총리는 인도인민당(BJP: Bharatiya Janata Party) 소속이다. 힌두 우파 민족주의 성향으로 현 나렌드라 모디 총리의 정당이기도 하다.

이 부족하다고 비판했다는 점에서는 새로운 정책으로 평가할 수도 있겠다. 인도 외교부는 이러한 동방정책에서 신동방정책으로의 전환을 정책의 "격상(upgrade)"이라는 용어로 표현했다.

인도가 동방정책으로 동아시아와의 관계를 강화하려 했던 당초의 배경에는 탈냉전이라는 시대적 상황도 있었다. 그리고 2000년대 전후해서는 경제적 협력 증진이 주요 계기가 되었다. 라오 총리 집권 시기 인도는 군사정부가 통치하던 이웃 국가 미얀마와의 관계를 개선하였고, 벵골만(Bay of Bengal)의 미얀마 해역에서 진행되던 가스전 사업에도 참여하였다. 태국과는 2003년 자유무역협정(FTA)을, 싱가포르와는 2005년 포괄적 경제 동반자 협정(CEPA: Comprehensive Economic Partnership Agreement)을 체결하였다. 그리고 인도 동북부에서 미얀마를 거쳐 태국을 잇는 도로 건설 인프라 등 경제 협력뿐만 아니라 미얀마 및 싱가포르 각 군과의 양자 합동 군사훈련, 베트남과의 군사협력 등 안보 분야에서의 협력도 두드러진다. 2018년 5월에는 모디 총리가 인도네시아를 방문하여 인도-인도네시아 "포괄적 전략적 동반자관계"를 발표하기도 했다.

한국 그리고 일본과는 각각 2009년 및 2011년 포괄적 경제 동반자 협정(CEPA)을 체결하였다. 관세 인하나 폐기를 통한 시장 접근성을 제고한다는 차원에서 CEPA는 FTA와 기본적으로 성격이 동일하다. 인도의 동방정책은 중국에 대해서도 전개되었다. 2006년 11월 후진타오 주석은 인도를 국빈 방문하여 만모한 싱 총리와 정상회담을 가졌다. 양국 정부는 공동선언문을 발표하였는데, 선언문에는 양국 간 총 10개의 관계 증진 방안이 담겨있었다. 인도와 중국 사이 양자 관계의 포괄적 발전, 정부 기관과 단체 간의 활발한 교류 강화, 경제통상 교류 강화, 상호 호혜적인 관계 증진, 방위 협력을 통한 신뢰 구축, 현안에 대한 조기 해결 추구, 국경 간 연결 및 협력 증진, 과학기술 협력 강화, 문화·인적교류 활성화, 지역 및 국제무대에서의 협력 강화 등이다. 10가지 방안 중 5번째로 언급된 "현안(outstanding issues)"에는 양국 간의 국경에 대한 이견이 포함된다고 선언문에 명시하고 있으며, 이 문제가 양국 관계의 긍정적 발전에 영향을 끼치지 않도록 노력한다는 내용이 들어가 있다. 이러한 10개의 관계 증진 방안을 공동선언문에서는 "십지전략(十枝戰略, ten-pronged strategy)"이라고 하였으며, 선언문은 양 정상 간 합의의 형태로 하여 발표되었다.

인도의 동방정책은 동아시아 국가에 설립된 지역 협력체와도 적극적으로 관여하는 형태로 나타났다. 1992년 인도는 아세안과 "대화 상대국 관계"를 맺는다. 그리고 2012년 아세안과의 대화 관계 수립 20주년을 맞이하여 "인도-아세안 전략적 동반자관계" 수립을 발표하였다. 2014년 취임한 모디 총리가 신동방정책을 발표한 것도 같은 해 열린 연례 인도-아세안 정상회의 계기에서였다. 2018년 1월에는 인도의 국경일인 공화국의 날(Republic Day) 주빈으로 아세안 10개국 정상을 초청하기도 하였다. 그리고 2000년대 중후반 당시 아시아에서의 주요한 지역 협력체로는 경제 분야에서 "아시아 태평양 경제협력체(APEC: Asia Pacific Economic Co-operation)" 그리고 정치전략 측면에서는 "동아시아정상회의(EAS: East Asia Summit)"가 설립되어 있었다. 이 가운데 인도는 지리적 위치로 인해 APEC에는 회원국으로 참여하지 못하였으나, EAS에는 2005년 출범 당시부터 호주, 뉴질랜드와 함께 회원국이 되었다.[2]

이렇게 보면, 인도는 동쪽을 바라보면서 동쪽으로 나아가려는 정책 지향점을 이미 오래전부터 갖고 있었다. 그러나 이 과정에서 인도양을 부각하려 들지 않았다. 그러나 정치 외교적으로 그리고 경제적으로 지역 및 국

---

2 EAS 출범 배경에 대해서는 이 책 8장 아세안 편에서 자세히 다루고 있다.

제사회에서 중국의 위상이 급격히 부상하고, 2020년을 전후하여 미국, 일본, 호주 등을 중심으로 인도 태평양에 대한 언급이 빈번해지면서, 뉴델리 정부도 적극적으로 인도 태평양에 대한 입장을 밝히게 된다. 2018년 나렌드라 모디 총리의 샹그릴라 대화에서의 기조연설이 대표적이다.

인도 태평양 '전략'에 대한 인도의 인식

나렌드라 모디(Narendra Modi) 총리는 2018년 6월 싱가포르 샹그릴라 대화(Shangri-La Dialogue)에 기조연설자로 참석하였다. 30분 이상 진행된 연설에서 인도의 신동방정책, 인도 태평양에 대한 인식, 지역 내 국가들과의 관계, 미-중 관계, 아세안의 역할 등을 두루 이야기했다.

모디 총리가 인도와 주요 국가, 즉 러시아, 미국, 중국 등과의 관계에 대해 언급한 내용을 보면, 우선 러시아와는 인도의 전략적 자율성(strategic autonomy)을 위해 중요하게 생각한다고 하면서, 푸틴 대통령과 모디 총리 자신은 공통적으로 "강력한 다극 체제의 국제질서"가 필요하다는 데 공감하고 있다고 했다. 미국과는 과거 역사로부터의 어려움을 극복하고, 폭넓은 관계를 구축하고 있다고 했으며, 인도-미국 양자 관계의 주요한 축의 하나는 "개방되고, 안정적이며, 안전이 보장된 그리고 번영하는 인도 태평양 지역"이라는 공통의 '비전'이라고 소개했다. 여기서 모디 총리는 인도 태평양 '전략'이라고 하지 않고, '비전'이라고 했다.

이어 인도와 중국과의 관계는 어느 나라와의 관계보다 많은 '층(層)(layer)'을 갖고 있다고 하고, 평화로운 국경을 유지하기 위해 양국은 성숙하고 지혜롭게 노력하고 있다고 운을 뗐다. 그리고 인도와 중국의 강력하고 안정적인 관계가 전 세계 평화와 발전에도 중요한 요소라고 하고, 두 나라가 서로의 이해관계에 대해서는 "민감성(sensitivity)"을 유지하면서, 상호 신뢰를 바탕으로 협력하면 전 세계에 더욱 이로울 것이라고 했다.

모디 총리의 연설 내내 일관되게 흐르고 있는 핵심 메시지는 모든 국가의 주권에 대한 존중, 영토 보존, 공존, 개방, 포용, 대화와 타협 등 긍정적인 의미를 갖는 원칙과 가치들이다. 사실 어느 국가도 반대할 수 없는, 이론(異論)의 여지가 없는 원칙들이다. 모디 총리는 이러한 원칙을 모두 담은 인도 정부의 슬로건으로 "지역 내 모두를 위한 안보와 성장", 영어 약자로 SAGAR (Security and Growth for All in the Region)을 언급하였다. SAGAR는 모디 총리가 2015년 모리셔스에서 개최된 환인도양회의[3](Indian Ocean Rim Association)에서 처음 언급한 개념인데, 샹그릴라 대화에서 다시 언급하였다. 원래 sagar는 산스크리트어로 해양(ocean)을 의미한다. 모디 총리는 산스크리트어 sagar와 동일한 발음의 영문 이니셜 모음으로 인도 태평양 지역에 활용할 수 있는 원칙 SAGAR를 내세운 것이다.

모디 총리는 샹그릴라 대화 연설에서 인도 태평양 '전략'에 대해서도 입장을 명확히 하였다. 인도는 상호 배척하거나 대립을 부추기는 개념으로서의 인도 태평양 '전략'을 지지하지 않는다고 했다. 또한, "인도는 인도 태평양 지역을 전략으로 보지 않으며, 일부 국가만의 모임이나 지배를 추구하는 국가들의 모임으로도 보지 않습니다."[4]라고 했다. 여러 나라에

---

3   1997년 인도와 남아공 주도로 인도양 연안 국가 간 경제 협력을 위해 출범하였다. 아시아, 중동, 아프리카 지역의 23개 회원국이 소속돼 있고, 우리나라는 미국, 중국, 일본 등과 함께 대화 상대국으로 참여하고 있다. 우리나라의 2018년 IORA 대화 상대국 참여 시기는 필자가 인도네시아에서 근무하고 있던 시기였고, 동 참여 과정은 필자가 주도하여 진행했던 기억이 있다.

4   "India does not see the Indo-Pacific region as a strategy or as a club of limited members, nor as a grouping that seeks to dominate."

서 인도 태평양을 둘러싼 정책을 '전략'이라는 이름으로 발표해 왔는데, 모디 총리는 이에 대해 지지하지 않는다는 입장을 보인 것이다. 이어 모디 총리는 인도 태평양은 지리적 개념이라고 하고, 이의 범위와 관련해서는 "인도양 연안의 아프리카, 남아시아, 동남아시아, 동북아시아, 오세아니아, 태평양 도서국, 미국"까지를 언급하였다. 미-중 관계와 관련해서 모디 총리는 샹그릴라 대화 참석자들을 향해 아시아에서 충돌적 성향의 경쟁(rivalry)은 모두의 발목을 잡을 것이며, 협력하면 21세기의 모습을 우리가 만들게 된다고 했다. 그리고 이는 "현재의 강대국"과 "부상하는 강대국" 모두의 책임이라고 했다. 경쟁(competition)은 일반적으로 있는 일이지만, 물리적 충돌(conflict)로 번져서는 안 된다고도 했다.

또한, 모디 총리는 인도 태평양은 기본적으로 긍정적인 개념이며, 이 개념을 구성하는 요소들이 많다고 하고, 몇 가지를 제시하였다. 우선, 인도 태평양 지역은 "자유롭고, 개방되고, 포용적인 지역"이어야 한다고 했다. 대상이 되는 지역 또는 국가는 "지리적으로 인도 태평양에 위치하고 있는 국가" 그리고 "이 지역에 이해관계를 가진 모든 국가"를 포함한다고 강조하였다. 둘째, "아세안 중심성(ASEAN Centrality)"을 강조했다. 아세안은 인도양과 태평양이라는 두 해양을 연결하는 중심에 위치해 있고, 역할 면에서도 중심적 기능을 수행해 왔으며, 앞으로도 그러할 것이라고 했다. 그러면서 인도는 계속해서 이 아세안 중심성 원칙을 따를 것이라고 하였다. 셋째, "규칙 기반 질서"와 "법치"를 강조하면서, 주권 존중, 영토 보존, 국제 공해상에서의 항행의 자유 및 자유로운 통상의 자유를 언급하였다.

샹그릴라 대화에서 인도 태평양에 대한 인도 정부의 인식을 명확히 밝힌 모디 총리는 이로부터 1년여 뒤 2019년 11월 태국 방콕에서 개최된 동아시아정상회의에서 SAGAR 비전을 추구하기 위한 구체 방안이라고 하면서, "인도 태평양 구상(IPOI: Indo-Pacific Oceans' Initiative)"을 발표하였다. 주로 해양에서의 협력을 강화하는 IPOI는 7개의 필러(pillar)로 구성되는데, 해양 안보, 해양 생태, 해양 자원, 역량 강화 및 자원공유, 재난위험 경감 및 관리, 과학기술 학계 협력, 무역·연계성 및 해양 교통 등이다. 인도 태평양에 대한 주요 국가 간 논의 과정에서 인도 역시 계속해서 주도적이고 적극적인 역할을 하려 한 것으로 짐작된다. 또한, 이에 대해서는 인도 태평양에 대한 논의가 과도하게 중국과의 대항적 성격으로 그리고 전통적 의미에서의 안보 차원에 대한 논의로 흐르는 데 대해 인도로서는 IPOI를 통해 인도 태평양을 둘러싼 관련 당사국 간 협력의 범위를 경제 등 실질적인 협력 분야로 확대하려는 의도가 있었던 것으로 보인다. 그리고 이러한 협력은 특정 국가를 배제하는 방식이 아니라 포용적(inclusive)으로 해야 한다는 의지를 보인 것이기도 하다.[5]

한편, 모디 총리가 2018년 샹그릴라 대화 그리고 2019년 EAS 정상회의에서 인도 태평양에 대한 입장과 인식을 연이어 밝힌데 대해 인도 외교부는 이후 여러 계기에 모디 총리가 표방한 정책에 대해 동일한 입장에서 부연 설명하는데, 이 가운데 2020년 11월 인도 외교부의 당시 사무차관[6] 하쉬 쉬링글라(Harsh Shringla)가 영국에 있는 싱크탱크 Policy Exchange에서 연설한 내용을 보면 그 인식을 더욱 구체적으로 파악할 수

---

5 이러한 논의는 다음의 문헌에서도 발견된다. Rahul Mishra, "Indo-Pacific Oceans' Initiative: Providing Institutional Framework to the Indo-Pacific Region" (2021년 8월). Mishra 연구원의 페이퍼는 아래에서 확인 가능. https://aei.um.edu.my/img/files/AIC%20commentary%20No%2020%20August%202021%20final.pdf

6 인도 외교부는 외교장관(Minister of External Affairs) 아래에 업무별로 국무상(Minister of State) 3명이 있다. 이들 외에 관료 출신 최고위직을 Foreign Secretary로 부르는데, 의원 내각제 국가 정부의 사무차관(Permanent Secretary)에 해당하는 직위로 볼 수 있어서, 편의상 사무차관으로 번역하였다.

있다.

쉬링글라 사무차관은 먼저 인도가 생각하는 인도 태평양의 지리적 범위는 북아메리카의 서부 해안에서부터 아프리카 동부 해안에까지 이르는 광범한 지역이라고 하였다. 그러면서 미국 내에서는 "헐리우드에서 볼리우드까지[7](from Hollywood to Bollywood)"로 부르는 것으로 알고 있다고 인용하면서, 인도가 생각하는 지리적 범위는 이보다 넓게 아프리카 동부 해안까지 이어진다는 점을 언급하였다. 그리고 인도가 생각하는 인도 태평양의 지리적 범위가 이렇게 넓은 이유는 인도가 추구하는 인도 태평양 비전과 직결되어 있다고 하였다.

이는 사실 인도가 위치한 지리적 상황을 보면 당연한 이야기다. 그리고 역사적으로도 인도에서 건너간 해외거주민 다수가 아프리카 동부 해안 국가에 살고 있다. 인도 정부가 활용하고 있는 통계자료를 보면, 전 세계 무역의 65%가 인도양과 태평양을 이용하여 이루어지고 있다. 이 국가들이 전 세계 GDP에서 차지하는 비중은 60%다. 그리고 인도 차원에서는 무역의 90%가 인도 태평양, 즉 해양 수송로를 통해 이루어지고 있다. 이러한 통계치 외에 쉬링글라 차관의 역사적 비유 역시 흥미롭다. 과거 냉전 시기를 거치면서 인도 태평양은 몇몇 세력권으로 나눠지게 되었는데, 이는 "소(小)집단적 사고(bloc think)"라고 하였고, 인도는 이에 동의하기 어렵다고 했다. 아프리카의 뿔(Horn of Africa)과 서부 인도양, 그리고 말라카 해협 등이 분리돼 있다고 보기 어려우며, "전체가 끊김 없이 하나(seamless whole)"라고 표현하였다.

---

[7] 미 서부(캘리포니아 헐리우드)에서부터 인도 서부(인도 영화 산업의 메카인 뭄바이), 즉 미국에서부터 인도까지를 의미한다는 것인데, 이 표현의 정확한 출처는 모호하나, 공개적으로 언급된 사례로는 2018년 5월 당시 국방부 제임스 매티스(James Mattis) 장관이 기존 미국의 '태평양 사령부'를 '인도 태평양 사령부'로 명칭을 변경한다고 발표하면서, 사용했던 표현이기도 하다.

그러면서 이러한 지리적 범위를 국제관계학적 의미 또는 지정학적 의미를 담아 구체적으로 풀어서 설명하기도 했다. 인도 태평양은 "연쇄적으로 여러 반원형(succession of semi-circles)"을 이루고 있다고 하였다. 그러면서 가장 안쪽에 있는 반원형은 인도와 가장 근접해 있는 남아시아 국가들이고, 그 바깥 반원형에 위치한 국가로는 서쪽으로 걸프 국가 그리고 동쪽으로 아세안 국가들을 거론하였다. 그 다음으로 거론한 국가들은 아프리카 동부 해안 그리고 태평양 도서국들을 언급하였다. 마지막으로 지리적 위치에 의한 것은 아니지만 인도가 참여하는 3자 또는 4자의 소규모 국가 그룹에 대해 이야기했는데, 미국-일본-호주-인도가 참여하는 4개국 협의체, 즉 쿼드(Quad), 그리고 인도-일본-미국 간 3국 협력, 인도-프랑스-호주 간 3국 협력, 인도-인도네시아-호주 간 3국 협력 등을 예로 들었다.

그는 인도 정부가 인도 태평양에서 참여하고 있는 구체 협력 사례를 소개하기도 했다. 2020년 8월 모리셔스에서 일본 화물선이 좌초됐을 때 수 톤의 중유가 유출되는 환경 재해가 발생했는데, 인도는 프랑스와 공조하여 모리셔스를 지원하였다. 그리고 인도네시아에서의 자연재해 발생의 경우와 아프리카 모잠비크에서 2019년 발생한 열대 태풍 Idai(이다이)와 같은 자연재해에 대해서도 인도 정부는 이에 대한 지원을 제공했다고 설명하였다. 그리고 인도가 생각하는 인도 태평양 전략에 대해서는 2018년 모디 총리가 샹그릴라 대화에서 설명했다고 하면서, 모디 총리가 주창해온 SAGAR가 인도 태평양의 비전이라고 하였다. 2019년 발표했던 IPOI에 대해서도 다시 언급하였다.

인도가 중국을 어떻게 인식하느냐와 관련하여 그리고 인도와 중국의 관계에 있어 첫 번째 키워드는 국경이다. 더 구체적으로는 국경 분쟁이다. 2018년 모디 총리가 샹그릴라 대화의 기조연설 내용에서, 명시적으로 표현하지 않았지만 중국과의 관계에서 "서로의 이해관계에 민감성"을 가져야 할 이슈라고 했던 것이 바로 이 국경 문제다. 인도와 중국 두 거대 국가는 3,500km에 달하는 국경을 접하고 있다. 인도 쪽의 경우 5개의 주가 접해 있고[8], 중국 쪽의 국경선은 주로 티벳이다. 그리고 인도 국경의 서쪽과 동쪽 양 끝부분에 중국과 서로 합의되지 않은 국경 문제가 존재한다. 서쪽은 카슈미르(Kashimir) 지역에 대한 것인데, 카슈미르의 동부, 즉 악사이

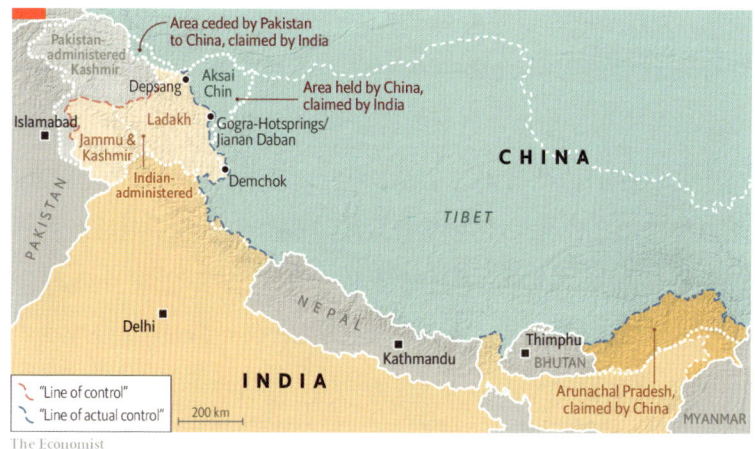

[그림 1] 인도가 중국을 어떻게 인식하느냐의 첫 번째 키워드는 '국경 분쟁'이다. 1962년의 전쟁 이후 양국 간에는 실질 통제선(Line of Actual Control)의 개념으로 사실상의 국경선을 유지해 오고 있다. 당초 중국은 전쟁 이전부터 실질 통제선 개념을 제기하였으나, 인도는 이를 받아들이지 않았다. *출처 : The Economist

---

8   서쪽 끝으로부터 동쪽 끝까지 5개 주 : Jammu & Kashmir, Himachal Pradesh, Uttara-khand, Sikkim, Arunachal Pradesh

친(Aksai Chin)으로 불리는 곳이다. 악사인 친은 중국이 점유하고 있으나, 인도가 영유권을 주장한다. 동쪽은 인도의 동북부 그리고 히말라야 산맥의 동쪽인데, 아루나찰 프라데시(Arunachal Pradesh)로 불린다. 서쪽의 악사이 친과 달리 인도가 점유하고 있으나, 중국이 영유권을 주장한다. 이 두 지역을 놓고 인도와 중국은 1962년 10월 1개월에 걸쳐 실제 전쟁을 치르기도 했다.

1962년의 전쟁 이후 양국 간에는 실질 통제선(Line of Actual Control)의 개념으로 사실상의 국경선을 유지해 오고 있다. 당초 중국은 전쟁 이전부터 실질 통제선 개념을 제기하였으나, 인도는 이를 받아들이지 않았다. 중국이 전쟁에서 승리한 후 실질 통제선 개념은 상호 인정하는 개념이 되었고, 1990년대 들어서는 양국 간 공식 문서에 의한 합의, 즉 조약에 따라 법적 개념으로도 인정된다. 다만, 이 통제선이 두 나라가 영유권을 주장하고 있는 지역과 그대로 일치하지는 않는다. 이에 1993년 체결된 인도와 중국 간 합의문에는 실질 통제선에 대한 존중이 국경 문제에 대한 각 국가의 입장에 영향을 주지는 않는다고 되어 있다.[9] 즉, 국경선에 대한 상호 수용할 만한 근본적 합의가 불가능하다는 데에 공동으로 인식하고, 실질 통제선을 기초로 서로 현재 상황을 유지하고 갈등을 관리하는 쪽으로 노력하자는 것이다. 그러나 근본적인 문제가 해결되지 않다 보니 실질 통제선 설정에도 불구하고, 양국 국경 수비대 간에는 유혈 충돌이 지속적으로 발생하고 있다.

악사이 친 지방은 사람의 정주(定住)가 곤란한 곳이기는 하나, 이 지역

---

[9] "The two sides agree that reference to the line of actual control in this Agreement do not prejudice their respective positions on the boundary question." (1993년 중국-인도 국경지역 실질통제선의 평화와 안정 유지에 관한 협정 제6항)

은 중국의 신장 지역과 티벳을 연결하는 위치로서 전략적 가치가 크다. 인도는 과거 영연방 시기로부터의 역사적 권원(權原)을 들며, 영유권을 주장하고 있다.

한편, 카슈미르 지역은 인도와 파키스탄 간에도 국경분쟁의 대상이 되고 있다. 한반도와 비슷한 규모의 카슈미르 지역을 놓고 서부 카슈미르 지역은 인도와 파키스탄, 동부 카슈미르 지역은 인도와 중국이 분쟁을 겪고 있는 것이다.

인도와 파키스탄 두 나라가 나눠 실효 지배하고 있는 서부 카슈미르 지역의 경우에는 종교와 인종, 안보 문제가 섞여 있어 이를 둘러싼 갈등 역시 치열하다. 인도령 카슈미르 지역(잠무 카슈미르)에는 1,400만 명의 인구가 거주한다.[10] 대부분 무슬림이다. 이 지역 역시 복잡한 이유는 인도와 파키스탄 간에 무력 충돌을 포함한 갈등에 더하여 잠무 카슈미르 내에 인도로부터의 분리독립을 주장하거나 파키스탄으로의 편입을 주장하는 단체도 있기 때문이다.

한편, 동쪽 아루나찰 프라데시의 경우는 사정이 다르다. 이 지역은 1987년 이후 온전히 인도의 州(State)로서의 지위가 부여되어 있고, 남한 정도의 면적에 인구는 130만 명 정도이다. 그러나, 중국은 이 지역에 대해서도 영유권 주장을 계속하고 있는데, 이 지역은 문제의 발단에서부터 티벳과의 관련성이 크다.

아루나찰 프라데시의 국경선은 1914년 티벳과 영국령 인도(British India) 사이에 합의한 맥마흔 라인(McMahon Line)에 따른 것이다. 1912년 청(淸) 왕조가 멸망하고 중화민국(中華民國, ROC)이 건국되었다. 이에

---

10 또 다른 인도령 카슈미르 지역인 라다크(Ladakh)는 악사이 친과 직접 접하고 있으며, 정주 여건이 좋지 않아 인구는 30만명 정도에 불과하다.

청 왕조의 보호령이던 티벳은 1913년 일방적으로 독립을 선언했다. 그러나 새로 건국한 중화민국이 티벳의 독립을 수용하지 않았다. 이런 상황에서 영국령 인도와 티벳, 중화민국 등 세 당사자는 1914년 티벳의 국경 관련 회의를 위해 인도의 심라(Simla, 현재는 Shimla로 표기)[11]에 모였다. 그러나 심라에서 중화민국이 참여하지 않은 상황에서 티벳과 영국령 인도 사이에만 양측 간 경계선을 히말라야 산맥의 봉우리들을 연결한 890km의 맥마흔 라인(McMahon Line)으로 정하기로 합의하였다. 당시 영국령 인도를 대표하여 협상을 이끌던 헨리 맥마흔(Henry McMahon)의 이름에서 나왔다. 그리고 맥마흔 라인의 아래 지역, 즉 히말라야 산맥 남쪽의 아루나찰 프라데시 지역 9만 ㎢를 영국령 인도에 편입시켰다.

심라 협정으로 체결된 맥마흔 라인에 대해 중국은 다른 입장을 가지고 있다. 맥마흔 라인에 대한 중국의 입장은 티벳은 항상 중국 영토의 일부였기 때문에 티벳 대표는 중국의 동의 없이 어떠한 동의도 받아들일 권한이 없으며, 당시 심라 조약 체결 과정에서 중국이 참여하지 않았기 때문에 심라 조약은 구속력이 없다고 주장한다. 더욱이 1949년 중국 본토를 장악한 중화인민공화국(中華人民共和國, PRC)이 들어서자 1951년 티벳을 합병하였고, 심라 조약에 따른 국경선은 식민지 시대에 맺은 불평등 조약이라며 인정할 수 없다고 하였다. 그리고 인도에 대해 아루나찰 프라데시를 내놓으라고 요구했다.

반면, 영국 식민 지배에서 독립한 인도는 이 조약이 유효하다는 입장을 보이고 있다. 인도는 1914년 맥마흔 라인이 체결되었을 당시, 티벳은

---

11 심라는 인도 서북부 카슈미르 지역 인근인 히마찰 프라데시(Himachal Pradeshi) 州都이다. 펀자브(Punjab) 州와 접해 있고, 펀자브 주도(州都)인 찬디가(Chandigarh)로부터 동북쪽으로 100km 정도 떨어져 있다. 식민지 시절 영국인들의 휴양지 가운데 하나였다.

독립 국가였으므로 모든 국가와 국경 협정을 협상할 권리가 있다고 본다. 그러므로 맥마혼 라인은 인도와 중국 사이의 명확하고 합법적인 국경선으로 보고 있다. 1990년대의 합의에 따라 맥마혼 라인이 중국과 인도 사이의 실질통제선으로 되어 있기는 하다.

인도와 중국의 관계에 있어 두 번째 키워드는 자연스럽게 "티벳" 그리고 "달라이 라마(Dalai Lama)" 문제로 연결된다. 티벳 자치지구(Tibet Autonomous region)는 한반도의 6배에 달하는 광대한 지역이다. 그러나 인구는 300만 명 정도에 불과하다. 중국은 1951년 티벳을 무력으로 병합하였는데, 8년 후 1959년 3월 수도 라사(Lhasa)를 중심으로 티벳 전역에서 주민들의 반중(反中) 시위가 발생한다. 중국 공산당이 티벳 병합을 대하는 인식은 중국 자체의 역사 인식으로부터 연유한다. 19세기 중반 아편전쟁 시기부터 중국 공산당이 중화민국(Republic of China)을 몰아내고 1949년 중화인민공화국(People's Republic of China)을 출범시킬 때까지의 기간을 "수치의 100년"으로 묘사한다. 서구 제국주의로부터 굴욕적인 지배를 받았던 기간이라는 것이다. 티벳을 바라보는 시각도 동일한데, 1951년의 병합에 대해 중국 공산당은 서구 제국주의가 티벳에 심은 농노체제로 고통받던 주민들에게 독립을 안겨준 것으로 주장한다.

한편, 티벳에서 14세기 말부터 정치와 종교 지도자 역할을 해 왔던 사람이 달라이 라마다. 티벳인들은 달라이 라마가 중생을 구제하기 위해 자발적으로 환생한다고 믿으며, 현 달라이 라마는 14대다. 1937년에 14대 달라이 라마로 인정받고, 1940년 공식 즉위했다. 1950년 중국 병력이 티벳으로 진입할 당시에는 15세의 나이로 정부의 수반이 됐으며, 1959년 티벳의 대규모 반중(反中) 시위가 성공하지 못하자 인도로 망명하였다. 이후 인도 서북부 히마찰 프라데시 주(州)의 다람샬라(Dharamshala)에 계속 머물면서 망명정부를 이끌고 있다.

1959년 인도가 달라이 라마와 여타 티벳인들의 망명을 받아들이고, 정착을 지원한 것 역시 앞서 이야기했던 1962년 인도-중국 국경전쟁의 배경이 되었다. 중국 정부는 인도가 중국의 국내 문제에 개입하는 것으로 비난한다. 베이징에서는 인도 총리가 달라이 라마의 생일을 공개적으로 축하하고, 전화 통화로 서로 소통하는 것에 대해서도 불편한 입장을 표한다.[12] 인도 정부는 사안의 민감성을 잘 알고 있어 중국을 자극하려 들지는 않으나, 달라이 라마는 인도 정부의 손님이므로 정중히 모시고 있을 뿐이라는 입장을 견지하면서 달라이 라마와의 접촉을 이어가고 있다. 인도와 중국 사이에서 티벳과 달라이 라마의 문제는 과거와 현재의 문제로뿐만 아니라 앞으로도 크나큰 불씨가 있다. 바로 달라이 라마의 후계자 문제다. 이는 지정학적인 문제로 비화될 여지가 크다. 현 달라이 라마의 건강 문제가 불거지고 있지는 않지만, 87세의 고령으로 15대 달라이 라마로의 승계 문제는 먼 미래의 일은 아니다.[13] 다만, 중국 중앙정부 입장에서는 이는 중국 공산당의 선택이어야 한다는 것이다. 실제 중국은 달라이 라마의 승계는 중국 정부로부터 인정받아야 유효하다는 법적 규정을 만들어 두었다. 달라이 라마 스스로는 중국 정부가 관여되는 방식에 대해서는 반대해 왔으며, 또한 후계자 달라이 라마가 티벳이 아니라 인도에서 환생할 가능성도 열어두고 있는 것으로 보인다.

인도와 중국의 관계에 있어 세 번째 키워드는 남아시아에서 인도의 위상이다. 서구의 식민 지배라는 공통점을 포함하여 역사적으로나 종교적

12　나렌드라 모디 총리는 2021년 7월 자신의 트위터에 "달라이 라마의 86번째 생일을 축하하기 위해 그와 전화 통화했다."라고 썼다. 2014년 총리 취임 이후 달라이 라마와 대화한 것을 공개적으로 확인하기는 처음이었다.

13　달라이 라마 스스로의 예지(叡智)에 위하면, 113세까지 생존할 것이라는 이야기도 있다. (The Guardian, 2021.7.31.)

문화적으로 인도와 여타 남아시아 국가 간의 관계는 매우 긴밀하다. 다만, 항상 관계가 순조롭지는 않았다. 파키스탄과는 독립 이후부터 상호 안보 불안을 안고 있으며, 카슈미르 지방을 둘러싼 국경 분쟁도 계속되고 있다. 남아시아에서는 인도를 중앙에 두고 보면, 서쪽에 파키스탄, 북쪽으로 네팔과 부탄, 동쪽으로 방글라데시, 남쪽으로 스리랑카와 몰디브가 있다. 이들 국가들이 지역 협력기구로 결성한 조직이 남아시아지역 협력기구(SAARC: South Asian Association for Regional Cooperation)다. 7개국은 1985년 SAARC 설립에 합의하였다. 지리적으로 남아시아에 속하지는 않으나, 2007년 아프가니스탄도 가입이 승인되었다.[14] 남아시아에서 인도의 위상과 규모는 지도를 보면 직관적으로 이해할 수 있으나, 구체적으로 SAARC 협의체를 구성하고 있는 남아시아 국가를 경제적 수치로 개별적으로 비교해 보면, 지역 내 인도의 위상을 더욱 두드러지게 알 수 있다.

국가명	인구(명)	GDP(억 달러)	1인당 소득(달러)	수출액(억 달러)	외환보유고(억 달러)	방위비(억 달러)
인도	14억	37,360	2,601	3,000	4,872	605
네팔	3,000만	420	1,115	8	94	2.1
몰디브	52만	70	15,563	2.5	7.2	0.86
방글라데시	1억 7,000만	4,200	2,621	520	450	45
부탄	77만	26	3,423	5.8	9.8	0.25
스리랑카	2,000만	752	3,698	100	76	25
아프가니스탄	4,000만	187	499	7.8	78	120
파키스탄	2억 3,000만	3,760	1,357	219	127	114

인도와 여타 남아시아 국가 비교[15]

14　2021년 탈레반 정권이 아프가니스탄을 장악했을 때 여타 SAARC 회원국 7개국 누구도 탈레반 정권을 '승인'하지 않았으나, 아프가니스탄의 SAARC 회원국 자격은 그대로 유지되고 있다.

모든 측면에서 인도의 위치는 가히 압도적이다. 수치상으로 한 가지, 즉 1인당 소득 측면에서 아직 인도가 매우 낮은 수준이고, 관광 국가 몰디브가 1만 5,000달러를 넘어서고 있으나, 다른 측면에서는 어느 나라와도 비교 불가다. 이러한 상황에서 인도는 남아시아 지역의 중심국가라는 위상과 자부심을 갖는 것이 당연해 보인다.

그러나 남아시아를 조금만 넘어서서 아시아 관점에서 보면 인도는 동아시아의 중국과 접해 있다. 인도가 보기에 중국은 동아시아의 주요 세력으로만 머물러 있지 않을 것으로 보는 것이다. 인도는 중국이 전 세계는 아니더라도 아시아에서는 중국을 중심으로 하는 단극 체제이기를 바란다고 생각한다. 그러나 인도는 다극 체제를 원한다. 남아시아에서는 인도가 여전히 그 영향력을 계속해서 유지해야 하며, 중국이 이 구역에 세력을 확장하려는 데 대해 매우 민감하다.

대표적인 사례가 인도양과 남아시아에서 진행되어 온 중국의 항구 건설 프로젝트이다. 미얀마 서부 짜욱퓨(Kyaukpyu), 스리랑카 남부 함반토타(Hambantota), 파키스탄 남서부 과다르(Gwadar) 등 세 곳에 항구를 건설하고 있는 대목에 주목한다. 물론 세 나라 정부가 각기 중국과 협의하여 경제 협력 차원에서 진행하고 있는 것이나, 중국의 이러한 계획에 인도로서는 불편할 수밖에 없다. 이에 민간 전문가들 사이에서는 이러한 세 항

15　IMF 자료 (인구 2021년, GDP 2023년, 수출·외환보유고·방위비 2022년 기준)

구 건설 계획을 중국이 인도를 포위하려는 전략에 의한 것이라고 보며, 이를 "진주 목걸이"(string of pearls)로 부르기도 한다. 세 곳의 항구 건설 지역을 연결하면 목걸이처럼 보인다는 것이다. 이에 더하여 2023년부터는 몰디브 역시 인도로부터 벗어나 중국의 영향권 하에 들어가는 모습을 보이고 있다.

[그림 2] 진주 목걸이(string of pearls)로 부르기도 하는 세 곳의 항구.

이들 각국, 미얀마, 스리랑카, 몰디브, 파키스탄의 상황을 구체적으로 살펴보면 아래와 같다. 우선 짜욱퓨는 미얀마 서부 벵골만에 닿아 있는 라카인 주(Rakhine State)에 위치해 있다. 인구 5만명 규모의 어촌 마을이다. 라카인 주는 방글라데시와 국경을 접하고 있는데, 미얀마 인구를 구성하고 있는 불교도 '라카인'족(族)과 무슬림 '로힝자(Rohingya)'족(族) 간의 갈등 및 유혈 충돌, 대규모 로힝자 난민의 방글라데시 유입으로도 많이 알려져 있다. 다만 실제 민족과 인종 그리고 종교 간 갈등과 충돌은 라카인 주 북부에서 발생하고 있어 짜욱퓨 지역 이남의 상황은 비교적 양호하다.

짜욱퓨에 심해 항만 시설을 건설하고 인근에 특별경제구역을 조성하는 구상은 이미 2010년을 전후하여 중국과 미얀마 사이에 논의되기 시작하였다. 그러나 중국에 대한 과다한 의존에 대한 우려, 중국이 이미 추진하고 있던 대규모 댐 건설 프로젝트[16]와 구리 광산 개발 사업[17] 등에 대한 불신 등이 겹치면서 항만 건설사업은 진행이 수월치 않았다. 2015년 아웅산 수지(Aung San Suu Kyi) 정부 출범 이후 중국으로서는 더욱 어려운 상황을 맞이하게 된다. 2015년 이전 미얀마와 중국측 간의 합의사항은 중국 국영투자회사인 CITIC(China International Trust Investment Corporation)가 73억 달러를 투자한다는 것이며, 전체 사업의 85% 지분을 갖는다는 것이었다. 사업의 내용은 연 500만 개의 컨테이너를 처리할 수 있는 항만[18]을 건설한다는 것이었다. 그러나 2015년 총선 승리를 통해 집권한 아웅산 수지 정부는 기존 합의를 갱신하게 되는데, 항만 자체의 규모를 당초 계획보다 7분의 1 수준으로 줄였다. 미얀마가 상환해야 할 재정 부담도 13억 달러 수준으로 줄였고, 대신 미얀마측의 지분 비율은 15%에서 30%로 늘렸다.

　　어려움을 겪으면서도 나름 진행되던 짜욱퓨 심해항만 건설사업은 코로나19 상황에 새로이 어려움을 겪었으며, 2021년 2월 쿠데타 발생 이후

---

[16] 북부 카친 주에 위치한 미쯔온 댐(Myitsone Dam) 건설 프로젝트가 추진되었으나, 히말라야 가까이 메콩강 상류에 위치하게 되어 있어 환경에 대한 부정적 영향이 컸던 점, 1만 5,000여 명의 대규모 이주민 발생이 수반되는 상황이었던 점, 수력 발전의 대부분이 중국 운남성으로 송전될 예정이었던 점 등으로 이에 대한 미얀마 내부의 반대가 컸다. 이에 2011년 출범한 떼인 세인(Thein Sein) 행정부에서도 추진이 여의치 않았으며, 결국 2015년 아웅산 수지(Aung San Suu Kyi) 정부가 들어서면서 추진이 보류되었다.

[17] 미얀마 북부 사가잉 주에 위치한 레파다웅 구리 광산(Letpadaung Copper Mine) 개발 사업이 중국 기업과 미얀마 군부 기업의 합작에 의해 추진되었으나, 2010년 전후 광산 사업 초기부터 주민들의 반대에 부딪히면서 난항을 겪었다.

[18] 일본 국가 전략항만의 하나인 한신항(오사카, 고베항) 정도의 규모다.

에는 사업 자체가 중지되는 사태를 맞이하게 된다. 군부가 아웅산 수지 정부의 대외적 합의사항에 제동을 걸고 나선 것이다. 그러나 쿠데타로 국제적 고립에 빠진 미얀마 군부의 입장에서 중국과 관계를 유지하는 이외에 다른 대안은 없었다. 2023년 말에 미얀마 군부는 CITIC와 사업 재개에 합의하게 된다. 중국의 입장에서 미얀마는 중국 내 개발이 낙후된 운남성의 경제개발이라는 화두와도 닿아 있다. 운남성은 미얀마와 국경을 접하고 있다. 2010년 이전 이미 미얀마 짜욱퓨 지역과 운남성 쿤밍까지를 잇는 송유관과 가스관이 건설되기 시작하였다. 원유는 중동으로부터 수입되는 것이며, 가스는 미얀마 해상 광구로부터 추출되는 것이다. 송유관을 이용하여 원유를 옮겨가면, 말라카 해협을 이용하지 않아도 되는 장점이 있다. 이에 더해 짜욱퓨 항구가 건설되면, 운남성으로서는 인도양으로 향할 수 있는 수출 통로 역시 마련되는 것이다.

그리고 짜욱퓨에서 거의 직선으로 인도 방향으로 선을 연결하면 인도의 동부해군사령부(Eastern Naval Command)의 본부가 위치한 비자카파트남(Visakhapatnam)이 나온다. 인도 정부는 비자카파트남 인근 람빌리(Rambilli)에 "바르샤 프로젝트"(Project Varsha)라는 이름으로 인도 해군의 새로운 핵 잠수함 전단 부대를 배치하려 한다.

"바르샤"는 힌두어로 '비'를 의미하는데, 12척의 핵 잠수함을 수용할 수 있는 해군 기지를 새로 건설하는 것이다. 인도가 실제 보유하고 있는 핵 잠수함은 INS Arihant로 이름 붙여진 한 척에 불과한데, 두 번째 및 세 번째 잠수함 건조 작업이 상당 수준 진척된 것으로 알려져 있다. 인도 정부는 이 세 척을 포함하여 단기적으로 총 네 척의 핵 잠수함을 갖고자 한다. 파키스탄과 중국을 동시에 염두에 둔 것이다. 중국이 이용하려고 하는 미얀마의 짜욱퓨 항구와 인도의 바르샤 프로젝트 공히 벵골만(Bay of Bengal)에서 진행되고 있다.

다음으로 함반토타(Hambantota)는 스리랑카 남부 州(Southern Province)의 함반토타 區(Hambantota District)의 행정 중심지이며, 항구 도시이다. 이곳에는 2010년을 전후하여 항만, 공항, 크리켓 경기장이 새로이 들어서게 된다. 세 곳의 공통점은 우선 공식 명칭에 '라자팍사'(Rajapaksa)라는 이름이 들어가 있다는 것이다. 그리고 세 곳 모두 중국의 자본이 투입되었다는 것이다. 자본이 들어갔다는 것은 결국 중국 노동력이 투입되었다는 세 번째 공통점과도 연결된다. 그만큼 함반토타에서의 대규모 프로젝트는 마힌다 라자팍사(Mahinda Rajapaksa) 대통령 그리고 중국과 직결되어 있다.

마힌다 라자팍사는 2005년 11월부터 2015년 1월까지 스리랑카 대통령을 역임하였고, 2019년 11월부터 2022년 5월까지는 총리를 역임하였다. 함반토타 지역은 라자팍사 대통령의 고향이고, 지역구이기도 하다. 라자팍사 대통령은 2005년 대통령 취임과 동시에 당시 인도양 지진 해일로 대규모 피해를 입은 함반토타를 경제적으로 개발시키겠다는 목표를 추구하였다. 덴마크의 컨설팅 회사가 함반토타 항구 사업의 경제적 타당성을 긍정적으로 발표한 것도 이 시기였다. 항구 건설사업은 2007년부터 본격화하여 1단계 항구 건설은 2010년 11월 18일 라자팍사 대통령의 생일에 맞추어 마무리되었다. 그러나 2년여 지난 2012년, 스리랑카의 기존 최대 항구 콜롬보 항에 3,600여 척의 선박이 정박한 데 비해, 함반토타 항에는 34척의 선박만 정박하였다. 그럼에도 2012년 스리랑카 정부는 중국으로부터 함반토타 항구를 확장한다는 명목으로 7억 5,700만 달러를 추가로 빌리게 된다. 2007년 1단계 항구 건설 사업 당시 중국으로부터 빌린 3억 700만 달러와 합쳐 함반토타 항구 사업만으로도 10억 달러를 상회하는 채무가 발생한 것이다.

스리랑카 국내 상황을 더 살펴보면, 2009년 5월 정부에서 공식적으로 내전 종식을 발표하기까지 30년 가까이 스리랑카 정부군과 타밀 반군 간의 교전이 지속되었다. 이 과정에서 유엔 등 국제사회에서 스리랑카 정부의 인권 탄압 문제도 부각되었다. 내전은 종식되었으나, 여전히 인권 문제를 안고 있던 라자팍사 정부가 주요 국가, 특히 서방으로부터 대규모 차관을 받는 것은 매우 어려운 일이었다. 유일하게 10억 달러 이상의 대규모 차관 제공에 나선 국가는 중국이었다.

그러나 앞서 보았듯이 함반토타 항구에서 처리하는 물동량이나 선박의 입항 규모가 당초 기대했던 수준에 미치지 못하였다. 2015년에 들어서면서 스리랑카 정부의 전체 세입액의 95%가 채무 상환에 투입되었고, 같은 해 대선에서 라자팍사 대통령에 반기를 들고 당선된 시리세나(Maithripala Sirisena) 대통령과 신정부는 스리랑카의 만성적 대외부채 문제 해결을 최우선 정책으로 추진하였다. 2017년 7월 중국과의 부채 조정을 둘러싼 합의가 스리랑카 항만 공사(Sri Lanka Ports Authority)와 중국 국영 항만기업 자오상쥐(招商局, China Merchants Port) 간에 이뤄졌다. 그 내용은 스리랑카 항만 공사가 자오상쥐로부터 11억 2,000만 달러를 받고 함반토타 항구 지분 70%와 99년 동안의 항만 운영권을 자오상쥐에 넘긴다는 것이었다.

이러한 합의에 대해 서방 국가들은 중국 일대일로 정책에 의한 개도국 부채 함정의 대표적 사례로 함반토타 사례를 거론하기 시작하였다. 또한, 인도를 포함하여 주요 국가들은 스리랑카에 대한 중국의 영향력 확대에 대해 우려를 표하였다. 함반토타 항구가 중국의 해군력에도 활용되는 상황을 특히 염려하였다. 이에 대해 중국은 부채 함정이라는 용어는 외부 세력이 만들어낸 "말의 함정"이라고 주장했다. 스리랑카 정부 역시 마찬가지 입장이다.

그리고 군사기지로의 전용 우려에 대해 스리랑카 정부는 중국과의 협상은 군사적 목적의 협상은 아니라는 점을 강조하였다. 중국과의 협상이 타결된 직후인 2017년 8월 위크레메싱헤(Ranil Wickremesinghe) 당시 총리[19]는 "시리세나 대통령이 이끄는 스리랑카는 어느 나라와도 군사적 동맹을 체결하지 않을 것이다. 그리고 스리랑카의 기지를 다른 나라에 제공하지도 않을 것이다.[20]"라고 했다. 2018년 2월에는 스리랑카 최고위 군 장성이 "스리랑카의 항구나 바다에서 인도의 안보상 우려를 위협하는 어떠한 조치도 하지 않을 것이다.[21]"라고 직접 이웃 대국 인도를 거론하면서 발언하였다.[22] 흥미로운 지점은 스리랑카에 대한 외국으로부터의 투자는 그간 중국의 투자가 압도적이었으나, 2020년을 전후하여서는 인도, 미국, 러시아 등 여타 주요국으로부터의 투자 증가 현상이 나타나고 있다. 2021년 콜롬보 항구 터미널 프로젝트에 인도의 아다니(Adani) 그룹[23]이 7억 달러를 투자하기로 하였고, 2023년에는 미국 국제개발금융공사(IDFC)[24] 역시 아다니 그룹의 프로젝트에 5억 5,300만 달러의 투자를 발표하였다.

---

[19] 라닐 위크레메싱헤 당시 총리는 이후 2022년 7월 스리랑카 제9대 대통령에 취임하였다.

[20] "Sri Lanka headed by President Maithripala Sirisena does not enter into military alliances with any country or make our bases available to foreign countries."

[21] "No action, whatsoever will be taken in our harbor or in our waters that jeopardizes India's security concerns."

[22] 각주 18과 19의 발언 내용은 Jonathan E. Hillman, "Game of Loans: How China Bought Hambantota" (CSIS Briefs, 2018.4.2.)에서 재인용(https://www.csis.org/analysis/game-loans-how-china-bought-hambantota)

[23] 2024년 포브스 발표에 의하면, 인도 재계 1위는 릴라이언스(Reliance) 그룹 무케시 암바니(Mukesh Ambani) 회장(순자산 1,160억 달러), 2위는 항만·공항·전력 등 사업을 펼치는 아다니 그룹의 가우탐 아다니(Gautam Adani) 회장(680억 달러)이다.

[24] 미국의 IDFC 설립 경위에 대해서는 이 책 제5장 "미국" 편에 상세 기술

2024년 4월에는 인도와 러시아가 만든 합작회사[25]가 함반토타 공항에 대한 30년간의 운영권을 확보하였다.

한편, 2022년 8월 중국 해군 소속 선박 위안 왕(遠望) 5호(Yuan Wang 5)가 함반토타 항에 정박하였다. 중국과 스리랑카측은 과학연구 목적의 측량선으로 묘사하였으나, 인도 국내적으로는 이를 "이중 용도 스파이 선박"으로 인식하면서, 우려를 표했다. 위안 왕 5호에 부착된 레이더가 반경 수백 km를 탐지할 수 있어 인도의 상당 부분 지역이 중국 선박의 레이더 감시 하에 놓인다는 것이다. 같은 시기 인도 정부는 스리랑카측에 해상 항공정찰기를 공여하였다. 스리랑카 연해에서 스리랑카의 해상 안보를 강화하는데 기여하고자 한다는 설명이 붙었다.

다음으로 몰디브의 경우도 흥미롭다. 인구 50만 명에 불과한 인도양의

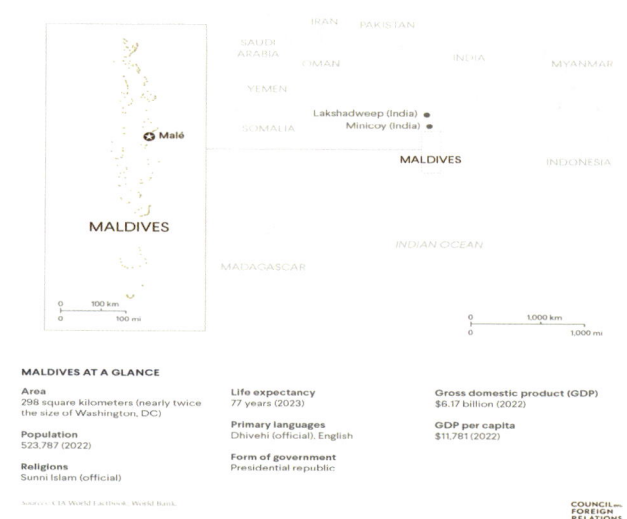

[그림 3] *출처 : CIA World Factbook, World Bank(미 외교협회 CFR에서 재인용).

---

25 인도의 Shaurya Aeronautics 社와 러시아의 Airports of Regions Management Company

작은 섬나라 몰디브는 전통적으로 인도의 영향력이 강하였다. 1965년 영국으로부터 독립한 이후 60여 년 동안 외교, 국방, 경제, 문화 등 모든 면에서 인도와 긴밀한 관계를 맺어왔다. 그러나 2023년 하반기 들어 몰디브의 정치 지형은 급격히 변화하게 된다. 9월 치러진 대통령 선거에서 '인도 아웃(India Out)'을 외치면서 유세를 펼쳤던 모하메드 무이주(Mohamed Muizzu) 후보가 54% 득표율로 '인도 우선(India First)' 정책을 외친 친인도 노선의 이브라힘 솔리(Ibrahim Solih) 당시 대통령을 이기고 당선되었다. 2024년 4월 치러진 총선에서도 무이주 대통령 소속 여당인 국민회의(PNC)가 전체 의석 93석 가운데 과반을 훨씬 넘긴 68석을 확보하였다.

무이주 대통령은 취임 이후 몰디브에 주재하고 있는 인도 군 병력을 민간인 전문가들로 교체해 줄 것을 요구하였다. 그리고 2024년 1월 무이주 대통령은 중국을 국빈 방문하게 된다. 대통령에 취임 후 첫 해외 방문국으로 중국을 선택한 것이다. 이러한 움직임에 인도 정부는 몰디브에 닿아 있는 자국령 미니 코이(Minicoy) 섬에 해군 기지 건설을 추진한다고 밝히고 있다. 면적이 4.8 km에 불과한 섬이다. 그리고 인도인들의 몰디브 방문 관광객 수도 급격히 감소하고 있다. GDP의 30%가 해외 관광객 유치로부터 충당되는 몰디브로서는 타격이 불가피하다. 그러나 그렇다고 인도와 몰디브의 관계가 파국으로 흘러갈 것 같지는 않다. 무이주 대통령으로서는 인도와의 관계가 중요하다는 사실을 잘 알고 있고, 그리고 인도를 저버리면서까지 중국에 올인하겠다는 의도는 아니다. 인도에 있어서도 모디 행정부의 외교원칙인 "이웃 국가 우선(Neighbourhood First)" 정책에 있어서 몰디브는 여전히 중요한 위치를 점하고 있다.

마지막으로 파키스탄의 경우에는 과다르 항구 프로젝트와 파키스탄 남북을 잇는 경제회랑(CPEC: China Pakistan Economic Corridor) 프로젝트가 이미 오래 전부터 중국의 지원으로 운영되고 있었다. 파키스탄을 남북으로 연결하고 중국의 신장까지 잇는 CPEC 프로젝트는 총 600억 달러 규모이다. 과다르 항구와 CPEC 건설, 두 프로젝트는 긴밀히 연계되어 있다. 과다르 항구는 세계에서 가장 수심이 깊은 곳에 위치한 항구인데, 흥미로운 역사를 갖고 있다. 1783년부터 1958년까지는 오만의 해외 영토였다가 1958년 파키스탄에 매각되었다. 그리고 이후 중국이 본격적으로 투자하면서 과다르에 대한 가치와 중요성이 급속히 부각되었다. 원래는 파키스탄에서도 빈곤한 지역인 발루치스탄(Balochistan) 주에 위치한 마을로, 호르무즈 해협과도 가깝다. 2000년대 들어 중국의 관심과 투자가 본격화하며, 2015년에는 CPEC 프로젝트와도 연계되었고, CPEC의 중요 사업으로 발표되기도 하였다. CPEC으로 포함되면서 당초 과다르 항구

[그림 4] *출처 : "Economic Visions and the Making of an Islamabad-Beijing-Riyadh Triangle: Assessing Saudi Arabia's role in the China Pakistan Economic Corridor," Esram Ashraf, King Faisal Center for Research and Islamic Studies, 2020).

건설 계획은 컨테이너 처리 물량을 확대하고, 특별경제구역을 조성하는 사업으로 확대되었다.

스리랑카의 함반토타 항구 사업이 중국이 아닌 스리랑카 정부의 강한 의지가 작용했던 것처럼 당초 과다르 항구 사업 역시 중국이 아니라 파키스탄 정부의 사업 추진 의지가 강하게 작동하였다. 파키스탄으로서는 과다르 항구를 통해 아라비아해와 중앙아시아, 중국을 연결하고, 이를 통해 파키스탄을 남아시아 지역의 경제 허브로 만들겠다는 의욕을 가졌던 것으로 보인다.[26] 그러나 기본적으로 이웃 대국인 인도와의 지역 통합에 여전히 한계를 가질 수밖에 없는 상황을 알고 있고, 지역 허브화 추진 역시 한계가 있음을 모르지 않다. 그렇다면 전략적 측면에서 파키스탄으로서는 지역 내 허브 항구까지는 아니더라도 중국과의 견고한 연결고리를 만들어 두는 측면에서 과다르 항구 및 CPEC 프로젝트를 추진하고, 이는 인도와의 관계를 관리하는 데에도 유리하다는 것이다.

중국의 경우에는 말라카 해협을 거치지 않고, 서부 신장 지역으로부터 육로를 거쳐 인도양으로 연결하고, 중동의 걸프에까지 곧바로 연결한다는 고려가 과다르 항구 그리고 CPEC 사업에 작용한 것은 분명해 보인다. 중동으로부터의 원유 수입을 위해 중국은 1만 2,000km 이상의 해상 운송을 이용하고 있는데, 걸프 해 인근의 과다르 항구와 중국-파키스탄 연결로를 활용하면 2,400km로 대폭 줄어든다. 에너지 운송에 소요되는 시간과 비용을 대폭 아낄 수 있는 것이다. 그러나 수입하는 원유나 가스 등을

---

[26] 2016년 11월 13일 과다르 항구 공식 개통식을 주재한 당시 나와즈 샤리프(Nawaz Sharif) 파키스탄 총리는 "새로운 시대의 서막"을 알리며, 기대감을 고조시켰다. 그리고 일대일로 사업이 파키스탄의 비전 2025와 연계하여 파키스탄을 지정학적 위치를 지경학적 이점으로 만들고, 파키스탄을 통상과 무역의 허브 국가로 만드는데 도움을 줄 것이라는 기대감을 밝히기도 했다.

중국 신장 지역에 육로로 이동시키더라도 에너지 수요가 높은 중국 동부 지역으로 옮기기 위해서는 6,000km까지의 추가적인 수송이 필요하다는 점을 고려하면, 중국으로서도 경제적 이해관계만 고려했다고 보기는 어렵다. 실제 과다르 항구의 활용 현황을 보면 파키스탄이나 중국에 공히 경제적 이해관계만으로 설명하기는 어렵다. 전략적 이익에 대한 고려가 있다는 것이다.

실제 현실을 보면 더욱 그렇게 생각된다. 과다르 항구에서 1년에 처리되는 선박 규모는 20척 정도에 불과하다. 2023년 기준 17척인데, 스리랑카의 함반토타에서 441척이 처리된 것과 비교해도 더욱 저조하다. 과다르 인근 항구인 기존 카라치 항구가 20피트 컨테이너 420만 개를 처리할 수 있는 데 비해 과다르 항구가 13만 7,000개에 불과하다는 사실로만으로도 이미 예견된 것이었다. 따라서 파키스탄의 경우와 유사하게 중국의 경우에도 전략적 측면의 이해관계가 동시에 고려되었던 것으로 보아야겠다. 파키스탄과의 우호적 관계를 강화한다는 측면 그리고 중국 스스로 중동과 인근한 지역에 인도를 둘러싸고 있는 모양을 만들어 낼 수 있는 과다르의 위치는 분명 매력적이다. 그리고 과다르에 해군 기지가 건설된다면 더더욱 전략적 의미는 분명해진다. 아라비아해에서 호르무즈 해협에 이르는 해역에서 중국 해군의 반접근·지역 거부[27](anti access/area denial (A2/AD)) 역량을 증가시키게 될 것이다.

중국이 과다르 항구와 CPEC에 막대한 자금을 투입하는데 대해 인도

---

[27] 미국이 중국의 서태평양 영역 지배전략을 일컫는 명칭으로 2000년경부터 활용하고 있다. 서태평양 지역에 배치된 미군 전력이 유사시 대만 쪽으로 이동하는 부분을 최대한 저지하고 (이것이 반접근(anti-access)이다), 이동해서 들어오더라도 그 작전 수행에 최대한 부정적 영향을 주겠다(area denial)는 것이다. 다만, 중국이 스스로 이를 공식 인정하거나 부인하지는 않고 있는 개념이다.

역시 나름의 방식으로 대응하였다. 2024년 5월 인도는 이란과 차바하르 항구(Chabahar Port)의 운영에 대한 계약을 체결하였다. 향후 10년간 차바하르 항구의 운영을 인도가 맡는다는 내용이다. 차바하르 항은 이란의 유일한 인도양 연안 항구 역할을 하고 있다. 인도 정부는 2016년부터 5억 달러를 투입하여 개발을 추진해 왔는데, 차바하르 항을 통해 인도는 파키스탄 노선 대신 이란을 통해 아프가니스탄과 여타 중앙아시아 국가들로부터 원유를 수입하는 등 교역이 수월해질 것으로 기대하고 있다.

7-5　　　　　　　　　　　　　　　**미국 : 쿼드와 인도 태평양 프레임워크(IPEF)**

2024년 4월 미국, 일본, 필리핀 세 나라 정상이 워싱턴에서 한자리에 모였다. 같은 시기 남중국해에서는 세 나라에 호주까지 더하여 4개국이 공동으로 해양 순찰 활동을 전개했다. 필리핀에서 두테르테 대통령이 물러나고, 2022년 5월 페르디난드 "봉봉" 마르코스 2세(Ferdinand "Bongbong" Marcos Jr.)가 대통령이 된 이후 마닐라와 워싱턴 간의 거리가 더욱 가까워졌다. 2024년 상반기에 나타난 미국, 일본, 호주, 필리핀 등 4개국 간 안보협력에 대해 기존의 쿼드(QUAD)와 대비되는 "스쿼드(SQUAD)"라는 말이 등장하기 시작했다. 쿼드 앞에 붙은 "S"는 안보, 즉 Security의 머리글자이다. 미국 국방 당국자들 사이에서 오르내리기 시작하면서 언론을 통해서도 많이 활용되고 있다. 기존 인도가 참여하는 쿼드가 군사적 측면의 실질 협력이 활발하지 않은 상황에서 인도가 빠지고 필리핀이 참여한 4개국 협력은 남중국해 또는 동중국해까지도 포함하여 해양에서의 안보협력을 중요하게 다루고 있기 때문이다.

　물론 필리핀이 중국에 군사적으로 대항하기 위한 의도로 미국, 일본,

호주와 군사협력을 도모한다고 단선적으로 주장하기는 어렵다. 그럼에도 세간에서 인도가 포함되어 있는 쿼드에 비해 필리핀이 포함된 쿼드에 안보적인 측면의 의미를 더 부여하여 "스쿼드"라는 이름을 붙이는 것은 그만큼 인도가 쿼드에 부여하는 의미가 다른 세 나라 – 미국, 일본, 호주 - 와 차이가 크기 때문으로 볼 수 있다. 인도는 미국과의 양자 관계를 강화하고, 그리고 미국, 일본, 호주와의 "소다자(mini-lateral) 협의체" 쿼드(QUAD)를 통해서도 미국과의 관계를 강화한다는 생각을 갖고 있는 것은 분명해 보인다. 다만, 이러한 모습이 대외적으로 중국을 겨냥한 것으로 이해되는데 대해서는 불편한 기색을 밝혀왔다. 이를 두고, 인도는 쿼드 협의체에서 가장 약한 연결고리(weakest link)라고 불리기도 한다.[28]

사실 인도는 독립 이후 상당 기간을 미국과 불편하게 지냈다. 이는 인도와 국경을 맞대고 있는 두 나라, 중국과 파키스탄을 미국이 어떻게 대했느냐와 직접적으로 연결되어 있다. 미국은 냉전 시절 파키스탄과 긴밀한 군사협력 관계를 유지했다. 구소련에 속해 있던 중앙아시아 지역을 정찰하려는 목적으로 파키스탄의 페샤와르(Peshawar) 공군 기지를 임대하고, F-16 전투기도 파키스탄에 수출하였다. 또한, 1970년대 미국이 중국과의 관계를 정상화하면서, 인도와의 관계는 더욱 불편해질 수밖에 없었다. 1970년대부터 시작된 인도의 핵 개발에 대해서도 미국은 각종 제재 조치로 대응하였고, 1990년 후반에 들어서는 인도의 핵무기에 맞서는 파키스탄의 핵 개발을 묵인하는 상황에까지 이른다.

그러나, 2001년 9·11 테러 그리고 2010년대 이후 미국과 중국의 갈등

---

28 예를 들면, Derek Grossman, "India Is the Weakest Link in the Quad," Foreign Policy, July 23, 2018, https://foreignpolicy.com/2018/07/23/india-is-the-weakest-link-in-the-quad ; 그리고 Chet Lee, "India: The Quad's Weakest Link," Diplomat, October 19, 2021, https://thediplomat.com/2021/10/india-the-quads-weakest-link

과 경쟁이 격화되는 상황에 인도에 대한 미국의 외교 노선이 변하고, 인도 역시 미국과의 관계를 우호적으로 만들어야 한다는 인식이 확대되었다. 2020년 6월 인도의 라다크 갈완 계곡(Galwan Valley)에서 인도와 중국 양국의 군대가 집단 난투극을 벌여 인도군 20여 명이 사망하는 사건이 발생하였다. 1962년 이 지역을 둘러싸고 전쟁을 벌였으나, 상당 기간 나름의 안정을 유지해 오던 터였다. 그리고 이 사건 이후 중국은 갈완 계곡 전체를 자국 땅이라고 주장하기까지 하였다. 물론 이에 대해 인도는 즉각 반발하고 나섰다. 인도로서는 중국의 공세에 대응하기 위한 다각적 노력을 전개할 필요성을 느끼며, 이로 인해 쿼드 협의체를 포함한 미국과의 협력에 보다 적극성을 띠게 된다. 쿼드의 첫 정상회의 개최 시기가 2021년 3월이었던 것은 이러한 분석에 힘을 보탠다.[29]

그러나 인도의 쿼드 참여로 인도에 긍정적인 이득만 있을 것으로 기대하기는 여의치 않다. 쿼드 가입으로부터 인도가 챙길 수 있는 이득 그리고 이와 함께 쿼드 참여에 따르는 부정적 영향에 대해 정리하면 다음과 같다. 우선 인도가 생각했던 이득이다. 첫째, 쿼드는 인도의 주변 국가를 대상으로 중국이 일대일로를 통해 영향력을 확대해 나가는 데 대한 대응 방안이 될 수 있다. 둘째, 쿼드에 참여하고 있는 미국, 일본, 호주 등과의 정보 공유, 무기 거래, 국방 협력 강화를 추구할 수 있다. 셋째, 쿼드에 참여하는 여타 국가들과의 경제통상 관계, 특히 투자 유치에 도움이 될 수 있다. 넷째, 쿼드 협력을 통해 코로나19 팬데믹 이후 인도의 제약산업을 증진하는 효과를 기대할 수 있다. 이와 관련해서는 실제 쿼드 정상회의에서도 코로나19에 대한 공동 대응을 모색하는 것은 참여국 정상들의 중요한 논의 의

---

29 "India and the Quad When a "Weak Link" Is Powerful" by Kate Sullivan de Estrada, October 30, 2023. (NBR: The National Bureau of Asian Research)

제가 되었다. 쿼드 백신 파트너십에 의해 인도에 위치한 코로나 백신 공장의 기반시설이 확대되기도 하였다.

반면, 부정적 영향 또는 인도가 직면할 수 있는 딜레마 상황은 다음과 같다. 인도가 생각하는 이득의 또 다른 측면이라고 할 수 있다. 첫째, 쿼드 가입으로 인해 중국을 자극하고 중국과의 새로운 긴장 관계가 생길 수 있다는 것이다. 쿼드 4개국 가운데 인도만 유일하게 중국과 국경을 접하고 있다. 둘째, 인도의 쿼드 가입으로 이웃 국가인 이란을 멀리하게 될 가능성도 생긴다. 앞에서도 보았듯이 이란은 중앙아시아와 인도 간의 안정적인 교역에 있어 중요한 이웃이다. 셋째, 네팔, 방글라데시, 스리랑카 등 인도의 우호적 영향권 아래에 있던 국가들에게 인도의 쿼드 가입은 이들 국가들로부터도 거리감을 느끼게 할 수 있다. 더욱이 이들과 중국과의 경제적 협력은 강화되고 있는 상황이다.

이러한 딜레마 상황을 잘 알고 있는 인도로서는 쿼드 가입의 성격을 최대한 명확히 하고자 한다. 특정 국가, 즉 중국을 겨냥하는 것으로 보이거나 쿼드의 군사적 측면이 부각되는 데 대해서는 이를 적극 차단하고자 한다. 인도 정부의 신중한 자세는 쿼드를 통한 미국과의 협력 강화가 불필요하게 중국을 자극하는 것을 원치 않기 때문에 그러하다. 실제 그럴 의도가 있느냐 없느냐보다 중요한 것은 그렇게 보이느냐 그렇지 않느냐라고 본다는 것이다.

2022년 뮌헨 안보 대화에 참석한 자이샨카(Subrahmanyam Jaishankar) 인도 외교장관은 쿼드를 아시아판 나토에 비유하는 일부 시각에 대해 이를 단호히 부인하였다. 그는 인도를 제외한 나머지 세 나라 간에는 동맹 조약이 체결돼 있지만, 인도는 그렇지 않다고 했다. 그러면서 쿼드는 "더욱 복잡해진 세상에 대한 21세기형 대응 방식"이라고 부연하였다.[30] 2021년 3월 쿼드 4개국 간 최초로 정상회의가 개최되었는데, 이에 대한 인도 정부의 설명에서도 이러한 인식은 그대로 드러난다. 쿼드 협의체가 중국을 봉쇄하기 위한 것 아니냐는 당시 언론의 질의에 대해 인도 외교부 쉬링글라 차관은 쿼드는 어떤 것에 대항하려는 것이 아니라 긍정적인 것을 상징하는 것이며, 특정 국가를 겨냥하는 활동을 할 수 있다는 의심을 거두어 달라고 하였다.[31]

정치 전략적 측면 그리고 안보 측면의 쿼드 이외에 또 다른 축인 경제적인 측면에서 인도는 미국 주도의 "인도 태평양 경제 프레임워크(IPEF)"에 참여하고 있다. 인도는 2022년 5월 IPEF 출범 당시부터 회원국으로 참여하고 있다. 인도가 여타 15개 동아시아 국가들과 추진하던 자유무역 협상 논의, 즉 "지역적·포괄적 경제 파트너십(RCEP)"으로부터 이탈한 것이 2019년 11월인데, 3년여 만에 IPEF 참여를 선택했다. 당시 모디 총리는 "RCEP 협정에 대해 모든 인도 국민들의 이해관계 측면에서 따져 보았을 때, 긍정적인 답을 얻지 못했다."라고 하면서, RCEP의 최종 타결과정에 참여하지 않았고, 2020년 인도가 빠진 15개국 사이에서만 RCEP 협정은 서명되었다.[32]

물론 IPEF는 일반적인 자유무역협정, 즉 FTA 논의의 중점사항인 관세 인하를 통한 시장접근 문제를 다루지 않는다. 더욱이 IPEF 네 개의 필러(pillar) 가운데 인도는 무역 필러에는 참여치 않고 있다. IPEF 출범 당

---

30 "I would urge you not to slip into that lazy analogy of an Asian NATO. It isn't, because there are three countries who are treaty allies. We are not a treaty ally. [The Quad] doesn't have a treaty, a structure, a secretariat, it's a kind of 21st century way of responding to a more diversified, dispersed world."

31 Harsh Vardhan Shringla, "Transcript of Special Briefing on First Quadrilateral Leaders Virtual Summit by Foreign Secretary," Ministry of External Affairs (India), March 12, 2021, https://www.mea.gov.in/virtual-meetings-detail.htm?33656

32 RCEP에 대해서는 이 책 8장 아세안 편에서 자세히 다루고 있다.

시 많은 사람들이 IPEF 역시 쿼드에서와 마찬가지로 미국 주도의 대중국 노선이라는 관점으로 평가하다 보니 인도의 참여도 미-중 갈등과 경쟁의 구도에서 바라보는 시각들이 많았다. 그러나 인도의 국익이라는 관점에서 보면 인도는 무역 필러를 제외한 세 개의 필러에서의 IPEF 참여가 국익을 최대한 지키는 것으로 판단한 것으로 보인다. 2023년 6월 모디 총리는 워싱턴을 방문하고, 바이든 대통령과 공동성명을 발표하였다. "포괄적이고 범세계적인 그리고 전략적인 파트너십(Comprehensive Global and Strategic Partnership)"을 강화하는 차원의 다양한 협력 영역에는 국방, 기술, 깨끗한 에너지로의 전환, 규칙 기반 질서 유지 등이 포함되었다. 공동성명 문안에는 IPEF가 양국의 이해관계에 있어 중심적이라는 점을 강조하기도 하였다. 그리고 미국이 주도해 온 핵심광물파트너십(MSP)에도 인도가 참여하기로 하였다.[33]

2023년 11월 샌프란시스코에서는 인도 정부도 참여한 가운데, IPEF 공급망 협정이 체결되었고, 2024년 2월 24일 발효되었다. 이 협정은 서명국 가운데 5개국이 비준을 마치고 협정 기탁국인 미국에 기탁하면 해당 5개 국가를 대상으로 30일 후에 우선 발효하게 되어 있었는데, 일본, 미국, 싱가포르, 피지에 이어 인도가 2024년 1월 비준 및 기탁을 마친 것이다.[34] [35] RCEP 협상 당시 상황과 비교하면 인도 정부가 매우 신속하게 움직였다는 것을 알 수 있다. 인도가 마지막 순간 RCEP 참여를 포기한 배경은 아세안 국가나 한국, 일본에 대한 것이 아니었다. 인도는 이미 인도-아세안 FTA를 체결하고 있었고, 한국 및 일본과도 각각 CEPA를 체결한 상황

---

[33] "Joint Statement from the United States and India", The White House, 22 June 2023

[34] 우리나라에는 2024년 4월 17일 발효되었다.

이었다. 그리고 RCEP 협상에서 이탈한 이후에도 인도는 영국과 FTA 협상을 개시하였다. 그러면 결국 관건은 중국이다. RCEP이라는 새로운 동아시아 자유무역 질서에서 벗어남으로써 받을 수 있는 부정적 인식을 감수할 만큼 중국이 포함된 RCEP 참여는 그만큼 부담이 큰 것이었다.

또한, IPEF 참여국 14개국 가운데 11개국이 RCEP 참여국과 겹친다는 점은 흥미로운 부분이다. 인도로서는 RCEP에는 같이 하지 못했으나, 아세안 그리고 한국, 일본, 호주, 뉴질랜드와 함께 IPEF에는 참여함으로써 이들과의 관여를 이어간다는 긍정적 효과를 의도했을 것으로 보인다. 인도 태평양 주요 국가들이 모두 참여하고 있다는 점에서 전략적 이해관계 역시 고려되었을 것으로 보인다. 2023년 6월 자이샨카 인도 외교장관은 영국 주간지 Economist와의 인터뷰에서 미국과의 관계는 경제적 차원의 관계만이 아니라 전략적 차원의 고려가 양자 관계의 "중심(centrepiece)"이라고 하였다. 그리고 미국과의 통상 및 투자 관계가 증가하고 있고, 기술 안보와 경제 안보 간 상호 연계가 더욱 높아지고 있다는 점을 지적하였다.[36] 결과적으로 인도의 IPEF 참여 배경을 요약하면, 인도는 RCEP에서는 이탈하였지만, 지역 내 주요 국가들과 깨끗한 에너지, 핵심 광물, 공급망, 전자상거래 등 새로이 부상하는 주요 경제 이슈에 대한 새로운 규범과 관행을 만드는 데 동참하고, 미국을 위시한 지역 내 주요 국

---

35 인도는 코로나 팬데믹 이후 이미 공급망 다변화에 관심을 소다자 협의를 구체화해 나갔는데, 그 결과 중 하나가 인도 통상 장관이 호주, 일본의 통상 장관들과 함께 2021년 4월 체결한 '회복력 있는 공급망 이니셔티브'(Supply Chain Resilience Initiative)이다. 5개 항의 간단한 공동 성명 문안에서 3개국 통상 장관들은 첫째, 회복력 있는 공급망에 대한 각국의 최상의 관행을 공유하기로 하였다. 둘째, 투자증진 행사와 구매자와 판매자 간 매칭 행사를 개최하기로 했는데, 이를 통해 공급망 다변화가 가능할 것으로 기대하였다.

36 "In conversation with Subrahmanyam Jaishankar, Transcript of the Economist's Interview with Mr. Jaishankar", by the Economist, 15 June 2023

가들과의 전략적 및 경제적 관계를 지속적으로 강화해 나감으로써 인도 태평양 지역 핵심 당사자로서의 위상을 강화한다는 목표가 보인다.

한편, 인도는 다른 IPEF 회원국들이 모든 필러에서 협상하고 있는 것과 달리 2번 필러 "공급망(Pillar Ⅱ: Supply Chain)", 3번 필러 "깨끗한 경제(Pillar Ⅲ: Clean Economy)", 4번 필러 "공정한 경제(Pillar Ⅳ: Fair Economy)"에 대한 협의 과정에 참여하고 있다. IPEF 4개의 필러 가운데 1번 무역 필러(Pillar Ⅰ: Trade)를 제외한 여타 3개 필러에 대한 참여가 인도의 경제적 이익에 최선이라고 판단한 것으로 보인다. IPEF 전체적으로나 무역 필러의 논의 과정이 관세 인하를 통한 시장접근 이슈를 다루고 있지는 않으나, 인도가 이에 참여치 않는 것은 1번 필러 '무역'에서 다루고 있는 것이 노동과 환경을 포함하기 때문이다. IPEF가 보호하려는 노동권에는 ILO 노동기본권, 즉 결사의 자유, 단체교섭권, 강제노동과 아동노동 철폐, 고용 및 직업상 차별 철폐, 산업안전 보건 등에 더하여 임금과 근로시간 등에 대한 노동기준이 포함될 수 있기 때문이다. 인도로서는 이러한 노동환경 개선 기준이 인도의 대외 상품 수출이나 자국 내 투자 유치에 미칠 부정적 영향을 우려하지 않을 수 없다. 환경 기준 역시 마찬가지인데 석탄과 같은 화석연료에 대한 의존율이 여전히 높은 인도로서는 미국 바이든 행정부가 주창하는 기후변화 대응책 그리고 이에 따른 환경 기준의 IPEF 적용에 대해 우려하지 않을 수 없을 것이다.

7-6 러시아 : 전략적 공간 마련

2024년 7월 인도의 모디 총리는 러시아 모스크바를 방문하여 푸틴 대통령과 정상회담을 가졌다. 우크라이나 전쟁 발발 이후 대다수 국가 정상들이 러시아 푸틴 대통령과의 접촉이나 모스크바 방문을 자제하고 있는 상황에서 이루어졌다. 모디 총리는 회담 시작 전 언론에 공개된 발언에서는 우크라이나 전쟁과 관련하여 비교적 단호한 어조로 발언하였다. "전쟁은 문제를 해결하지 못하고, 폭탄과 미사일, 총으로는 평화를 이룰 수 없다." 라고 했다. 이어 회담 전날 키이우(Kyiv)에 있는 어린이 병원에서 러시아의 미사일 공격으로 사상자가 발생한 것을 염두에 둔 듯 "무고한 어린이들이 죽을 때 가슴이 아프고, 그 고통을 느낄 때면 가슴이 터질 것 같다." 라고 했다. 그리고 "대화를 통해 평화로 가는 길을 찾아야 한다."라고 했다. 푸틴 대통령 면전에서 언론이 보도하는 상황에서 던진 발언인데, 공개된 당시의 영상을 보면 푸틴 대통령이 불편해 하는 기색이 보인다.

우크라이나 전쟁과 관련하여 푸틴 대통령에 대한 모디 총리의 이런 발언은 사실 처음은 아니다. 모디 총리는 2022년 9월 우즈베키스탄에서 상하이 안보 협력기구(SCO) 정상회의 계기 개최된 러시아 푸틴 대통령과의 양자 회담에서도 "지금은 전쟁의 시대가 아니다."라고 하였다.[37] 이 회담은 러시아가 우크라이나를 침공한 이후 두 정상 간의 첫 대면 회담이었다. 그러나 모스크바에서 두 정상이 양팔을 벌리고 포옹하는 장면, 두 정상이 푸틴 대통령의 관저에서 친구처럼 앉아 담소하는 모습, 그리고 푸틴 대통령이 모디 총리에게 '성 앤드류 사도 훈장[38]'(Order of St. Andrew the Apostle the First-Called)을 수여하는 장면 등은 모두 두 정상 간 그리고 두 나라 간의 긴밀한 관계를 단적으로 보여준다.

---

37 Sachin Parashar, "This is not an era of war, let's talk peace: PM Modi tells Russian president Vladimir Putin on sidelines of SCO summit", The Times of India, September 17, 2022

38 러시아 정부에서 민간인 대상으로 수여하는 최고 영예이며, 2017년 7월 중국 시진핑 주석도 모스크바 크렘린 궁에서 동일한 훈장을 받았다.

인도와 러시아 간의 교역 규모를 보면, 2021~2022년 기간 130억 달러 정도인데, 인도의 총 교역 규모가 1조 4,000억 달러 정도인 점을 감안하면, 그리 높은 비중이 아니다. 러시아는 인도의 25번째 교역 대상 정도에 머물러 있었다. 중국과의 교역이 1,190억 달러, 미국과의 교역이 1,150억 불 규모인 것과도 비교된다. 그럼에도 인도에게 러시아는 단순히 교역 규모로는 설명하기 어려운 다른 측면에서 중요성을 갖는다. 즉, 러시아는 인도의 대외관계에 있어 중요한 전략적 공간을 만들어주고 있다. 모디 총리 역시 공개적으로 이를 언급하고 있는데, 그는 러시아와의 관계를 인도의 "전략적 자율성"(strategic autonomy) 강화라는 관점에서 설명하고 있다[39]. 이는 러시아에도 마찬가지인데, 인도와 러시아가 서로에게 지정학적인 측면에서 중요한 상대라는 의미이기도 하다.

인도와 러시아의 관계는 구소련 시절 그리고 1940년대 인도의 독립 직후부터로 거슬러 올라간다. 인도에게 있어서는 파키스탄과의 불편하고 불안정한 관계 속에서, 미국과 파키스탄과의 관계, 중국과 파키스탄과의 관계에 민감할 수밖에 없었다. 구소련으로서도 미국과의 냉전 구도에서 인도로부터의 지지와 지원이 필요하였다. 인도 학자들은 1971년 인도와 파키스탄 전쟁[40] 당시 미국과 중국의 직접적 관여가 없었던 것 역시 인도와 구소련 간의 관계에 기인한 것으로 설명하기도 한다.[41] 냉전 시대 남아

39 "It is a measure of our strategic autonomy that India's Strategic Partnership, with Russia, has matured to be special and privileged," Prime Minister's Keynote Address at Shangri La Dialogue (June 01, 2018)

40 1971년 12월 방글라데시 독립전쟁(동 파키스탄 독립 운동)에 개입한 인도와 파키스탄 양 군이 충돌했지만, 전황은 인도에 유리하게 전개되었다. 동 파키스탄은 1971년 12월 16일 방글라데시로 독립하였다.

41 "Tracing the Strategic Dimensions of India-Russia Relations" Nandan Unnikrishnan and Ankita Dutta, Observer Research Foundation (2023.11월)

시아 지역을 둘러싼 당시의 지정학적 경쟁 구도는 구소련과 인도를 한 당사자로 하고, 미국·중국·파키스탄을 다른 당사자로 하는 것으로 볼 수 있다. 미국이 중국과 수교하면서 이러한 상황은 더욱 강화되었다.

인도와 구소련 사이의 무기 교역은 1950년대부터 이루어졌으나, 1980년대를 전후하면서 인도는 MiG 전투기, T-72 탱크, 미사일 체계 등 더욱 적극적으로 구소련으로부터 무기를 구매하였다. 서방의 무기에 비해 가격 경쟁력도 있고, 기술 이전도 수월하였으며, 특히 인도의 입장에서는 현금 거래뿐만 아니라 구상무역 형태로도 소련과의 교역이 가능했기에 더욱 적극적이었다. 스톡홀름 국제평화연구소(SIPRI)에 의하면, 1955년부터 탈냉전이 시작된 1991년까지 인도의 총 무기 구매 가운데 구소련이 66%를 담당하였다. 전반적인 교역 측면에서도 1990년대 초에 이르면서 소련은 인도의 최대 교역 대상국으로 부상하였다.

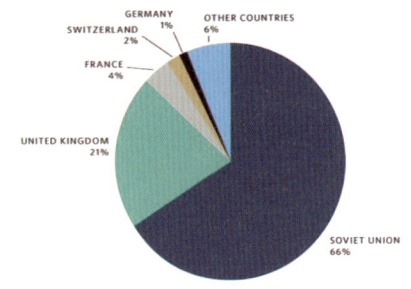

FIGURE 1
Indian Arms Imports by Country, 1955–1991
GERMANY 1%
OTHER COUNTRIES 6%
SWITZERLAND 2%
FRANCE 4%
UNITED KINGDOM 21%
SOVIET UNION 66%
SOURCE: SIPRI Arms Transfer Database, accessed July 23, 2022.

[그림 5] 인도의 국가별 무기 수입규모(1955-1991).
*출처 : 스톡홀름 국제평화연구소(SIPRI) 무기 이전 데이터 베이스(2002.7.23. 기준).

그러나 탈냉전 시기 남아시아 지역의 미국-중국-러시아의 지정학적 구도는 변화를 맞이하게 되고, 특히 2022년 2월 러시아의 우크라이나 침공 이후에는 더욱 그러하다. 미국과 중국과의 관계는 경쟁이 격화되고, 러시아는 중국과의 관계에 더욱 공을 들이게 된다. 그러다 보니 인도-러시아 교역 관계도 축소되면서, 러시아는 인도의 교역 대상에서 20위권 이후로 밀려나게 된다. 중국 그리고 미국과의 교역 규모가 급성장한 반면, 러시아의 비중은 줄어들었다. 그러나 전체 교역을 떠나 무기 거래 측면에서는 여전히 인도와 러시아 간의 무기 거래는 활발하다. 최근 들어, 미국, 이스라엘, 프랑스 등으로 무기 구매선을 다변화하려는 모습도 있으나, 여전히 러시아는 인도의 최대 무기 구매국이다.

2024년 2월 뮌헨 안보 회의에 참석한 자이샨카 인도 외교장관은 독일 경제지 한델스블라트(Handelsblatt)와의 인터뷰에서 인도-러시아 관계에 대해 과거 오랫동안 서방 국가들이 파키스탄에만 무기를 공급하고 인도에는 공급하지 않았다고 하면서, 인도는 러시아와 "안정적이고, 우호적인" 관계를 맺고 있으며, 러시아는 인도의 이해관계를 해친 적이 없다고도 하였다. 블링컨 미국 국무장관 그리고 독일 베어복 외교장관과 함께 참석한 패널 토의에서도 자이샨카 장관은 오늘날의 국제사회에서 "1차원적인 관계(unidimentional relationship)"를 갖는다는 것은 매우 어려운 일이라고 발언하였다. 같은 달 뉴델리에서 개최된 제9차 라이시나 대화(Raisina Dialogue)에서도 자이샨카 장관은 러시아에 많은 선택지를 제공하는 것이 옳다고 하면서, 특히 아시아 국가들이 러시아에 더욱 관여할 필요가 있다고 주장하였다.

미국과 중국을 대하는 인도 외교의 실용성, 러시아와의 적절한 외교 관계 유지를 통한 전략적 여유 공간 마련, 그리고 전통적으로 유지해 온 비동맹 외교 정책 등이 인도의 인도 태평양 구상을 보여주는 것이라 하겠다. 쿼드와 IPEF 참여 결정 그리고 이후 두 협의체에서의 여러 논의 과정에서 발신하는 메시지의 내용에서 인도의 국익을 우선하는 실용 외교의 모습을 엿볼 수 있다. 그리고 모디 총리의 직접적 표현대로 인도 태평양은 "전략"이 될 수 없다는 메시지, 지역 협력에 있어 특정 국가를 배제하려는 의도를 가져서는 안 된다는 메시지 역시 인도 정부의 외교 정책이 굳이 의도적으로 "적"을 만들 필요가 없다는 실용성을 보여준다. 인도 태평양 지역에서의 평화와 안정, 번영, 법의 지배, 항행의 자유 등 가치와 명분 측면에서도 어느 누구도 동의할 수밖에 없는 화두를 던진다. 14억 인구가 뒷받침되는 대국 인도가 발신하는 메시지이기에 그 무게감이 더욱 느껴진다. 이러한 실용성이 누군가에게는 명확한 입장 없이, 기계적 중립을 지키려는 불합리한 시도로 비판받을 수 있겠지만 인도로서는 스스로의 국익을 기준으로 일관된 방향성을 보이는 것으로 해석할 것이다. 이러한 인도 정부 나름의 실용적이고 균형감 있고, 무게감 있는 대외 정책, 특히 인도 태평양에 대한 정책 방향성은 앞으로도 변화 없이 지속될 것으로 보인다.

2019년 6월 태국 방콕에서 개최된 34차 연례 아세안[42] 정상회의에서는 "인도 태평양에 대한 아세안의 관점(ASEAN Outlook on Indo-Pacific, 이하 "AOIP")"이라는 제목의 문서가 채택되어 발표되었다. 2018년 초 아세안 회원국 가운데 인도네시아가 제안한 이래 18개월여 만에 아세안 전체가 합의했다. "인도 태평양"이라는 용어가 포함되어 있으나, 아세안이 발표한 이 문서는 일본이나 미국 등이 인도 태평양 "전략"을 발표했던 것과는 취지가 다르며, 따라서 이 문서를 아세안 버전의 인도 태평양 "전략"이라고 부르는 것 역시 적절하지 않다. 아세안에서도 전략으로 이해하고 있지 않다. 미국과 중국이 아세안이 포함된 인도 태평양 지역에서 치열한 전략적 경쟁을 벌이고 있고, "인도 태평양"이라는 용어가 점점 더 지리적 의미를 벗어나 전략적 함의를 갖는 용어로 변화하고 있는 상황에서 갈등과 경쟁의 심화에 대한 아세안의 우려와 인식, 관점, 바람직한 방향성을 명확히 하기 위한 노력의 과정이다.

---

[42] 아세안은 동남아시아에 위치하고 있는 10개국 간의 연합체이다. 1967년 8월 8일 태국 방콕에서 태국, 필리핀, 싱가포르, 인도네시아, 말레이시아 5개국 간 합의로 출범하였다. 5개국 외교장관이 합의하여 서명한 문서는 "방콕 선언"으로 불리며, 8월 8일은 ASEAN Day로 부르고 있다. 이후 1984년 브루나이가 가입하고, 1995년 베트남, 1997년 라오스와 미얀마, 1999년 캄보디아 순으로 가입함으로써 10개국 체제가 완성되었다. 2022년 아세안은 동티모르를 11번째 회원국으로 받아들이기로 승인하였으며, 2023년에는 동티모르의 아세안 정회원국 가입을 위한 로드맵이 승인되었다.

인도 태평양에 대한 아세안의 관점 문서는 5페이지 분량의 짧은 문서인데, "배경", "목표와 기본원칙", "협력 분야"로 구성되어 있다.

우선 아세안이 인식하는 인도 태평양의 개념을 "아시아 태평양"과 "인도양" 지역으로 정의하고 있다. 그리고 두 지역은 단순히 접경하고 있는 해역이 아니라 긴밀히 통합되어 있다는 인식을 보인다. 또한, 이 지역은 경쟁보다는 대화와 협력의 장이 되어야 한다고 밝히고 있다. 문서 발표의 배경과 관련해서는 아래와 같이 쓰고 있다.

"인도 태평양 지역에서의 경제 성장은 빈곤을 경감하고, 수백만 명의 생활 수준을 높이는 기회가 될 것이다. 다만 다른 한편으로는 경제적으로나 군사적으로 강대국들이 부상하게 되면서 불신과 오판, 제로섬(ze-ro-sum) 게임에 기반한 행동에 대한 우려도 더욱 커진다. 동남아시아는 이 역동적인 지역의 중심에 위치하며, 이에 경제 및 안보 분야의 협력체 구조(architecture)를 만드는 데 있어 아세안이 주도해야 한다. 지역의 역동성이 동남아시아 그리고 인도 태평양 지역 국민에게 평화와 안정, 번영을 가져다줄 수 있어야 한다."

"아세안은 인도 태평양에서의 긴밀한 협력이라는 비전을 달성하기 위해 지도력을 발휘해야 하고, 새롭게 진화하는 지역 내 협력체의 구조에서도 계속해서 중심적 역할을 할 필요가 있다. 아울러 이해관계가 충돌하는 전략적 환경에서 아세안은 계속 정직한 중재자가 될 필요가 있다."

"AOIP는 새로운 메커니즘을 만들거나 기존 메커니즘을 대체하려는 것이 아니다. 오히려 기존의 아세안 중심의 메커니즘들[43]이 지역 내 어려

---

43 아세안과 동아시아 국가들이 "아세안 중심의 메커니즘" 또는 "아세안 중심의 협의구조"라고 할 때 이에는 우선 동남아시아국가연합, 즉 아세안 자체 그리고 이에서 파생되는 각종 협의체들을 의미한다. 이에는 아세안+1, 아세안+3(한중일), 동아시아 정상회의(EAS), 아세안 지역 안보 포럼(ARF), 아세안 국방장관 회의 및 확대 국방장관 회의(ADMM+) 등이 있다.

운 환경을 헤쳐나가고, 새로운 기회를 만들 수 있도록 추동력을 부여하려는 것이다."

AOIP의 목표로 제시하고 있는 핵심 내용은 두 가지로 볼 수 있다. 우선 지역 내에서 평화, 안정, 번영이 가능한 환경을 만들자는 것이다. 또 하나는 아세안 공동체를 공고히 하고, 아세안이 주도하고 있는 국제 회의체, 특히 동아시아 정상회의(EAS)를 강화하자는 것이다.

첫 번째, 평화, 안정, 번영과 관련하여 강조하고 있는 것은 공동의 도전 과제를 해결하고, 규칙에 기반한 지역 협의체를 존중하며, 더욱 긴밀한 경제 협력을 증진하여 결과적으로 "상호 신뢰와 신의"를 강화하자는 것이다. 냉전 시대 어느 진영에도 속하지 않으면서, 다른 아시아, 아프리카 지역의 중소 규모 국가들과 연합하여 "비동맹 운동"을 추구해 온 경험이 있는 아세안으로서는 인도 태평양 지역에서 강대국 간의 갈등과 경쟁이 격화되는 것을 우려한다. 결국 지역 내 긴장의 원인이 상당 부분 상호 신뢰와 신의의 부족에 있다는 점을 지적함과 동시에 이 지역이 주요국 경쟁과 갈등의 전선이 되는 데에 반대를 표명한 것으로 읽힌다.

두 번째의 경우에는 지역에서 주요 강대국들이 경쟁하고 갈등을 일으키는 상황에서 아세안이 종속적인 변수에 머무르지 않고, 나름의 주도적 역할을 계속하겠다는 의지의 표현으로 보인다. 특히, EAS 강화를 언급하고 있는데, EAS는 아세안 국가가 매년 의장국을 맡아 회의를 개최하고, 미국과 중국을 포함하여 지역 내 주요 국가 모두가 참여하고 있기 때문이다. EAS와 관련해서는 뒤에서 다시 상세히 다루고 있다.

AOIP의 기본원칙으로 들고 있는 것은 AOIP의 목표와 직접적으로 연결되어 있는데, 그 내용은 매우 다양하다. 아세안 회원국 간 논의 과정에서 여러 원칙이 제시되어 이를 모두 반영한 것으로 보인다. 이 원칙 중에는 주권 존중이라던지 국내 문제 불간섭, 국제법 존중 등 다른 문서에서도 자주 쓰이는 통상적인 국제 규범의 원칙도 있지만, 이외에 특징적으로 눈에 띄는 원칙이 바로 개방성(openness), 투명성(transparency), 포용성(inclusivity)이다. 이 세지 각각의 원칙은 그 자체로 의미가 분명한데, 특히 포용성의 경우에는 인도 태평양에서의 지역 협력 구도가 강대국 간 경쟁으로 인해 특정 국가를 배제하는 모양으로 흘러갈 수 있다는 우려 때문이다. 다시 말해, 미국이나 중국이 서로를 겨냥하여 지역 협력 구도를 주도하게 되는 상황을 우려하는 것이다. 이 세 개의 원칙은 문재인 정부 당시 우리의 쿼드 가입 문제를 둘러싼 논의 과정에서도 빈번히 등장했던 것들이다. 이에 대해서도 뒤에서 별도로 자세히 다루고자 한다.

8-3   **아세안의 협력 우선 순위, 경제 협력**

AOIP에서 제시하고 있는 협력 분야는 해양협력, 연계성, 유엔 지속가능 발전목표, 경제 협력 등 네 개로 되어 있다.

해양 협력 아세안은 인도 태평양 지역의 지정학적인 도전과제가 해양 이슈를 중심으로 진행된다는 점에 착안한다. 특히, 해양에서의 영유권을 둘러싼 국가 간 갈등, 즉 해양 안보와 관련된 이슈에 대해 우려한다. 해양에서의 이러한 갈등과 긴장 상황이 실제 무력 충돌로 이어지는 상황을 우려한다. 그리고 해양에서의 갈등과 분쟁에 대한 대응은 기본적으로 유엔해양법협약(UNCLOS)에 근거한 국제법적인 원칙에 따라야 한다고 인식한다. 이러한 원칙에는 해양 분쟁의 평화적 해결 및 항행과 상공비행의 자유가 대표적으로 포함된다. 해양 안보 이슈는 이외에도 인신매매 및 불법 마약 유통 근절 그리고 해적행위의 척결 등과도 관련된다.

또한, 해양 안보와 함께, 해양에서의 자원문제, 해양 오염 문제에 대해서도 주목하고 있다. 해양 자원의 지속 가능한 관리, 영세한 어촌 공동체의 생계 보호, 그리고 해양 쓰레기 문제 등 오염 문제의 해결, 해수면 상승 문제 해결, 해양 환경과 종 다양성 보호 역시 포함된다. 마지막으로 해양 과학, 연구개발, 역량 강화와 관련한 기술 협력도 포함하고 있다.

연계성   아세안이 두 번째 협력 분야로 제시하고 있는 것은 연계성(connectivity)이다. 물리적 연계, 즉 도로, 항만, 공항, 상·하수 등을 포함한 각종 인프라 사업 그리고 이를 위한 금융 조달 및 투자 재원 마련에 초점을 맞추고 있다. 아울러 인적 교류를 통한 연계도 언급한다. 또한, 아세안 자체의 연계성 증진 구상과 외부 공여국들의 구상이 서로 시너지를 발휘하기를 기대하고 있다.

사실 아세안이 제시해 온 "연계성"의 개념은 물리적 연계, 제도적 연계, 인적 연계가 모두 포함되어[44], 그 범위가 매우 넓다. 연계성 개념 하나로 거의 모든 분야의 협력 범위를 상정할 수 있다. 그럼에도 AOIP의 네 개의 주요 협력 분야의 하나로 연계성을 제시하는 것은 물리적 연계, 즉 인프라 건설을 강조하려는 의도로 보인다. AOIP 상에 연계성이 포함된 것은 대부분의 아세안 개별 국가 입장에서 수요가 높은

---

[44] 이에 해당하는 대표적인 문서가 '아세안 연계성에 관한 마스터플랜'(MPAC: Master Plan on ASEAN Connectivity)이다.

인프라 분야에서의 개발 수요, 그리고 이에 대한 외부 공여국의 투자와 지원을 중요하게 본다는 의미다.

유엔지속가능발전목표 2030   세 번째 협력의 분야로 지속가능발전목표(SDG)를 제시한다. SDG의 경우 17개 분야로 내용이 광범하나, AOIP에는 비교적 간략하게 언급된다. 디지털 경제의 활용을 통한 SDG에 대한 기여 부분의 언급이 있고, SDG와 "아세안 공동체 비전 2025"와의 연계를 증진할 필요가 있다고 강조한다. 아세안 공동체 비전 2025는 2015년 아세안 공동체가 출범하면서 발표한 문건인데, 2025년까지 아세안 공동체가 추구해야 할 비전을 제시하고 있다. 주요 내용은 아세안 공동체는 규칙에 기반하며(rules-based), 인간 지향적이고(people-oriented), 인간 중심적(people-centered)이어야 하며, 아세안 국민들의 인권과 기본 자유, 높은 삶의 질, 공동체 구축의 혜택 등을 보장해야 한다는 것이다. 또한, 아세안 공동체는 평화적이며 안정적이고, 회복력(resilient) 있는 공동체를 지향하며, 세계국가 공동체(a global community of nations)의 일원으로서 대외 지향적(outward-looking) 공동체를 추구한다는 것이다.

경제 협력   네 번째 협력의 분야는 경제 협력이다. 경제 협력에 대해서는 남남 협력(저개발국에 개발원조를 시행하기 위해 2개 개도국 간 상호 협력하는 것을 의미하는 삼각협력 포함), 무역 원활화, 디지털 경제, 소상공인 및 중소기업, 과학기술 연구개발, 스마트 인프라, 기후변화 및 재난 위험 경감, 활동적 노화(active ageing), 경제통합의 심화, 4차 산업혁명 대비 등을 언급한다.

위에서 나열한 네 개의 협력 분야 가운데 사실 해양협력을 제외한 나머지 세 개의 분야는 매우 광범위한 주제다. 네 개의 협력 수요라고 하지만 과연 네 개인지에 대한 의문이 들기도 한다. 유엔 SDG의 내용만 보아도 17개 분야를 포함하고 있다. 다양한 협력의 수요를 가진 아세안의 입장에서 개별 협력 이슈를 제한된 숫자에 맞추어 제시하기는 곤란하였던 것으로 보인다. 그러기에는 협력의 수요가 너무 많다. 또한, 10개국이 단일 문서에 합의해 나가는 과정에서 개별 국가 차원의 목소리가 자연스럽게 표출되고, 이러한 내용을 최대한 있는 그대로 담았던 것으로 이해할 수 있다.

해양 협력의 경우에는 인도네시아를 중심으로 해양 국가의 관심이 반영된 것으로 볼 수 있다. 연계성의 경우 이미 아세안 전반적으로 계기 시마다 가장 많이 언급되는 단어이므로, 다수 아세안 국가들이 물리적 연계성 협력을 중심으로 하여 연계성의 포함을 희망한 것으로 생각할 수 있다. 유엔 SDG가 포함된 데에는 태국의 영향이 크다. 태국은 2016년 이후 유엔 SDG 이행을 위한 아세안 조정국(ASEAN Coordinator) 역할을 맡고 있다. 이에 대해 태국 정부 차원에서도 대외적으로 자주 홍보를 하는 편이다. 최근에도 태국 정부는 유엔 관련 기관에서 193개 유엔 회원국의 유엔 SDG 이행 동향을 평가한 연례 보고서를 인용하면서, 태국이 아세안 회원국 가운데 최상위였으며, 전 세계에서도 44위를 기록했다고 홍보하였다.[45]

이렇듯이 AOIP 협력 분야는 매우 다양하나, 핵심적으로 보면 "경제

---

[45] 보고서 발표 기관은 유엔 지속가능개발해결네트워크(UN Sustainable Development Solutions Network)로 2012년 반기문 사무총장 재임 시기 출범하였다. 사무국은 프랑스 파리에 소재하고 있고, 제프리 삭스 콜롬비아 대학 교수가 회장을 맡고 있다. 전 세계 다양한 민간 전문가들이 연결돼 있으며, 비정치적 독립적인 기관이다. 매년 193개 유엔 회원국을 대상으로 SDG 이행 현황에 대한 평가 보고서를 발표하고 있다. 아울러, 유엔 회원국 대상 국민들의 행복 지수를 평가하는 World Happiness Report를 발표하는 기관이기도 하다.

분야에서의 협력"에 있다고 할 수 있다. 인도 태평양 지역에서의 협력은 대결과 갈등을 야기할 수 있는 정치 안보 분야의 협력보다는 실제 일반 국민들이 체감할 수 있는 경제 협력에 방점을 두어야 한다는 것이다.

인도 태평양 지역 협력에 있어 아세안이 정치 안보가 아닌 경제 협력을 위주로 진행해야 한다는 목소리는 사실 AOIP 발표 이전부터 발신되어 왔다. 특히, 미국을 대상으로 전달되었다. 미국 국무부는 트럼프 대통령 취임 직후부터 아세안 지역을 대상으로 인도 태평양 전략에 대해 운을 떼면서, 각국의 반응을 살피고 있었다. 당시 국무부에서 인도 태평양 전략에 관여하던 고위관료들이 인도네시아 자카르타를 포함하여 동남아시아 각국의 수도를 다니면서 미국의 인도 태평양 구상에 대한 아세안의 견해를 청취하고 있었다. 아세안 회원국들의 외교 당국자들을 미국으로 초청하여 협의하는 기회를 갖기도 하였다. 여러 계기를 통해 표출된 아세안의 견해는 동일했다. 미국의 아시아 지역에 대한 관심과 협력 증진의 의지는 환영하지만, 특정 국가 즉 중국을 겨냥하는 것으로 보인다든지 정치 안보 갈등을 야기할 수 있는 인도 태평양 구상에 대해서는 우려스럽다는 것이다. 인도 태평양 지역에 대한 미국의 적극적인 관여는 경제 협력을 위주로 이루어지기를 기대하였다.

그러면, AOIP에서 언급된 개념들과 관련하여 지역적·포괄적 경제 파트너십(RCEP) 그리고 남중국해 영유권 분쟁에 대해 자세히 살펴보자.

8-4   **동아시아 15개국 자유무역협정(RCEP) 체결**

미국 바이든 행정부가 인도 태평양 지역에서의 새로운 경제질서를 주장하면서 들고 나온 것이 인도 태평양 경제 프레임워크(IPEF, Indo-Pacific

Economic Framework)다. 우리나라를 포함하여 일본, 인도, 호주, 뉴질랜드, 피지, 아세안 7개국 등 14개국이 참여하고 있다. IPEF는 환경, 노동, 공급망, 디지털 등 광범한 이슈를 다루고 있는데, 통상의 자유무역협정이 다루는 시장접근 문제가 포함되지 않는다. 이 부분에서 IPEF는 관세 인하나 폐지를 통하여 국가 간의 교역을 활성화하고자 하는 기존 통상협정과 궤를 달리 한다. 환태평양 경제 공동체 협정(TPP)에서 탈퇴한 이후 미국이 전통적인 방식의 무역협정에 다시 참여하기는 국내 정치적 부담으로 어렵게 되었고, 이러한 상황에서 IPEF가 등장하였다.

미국 바이든 행정부가 IPEF를 주창한 것은 국내 정치적 한계를 인정하면서도 인도 태평양 지역 경제 분야에서의 새로운 규범 창설을 적극적으로 주도해 가겠다는 의지의 표현이다. 한편, IPEF와 대비되어 자주 언급되는 것이 지역적·포괄적 경제 파트너십(RCEP: Regional and Comprehensive Economic Partnership)이다. RCEP은 전형적인 자유무역협정에 해당하는데, 아세안 10개국과 한국, 중국, 일본, 호주, 뉴질랜드 등 15개국이 참여하고 있다. 당초 수년간 진행된 협상 과정에 인도도 참여하였으나, 최종 단계에서 이탈하였고, 2020년 말 이루어진 협정 서명에는 15개국만 참여하였다.

2020년 말 당시 상황으로 돌아가 보자. 2020년 11월 아세안 주도로 여러 다자 정상회의가 화상으로 개최되었다. 당시 아세안 의장국은 베트남이었다. 통상 아세안이 주최하는 회의의 진행 순서는 아세안 10개국 간의 정상회의를 먼저 개최하고, 이어서 아세안+1, 아세안+3, 동아시아정상회의(EAS) 등 화개 정상회의가 개최된다. 우리나라의 경우에는 한-아세안 정상회의 그리고, 아세안+3 정상회의와 EAS 정상회의에 참석하고 있다.

2020년 회의에서는 일반적으로 개최되던 정상회의에 더하여 "RCEP 정상회의"가 별도로 개최되었다. 정상회의를 계기로 한 RCEP 서명이 이 시기에 단연 국제적인 화제가 되었다. RCEP 회의에 앞서 언급한 15개국 정상이 참석하였고, 정상들이 지켜보는 가운데 경제통상 각료 간의 RCEP 서명이 화상으로 이루어졌다. 그런데 당시 우리 국내 언론에 흥미로운 기사가 실렸다. 11월 15일 개최된 정상회의를 며칠 앞두고, "'RCEP' 가입 파장 우려에도 외교부 "中이 주도 안해""라는 제목의 기사[46]가 나왔다. 이어 15일 회담 직후에는 청와대를 인용해 RCEP 협상의 시작부터 타결까지 주도한 것은 아세안이라는 보도가 겹쳐 나오기 시작했다. 당시 다수 언론에서는 우리의 RCEP 서명과 TPP 참여 문제를 결부시키고, 이를 미국과 중국의 갈등과도 연계하던 분위기였다. 그러니 RCEP을 중국이 주도하여 협상과 서명을 끌고 온 것으로 몰고 가고 싶은데, 정부에서는 아세안이 RCEP의 주도적 역할을 맡고 있다고 하였으니, 이러한 '안일한 인식'을 갖고 있으면 되겠느냐고 비판하고 싶었던 것으로 보인다. 외교부를 인용하여 작성된 기사는 그 출처가 필자였다. 정상회의를 앞두고 기자단에 회의 의제와 기대되는 성과를 설명하는 과정이었는데, RCEP에 대해 이야기하는 과정에서 아세안이 주도한 것이라는 설명을 했더니 다소 생소하였는지, 다음날 기사가 나왔길래 사실 당황하기는 하였다.

A 아니면 B 그리고 양자택일의 프레임으로만 사안을 단순화하면 잠시나마 상황이 분명해 보일 수 있는 장점은 있다. 예를 들면, "RCEP은 중국, TPP는 미국이 주도한다. 그러므로 특정 국가가 어디에 가입하느냐에 따라 미국과 중국 가운데 어디와 더 가까이 지내려 하느냐를 보여준다."라는 식이다. 그러나 억지로 양자택일하려 하면 많은 경우 실리를 놓칠 수 있다. RCEP의 경우에도 참여국 가운데 중국의 경제력과 규모가 워낙 막

---

46 파이낸셜뉴스(2020.11.12.) https://www.fnnews.com/news/202011121503002985.

강하니, 이 부분만을 부각하면 실질적으로 중국 주도라고 부르는 것이 무조건 잘못되었다고 보기는 어려울 것이다. 다만, RCEP의 등장 배경과 협상 과정, 그리고 협상에 참여한 국가들의 인식이 어떠한지를 종합적으로 보아야 하며, 이 경우 아세안이 주도했다고 하는 것이 합당하다.

　RCEP의 등장 배경은 아세안 중심의 동아시아 지역 협력 전반의 역사, 특히 "동아시아 자유무역지대(EAFTA, East Asia Free Trade Area)"와 "동아시아 포괄적 경제 파트너십(CEPEA, Comprehensive Economic Partnership in East Asia)"의 추진 역사와도 궤를 같이한다. 1990년대 아시아 금융위기를 계기로 아세안과 한국, 중국, 일본 간의 아세안+3 체제를 중심으로 소위 '동아시아 협력'이 활발해지기 시작하였다. 그러나 얼마 지나지 않아 동아시아 지역 협력에 관심을 갖고 있던 호주, 뉴질랜드 그리고 인도까지 포함하는 새로운 협의체 역시 아세안+3에 뒤이어 출범하였다. 2005년 출범한 동아시아 정상회의(EAS: East Asia Summit) 협의체가 그것인데, 2011년에는 미국과 러시아도 EAS에 참여한다. EAS는 영어로만 보면, 정상회의의 명칭으로 보이는데, 실제로는 "아세안+3" 협의체와 마찬가지로 정상회의뿐만 아니라 EAS에 참여하는 18개국 간의 여러 다양한 지역 협력 협의체 전반을 지칭하는 것으로 쓰인다. 예를 들어, 'EAS 외교장관회의', 'EAS 환경 협력', 'EAS 해양안보' 등 다양하다.

　그 이유는 이렇다. 당초 1990년 후반 아세안+3 협의체가 출범하면서 동시에 13개국 간의 이 협의체를 장기적으로 어떻게 발전시켜 나갈지에 대한 논의의 필요성도 제기되었다. 이로 인해 아세안+3 협의체의 비전과 비전 이행을 위한 과제를 발굴하는 노력을 추진하기로 한다. 1998년 아세안+3 정상회의에서 이러한 비전 발굴 작업을 제안한 지도자는 바로 한국의 김대중 대통령이었다. 13개국 정상 간에 비전 발굴을 진행하기로 합의한 이후 구체적인 작업은 13개국의 민간 전문가들로 구성된 "동아시아 비전 그룹"에서 진행하였다.

동아시아 비전 그룹에서 2001년 제시한 아세안+3 협의체의 장기적 미래 비전이 바로 "동아시아 공동체(East Asia community)"[47] 건설이었다. 그리고 동아시아 공동체 건설을 위한 여러 협력과제 중의 하나로 제안된 것이 아세안+3 협의체하에서 개최되는 13개국 간의 정상회의를 "동아시아정상회의(EAS)"라는 이름으로 발전시켜 나가자는 것이었다. "아세안+3" 정상회의는 아세안이 중심에 있으면서 3개국이 손님처럼 참여하는 모습이 되는데, 13개국이 동등하게 "동아시아 공동체"를 형성하는 시점이면, 모두 동등한 위치에서 정상회의도 개최해야 한다는 것이다. 결국 동아시아 공동체 형성 시점에서는 아세안+3 13개국의 정상회의를 "아세안+3 정상회의(ASEAN+3 Leaders' Meeting)"로 부르는 것이 아니라 "동아시아정상회의(East Asia Summit)"로 부른다는 것이다. 따라서 EAS에 참여하는 국가가 아세안+3와 달라질 이유가 없다. 그리고 당초 비전그룹에서 제시한 EAS라는 협력 과제는 단기간이 아니라 장기간에 걸쳐 13개국 간 동아시아 공동체를 만들려는 여타 다른 노력, 즉 협력 사업들이 진행된 이후에 가능한 일로 상정되었다.

그러나, 말레이시아가 아세안 의장국을 맡게 되는 2005년을 즈음하여 상황이 달라진다. 당시 마하티르 총리는 동아시아 협력의 외연을 13개국에서 일찍이 더욱 확장하고 싶어 하였다. 그리고 그 대상이 될 수 있는 세 나라, 즉 호주, 뉴질랜드, 인도는 아세안+3 차원으로만 진행되는 동아시아 지역 협력에 자신들도 참여하려는 의지가 강했다. 당시 미국은 동아시아라는 지역적 프레임에서 진행되던 '아세안 플러스' 지역 협력에 직접 관

---

47 공동체 community의 "c"는 소문자로 표시.

여하지는 않았으나, 호주, 뉴질랜드, 인도 3개국의 동아시아 지역 협력 동참에 대해서는 적극적으로 지지하였다. 중국이 주도하게 될 것으로 예상되는 또는 미국에 반기를 들 수도 있을 것 같은 13개국 만의 동아시아 지역 협력의 모양새가 썩 좋아 보이지는 않았던 모양이다.

이러한 배경에서 2005년 EAS 정상회의가 개최되었다. 당초 비전 그룹이 2001년 제안했던 13개국이 아닌 16개국의 정상이 참여한 정상회의로 개최되었다. 이때부터 동아시아 지역 협력 구도는 아세안+3 단일체제에서 EAS 체제와 공존하는 상황으로 진행되기 시작한다.

물론 초기 EAS 당시에는 EAS의 성격에 대해 정상 간의 전략적 대화(leaders-led strategic dialogue)라고 정의하면서, 아세안+3 체제와는 달리 협의체라기보다는 "정상회의"만으로 한정하려는 분위기도 있었다. 그러나, 호주, 뉴질랜드, 인도는 EAS를 정상회의만이 아니라 공식적인 '협의체' 성격으로 확대해 나가려는 의지가 강하였고, 해가 거듭되면서 자연스럽게 EAS는 당초의 명칭과는 달리 정상회의에만 머물지 않고, 본격적으로 협의체로서의 성격을 갖게 된다. 즉, 정상회의 이외에 외교장관회의를 포함하여 여러 회의체가 생기고, 협력 사업도 여러 가지 분야별로 추진하게 된다. 그러다 보니 용어상에도 혼동이 생기곤 한다. EAS 회원국 간의 정상회의는 영어로는 "East Asia Summit"이라고 표기한다. "EAS"만으로 약자로 줄여서 쓰거나 "EAS Summit"으로 쓰지는 않는다. EAS의 S가 이미 정상회의(Summit)이기 때문이다. 그러나, 외교장관회의를 포함하여 여타 회의체의 경우에는 "EAS"로 약자로만 사용한다. 예를 들면, "EAS Foreign Ministers' Meeting"으로 쓴다. EAS를 풀어서 쓰면 East Asia Summit Foreign Ministers' Meeting이라는 어색한 명칭이 되니, 그렇게 쓰지는 않는다.

한글의 경우에도 그러하다. 영어 명칭 그대로 번역하면, 정상회의는 "동아시아정상회의"로만 쓰고, 외교장관회의는 "동아시아정상회의(EAS) 외교장관회의"로 표기해야 하는데 아무래도 어색하다. 그래서 우리 정부에서는 내부 문서나 외부에 설명할 때, 영어 약자 "EAS"를 활용하여 쓰고 있다. "EAS 정상회의" 그리고 "EAS 외교장관회의"라고 하는 식이다.

한편, 동아시아 비전 그룹에서 상정했던 경제 분야 핵심 협력 사업 가운데 하나가 동아시아자유무역지대(EAFTA, East Asia Free Trade Area)를 설립하는 것이었다. 아세안+3 차원에서 "동아시아 공동체"라는 비전을 위해 경제적으로 통합된 시장을 추구하자는 뜻에서다. EAFTA는 각국 정부의 임무를 부여받은 민간 연구기관들 간에 논의되었다. 한국에서는 대외경제연구원(KIEP)이 주요 참여기관이었다. 중국은 당초 아세안+3 협의체에 적극적이었으며, EAFTA에 대해서도 마찬가지였다. 그러나 2006년 일본은 새로운 자유무역지대 구상, 동아시아포괄적경제파트너십(CEPEA, Comprehensive Economic Partnership in East Asia)을 제의하였고, 다수 아세안 국가들과 호주, 뉴질랜드, 인도의 적극적 지지로 추동력을 얻게 된다. 2006년 당시는 앞에서 보았듯이 호주, 뉴질랜드, 인도가 참여한 EAS 협의체가 출범한 직후였다.

2006년 CEPEA의 등장 이후부터 동아시아에는 EAFTA와 CEPEA라는 두 개의 자유무역 논의가 동시에 추진된다. 매년 아세안+3 정상회의와 EAS 정상회의에서는 두 개의 자유무역 관련 논의를 "병행하여(in parallel)" 추진한다는 문구가 양쪽 회의문서에 동일하게 포함되었다. 이는 수년 동안 반복되었다. 두 개의 논의는 배타적이지 않고, 상호 보완하여 추진될 수 있다는 의지를 보인 것이다. 확대된 형태의 자유무역지대 구상 EAFTA와 CEPEA에 대한 논의 모두 계속 진행되었다.

그러나 병행 추진된다는 명목으로 진행되던 두 개의 유사한 논의는

2011년 결국 하나로 통합된다. 아세안이 지역적 포괄적 경제 파트너십(RCEP, Regional Comprehensive Economic Partnership)이라는 새로운 명칭의 자유무역 협상을 제시하면서부터다. 시기는 2011년 11월 연례 아세안 정상회의 기간 중이었으며, 장소는 당시 아세안 의장국이던 인도네시아의 발리에서였다. 당시 11월 17일 개최된 아세안 자체 정상회의에서 처음으로 RCEP이 등장하였다. 11월 18일 아세안+3 정상회의 그리고 11월 19일 EAS 정상회의가 개최되었는데, 각각 회의를 하루와 이틀 남겨 둔 상황이었다. 그해 7월과 8월에 각각 개최된 아세안+3와 EAS 외교장관회의 그리고 경제장관회의에서도 전혀 논의되지 않았던 내용이기에 정상회의에 참석한 우리나라와 일본, 중국, 미국, 호주 등 아세안 대화 상대국 공무원들은 당황할 수밖에 없었다. 정상회의 3~4개월 전에 개최된 장관회의에서는 여전히 EAFTA와 CEPEA를 병행하여 연구(concurrent studies)한다는 문구가 회의 결과 문서에 반영되어 있었다.

당시 아세안협력과장을 맡고 있던 필자는 7월 외교장관회의에 이어 11월 정상회의 당시에도 대표단의 일원으로 발리 현장에 있었는데, 아세안+3 정상회의 전날인 11월 17일 밤 늦게 아세안측에서 한 쪽 분량의 설명서를 배포한 것을 받아보았다. RCEP의 개념에 대한 것이었다. EAFTA도 아니고 CEPEA도 아닌 RCEP이라는 것이 새로이 그리고 갑자기 등장하였다. 내용도 이해도 되지 않을 뿐더러 정상회의 하루이틀 전 제시된 개념이라 아세안을 제외한 모든 대표단이 충격에 휩싸였다. 현장에서는 싱가포르 그리고 의장국 인도네시아의 주도로 이루어진 것이라는 얘기가 돌았다.

사전 협의가 충분치 않았기 때문에 당연히 아세안+3 정상회의와 EAS 정상회의에서는 새로이 제시된 RCEP 개념에 대해 동의가 이루어질 수 없었다. 회의 결과 문서에는 새로운 개념인 RCEP에 "유의한다(note)"라는 정도의 문구가 사용되었다. 2011년 11월 아세안+3와 EAS 정상회의 결과 문서에는 완벽히 동일한 내용으로 "우리 정상들은 제19차 아세안 정상회의에서 RCEP에 대한 아세안의 프레임워크를 채택한 데 대해 이를 유의하였다(noted)."라고 했다. 이어 "우리들은 또한 아세안 중심성을 존중하고…(중략)… RCEP 프레임워크가 EAFTA와 CEPEA를 참고하여 아세안이 FTA 파트너 국가들과의 관여를 확대하고 심화하는 데 있어 일반 원칙들을 제시하고 있다는 점에도 유의한다."라고 했다.[48]

아세안 정상들이 11월 17일 개최된 제19차 아세안 정상회의에서 채택했다는 내용은 이러하다. 의장성명 45항에는 "우리 정상들은 'RCEP에 대한 아세안 프레임워크'를 환영한다. 이는 아세안이 FTA를 체결한 역외 국가들과 관여를 확대하고 심화하는 과정에서 따르게 될 원칙을 제시함으로써 아세안이 주도하는 절차를 구축하게 될 것이다. 이 협정에는 상품교역, 서비스 교역, 투자를 포함한다."라고 되어 있다. 아세안이 FTA를 체결한 역외 국가란 한국, 일본, 중국, 호주, 뉴질랜드, 인도 등 6개국이다.

앞에서와 같이 아세안+3 그리고 EAS 정상회의 결과 문서에 "유의한다"라는 정도의 문구로 포함되었으나, 정작 RCEP 논의는 이듬해부터 급물살을 타기 시작한다. 이미 수년간 EAFTA와 CEPEA 논의를 통해 축적된 부분이 있어서 그러하였다. 2012년 11월 캄보디아 프놈펜 개최 아세안 연례 정상회의 계기에 아세안 그리고 FTA 체결국 6개국 정상은 RCEP 협상을 개시하기 위한 공동선언문을 발표한다. 공동선언문에는 2013년 초부터 협상을 개시하여 2015년 말까지 완료한다는 타임라인을 설정했다. 실제 1차 RCEP 공식협상은 2013년 5월 브루나이에서 개최되었고,

---

48   아세안+3 정상회의 의장성명 제12항 그리고 EAS 정상회의 의장성명 제32항

최종 마무리는 당초 계획보다 5년 정도 늦은 2020년 11월 서명이 이루어 졌다. 인도를 포함한 16개국이 협상을 이어갔으나, 최종 합의 및 서명 과 정에서 인도는 빠졌고, 15개국이 서명에 참여하였다.

당시의 동아시아 FTA 논의 상황을 짚어보면, 몇 년간 두 개의 FTA 논 의를 진행해 왔으나, 13개국을 대상으로 하는 FTA와 이 13개국에 3개국 이 더 추가된 16개국 대상 FTA를 동시적으로 계속해서 논의를 이끌어 간 다는 것은 곤란하다는 인식이 확산되던 시기였다. 또한, 2010년 즈음에는 아세안의 대화 상대국 가운데 한국, 중국, 일본, 호주, 뉴질랜드, 인도 등 6 개국이 아세안과 모두 양자적 FTA를 체결하게 된다. 이러한 상황에 아세 안은 두 개의 FTA 가운데 택일하는 모양보다는 새로운 개념을 대안처럼 제시한 것으로 이해된다. EAFTA와 CEPEA가 아닌 RCEP이다.

당초 EAFTA는 아세안+3 체제와 직결되고 중국이 선호하는 방식이 고, CEPEA는 EAS 체제와 직결되고 일본이 선호하는 방식이었다. 아세 안이 RCEP을 제시했을 때 EAFTA와 CEPEA 가운데 어느 한쪽으로 명 시적으로 기울지 않았다. 물론 결과적으로 13개국 체제가 아닌 16개국 체 제라는 점에서 CEPEA와 유사하다고 하겠으나, 아세안의 해석은 다르 다. 자신들이 주도하는 새로운 체제로 정의한다. 그리고 RCEP은 아세안 +1 FTA를 체결한 6개국과 협상을 시작하지만, 앞으로 아세안+1 FTA를 새로 체결하는 국가에도 RCEP 참여는 열려있다고 하였다. 프놈펜에서의 공동선언문에도 협상 주체를 "아세안 그리고 아세안과 FTA를 체결한 국 가들"로 쓰고 있다.

한편, 2011년 발리 정상회의가 역사에 기록되는 다른 하나는 미국과 러시아의 EAS 가입 그리고 EAS 정상회의 첫 참석이었다. 미국에서는 오 바마 대통령이 참석하였으나, 러시아는 라브로프 외교장관이 참석하였 다. 이로써 당초 13개국 정상 간의 회의체 명칭으로 의도되었던 EAS는 정상회의를 넘어 다자 협의체 성격을 띠면서 16개국 모임에서 18개국 모임으로 확대되었다. 이 지역의 주요한 국가들이 모두 참여하는 형태가 되었다. 당시 아세안 내부에서는 더 이상 EAS가 아닌 아세안+8 체제라는 새로운 명칭으로 변경하자는 논의도 있었으나, 결국 기존 EAS의 확대 형태로 결정되었다.

<table>
<tr><td>8-5</td><td>인도 태평양 핫 스팟(hot spot), 남중국해 영유권 분쟁</td></tr>
</table>

AOIP에서 제시한 4대 협력 분야 가운데 가장 먼저 등장하는 분야가 해양 협력이다. 이에는 남중국해에서의 영유권 분쟁과 관련한 해양 안보 그리고 해양 환경오염에 대처하는 문제, 해적 퇴치, 해양에서의 안전한 항행, 불법 어업 대응 등 다양한 문제를 포함한다. 이들 중 해양 환경에서부터 불법 어업 대응까지의 문제에는 이견이 있을 수 없고, 아세안 해양 국가들의 역량 개발을 지원하는 선진 해양 국가들의 노력이 필요하다. 우리나라를 포함한 여러 나라가 이러한 방향으로 실제 협력 사업들을 수행하고 있기도 하다.

다만, 남중국해 영유권 분쟁과 관련해서는 다른 문제들과는 다른 특징적인 부분들이 있으며, 아세안의 특성을 이해하는 열쇠가 되는 몇몇 지점이 여기에 있기도 하다. 우선 아세안이 남중국해 분쟁에서 중국을 어떻게 대하느냐와 관련된 것이다. 다른 하나는 아세안이 남중국해 분쟁에서 미국, 특히 미국의 "항행의 자유 작전(FONOP: Freedom of Navigation Operation)"을 어떻게 인식하느냐와 관련된 것이다.

아래에서 남중국해 분쟁의 내용 및 중국에 대한 아세안의 입장 그리고 미국 항행의 자유 작전에 대한 입장 등의 순서로 살펴보고자 한다. "아세안의 입장"이라 했을 때 물론 아세안 내에서도 영유권 주장 당사국과 비당사국 간에 그리고 영유권 당사국 사이에서도 서로 일정 부분의 차이가 있다. 그러나 공통적으로 아세안 내부 컨센서스를 얻고 있는 내용 또는 주요한 이해관계를 가진 개별 아세안 국가들의 입장을 중심으로 살펴보고자 한다.

우선, 남중국해 분쟁을 중국과 어떻게 풀어나가느냐에 대한 것이다. 10여 년 전 중국과 아세안 10개국 간 외교장관회의에서의 일이다. 늘 그렇듯이 원만하게 진행되던 회의가 남중국해와 관련하여서는 입장이 첨예하게 대립하였다. 그리고 갑자기 중국측 회의석에서 왕이 장관이 아닌 회의에 배석하였던 다른 관료가 발언하였다. 장관회의에서 장관이 아닌 배석한 다른 관료가 발언한 사실도 충격적인데, 그 발언의 내용은 더욱 충격적이다. 남중국해에서 중국은 원하면 뭐든지 할 수 있고, 아세안 회원국들은 작은 나라들이며, 중국은 큰 나라라는 것이다. 매우 위압적으로 발언하여 아세안 외교장관들을 불편하게 했던 사례가 있었다. 흔하게 있는 일은 아니지만, 그만큼 남중국해 문제는 중국과 아세안 사이에 있는 민감 사안이다.

이 회의는 2016년 6월 중국 쿤밍에서 개최되었다. 비공개회의였음에도 회의장에서의 분위기가 당시 아세안 외교가뿐만 아니라 아세안 이외 국가의 외교관들 사이에도 많이 알려졌다. 당시 주요 국제 언론에도 일부 내용이 소개되었다.[49] 이런 분위기를 반영한 듯 아세안 외교장관들은 회의 후 "언론 성명(media statement)" 형식으로 발표하였다. 중국과의 "공동성명" 형식이 아니라 아세안 단독으로 발표한 것이다. 언론 성명의 몇

---

[49] 대표적으로 Financial Times 기사가 있다 "China struggles to win friends over South China Sea" (Tom Mitchell, 2016년 7월 13일)

군데 표현을 보더라도 아세안의 내부 분위기를 엿볼 수 있다. 우선, "솔직한" 회의라는 표현이 두 번이나 등장한다. 언론 성명 도입부에 "회의가 전반적으로 솔직한(frank) 분위기에서 개최되었다."라고 쓰고 있다. 그리고 남중국해 이슈와 관련하여 "우리 아세안 장관들은 중국 왕이 외교부장과 솔직하게(candid) 의견을 교환하였다."라고 쓰고 있다. 통상 외교적으로 "회의가 솔직하였다"라는 의미는 회의 중 서로 간에 다른 의견들이 표출되어 접점을 찾지 못한 경우에 사용하는 것이 관례처럼 되어 있다. 영어 단어 frank와 candid를 번갈아 가며 두 번이나 사용한 것을 보면, 회의 분위기가 불편하였음을 짐작할 수 있다.

그리고 언론 성명은 그 내용상 남중국해 관련 문안이 대부분을 차지하는데, 첫 시작 지점에서부터 "우리 아세안 장관들은 남중국해에서 신뢰가 훼손되고, 긴장이 고조되며, 평화와 안정을 훼손할 수 있는 상황이 최근 발생하고 있는 데 대해 심각한 우려를 표하였다."라고 썼다. "우려" 앞에 "심각한"이라는 수식어가 붙었다. 2016년 당시 상황을 생각해 보면, 남중국해 긴장 상황이 특히 고조되던 시기였다. 중국이 파라셀(Paracel) 군도(중국명 시샤군도(西沙群島))의 우디 섬(Woody Island, 중국명 융싱다오(永興道))에 지대공 미사일을 배치한 데 이어 사정거리가 400km인 대함 순항미사일을 배치한 것으로 밝혀져 곧 방공식별구역(ADIZ)을 선포하려는 게 아니냐는 관측이 나오던 때였다. 또한, 중국의 전략 폭격기 H-6K[50]가 남중국해 중국의 인공섬 상단을 비행하는 장면이 중국 CCTV를 통해 공개되었고, 일부 서방 언론에서는 남중국해 인공섬 기지에 이미 전략 폭격기가 배치되었을 가능성까지 거론하였다. 이 시기 미국의 핵 추진 항

---

[50] 미국의 B-52 폭격기와 견주어지고 있는 H-6K 폭격기는 공중 급유를 받으면, 중국 본토에서 3,000마일 떨어진 괌 주둔 미 공군 기지를 폭격할 수 있는 것으로 알려져 있다.

공모함 존 스테니스(USS John C. Stennis CVN-74)와 로널드 레이건(USS Ronald Reagan CVN-76) 전단이 남중국해에 파견되었고, 이에 중국도 군함을 파견하는 등 긴장이 고조되던 시기였다. 그리고 이 시기는 우리나라에도 매우 중대한 시기였다. 2016년 7월 한-미 양국은 고고도미사일방어체계(THAAD)의 한국 내 배치를 공식 발표하였다. 중국의 군사 훈련과 이에 대한 미국의 대응은 한반도 상황과도 연결된다. 존 스테니스호가 부산에 입항한 것은 2016년 3월이며, 이어 스테니스호는 레이건호와 함께 남중국해에서 공동으로 훈련을 실시하였다.

[그림 6] **2016년 3월 부산항에 입항한 존 스테니스 항공모함.** *출처 : 연합뉴스

한편, 2016년 6월은 중국과 필리핀 간의 남중국해 영유권을 둘러싼 중재재판의 결과가 공개되기 직전 시점이었다. 2013년 필리핀은 남중국해 문제의 법적 해결을 위해 중국을 당사자로 지정하고, 네덜란드 헤이그에 있는 국제 상설중재 재판정(Permanent Court of Arbitration)에 제소하였다. 중국은 재판 과정에 참여하지 않았다. 수년간 중국이 참석하지는 않았으나, 재판정은 재판 관할권을 갖는다고 판단하여 심리를 진행하였고, 2016년 7월 판결문을 발표하였다. 재판정은 남중국해 대부분에 대해 중

국이 주장하는 소유권은 국제법적 근거가 없으며, 남중국해에서의 중국의 권리 주장과 인공섬 건설은 국제분쟁을 악화시켰을 뿐 아니라 분쟁 지역의 산호초 및 자연환경을 파괴했다고 결정했다. 필리핀은 판결을 적극적으로 환영하였고, 중국은 재판의 결과를 받아들이지 않았다. 애초에 자신들이 참여치 않는 재판소가 만들어진 것이 잘못이며, 판결 내용도 수용할 수 없다고 주장하였다.

남중국해에서의 섬에 대한 영유권 주장과 관련해서는 크게 시샤군도(西沙群島, 영어로 Paracel Islands)와 난사군도(南沙群島, Spratly Islands)에 대한 것인데, 사실 여기에 산재해 있는 섬들의 크기는 매우 작다. 10헥타르(ha) 이상 규모는 5개에 불과하다. 가장 큰 섬은 대만이 실효적으로 지배하고 있는 이투 아바(Itu Aba)[51]라는 섬인데, 이 역시 46헥타르에 불과하다. 여의도가 450헥타르, 독도가 19헥타르 정도다.

필리핀과 함께 베트남과 중국과의 관계 역시 남중국해 영유권 문제를 둘러싸고 매우 첨예하다. 필리핀의 경우가 남중국해의 남사군도(Spratly Islands), 특히 스카보로 암초(Scarborough Shoal)에서 중국과 충돌하고 있는데, 베트남의 경우에는 시샤군도(Paracel Islands)에서 중국과 영유권 주장이 충돌한다. 기본적으로 중국을 일방으로 아세안 국가들을 다른 쪽 당사자로 놓고 볼 때 매우 불편한 관계임은 분명하다. 중국, 필리핀, 베트남 외에도 말레이시아, 브루나이, 대만이 영유권 주장 국가들이다. 그리고 중국과 아세안 개별 국가 간의 문제만이 아니라, 아세안 국가 간에도 영유권 주장의 내용이 중첩되기도 한다. 영토 주권과 관련된 문제다 보니 모든 나라에 굉장히 민감한 영역이다.

---

51 한자어로는 太平島(태평도, Taipingdao)로 불리는 섬이다.

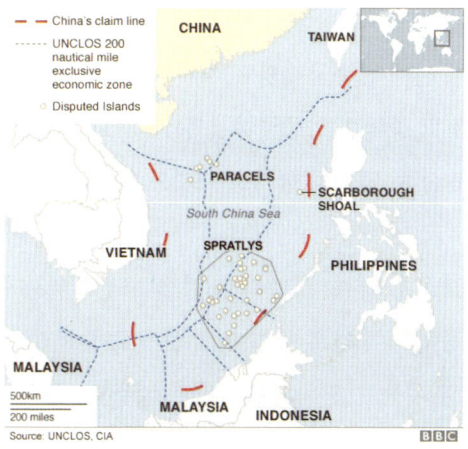

[그림 7] 남중국해에 대한 각국의 영유권 주장. 출처:UNCLOS, CIA / BBC[52]

중국은 남중국해에 산재해 있는 모든 섬에 대해 영유권을 주장하고 있고, 이와 동시에 9단선(九段線, nine dash line)이라는 것을 주장하면서, 이 '9개의 선' 안에 들어가는 바다에 대한 조업권을 주장한다. 중국은 이 어업 권한을 '전통적 어업 권한(traditional fishing rights)'이라고 하면서 그 권한의 근거에 대해서는 '역사'를 강조한다. 일반적으로 법적 주장으로 설득력을 가지려면, 국제법, 특히 1982년 유엔 해양법 협약(UNCLOS)상 영유권을 주장할 수 있어야 하며, 이 영유권을 근거로 영해 또는 배타적 경제수역을 주장하여야 한다. 그러나, 중국은 섬에 대한 영유권 주장과 별도로 9단선에 포함되는 모든 바다에 대해 어업 권한을 향유한다고 주장한다. 다만, 이 어업 권한을 중국만 배타적이고 독점적으로 향유하는 권한이라고 주장하지는 않는다. 어쨌든 중국의 9단선 주장은 그 내용이 모호하

52 "Challenging Beijing in the South China Sea" (Scott Stearns, Voice of America, July 31st, 2012) https://www.bbc.com/news/world-asia-pacific-13748349

고, 법적인 근거도 모호하다. 다수 국가가 이를 인정하지 않는 이유다. 9단선 내부 바다는 전체 남중국해의 80% 이상에 해당한다. 그래서 서양 언론에서는 이를 두고 중국이 남중국해를 중국의 '내해(內海, inland waters 또는 Beijing's lake)'로 만들려 한다고 쓰기도 한다.

한편, 아세안 국가 가운데 인도네시아는 남중국해 섬에 대해 영유권을 주장하는 당사국은 아니나, 배타적 경제수역 일부가 중국의 소위 9단선 내의 바다와 중첩되어 간혹 불법 어업 문제로 중국과 긴장 관계가 조성되기도 한다. 그 위치는 인도네시아 서북부 나투나 제도(Natuna Islands) 인근이다. 나투나에서 200해리(약 370km)의 배타적 경제수역 구간이 9단선 내부와 겹친다. 유엔해양법협약에 따라 연안국은 자국의 연안으로부터 200해리 범위 내의 수산자원 및 광물자원 등에 대한 탐사와 개발에 관한 권리를 갖는다. 어업 자원, 해양 광물자원 등의 경제적 소유권이 이에 해당한다. 다른 나라의 어선은 허가 없이 어업 활동 등을 주장할 수 없다. 인도네시아 입장에선 자신들은 유엔 해양법 협약에 의한 권리를 주장하는데, 중국은 법적 근거도 없이 9단선을 주장하는 셈이다. 중국의 입장에서는 전통적으로 9단선 내에서는 자신들이 어업권을 갖는다고 주장한다. 앞에서 보았듯이 2016년 국제 상설중재재판소(PCA)는 중국의 9단선 주장에 법적 근거가 없다고 결정했다.

아래 지도에서와 같이 두 나라의 주장에 따라 일부 해역이 중첩하는데,[53] 이 해역에서 중국 어선이 인도네시아 해경 당국에 나포되자, 중국측이 이에 항의하면서 양측 간에 긴장 관계가 발생하기도 했다. 2016년 6월 중국 어선이 이 해역에서 조업하던 상황에 인도네시아 "이맘 본졸(Imam

---

[53] 중국의 9단선 가운데 세 번째와 네 번째 선을 연결하게 되면, 이 해역 일부가 인도네시아 칼리만탄 섬 서쪽에 위치한 나투나 섬의 배타적 경제수역 일부와 중첩된다.

Bonjol)"이라는 이름의 해군 함정이 중국 어선을 나포했던 사건이다. 이에 대해 중국 외교부는 "이 해역은 중국 어민의 전통 어장이자 중국과 인도네시아 간에 해양 권익 주장이 중첩되는 곳"이라고 했다. 그리고 "인도네시아 군함이 무력을 남용해 중국 어선을 습격하고 발포한 것은 유엔해양법협약을 포함한 국제법을 심각하게 위반한 것"이라고도 했다.

당시 조코 위도도(Joko Widodo) 대통령의 대처가 흥미롭다. 인도네시아 또는 조코위 대통령의 스타일을 보여주는 대응 방식이다. 우선 인도네시아 정부 차원에서는 나투나 해역에서 중국과 해양 권익이 중첩되는 곳은 없다고 중국 정부의 입장을 부인하였다. 그리고 조코위 대통령은 사건 발생 1주일 후 인도네시아 대통령으로는 처음으로 나투나 제도를 방문하여, 중국 어선을 나포했던 해군 함정 "이맘 본졸"호에 탑승하여 시찰하였다. 그리고 함정에서 선상 각료회의를 개최하였다. 아래 오른쪽 사진은 조코위 대통령이 군용 점퍼와 모자를 착용하고, 이맘 본졸호를 시찰하는 장면이다. 말이 아니라 그냥 행동으로 보여준 것이었다. 이후 인도네시아 정부는 해당 해역을 "북나투나해(海)"로 이름 붙였다. 그리고 2020년 7월에는 해군 함정과 공군 전투기 등을 대규모로 동원하여 합동 군사훈련을 실

[그림 8] *출처 : Economist

[그림 9] *출처 : Jakarta Post (Courtesy of Set-pres/Krishadiyanto)[54]

시하였다. 중국의 분쟁 지역화 시도를 원천 차단하려는 노력이다.

이후 한동안 나투나 해역에서 문제가 발생하지 않았으나, 최근 2024년 10월 4,400톤급의 대형 중국 해경 선박이 두 차례에 걸쳐 북나투나해의 배타적 경제수역에 진입하는 일이 발생하였다. 인도네시아의 해경 경비함이 중국 해경선에 경고하고, 밀어내기는 하였으나, 이 시점은 공교롭게도 조코위 대통령의 후임으로 프라보워 수비안토(Prabowo Subianto) 대통령이 취임한 직후였다. 이에 일각에서는 새로 출범하는 프라보워 정부를 떠보려는 중국의 속셈이 있는 것으로 해석하기도 하였다.

지금까지 논의에 편의상 남중국해에서의 각국의 영유권 주장의 대상을 '섬'으로 불렀으나, 사실 이는 국제법상 엄밀히 '섬'은 아니다. 크기도 크기지만, 중요한 것은 크기의 문제만은 아니다. 해양의 어떤 자연적 지형물이 국제법상 파생되는 권한을 가지려면 '섬'(island)으로 우선 인정되어야 하고, 이를 위해서는 사람이 생존할 수 있는 여건이 필요하다. 남중국해의 지형물들이 과연 국제법상 권한을 갖는 '섬'이냐에 대한 논란에 대해 2016년 7월 필리핀이 제기하여 구성된 국제 중재 재판정은 '섬'이 될 수 없다고 판시하였다. 가장 큰 원인은 남중국해 어떤 지형물에서도 사람이 살아갈 수 있는 요건이 충족되지 않는다는 것이다. 특히 물이 나오지 않는다는 것이 가장 큰 이유였다. 국제법상 '섬'으로 인정되는 경우에는 12해리의 영해와 200해리의 배타적 경제수역을 동시에 주장할 수 있다. 간조시 수면 위로 돌출해 있으나, 만조 때 수면에 잠기는 경우에도 국제법상 명칭으로는 '섬'이 아니라 '암석'(rock)으로 칭하고 있다. 암석에 대해서는

54 "Indonesia must lead for sake of its interests in South China Sea" https://www.thejakartapost.com/academia/2017/04/05/indonesia-must-lead-for-sake-of-its-interests-in-south-china-sea.html

배타적 경제수역을 주장할 수 없다. 판결의 근거가 된 것은 1982년 유엔 해양법 협약이다. 해양의 경계를 포함하여 해양을 둘러싼 각국의 권리와 의무를 정하고 있는 다자 간 협정으로, 과거 수백 년 축적된 여러 해양 관습법의 내용도 포함하고 있다.

앞서 잠시 언급한 2016년 필리핀-중국 중재 재판정에서는 또한 중국이 주장하는 '9단선'에 대한 법적인 근거 역시 인정될 수 없다고 하였다. 중재 판결에 대해 중국측은 당초 재판정 구성 자체를 거부했던 것이므로 인정할 수 없다는 입장이며, 필리핀의 경우 자신에 유리한 판결은 확보하였으나, 강제력은 발휘하기 어려운 현실에 부딪히게 된다. 물론 강제력 발휘가 어렵다는 것을 잘 아는 필리핀은 명분에 있어 승리하였다는 생각이었다. 그러나 아퀴노 대통령[55] 시절 중재재판을 추진하고 판결 결과까지 얻었으나, 곧바로 취임한 두테르테 대통령은 중재 재판 자체를 언급하는 것을 꺼렸다. 주장해 봐야 실익이 없고 중국과의 관계만 불편해질 뿐이라는 것이었다.

2022년 6월 취임한 페르디난드 "봉봉" 마르코스(Ferdinand "Bong-bong" Marcos) 신임 대통령은 아세안 정상회의를 포함한 각종 계기에 '1982년 유엔 해양법 협약'의 중요성에 대해 강조하면서도 2016년 중재 재판 판결을 직접 부각하지는 않는 모습이다. 그렇다고 두테르테 대통령처럼 중국에 유화적인 모습으로 비치지는 않는다. 그는 대통령 유세 기간 중 두테르테 행정부의 "자주적인 외교 정책"을 계속하겠다고 하면서,

---

[55] 베니그노 아키노 3세 전 대통령은 2010년부터 16년까지 필리핀 제15대 대통령직을 역임했으며, 2021년 6월 지병으로 61세 나이에 서거하였다. 마르코스 전대통령의 탄압으로 1980년 부모가 미국으로 망명했다가 1983년 필리핀으로 돌아왔으나, 부친인 베니그노 아키노 2세는 비행기에서 내리자마자 암살당한다. 모친 코라손 아키노 여사는 1986년 필리핀 최초 여성 대통령이 되었다.

이는 "모두에게 친구가 되고, 누구도 적으로 만들지 않는 것"이라고 하였다. 2023년 1월 다보스 포럼에 참석했을 때에도 필리핀 정부가 영해를 수호하기 위해 무엇인가를 더 해야 한다는 요구가 많이 있다고 하면서, 그러나 군사적 해결은 대안이 아니라고 하였다. 그러면서도 1년 뒤 마르코스 대통령은 2024년 4월 바이든 대통령의 초청으로 백악관에서 일본 기시다 총리와 함께 3자 정상회의를 개최하였다. 같은 달 호주까지 가세하여 미국, 일본, 호주, 필리핀 4개국이 남중국해에서 연합 훈련을 실시하였다. 미국과 필리핀의 양자 동맹을 다시 한번 대외적으로 부각시키고, 남중국해 안보 이슈에 대한 4개국의 밀착도를 보여주었다. 일각에서는 이에 대해 안보 차원의 쿼드 즉, "스쿼드"(SQUAD)라고 부르기도 하였다.[56]

아세안이 남중국해 문제를 둘러싸고 중국을 대하는 모습을 보면, 우선 원칙의 문제에 있어 매우 확고한 입장을 줄곧 표방한다. 원칙과 관련해서는 1982년 유엔 해양법 협약을 지속적으로 언급한다. 이에 따라 항행의 자유에 대해서도 강조한다. 그리고 중국에 대해 강력한 비판의 목소리를 내기도 한다. 그러나 이와 동시에 남중국해의 안정적 관리를 위해 대화와 협상 기조를 유지한다. 그리고 평화와 안정을 강조한다. 실제 아세안과 중국 사이에는 이미 오랜 기간 남중국해 문제 자체를 논의하기 위한 대화와 협상의 장이 마련되어 있다. 이러한 내용은 일관되게 아세안이 주최하는 각종 회의의 결과 문서에 반영되어 대외적으로 발표된다. 이러한 관행은 아세안 회원국 개별 국가의 지도자 교체에 따라 변동되지는 않아 보인다.

최근 개최된 아세안 정상회의 역시 기존의 관행을 따르고 있는 모습을 보인다. 2023년 5월 인도네시아가 주최한 제42차 아세안 정상회의 결과

---

56 SQUAD의 "S"는 "안보" 즉, security의 이니셜이다.

문서 119항부터 121항까지 남중국해 관련 내용이다. 세 문항의 핵심 내용을 정리하면, ① 상호 신뢰, ② 상황을 악화시킬 수 있는 행동에 있어 자제력 발휘, ③ 긴장을 고조시킬 수 있는 영유권 주장 당사국과 다른 모든 국가의 행동에 있어 자제력 발휘, ④ 1982년 유엔 해양법 협약 등 국제법에 따른 분쟁의 평화적 해결, ⑤ '남중국해 당사국 행동에 관한 선언(DOC, Declaration on the Conduct of Parties in the South China Sea)' 이행의 중요성, ⑥ '남중국해에서의 행동 수칙(COC, Code of Conduct in the South China Sea)' 협상의 조기 타결 등을 강조하고 있다.

여기서 "자제력을 발휘해야(exercise self-restraint)" 한다는 표현이 두 번이나 등장하고 있다. 우선 첫 번째 자제력 관련, 즉 ②번의 자제력 관련 언급, 즉 "상황을 악화시킬 수 있는 행동에 있어 자제력 발휘"다. 이 내용에는 특정 국가를 구체적으로 지칭하여 비난하거나 부정적으로 묘사하지 않았다. 중국을 포함하여 외부 국가가 포함되지 않은 아세안 국가 자신들만의 회의임에도 불구하고 결과 문서에 자제력을 발휘해야 하는 주체를 명시하지 않고 있다. 또한, 아세안+3 또는 EAS 회의에서 아세안 영유권 주장 국가와 우리나라, 미국, 일본, 호주, 캐나다 등 다수 국가에서 중국의 조치에 대해 우려를 표하는 발언이 있는 상황에서도 결과 문서에서는 중국을 구체적으로 지목하지 않는다. 아세안 회의 결과 문서는 매년 순회 의장국을 맡는 아세안 국가에서 초안을 만든다. 이 초안은 다른 회의 참석국에게도 미리 회람되는 경우가 많으나, 항시 이견이 발생할 수밖에 없으므로 최종적으로는 초안을 작성한 즉, 연필을 굴리고 있는 아세안 의장국의 '입김'이 강할 수밖에 없다. 그럼에도 필리핀이나 베트남, 말레이시아 등 영유권 분쟁 당사국이 의장국을 맡는 경우에도 결과 문서에서 위와 같은 표현은 유지된다.

이에 대해 과거 필자는 아세안 회의에 참석한 계기에 필리핀 동료에게 아세안 자체 회의인데 왜 더 강력한 문구로 표현하지 않고 자제력 발휘라고만 표현하느냐고 했다. 중국과 아세안을 등가(等價)로 대하는 것으로 이해되지 않느냐고 진지하게 물었다. 그 친구의 대답은 간단했다. 그다지 심각하지도 않았다. "자제력 발휘가 필요하다."라고만 표현해도 어떤 나라가 자제해야 할 주체인지는 모두가 다 알지 않느냐는 것이다. 아세안은 북한의 도발에 따른 한반도 안보 불안이 발생하는 경우에도 회의 결과 문서에는 "관련 당사자 모두의 자제력 발휘"를 주문하는 경우가 많다. 북한을 특정하여 비난하는 경우가 아예 없지는 않으나, 매우 드물다. 우리는 이에 대해 소위 양비론(兩非論)이라는 시각으로 받아들인다. 그러나, 아세안이 자신들의 핵심 이슈에 대해서도 관련 당사자의 "자제력 발휘"라고 표현하는 것을 보면 이 표현을 양비론으로 연결하는 것이 아세안에게는 적절치 않아 보인다. 양비론은 영어로 굳이 표현하자면 "blame both sides as wrong"이라 할 수 있을 텐데, 아세안의 원칙과 관행을 이해하면 양비론으로 부르는 시각 자체가 옳지 않음을 알 수 있다.

또 하나 흥미로운 지점은 두 번째 자제력 발휘 관련, 즉 ③번 부분, "긴장을 고조시킬 수 있는 영유권 주장 당사국과 다른 모든 국가의 행동에 있어 자제력 발휘"를 주문하고 있다. 첫 번째 자제력 발휘 부분에 주체를 언급하지 않았다면 여기서는 영유권 주장 당사국뿐만 아니라 "다른 모든 국가"를 언급하고 있다. 남중국해에서의 영유권 분쟁에 관여되지 않는 일반적인 국가의 경우 영유권 주장에 대해 어느 한쪽의 편을 들어서는 안 되고 그럴 필요도 없다. 이들이 가장 우려하는 부분은 남중국해에서의 항행과 상공을 비행하는 자유에 대한 것이다. 남중국해는 민간 상선과 에너지 수송선박 등 상시적으로 많은 나라 선박들이 통과하는 중요한 국제 해상 교통로이기 때문이다. 이들 영유권을 주장하지 않는 국가가 긴장을 고조시키는 행위를 일으킨다는 것은 선뜻 납득하기 어렵다. 그럼에도 이들 국가에 대해서도 긴장을 고조시킬 수 있는 행동에 대해 자제력을 발휘하는 것이 중요하다고 지적하고 있는 것이다. 자연스레 남중국해를 둘러싼 미국과 중국의 충돌 상황을 염려하는 아세안의 입장을 읽을 수 있다.

미국의 선의(善意) 여부를 떠나 해양 동남아 국가의 인근 해역에서 자신들의 의지와 무관하게 두 강대국 간의 전략적 경쟁이 갈등과 긴장의 양상을 보이면서 남중국해에서도 이의 여파가 나타나는 것은 피하고 싶다는 것으로 읽힌다. 남중국해 문제는 이미 수십 년 이상 오랜 문제이지만, 2010년을 전후하여 아세안 회의, 특히 미국과 중국이 같이 참여하는 아세안지역안보포럼(ARF, ASEAN Regional Forum) 외교장관회의에서 주요 이슈로 부각되기 시작한다. 이 시기에 중국이 남중국해에서 과거보다 더욱 공세적으로 인공섬 건설이나 토지 매립(reclamation), 준설(dredging) 작업을 추진하였고, 어업이나 자원개발과 관련해서도 아세안의 영유권 주장국들과 빈번히 갈등이 야기되었기 때문이다. 이 시기부터 남중국해의 일부 도서들에 대한 중국의 행정구역 편입 조치들도 병행하여 취해지게 된다.

이러한 과정에서 미국도 목소리를 더욱 강하게 내기 시작한다. 그러면서도 당시 힐러리 클린턴 국무장관 그리고 이후 일정 기간 미국의 국무장관, 그리고 백악관에 이르기까지 남중국해 문제에 대해 발언하거나 입장을 밝힐 때 대개 "미국은 어느 일방의 영유권 주장 국가의 편을 들지 않는다."라는 원칙적 입장으로 발언을 시작하였다. 그러나 어느 시점 이후 미국측의 발언에서 이 문장은 생략되기 시작한다. 물론 미국이 특정 국가의 편을 명시적으로 들지는 않는다. 다만, "어느 누구도 편들지 않는다."라는 얘기는 생략하고, 곧바로 중국에 대해 구체적으로 지칭하면서 중국의 공세적 행위에 대한 우려를 표하는 경우가 빈번하다.

우리의 경우에는 어느 한쪽을 지칭하기보다는 전반적으로 평화와 안정을 강조하면서, 남중국해에서의 긴장이 고조될 경우마다 이에 대한 우려를 표명한다. 항행의 자유가 항상 보장되어야 한다고도 강조한다. 특정 국가를 거론치 않더라도 남중국해에 대한 우려를 표명하고, 관련 당사국의 자제를 요청하고, 대화와 타협을 주문하는 것 자체로 중국을 불편하게 하기에 충분하다. 남중국해 문제 자체를 거론하는 것이 중국을 불편하게 하는 일이기 때문이다. 중국 정부의 인식은 남중국해 문제는 아세안 그리고 그 가운데서도 영유권 주장 당사국과의 문제이지 다른 국가들이, 특히 아세안 이외의 다른 지역 국가들이 이에 대해 언급할 일이 아니라는 것이다.

아세안이 매년 주최하는 회의 중 가장 많은 회원국이 참여하는 ARF 회의의 경우 27개 국가가 참여하는데, 미국과 호주, 캐나다, EU 등은 중국을 직접 거론하며 발언하는 경우가 많다. 아시아 국가들의 경우에는 드문 일이다. 일반적으로 어떤 이슈에 있어서도 특정 국가를 구체적으로 지목하기를 원치 않는 아세안의 경우에는 영유권 당사국인 필리핀이나 베트남의 경우에도 중국을 콕 집어 거론하는 경우는 드물다. 중국과의 관계라는 차원에서 평가할 수도 있겠지만, 마찬가지로 각 국가의 문화와 관습의 차이에서 비롯되는 측면도 큰 것으로 보인다.

한편, 미국은 남중국해에서 '항행의 자유 작전(FONOP)'을 수시로 전개한다. 미국 해군이 수행하는 FONOP은 남중국해나 특정 국가의 해역에만 한정하지는 않고, 전 세계를 대상으로 한다. 연안국이 해양에 대한 권한을 과도하게 주장한다(excessive claims)고 판단하면, 해당 해역 안으로 미국의 군함을 통과시킴으로써 연안국의 권리 주장에 반대 의사를 표시하는 효과를 의도한다. 우리나라에 대해서도 미국의 FONOP이 시행되기도 한다. 최근 수년간 남중국해에서 실시된 FONOP의 기록을 보면, 2019년과 2020년 각각 9차례 있었고, 2021년 7회, 2022년 5회 실시되었다.

미국의 FONOP을 대하는 각 국의 인식은 다양하다. 우선 중국은 공개적으로 반발한다. 2023년 3월 미국 해군의 구축함 밀리우스(USS Milius)가 남중국해 서사군도에서 FONOP을 실시했다. 당시 미 해군은 "(이 작전을 통해) 무해통항(無害通航)을 하는 데 있어 중국, 대만, 베트남이 제한을 만들었는데, 이를 거부함으로써 국제법에서 인정한 권리 및 자유, 해양의 법적인 이용을 옹호하려는 것이다."라고 보도자료를 발표했다. 중국 정부의 비판은 예전처럼 즉각적으로 나왔다. 미국의 보도자료가 발표된 같은 날 중국 외교부 역시 관례대로 동일한 입장을 발표했다. 보도문의 요지는 미군의 FONOP은 중국의 주권을 위반하는 것이며, 국제법도 위반했다는 것이다. 남중국해를 군사화하려는 미국의 의도를 보여준다고도 했다. 또한 미 해군이 도발 행위를 멈추기를 요청하면서, 그러지 않으면 예기치 못한 상황에 따른 심각한 후과(後果)를 초래할 것이라고 경고했다.

한편, 남중국해를 "군사화"한다는 비판은 미국을 포함한 서방 국가들이 남중국해에서 중국이 벌이는 긴장 고조 행동을 비판하기 위해 사용해 왔는데, 중국이 이를 미국을 대상으로 쓰고 있다. 사실 "군사화(militarization)"라는 용어가 남중국해 문제와 관련하여 외교 무대에서 빈번히 언급된 것은 2015년 9월 시진핑 주석이 당시 오바마 대통령의 초청으로 미국을 첫 국빈 방문하던 당시가 발단이었다. 2015년 9월 25일 백악관 로즈 가든에서 두 정상은 기자회견 시간을 가졌다. 먼저 발언에 나선 오바마 대통령은 9분여에 걸쳐 다양한 이슈에 대해 발언하였다. 남중국해 관련해서는 영유권 분쟁이 있는 지역(disputed areas)에서 벌어지고 있는 매립과 건설, 군사화에 대해 심각한 우려를 시진핑 주석에게 전달했다고 말했다. 9분여에 걸친 오바마 대통령의 발언 이후에 시진핑 주석 역시 남중국해 문제에 대해 언급하였는데, 군사화가 이루어지고 있다는 것은 인정하지 않았다. 시 주석은 "남사군도에서 이루어지고 있는 건설 활동은 어느 국가도 표적으로 삼거나 영향을 미치지 않는다고 하고, 중국은 군사화의 의도가 없다."[57]라고 하였다.

　시진핑 주석의 군사화 관련 발언 이후 미국은 아세안과 동아시아 국가들이 같이 참여하는 각종 회의에서 중국이 남중국해에서의 비군사화 보장 약속(commitment to non-militarization)을 지켜야 한다고 압박한다. 미국 이외의 다른 주요 우방국들 역시 각국의 발언에 이 내용을 포함한다. 한국, 호주, 뉴질랜드, 일본, 캐나다, EU 등이다. 이들의 경우 아세안 관련 회의에서 대부분의 정책 이슈에서 서로 입장을 같이 한다고 해서 "유사 입장국"이라고도 한다. 이들 국가끼리는 각종 회의에 앞서 대표단이 모여 서로의 입장이나 발언문의 내용을 조율하는 별도의 시간을 갖는다. 다만, 이들 가운데에서도 중국을 명시적으로 언급하면서 비군사화 약속을 지키라고 촉구하는 경우와 비군사화라는 원칙 자체를 강조하는 경우로 구분되기도 한다. 일본의 경우에는 한 단계 더 나아가 중국이 이미 남중국해에서 군사화를 진전시켰기 때문에 영어로 "de-militarization"이 필요하다고 간혹 주장하기도 한다. 한글로는 "탈군사화" 또는 "비무장화"로 번역할 수 있겠다.

　그러나 정작 중요한 것은 시진핑 주석이 2015년 9월 중국이 남중국해에서 군사화 조치를 하지 않겠다고 '약속'을 했느냐에 대해서는 이론의 여지가 있다는 것이다. "군사화"라는 단어의 의미에서부터 서로가 생각하는 입장이 다를 수 있다. 당시 시 주석은 군사화 관련 발언과 동시에 남중국해에서의 섬들은 오랜 과거부터 중국의 영토였다고 하면서, 이에 중국은 적법한 해양 권익을 갖고 있다고도 했다. 어쨌든 시 주석의 발언 이후

57　기자 회견 시 영어로 통역된 내용은 "Relevant construction activities that China are undertaking in the Nansha Islands do not target or impact any country and China does not intend to pursue militarize."

미국을 포함한 여러 국가들이 회의 때마다 비군사화 공약을 언급하는 데 대해 불편과 불만을 느꼈는지 중국은 군사화는 중국이 아닌 미국에 의해 이루어지고 있다는 논리를 전개하기 시작한다. 그리고 이의 사례로 등장하는 것이 미국의 FONOP이다. 그래서 2023년 3월 미국의 항행의 자유 작전에 대해서도 중국 당국은 "군사화" 용어를 이용하여 미국을 비판하였다.

다만, 중국과 별도로 아세안 국가들이 FONOP에 대해 어떻게 인식하는지도 흥미롭다. 물론 아세안 10개국이 동일한 입장이라 하기는 어렵겠지만, 대부분 국가에서 유사하게 느끼는 인식은 아세안이 FONOP에 그다지 우호적이지 않다는 것이다. 환영을 받는다고 보기 어렵다. 물론 명시적으로 그리고 공개적으로 반대하는 입장을 내비치는 것은 아니다. 그 이유는 몇 가지로 볼 수 있다.

첫째, 아세안 가운데 일부 영유권 주장 국가의 경우에도 FONOP의 직접적인 대상이 되는 국가가 있다. FONOP이 중국의 영유권 주장을 대상으로 한다는 인식과 중국이 FONOP을 공개적으로 비판하는 모습이 자주 보이다 보니 FONOP은 미국과 중국의 관계로만 이해되는 경우가 종종 있다. 그러나, 영유권 주장이 중첩되고 있으므로 FONOP은 중국 이외에도 베트남이나 말레이시아 등 여타 아세안 영유권 주장 국가에게도 직접적으로 메시지가 전해지는 것이다. 특히, 베트남의 경우에는 자국 법령으로 타국 군함이 영해를 통과할 때에는 사전 통보하도록 하고 있다. 사실 국제법상으로 군함의 타국 영해 통과시 연안국에 대한 통보나 사전 허가를 요건으로 해야 하느냐에 대해서는 오랜 기간 논란이 되어왔다. 1982년 국제해양법 협약에서도 이 대목에 대해서는 명확히 규정하지 못하고, 군함이 연안국 법령을 준수하지 않는 경우 즉시 퇴거를 요구할 수 있다는 조항(제30조)만 설치했다. 그러다 보니 구체 적용에 있어서는 국가별로 다른 관행을 유지하고 있다. 중국은 국내법으로 타국 군함의 영해 통항 시 사전 허가를 요구하고 있다. 미국은 군함의 경우에도 자유로운 통항권을 갖는다고 보며, 특히 FONOP은 과도한 해양권리를 주장하는 국가를 대상으로 하는 것이므로 기본적으로 연안국에 통보할 의무가 없다고 본다. 여기가 이해관계가 상충되는 지점이다. 물론 중국처럼 공개적으로 반발하느냐 여부와는 별개이다. 베트남 정부는 FONOP에 대해 공개적으로 비판하지 않는다.

우리의 경우에도 국내법으로 군함의 영해 통과에 대해 사전 허가 또는 통고를 요구하고 있다. 전 세계 약 40여 개 국가가 이러한 관행을 갖고 있다. 이는 한국 정부가 미국의 FONOP에 대해 공개적으로 지지를 표명하거나 이에 참여하기 곤란한 이유가 되기도 한다. 다시 말해 워싱턴의 입장에서는 남중국해에서의 FONOP에 우리나라를 포함하여 여러 나라의 지지를 얻고자 하나, 우리의 경우 현실적으로 지지가 어려운 이유 가운데 하나는 한-미 간에 군함의 통항권에 대한 인식의 차이가 있는 것이다.

둘째, 남중국해에서 군함의 상시 출현으로 이 지역에서의 긴장이 고조될 수 있다는 데 대한 아세안의 우려가 FONOP을 환영하기 어려운 이유가 되기도 한다. 특히, 미국과 중국이라는 두 강대국의 군함이 남중국해에서 우발적이거나 의도적으로 충돌하면서, 긴장이 고조되면 그 피해는 아세안이 떠맡게 되고, 아세안의 이해관계도 훼손당하는 상황을 염려하는 것이다. 아세안 회원국 간에도 영유권 주장이 중첩되어 자체적으로도 갈등의 불씨를 안고 있고, 강대국 중국과도 갈등을 겪는 상황에 미국과 중국 간의 갈등과 경쟁이 남중국해에서 발현되는 데 대한 우려가 뚜렷하다. 이러한 우려는 2023년 5월 제42차 아세안 정상회의 결과 문서에서 "긴장을 고조시킬 수 있는 영유권 주장 당사국과 다른 모든 국가의 행동에 있어 자제력 발휘"를 지적한 부분과도 궤를 같이 한다.

이와 관련하여, 베트남 인사 3인이 남중국해에서 2022년 한 해 발생한 주요 사례들(notable events)을 분석하여 싱가포르 연구기관 ISEAS Yusof Ishak Institute가 발간하는 Fulcrum 誌에 발표하였는데, 흥미로운 결과가 확인된다.[58] 이에 의하면, 2022년 남중국해 분쟁과 관련하여 총 59건의 주요 사례가 발생했다. 내용상으로 분류하면 행정조치 사례(2건), 외교적 사례(15건), 경제적 사례(5건), 해양에서의 사례(14건), 군사적 사례(23건) 등으로 이 가운데 군사적 사례가 가장 많다. 그리고 내용별로 분류된 사례들을 영유권 주장 국가에 의해 발생한 사례와 비(非)영유권 주장 국가에 의해 발생한 사례로 구분하였다. 전체적으로 영유권 주장 국가에 의한 사례가 25건, 비영유권 주장 국가에 의한 사례가 34건으로 비영유권 국가에 의한 사례가 더 많다. 그리고 군사적 사례의 경우 비영유권 주장 국가에 의한 사례(15건)가 영유권 주장 국가에 의한 사례(8건)보다 2배 가까이 많았다. 미국이 가장 활발한 사례를 만들었는데, 이에는 5차례의 FONOP이 포함된다. 또한, 일본이나 호주와 같이 실시한 해상 연합훈련도 포함된다.

오랫동안 동아시아 해양 문제를 관찰해 온 마크 발렌시아(Mark J. Valencia) 박사의 경우에는 2021년 2월 National Interest지(誌) 기고에서 미국 정부가 남중국해에서 FONOP을 중지해야 한다고 주장한다.[59] 중국을 겨냥한 남중국해에서의 FONOP은 '나쁜 아이디어'라고 주장한다. 그이유는 FONOP에 대해서는 국제법 위반 소지에 대한 논란이 있고, 충돌

---

[58] 페이퍼의 제목은 "South China Sea in 2022: Deadlock or Not, Disputant States Press Advantages" (2023.1.25.)이며, Hong-Kong Nguyen, Pham-Muoi Nguyen, Viet-Ha Nguyen 등 3명이 공동으로 작성하였다.

[59] 페이퍼의 제목은 "Biden Should Rethink the Navy's South China Sea FONOPs" (2021.2.23.)

의 위험을 증가시키며, 아세안에서 환영받지 못한다는 것이다.

결론적으로 아세안은 남중국해에서 강대국 간의 충돌이 야기되어 자신들이 피해를 보게 될 가능성에 가장 우려한다. 강대국들의 싸움에 휘말릴 가능성을 우려하는 것이며, 이는 동남아시아의 역사적 경험과 무관하지 않다. 2019년 10월 말레이시아 연구기관 ISIS에서 개최된 세미나에서 당시 마하티르 총리의 언급이 이러한 입장을 단적으로 보여준다. "우리(말레이시아)가 강대국들(big powers)에게 호소하는 바는 모든 군함들을 남중국해에서 빼라는 것이다…우발적 사고(accidents)가 발생할 수 있고, 우발적 사고는 전쟁으로 갈 수도 있다."[60]

---

60 마하티르 총리가 2019년 10월 21일 ISIS Malaysia Praxis Conference에서 참석하여 청중과 질의 응답하는 과정에서 답변한 내용이다.

9장
한국, 가치와 국익 중심의 인도 태평양 외교

9장에서는 한국 정부의 인도 태평양에 대한 인식과 정책을 살펴보고자 한다. 2022년 '인도 태평양 전략'이 발표되기는 하였으나, 한국 정부와 관련된 인도 태평양의 이야기는 '신남방정책'에서부터 시작하는 것이 적절하겠다. 왜냐하면, 2020년을 전후하여 문재인 정부의 신남방정책도 당시 정부의 '인도 태평양' 지역에 대한 나름의 접근방식으로 진화하였고, 그러한 방향으로의 의식적인 정책적 선택이었기 때문이다. 실제 다른 나라에서도 그렇게 평가하였고, 한국 신남방정책과 자국의 인도 태평양 전략 또는 정책과의 연계 협력을 희망하였다.

9-1   문재인 정부의 신남방정책

역대 한국 정부에서는 여러 지역 전략 또는 정책을 발표하였는데, 최근의 것이 2022년 '인도 태평양' 전략 그리고 그 직전 2017년 발표했던 '신남방정책'이 있다. 이 책 3장 유럽 편에서 논의한 대로 2021년 9월 EU가 발표한 "인도 태평양에서의 협력을 위한 EU의 전략" 문서에서는 인도 태평양에 대한 각국 고유의 접근법을 이미 발표한 파트너 국가들로 아세안, 호주, 인도, 일본, 뉴질랜드, 한국, 영국, 미국을 언급하였다. 네덜란드 정부 역시 2020년 11월 "인도 태평양 : 아시아 지역 파트너들과 네덜란드 및 EU와의 협력 강화를 위한 지침(Indo-Pacific: Guidelines for strengthening Dutch and EU cooperation with partners in Asia)"에서 여러 나

라가 "인도 태평양에 대한 고유한 접근방안을 갖고 있다."라고 하면서, 그 대상 국가로 미국, 일본, 호주 등과 함께 한국을 포함하였다.

2020년과 2021년 상황으로는 당시 정부의 신남방정책을 한국의 인도 태평양에 대한 접근 방안으로 소개한 것이다. 실제 2020년을 전후하여 네덜란드, 독일, 프랑스 등 유럽 국가들은 인도 태평양 지역에 높은 관심을 보이면서, 아시아 국가들과의 관계 강화를 추구하였다. 특히, 한국과 관련해서는 당시 정부의 신남방정책에 높은 관심을 보였다. 그 이유는 이들에게도 동남아시아와 인도가 중요한 지역으로 인식되었기 때문이다. 중국에 대항하는 차원에서뿐만 아니라 인도와 아세안 지역 자체적으로 중요하다는 인식을 갖게 된 것이며, 이에 이들 지역에 대한 한국의 인식과 정책으로부터 자신들에게 도움이 되는 시사점을 얻고자 했던 것이다.

당시 외교부 본부에서 아세안 지역 그리고 신남방정책을 담당한 간부였던 필자에게 서울에 있던 유럽 지역의 대사관들이 빈번히 면담 요청을 해 왔던 기억이 선명하다. 2020년 가을 주한 네덜란드 대사가 필자를 관저 오찬에 초청하였다. 관저에 도착하니 독일, 프랑스, EU 대사 등 다른 세 명의 유럽 지역 대사들도 같이 자리하고 있었다. 네덜란드 대사는 네 명의 대사가 서로 돌아가면서 정례적으로 모임을 개최하고 있다고 소개하였다. 당시 기준으로 프랑스, 독일, 네덜란드 3개국은 EU 집행위 차원의 인도 태평양 정책문서와 별도로 EU 개별 국가 차원에서 인도 태평양 정책문서를 발표했거나 준비하는 단계에 있던 국가들이었다.

오찬 동안 신남방정책의 철학과 내용, 그리고 아세안과의 관계 강화를 위한 아이디어를 구하고, 남중국해를 포함한 정책적 이슈, 그리고 중국에 대한 의견 교환 등 점심 식사는 준비돼 있는데, 워낙 질문들도 많고, 논의할 이야기도 많다 보니 제대로 음식을 즐기지는 못했다. 유럽의 주요 국가들이 아시아에 대해 이렇게 관심을 보였던 적이 있었나 싶을 정도로 흥미롭게 놀랐던 기억이 난다. 과거 오바마 행정부 시절 아시아로의 회귀(piv-ot) 움직임에 대해 유럽 국가들은 미국이 유럽을 중시하던 정책에서 아시아로 우선 순위를 돌리려는 시도로 보고, 이에 대해 불안한 모습을 보이기도 했다. 그런데 이제 이들 스스로 아시아에 눈을 돌리고 있다. 미국의 용어를 빌리자면, EU나 유럽 국가들이 인도 태평양을 언급하는 것은 '유럽식의 pivot to Asia' 또는 '아시아 재균형 정책'으로 평가할 수 있지 않을까 싶다.

미국과 호주 역시 마찬가지다. 이들은 각기 고유의 인도 태평양 "전략"을 발표한 나라들이다. 이들 국가는 각 전략의 대상 지역 가운데 한국 정부의 신남방정책의 대상과 겹치는 지역에서 서로 연계하여 협력하는 방안에 높은 관심을 보였다. 우리 정부 역시 우방국들의 인도 태평양과 관련한 정책과 구상들이 발표되면서, 이들 정책과 신남방정책을 연계하는 협력을 추진하기 위해 적극적으로 노력하였다. 각국과의 정상회담에서도 연계 협력에 대한 논의는 항시 주요 의제가 되었다. 그리고 정상회담 결과 문서에는 이러한 연계 협력에 대한 의지를 담은 문안이 반영되었다.

물론 당시 한국 정부가 처음부터 다른 나라의 인도 태평양 전략과의 연계 협력에 적극적이었던 것은 아니다. 트럼프 대통령이 2017년 한국을 방문하여 인도 태평양 전략을 처음 언급했을 때만 해도 당시 정부는 신중한 반응을 보였다. 일부 부정적인 반응을 보인 측면도 있다. 예를 들어 미국측의 인도 태평양 전략에 대한 당시 청와대의 반응으로서 우리 국내 언론에 처음 소개된 것은 "받아들이기 어렵다."라는 것이었다.[61] 많은 사람

---

61 김현철 당시 청와대 경제보좌관 언급이 그러하였다. 2017년 11월 국내의 다수 언론에서는 문재인 대통령의 인도네시아 순방에 동행하고 있던 김현철 경제보좌관과의 질의 응답 내용을 기사로 실었다.

을 놀라게 하는 발언이었다. 그러나 동시에 당시 외교부에서는 대변인이 "미국이 새로 제시한 (인도 태평양) 전략은 우리 정책 방향과도 일맥상통하는 부분들이 있다."라고 하였다. 청와대의 반응과는 결이 다른 것이었다. 사실 상대방이 있는 외교 관련 이슈에 대해 "No"라는 대응은 극히 드문 일이다. 더욱이 그 상대가 미국이라면 더욱 그러하다.

그러나, 표현이 어떠했느냐의 문제는 차치하고, 인도 태평양이라는 개념에 당시 다수의 정책 결정 관료들이 부담을 느낀 것은 분명하다. 트럼프 대통령의 일방적 태도, 미국 우선주의 태도 차원에서도 그러했지만, 더 중요하게는 "인도 태평양"이 갖는 의미가 "반중국(反中國)"과 동일한 것으로 받아들여졌기 때문이다. 시대적 상황과 맥락이라는 것이 중요한데, 당시에는 미국과 일본, 호주 3개국을 중심으로 주로 인도 태평양이 언급되었고, 또한 이들을 중심으로 인도를 포함하는 쿼드 협의체가 재가동을 시작한 시기였다. "인도 태평양" 개념이 지리적 개념으로서의 성격보다는 전략적 개념으로 먼저 이해되고 있었다. 국내 언론에서도 미국의 인도 태평양 전략에 한국이 '참여' 또는 '가입'하느냐 '지지' 또는 '반대'하느냐의 프레임으로 바라보는 분위기가 팽배하였다. 2017년 11월 트럼프 대통령 방한 당시 미국으로부터 처음으로 우리 정부에 인도 태평양 개념이 제기되었고, 결국 정상회담 공동언론발표문에는 "트럼프 대통령은 한미 동맹이 인도 태평양 지역의 안보, 안정과 번영을 위한 핵심축임을 강조했다."라는 정도의 문구로 들어갔다. 양국 정상의 합의 또는 공통의 이해를 보여주는 것이 아니라 트럼프 대통령을 주어로 한 문장이다.

공동언론발표문의 내용이 최종적으로 위와 같이 정해진 배경은 이러한 것으로 보인다. 당시 한-미 정상회담이 개최된 것은 11월 8일이었다. 그리고 문재인 대통령은 트럼프 대통령과의 회담 직후 인도네시아를 방문하였다. 아세안 국가 가운데 첫 방문이었고, 11월 9일 자카르타에서 개최된 한-인도네시아 기업인 행사에서는 "신남방정책"의 내용을 발표하였다. 영어로 "New Southern Policy"[62]로 하여 발표하였다. 그리고 11월 11일 베트남 다낭에서 개최된 APEC 정상회의 계기에 문재인 대통령과 중국 시진핑 주석 간 정상회담이 예정되어 있었다. 미국의 인도 태평양 전략에 대한 한국 정부 내 불편한 기류는 이러한 시대적 분위기 속에서 비롯된 것으로 이해할 수 있다. 미국의 인도 태평양 전략을 곧바로 환영하는 입장을 밝히기는 어려웠을 분위기라는 것이다.

사드 배치 문제로 중국과 힘겨운 관계를 끌어오다 경제적으로 그리고 외교적으로 '다변화' 정책을 추구하는 과정에 등장한 것이 신남방정책이었다. 그 주된 대상은 인도와 아세안이었다. 신남방정책에 대한 '저작권'을 주장하는 사람들은 꽤 있었던 것으로 필자는 기억하는데, 그들의 주안점은 아세안과 인도가 우리에게 왜 중요한지 등 신남방정책을 추진해야 하는 이유에 초점이 맞춰져 있었다. 그리고 한-아세안 관계를 "한반도 주변 4강 수준으로 격상"시켜 나간다는 표현도 이때 자주 등장하였다. 다만, 문재인 대선 후보 캠프에서부터 이러한 신남방정책의 명칭과 골격 등 대강은 있었으나, 온전히 정책의 모양새를 갖추어 처음 대외 발표한 것은 앞에서 언급한 2017년 11월 인도네시아 자카르타에서였다. 당시 문 대통령의 연설문에 등장하는 개념이 '한-아세안 미래공동체', '3P(Peace, Prosperity, People)', 그리고 '더불어 잘 사는 사람 중심의 평화 공동체' 등이다.

이러한 개념적 뼈대를 갖춰나가던 2017년 필자는 주인도네시아 대사

---

[62] 유사한 내용으로 대만이 이미 "신남향정책(新南向政策, New Southbound Policy)"을 발표하고 영어 명칭을 활용하고 있는 상황에 정책 명칭으로서는 다소 익숙하지 않고, 발음도 쉽지 않은 "Southern"이라는 단어가 활용되었다.

관에 근무하고 있었는데, 외교부 차원에서 준비하던 신남방정책의 개념 그리고 문 대통령의 자카르타 신남방정책 연설문 요지에 대해 직간접적으로 듣고 있었다. 아세안을 주요 대상으로 하는 정책에 등장하는 개념들이 아세안이 자체적으로 강조하는 개념과 부합하는 상황이라 필자 역시 적극적으로 이를 지지하는 입장이었다. 예를 들어, 아세안은 '아세안 공동체(ASEAN Community)'를 목표로 하여, 지역 통합을 추구해 왔는데, 아세안 공동체는 다시 '정치안보 공동체', '경제 공동체', '사회문화 공동체' 등 3대 공동체로 구분된다. 아세안의 통합 과정은 이 공동체 단위의 과제, 달리 말해 정치안보, 경제, 사회문화 3개 분야별로 지역 통합의 과제를 달성해가는 과정이다. 이를 바탕으로 신남방정책에서도 정책 목표를 3개로 하고, 3P로 불렀다. 즉, 평화, 번영, 사람에 해당하는 영문 이니셜로 3P로 부른 것이었다. 그 각각은 아세안 3대 공동체의 지향점과도 일치하는 것이었다.

그러나, 당시 한 가지 충분히 동의하기가 쉽지 않았던 부분은 3P 가운데 사람(people)을 포함시킨 데 대한 것이다. 당시 국정철학에서 "사람이 먼저다"라는 구호가 유행이다 보니, 사람을 어떻게든 포함하고자 했던 것으로 보이는데, 아세안 공동체 가운데 사회문화 공동체가 지향하는 목표는 '사회적 진보(social progress)'다. 정치안보 공동체가 '평화(peace)'를 지향하고, 경제 공동체가 '번영(prosperity)'을 지향하는 부분에서는 동일한데, 사회문화 공동체 부분에서 차이를 보이게 되었다. 더욱이 아세안 공동체의 경우 3대 공동체의 개별적인 지향 목표가 있고, 이들 공동체가 공통적으로 "사람 중심(people-centered)" 또는 "사람 지향(people-oriented)" 공동체라는 점을 강조해 온 점을 고려하면, 굳이 3P의 하나를 '사람'으로 할 필요가 있나 하는 생각을 당시 개인적으로 갖기도 했다.

여하튼 그렇게 2017년 11월 자카르타에서 신남방정책이 발표되었고,

이후 신남방정책을 본격적으로 추진하기 위한 정부 내 체계를 어떻게 가져가느냐에 대한 후속 논의가 벌어졌다. 구체적으로는 범정부 차원에서 신남방정책을 시행할 수 있도록 총괄하는 부처를 어디로 정하느냐에 대한 논의가 치열하게 전개되었다. 해당 부처로서는 새로운 조직과 인력, 예산을 확보할 기회인 데다 문재인 정부의 상징적인 시그니처(signature) 대외정책으로 여겨졌던 신남방정책을 총괄하는 부처로서의 새로운 위상도 세울 수 있는 기회였다.

외교부, 산업부, 기재부가 지분을 주장하며 총괄부처로서의 정통성을 주장하였으나, 결과적으로 특정 부처 내로 들어가지 못하였다. 특정 부처에 속하지 않는 '위원회'를 신설하고, 부처로부터 공무원을 파견받는 방식으로 결정되었다. 기존에 설치돼 있던 대통령 직속 '신북방정책위원회' 모델을 따라가게 된 것이다. 다만, 신속한 출범을 위해서[63] 그리고 위원회 신설 남발에 대한 비판을 우려하여 신북방과 달리 신남방정책 위원회는 단독위원회가 아닌 기존에 설치돼 있던 대통령 직속 '정책기획위원회'와 연결되는 특별위원회로 하였다. 형식적으로 정책기획위원회와 연결되었지만, 실제 업무는 정책기획위원회와는 항시 별개로 진행되었다. 신남방정책특별위원회 위원장은 당시 김현철 경제보좌관이 겸직하는 것으로 하였다.

당시 필자는 인도네시아에서 근무하던 중 2018년 5월경 외교부로부터 긴급 호출을 받고, 이 새로운 위원회의 출범 과정에 처음부터 참여하게 되었다. 같은 해 8월 현판식 준비와 같은 행정적 준비에서부터 신남방정책의 내용을 채워나가는 모든 과정까지 이곳에서 만 1년을 보냈다. 초기 설

---

[63] 대통령 직속위원회 설치를 위해서는 관련 규정을 국무회의에서 통과시켜야 하는 등 행정절차를 거쳐야 하는데, 정책기획위원회 연관 위원회로 하게 되면, 정책기획위원회 내부 절차로 마무리할 수 있었다.

립 준비 과정 3~4개월 동안은 필자를 포함한 외교부 파견 인력 4명이 전담하였다. 청와대 내부에서는 경제보좌관실 인력들이 같이 준비하였다. 외교부 인력 이외의 여타 부처 인력들도 8월 현판식 이후 9월경까지는 모두 충원되었다. 청와대의 정책적 의지가 강하여 외교부를 포함하여 14개 부처에서 20여 명의 인력을 파견받는 절차도 신속하게 진행되었다. 2018년 8월 개최된 위원회 현판식에는 위원회에 직원을 파견한 부처의 장관들이 대부분 참석하였다.

[그림 10] 신남방정책특별위원회 현판식 개최[64](2018년 8월 28일)* 출처 : 청와대.

신남방정책특별위원회에서는 2018년 11월 신남방정책의 체계를 마련하여 발표하였다. 정책 비전과 목표하에 각 부처들이 추진할 '정책과제'들을 포함시켰다. 위원회 현판식 행사를 개최하고 본격 활동한 지 3개월여 만이었다. 정책과제는 '3P'별로 각 5~7개의 과제를 포함하였다. 그리고 과제별 중점사업도 선정하였다. 그렇게 하여 총 16개 과제, 57개 중점사업이 마련되었다.[65] 위원회 파견 직원들과 각 정부부처 그리고 청와대 등 여러 차례 논의를 거친 결과였다.

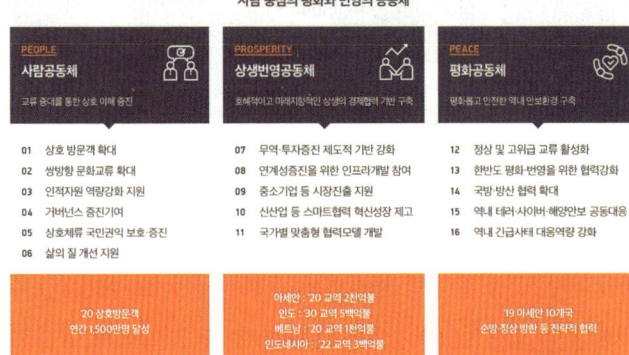

[그림 11] 신남방정책의 비전, 목표, 과제. *출처 : 당시 신남방정책특별위원회.

한편, 필자가 주인도네시아 대사관, 신남방정책특별위원회를 거쳐 2019년 외교부 아세안 관련 부서 국장에 부임하기까지 신남방정책의 주요한 개념 몇 가지가 실제 외교 현장에서 어떻게 사용되었는지 관찰한 흥미로운 에피소드를 소개하고자 한다. 미리 이야기하지만, 잘잘못의 문제는 아니고, 관료사회가 보이는 특징 정도로 소개하는 것이다.

첫 번째 에피소드는 신남방정책을 언급하면서 당시 늘 같이 등장하였

---

64 현판식에는 김현철 청와대 경제보좌관 겸 신남방특위 위원장, 정해구 정책기획위원장 외에 임성남 외교부 1차관, 김현미 국토교통부 장관, 백운규 산업통상자원부 장관, 유영민 과학기술정보통신부 장관, 김동연 부총리 겸 기획재정부 장관, 송영길 더불어민주당 의원, 박능후 보건복지부 장관, 홍종학 중소벤처기업부 장관, 전제국 방위사업청 청장(사진 왼쪽 앞부터) 등이 참석하였다. 당시 신남방정책에 대한 열기를 느낄 수 있는 참석자들이다.

65 정책과제는 2019년 12월 기존 16개에서 19개로 확대되었다. 중점사업도 57개에서 92개로 확대되었다.

[그림 12] 신남방정책특별위원회 1차 전체회의 사진[66] *출처 : 데일리안 류영주 기자

던 "아세안과 인도 등 신남방 지역과의 관계를 한반도 주변 4강 수준으로 격상"에서 "주변 4강"의 영어 표현에 대한 것이다. 앞에서 언급했듯이 대선 후보 시절부터 문 대통령 캠프에서 외쳤던 표현이었기 때문에 2017년 5월 문재인 정부 출범 직후부터 각 대사관에서는 신남방정책을 대외 설명할 때 이 표현을 활용할 것을 외교부 본부로부터 지시받고 있던 터였다. 정부 출범 직후부터 아세안과 인도와의 협력 강화에 대한 의지를 보이려는 것이었다. 그런데 외교부로부터 영어로 된 설명자료가 배포되지는 않았다. 이 에피소드는 이 상황에서 벌어진 일이다.

필자가 인도네시아에서 근무하던 당시 인도네시아 외교부 사람들과 회의를 하면서 신남방정책을 설명하던 중에 대사관 동료가 신남방정책은 아세안과의 관계를 "four major powers(4개의 주요한 국가)"와의 관계 수준으로 끌어올리는 정책이라고 소개하였다. 상대방이 이해하지 못하고, 4대 강국은 어느 나라를 의미하는지를 문의하였고, 구체적으로 언급하고 나서야, 의미가 전달되었다. 회의 후에 필자가 동료에게 정중히 "4

---

66 1열 맨 왼쪽(사진상으로 앞쪽)이 신남방특위 근무 시절의 필자

강"에 대한 영어 표현을 지적하였다. 그리고 더 중요하게 4강 수준이라고 굳이 강조할 필요가 있겠느냐는 근본적인 의문도 던졌다. 사실 "4강 수준 격상"이라는 표현은 레토릭의 성격이 강하고, 다분히 우리 국내적인 활용을 염두에 둔 것으로 보았기 때문이다. 우리 입장에서는 "미·중·일·러"를 오랫동안 4강이라 하면서 외교관계의 우선 순위에 두고 있었으나, 다른 국가 역시 그러한 시각과 틀을 갖고 있다는 전제를 하지 않는 것이 좋겠다는 것이었다. 나라마다 처해 있는 상황이나 위치에 따라 그러한 인식이 같지는 않기 때문이다.

이에 대한 이 동료의 답변이 재미있다. 미·중·일·러, 4강 수준으로 우리가 아세안을 대접해 주겠다고 하면, 아세안이 당연히 좋아할 것 아니냐는 것이다. 아세안에 대한 배려보다는 필요 이상 우리만 중심에 두려는 듯한 인식으로 비쳤다. 이 동료는 한일관계를 전문으로 해 온 외교관이다.

다행히 이 논란은 금방 해소되었다. 2017년 8월 필리핀에서 개최된 연례 한-아세안 외교장관회의에서 강경화 장관으로부터 정리되었다. 당시 강 장관은 아세안 외교장관들에게 한국의 신임 문재인 대통령이 아세안을 중시하고 있다고 하면서, 대통령의 말을 직접 인용하겠다고 하고, "ASEAN is as important as our immediate neighbors around the Peninsula in Korea's external relations."라고 하였다.[67] 아세안에 대한 진정한 배려와 함께 외교적 중요성을 강조하는 의미가 명확히 드러난 것으로 평가할 수 있다.

두 번째 에피소드는 3P와 관련된다. 2017년 말 3P를 발표하고 나서, 2018년부터 신남방정책과 관련된 여러 차원에서의 논의가 본격화하였

---

67 당시 회의 영상. https://youtu.be/3udB6u4V5HQ?si=TGM9h0jWWlzICUJp

다. 언론이나 국제관계를 다루는 학계에서도 유행처럼 퍼져 나갔다. 당연히 신남방정책에 대해 필자를 포함한 외교부 인사의 대외 발표나 외부 세미나 등에서의 언급의 기회도 부쩍 늘었다. 이때마다 외교부에서 준비된 발언문에는 3P가 포함되었다. 신남방정책이 3P 정책으로도 불렸으니 당연한 이야기다. 그런데 외교부에서 준비되는 발언문에서 3P의 순서를 보면 '사람'이 먼저 등장하고, 이어 '평화'와 '번영'이 뒤따른다. 아세안이 표방하는 공동체는 통상적으로 그 순서를 정치안보, 경제, 사회문화 공동체로 하고 있고, 각 공동체가 추구하는 목표는 앞에서 이야기한 대로 평화, 번영, 진보다. 그러나 이는 우선 순위나 중요도에 의한 순서가 아니다. 이것이 많은 사람에게 익숙한 그리고 일반적으로 학계나 언론에서 편하게 생각할 수 있는 순서이기 때문이다. 그리고 앞에서도 보았듯이 아세안의 경우 "사람 중심" 또는 "사람 지향"은 이 세 공동체 또는 3P 모두를 포괄하는 상위 개념이다. 그러나, 문재인 신정부 내에서 '사람'을 강조하던 당시 분위기 때문이었는지, 3P에서도 '사람'을 먼저 언급하려 하였고, 그리고 그 이유에 대해서도 3P 가운데 '사람'이 가장 중요하기 때문이라는 부연 설명까지 붙었다.

더 흥미로운 대목은 아세안 회원국과의 양자 정상회담 의제의 순서까지 '사람' 관련 부분부터 먼저 진행하였다. 즉, 인적·문화 교류 등 사회문화 관련 이슈를 회담 의제 전반에 배치한 것이다. 그 이전까지 국제적으로 관례로 되어 있는 통상의 정상회담 의제 순서는 정치안보, 경제, 사회문화 등으로 되어 있었으나, 이를 바꾼 것이다. 그러다 보니 어떤 경우는 상대국과의 정상회담 사전 조율 과정에서 상대측이 '사회문화' 부분으로 회담을 시작하는 것이 어색하다면서, 일반적인 순서대로 하기를 희망하였다고 한다. 그런데 이 경우에도 상대를 설득해 가면서까지 사회문화 관련 의제를 앞부분에 배치하고 진행하였다는 이야기를 전해 들었다. 당시 필자는 인도네시아에서 근무하고 있었다.

신정부 초기 발생할 수 있는 일이기도 하고, 관료적 특성을 보여주는 대목이기도 하다. 시간이 흐르면서, 2019년 경부터 이러한 추세는 자연스레 바뀌어 갔고, 필자 역시 목소리를 내었다. 3P는 모두 중요한 것이고, 세 개의 P 가운데 우선 순위를 나눌 필요가 없다고 하였다. 성경 고린도전서에서처럼 믿음, 소망과 사랑 중에 제일은 사랑이라고 하였으나, 3P는 그렇게 접근할 일이 아니라고도 하였다. 3P는 모두 동일선상에서 공통적으로 "사람"을 중시하는 지향점을 갖고 있는 것이라고 하였다. 평화와 번영이라는 축 역시 당연히 사람을 위한 것이어야 한다. 초기에 확정되어 사용되고 있던 3P 중 사람의 P를 이후에 '진보'와 같은 다른 P로 바꿀 수 있는 상황이 아니었던지라 이에 대한 설명이라도 더욱 적실성을 갖도록 노력하였다.

그래도 2017년 11월 자카르타에서 발표했던 개념 중 "더불어 잘 사는 사람 중심의 평화 공동체"라는 비전은 필자가 제의하여 "사람 중심의 평화와 번영의 공동체"라는 비전으로 바꿀 수 있었다. 2018년 11월 신남방정책의 비전과 정책과제, 핵심사업 등을 발표하는 시점에서였다. 당초 비전, 즉 "더불어 잘 사는 사람 중심의 평화 공동체"는 한글을 그대로 읽어보면 결국 '평화 공동체'에 방점이 찍히는 것으로 읽힌다. 3P 가운데 유독 평화 공동체를 구축한다는 설정으로 오해될 수 있어 이에 대해서는 변경이 가능하다고 보았다. 이에 '사람'의 P를 활용하여 "사람 중심의"로 하고, 평화와 번영의 P를 공히 활용하여 "평화와 번영의 공동체"로 하였다. 이에 대해서는 신남방정책특별위원회 내부 논의 과정에서 이견 없이 받아들여졌다.

한편, 2018년 말 신남방정책특별위원회에서 신남방정책의 정책과제를 발표하기 전, 정책과제에 대한 논의뿐만 아니라 향후 2~3년 이후 신남방정책을 어떻게 발전시켜 나갈 것인가에 대한 내부 논의도 있었다. 2018년 말 당시는 2017년 11월 인도네시아에서 신남방정책을 발표한 지 1년여 지나고 있던 시기였다. 그런데 이미 신남방정책의 대상 지역을 인도 이외 남아시아 전체와 호주, 뉴질랜드 등 대양주 국가, 태평양 도서국까지를 포함하는 것으로 확대하자는 이야기가 청와대와 외교부 일각에서 제기되었다. 이 주장의 배경은 해당 지역의 여러 나라가 신남방정책에 포함되기를 희망하기 때문이라는 것이었다. 당시 필자는 내부 논의 과정에서 구체 대상 국가를 확대하는 방향보다는 일정 기간 아세안과 인도에 선택과 집중할 필요성이 있다는 의견을 밝혔다. 그리고 신남방정책의 대상 국가와 관련해서는 "아세안과 인도"만이 아니라 "아세안과 인도 등"과의 협력 관계 증진을 추구한다는 점을 재차 강조하고, 이를 통해 신남방정책이 제한적인 성격을 갖는다는 전제를 우리 스스로 벗어나야 한다고 하였다. 대만의 신남향정책은 정책발표 초기부터 18개국[68]으로 한정하여 설정하였지만, 신남방정책은 그런 전제 없이 '포용성'을 갖는 정책으로 설명하는 것이 필요하다고 하였다.

　　논의 결과 당장 정책 대상 국가를 확대하지는 않되, 향후 추진 방향에 대한 대체적인 내용 정도라도 내부 문서에 마련해 두기로 하였다. 필자는 이때 "신남방정책 2.0"이라는 개념을 이 내부문서에 포함하였고, 2020년까지 이를 준비하는 것으로 하였다. 신남방정책의 1단계 정착을 통해 적정한 시기에 신남방정책의 2기를 준비한다는 것이었다. 그 시기를 2020년으로 한 것은 2019년 11월에 한-아세안 특별정상회의가 부산에서 열릴 예정이었으며, 이 정상회의가 신남방정책 추진의 새로운 분기점이 되는

68　아세안 10개국, 남아시아 6개국, 그리고 호주와 뉴질랜드

것으로 보았기 때문이었다. 이렇게 신남방정책의 정책과제 그리고 "신남방정책 2.0" 등의 내용을 담은 보고서가 만들어졌고, 당시 김현철 청와대 경제보좌관 겸 신남방정책특별위원회 위원장은 대통령 주재 수석보좌관회의에 이를 보고하였다.

그러나, 신남방 2.0을 발표하기로 했던 2020년 11월 한-아세안 정상회의에서 문재인 대통령은 신남방 2.0이 아닌 "신남방 플러스"를 발표하였다. "신남방 2.0"이 "신남방 플러스"로 바뀐 데는 나름의 배경이 있었다. 2019년부터 2020년까지의 상황을 보면, 우선 우리 국내에 "신남방=아세안"이라는 등식이 2019년 이전보다 더욱 심화되었다. 인도가 잘 보이지 않는 상황이 되었다. 심지어 "신남방 지역"이라는 말이 유행하였고, 이는 아세안, 동남아시아와 같은 의미로 사용되었다. 따라서 신남방정책의 확대를 논의할 수 있는 유리한 분위기가 아니었다. 둘째, 2020년 초부터 신남방 2.0이라는 내부 논의가 자연스레 외부로 흘러나가면서, 오히려 신남방정책에 대한 구체 성과를 문제 삼는 이야기도 나오기 시작하였다. 비판적인 목소리를 내었던 이들의 경우 당초 추진하려던 정책의 성과에 기본적으로 비판적인 인식을 가진 경우가 많았으며, 따라서 1.0의 성과도 부족한데 2.0을 운운할 단계이냐 하는 것이었다. 사실 국내에서 대체적으로 신남방정책에 우호적이었으나, 그러면서도 정부 정책이라 그런지 학계에서 비판적인 인식과 주장은 늘 일부 들려왔다. 이 중에는 신남방정책이 "경제" 위주의 중상주의적 정책으로 흘러가고 있어 아세안의 마음을 얻기 어려워지고 있다는 주장이 있었고, 정치 안보 이슈에서의 협력 과제나 사업의 내용이 부족하다는 비판도 있었다. 셋째, 기존 발표된 정책 과제가 워낙 방대하다 보니, 선택과 집중의 필요성이 제기되었고, 이와 함께 누구도 예상하지 못했던 코로나19 팬데믹이 발생하였다. 따라서 새로운 정책 버전의 발표보다는 '보건 협력' 등 새로운 협력의 내용을 선택하여 집중해야 할 필요성도 커졌다.

2020년 11월 한-아세안 정상회의를 앞두고, 신남방정책특별위원회, 청와대 경제보좌관실(신남방비서관실), 외교부가 새로운 정책발표 방식에 대해 논의하였다. '신남방 2.0'을 발표하는 것으로 이해되고 있던 시기였다. 신남방정책특별위원회에서 외교부로 복귀하여 아세안 국장을 맡고 있던 필자는 '신남방 2.0' 제목은 위에서와 같은 사유로 적절해 보이지 않는다는 의견을 밝혔다. 일반 국민이나 전문가들의 공감을 얻기에 어려워진 상황이라고 생각했다. 이후 청와대에서 제시한 용어는 '신남방 플러스'였다. 3년간의 신남방정책 성과를 기반으로 다양한 협력 사업을 7대 이니셔티브로 업그레이드하였다고 했다. 이후 신남방정책특별위원회는 신남방 플러스의 의의를 네 가지로 설명하였다. 첫째, '변화된 환경과 수요의 반영'이다. 코로나19로 인해 변화된 국제 환경과 협력의 수요를 반영하여 신남방정책을 발전시켰다고 했다. 둘째, '신남방 국가들과의 협력 증진'이라 하고, 미중 갈등의 격화와 코로나19로 인한 글로벌 공급망 재편 등을 고려하여 신남방국가들과의 전략적 협력을 증진한다는 것이라고 했다. 셋째, '소프트 파워의 활용'이라고 했다. 한류와 디지털 등 소프트 파워를 적극 활용한다고 하였다. 넷째, '선택과 집중을 통한 효율화'라 하였다.

신남방정책특별위원회에서는 7대 이니셔티브의 내용과 각각에 대한 사업의 내용을 아래 표와 같이 만들었다.

신남방정책의 내용이 이러한 진화를 겪어 가는 과정에 한국 정부의 신남방정책과 미국이나 호주, EU 등 다른 국가들의 인도 태평양 정책을 상호 조율하면서 협력하려는 분위기가 자연스럽게 조성되었다. 특히, 한국과 미국 사이에는 신남방정책과 인도 태평양 전략의 "연계"를 가장 활발히 모색하게 된다. 2017년 문재인 정부 출범 초기 '인도 태평양' 용어에 매우 신중하게 반응하던 분위기가 점차 변해간 것이다. 한국 정부가 표방한

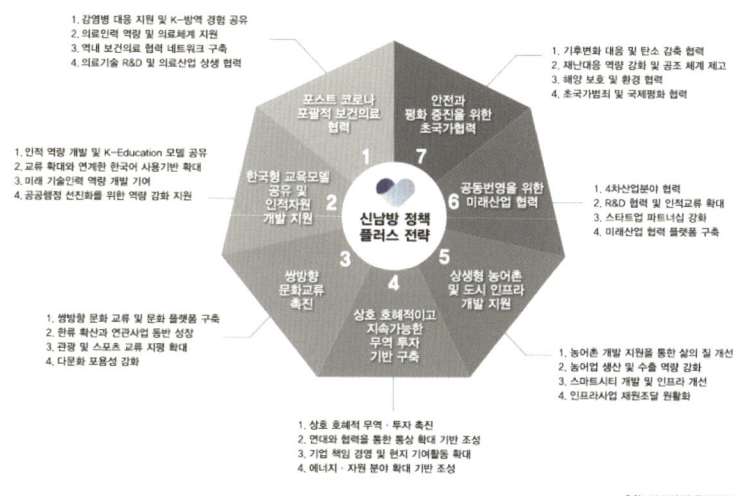

1. 감염병 대응 지원 및 K-방역 경험 공유
2. 의료인력 역량 및 의료체계 지원
3. 역내 보건의료 협력 네트워크 구축
4. 의료기술 R&D 및 의료산업 상생 협력

1. 기후변화 대응 및 탄소 감축 협력
2. 재난대응 역량 강화 및 공조 체계 제고
3. 해양 보호 및 환경 협력
4. 초국가범죄 및 국제평화 협력

1. 인적 역량 개발 및 K-Education 모델 공유
2. 교류 확대와 연계한 한국어 사용기반 확대
3. 미래 기술인력 역량 개발 기여
4. 공공행정 선진화를 위한 역량 강화 지원

1. 4차산업분야 협력
2. R&D 협력 및 인적교류 확대
3. 스타트업 파트너십 강화
4. 미래산업 협력 플랫폼 구축

포스트 코로나
포괄적 보건의료
협력

안전과
평화 증진을 위한
초국가협력

한국형 교육모델
공유 및
인적자원
개발 지원

공동번영을 위한
미래산업 협력

신남방 정책
플러스 전략

쌍방향
문화교류
촉진

상생형 농어촌
및 도시 인프라
개발 지원

상호 호혜적이고
지속가능한
무역 투자
기반 구축

1. 쌍방향 교류 및 문화 플랫폼 구축
2. 한류 확산과 연관사업 동반 성장
3. 관광 및 스포츠 교류 지평 확대
4. 다문화 포용성 강화

1. 농어촌 개발 지원을 통한 삶의 질 개선
2. 농어업 생산 및 수출 역량 강화
3. 스마트시티 개발 및 인프라 개선
4. 인프라사업 재원조달 원활화

1. 상호 호혜적 무역 · 투자 촉진
2. 연대와 협력을 통한 통상 확대 기반 조성
3. 기업 책임 경영 및 현지 기여활동 확대
4. 에너지 · 자원 분야 확대 기반 조성

출처: 신남방정책 특별위원회
© Diverse+Asia

[그림 13] 신남방정책특별위원회의 7대 이니셔티브 내용.

연계 협력의 원칙은 개방성, 포용성, 투명성 원칙이었다. 때로는 이에 더
해 아세안 중심성을 포함하기도 하였다. 그만큼 우리 신남방정책 지역 협
력의 내용이 특정 세력을 배제하거나 진영 간 대결을 추구하는 것이 아님
을 강조하고자 하였다.

[그림 14] 마크 내퍼 당시 미국 국무부 동아태 담당 부차관보와 필자의 면담
(2020.11.10. 출처 : 외교부)

이러한 분위기에서 미국 국무부 관료들과 주한 미국 대사관에서 외교부의 미국 담당 부서인 북미국 외에 아세안국을 찾아오는 경우가 빈번해졌다. 미국이 추진하던 인도 태평양 전략과 우리의 신남방정책과의 접점을 모색하기를 희망한 것이다. 그리고 이러한 과정에 대해 우리 외교부는 "신남방정책의 외연 확대"라는 관점에서 나름의 성과로 설명하였다.

이러한 외연 확대 또는 연계 협력 노력은 적극적으로 지속되었다. 우리측의 의지도 있었지만, 미국, 호주, 유럽에서의 의지가 매우 강하였다. 필자는 이 시기 일본과의 연계 협력을 위한 시도도 해 보았으나, 도쿄의 반응은 미지근하였다. 전반적으로 한-일 양자 관계에 부담을 느끼고 있던 상황에 일본으로서는 아세안을 대상으로 하는 양국 간 협의에도 소극적인 반응을 보였다.

실무적인 조율을 거쳐 신남방정책과 다른 나라의 인도 태평양 전략과의 연계 협력을 위한 공식 회의체가 출범하였는데, 호주와 먼저 시작하게 된다. '한-호주 아세안 정책 대화'라는 회의체가 2021년 2월 25일 출범하였다. 한국 신남방정책과 호주의 인도 태평양 전략 간 연계 협력 강화를 위한 회의에 양측에서 각 20여 명의 다양한 부처 공무원들이 참여하였다. 코로나19 팬데믹 상황에서 화상으로 개최되었다. 이 회의에서 필자는 우리측 수석대표를 맡았는데, 호주측 수석대표 리드완 자드와트(Ridwan Jadwat)[69] 외교통상부 동남아국장과 호주 대표단의 적극적인 의지를 3시간 가량 지속된 회의 시간 내내 느낄 수 있었다. 양측은 아세안 관련 정책에 대해 의견을 교환하고, 구체 협력 사업 추진 방안에 대해서도 논의하였다.

---

69   그는 2024년 12월 현재 아랍에미레이트(UAE) 주재 호주대사로 일하고 있다.

[그림 15] 화상으로 개최된 제1차 한-호주 아세안 정책 대화[70] 2021.2.25., *사진 출처 : 외교부.

　　이어서 2021년 5월에는 '한-미 아세안 정책대화'가 화상으로 개최되었다. 우리측에서 필자 그리고 미국측에서 아툴 케샵(Atul Keshap)[71] 국무부 동아태 수석부차관보(Principal Deputy Assistant Secretary)를 수석대표로 하여 각 20여 명씩 참석하였다. 양측이 아세안을 대상으로 실질 협력을 추진하기 위한 구체 방안을 협의하였고, 남중국해 상황 그리고 당시 미얀마에서 발생했던 쿠데타 상황에 대해서도 협의하였다.

　　2021년 7월에는 '한-프랑스 아세안 정책대화'를 개최하였다. 코로나 19 상황에서도 방역 조치를 거치고 프랑스 외교부의 베르토랑 로르톨라리(Bertrand Lortholary)[72] 아시아 국장이 서울을 방문하였다. 당초 우리 외교부에서 대면 회의로 개최할 예정이었으나, 아쉽게 이 회의 역시 화상

70　회의체의 국문 명칭은 우리측이 확정하였고, 영어 명칭은 호주측이 제의한 것을 우리측도 수용하여 확정하였다. 영문 명칭을 직역하면, '동남아시아와 아세안을 위한 우리의 지원에 관한 한-호주 고위급 정책 대화' 정도가 되겠다.

71　그는 이후 인도 주재 미국 대사관 대사대리를 거쳐 국무부에서 은퇴하였고, 이후 미국 상공회의소에서 남아시아 수석부회장으로 일하고 있다.

72　그는 2024년 12월 현재 중국 주재 프랑스 대사로 일하고 있다.

[그림 16] 한-미 아세안 정책대화. 2021.5.13., *사진 출처 : 외교부

으로 개최되었다. 로르톨라리 국장이 우리 외교부 본부에서 참석하고, 필자는 자택에서 회의에 참석하였다. 필자는 로르톨라리 국장이 방한하기 1주일 전 정의용 당시 장관과 인도네시아를 다녀왔는데, 비행기 탑승객 가운데 코로나19 확진자가 다수 발견되어, 자택 격리상태에 처했다. 로르톨라리 국장에게도 미안한 마음이었으나, 화상으로 한-프랑스 간의 연계 협력에 대해 진지하게 의견을 교환하였다.

이러한 국장급 회의는 장관회의 및 정상회의를 준비하는 과정이기도 하였는데, 특히 한-미 정책 대화의 경우 2021년 5월 21일 한-미 정상회담의 준비를 위해 개최 일정이 맞춰졌다. 문재인 대통령으로서는 조 바이든 대통령과의 첫 대면 정상회담이었다. 회담 결과로 발표된 공동성명에서는 신남방정책과 미국의 인도 태평양 전략의 연계와 관련한 내용이 아래와 같이 비중 있게 반영되었다. 분량으로 보면, 북한 핵문제 등 한반도 관련 이슈와 비슷하다. 특별히 눈에 띄는 부분은 영어를 병기하고 굵은 글씨로 표시해 보았다. 그 이유에 대해서도 아래에서 설명하고자 한다.

"한미 관계의 중요성은 한반도를 훨씬 넘어서는 것으로서, 우리의 공동 가치에 기초하고 있고, 인도-태평양 지역에 대한 우리 각자의 접근법에 기반을 두고 있다.(anchors our respective approaches to the Indo-Pacific region) 우리는 한국의 신남방정책과 미국의 자유롭고 개방적인 인도-태평양 구상을 연계하기 위해 협력하고(work to align the ROK's New Southern Policy and the United States' vision for a free and open Indo-Pacific), 양국이 안전하고 번영하며 역동적인 지역을 조성하기 위해 협력하기로 하였다. 한국과 미국은 아세안 중심성과 아세안 주도의 지역 구조에 대한 지지를 재확인하였다. 우리는 법 집행, 사이버 안보, 공중보건, 녹색 회복 증진과 관련한 역내 공조를 확대하기로 하였다. 우리는 한국, 미국 및 동남아 지역 국민 간 더욱 심화된 인적 유대를 발전시키는 한편, 아세안 내 연계성 증진과 디지털 혁신을 촉진하기 위해 긴밀히 협력하기로 하였다. 우리는 또한 메콩 지역의 지속 가능한 개발, 에너지 안보 및 책임 있는 수자원 관리를 증진하기 위해 함께 노력해 나갈 수 있는 방안을 모색할 것이다. 한국과 미국은 또한 태평양 도서국들과의 협력 강화에 대한 지지를 재확인하고, 쿼드 등 개방적이고, 투명하며, 포용적인 지역 다자주의의 중요성을 인식하였다(acknowledge the importance of open, transparent, and inclusive regional multilateralism including the Quad).

한국과 미국은 규칙에 기반한 국제질서(rules-based international order)를 저해하거나 불안정하게 하는 또는 위협하는 모든 행위를 반대하며, 포용적이고 자유롭고 개방적인 인도 태평양 지역(inclusive, free, and open Indo-Pacific)을 유지할 것을 약속하였다. 우리는 남중국해(South China Sea) 및 여타 지역에서 평화와 안정, 합법적이고 방해받지 않는 상업 및 항행·상공비행의 자유(freedom of navigation and overflight)를 포함한 국제법을 계속해서 존중하기로 약속하였다. 바이든 대통령과 문재인 대통령은 대만 해협에서의 평화와 안정 유지의 중요성(importance of preserving peace and stability in the Taiwan Strait)을 강조하였다.

다원주의와 개인의 자유를 중시하는 민주주의 국가로서, 우리는 국내외에서 인권 및 법치를 증진할(promote human rights and rule of law issues) 의지를 공유하였다.

우리는 미얀마 군경의 민간인들에 대한 폭력을 결연히 규탄하고, 폭력의 즉각적 중단, 구금자 석방 및 민주주의로의 조속한 복귀를 위해 계속 압박하기로 약속하였다. 우리는 모든 국가들이 미얀마 국민들에게 안전한 피난처를 제공하고 미얀마로의 무기판매를 금지하는 데 동참할 것을 요구하였다."

굵은 글씨로 표시하고, 영어를 병기하였는데, 종합적으로 세 가지 부분이 눈에 띈다. 첫째, 미국 정부가 한국의 신남방정책을 한국의 인도 태평양 지역에 대한 접근 방안으로 인식하였고, 한국 정부 신남방정책이 인도 태평양에 대한 한국의 접근 방안이라는 점을 인정하였다. EU와 네덜란드 정부가 그들의 인도 태평양 문서에서 신남방정책에 대해 언급했던 것과 같은 맥락이다. 그리고 상호 정책의 연계 협력에 대한 정상 차원의 강한 의지를 밝혔다.

둘째, 정상회담 공동성명에서는 "쿼드"에 대해서도 언급하였다. 당시 우리 국내에서는 연일 언론의 프레이밍이 한국 정부가 쿼드에 참여하느냐의 여부였다. 선택의 문제로 가져가려는 경향이 강했다. 정부 차원에서는 쿼드 국가들과의 선별적 협력 또는 "포용성", "투명성", "개방성" 등의 지역 협력의 일반적인 원칙을 강조하는 것으로 대응하던 시기였다. 이런 상황에 한-미 정상회담 공동성명에서 쿼드를 언급하면서 다시 한번 지역 협력의 원칙을 강조하는 정도로 반영되었다. 우리 정부로서는 쿼드를 포함하여 어떠한 소지역 협의체 구성 노력에 반대하지는 않으나, 그러한 시도는 포용적이고, 투명하고, 개방적이어야 한다는 원칙을 견지해야 한다는 입장을 다시 밝힌 것이다. 이에 대해서는 아래에서 "쿼드 플러스" 이슈와 함께 좀 더 상세히 살펴보고자 한다.

셋째, "규칙 기반 국제질서" "남중국해에서의 항행·상공비행의 자유" "대만 해협에서의 평화와 안정 유지" 등 공동성명에 반영된 이 용어와 표현들은 대개 중국을 염두에 두고 국제회의에서 언급되고 있던 것이다. "중국"을 거론하지 않았을 뿐이지 누구든 알 수 있는 표현이다. 그리고 이러한 연장선에서 "인권과 법치"를 언급하였다. 티벳, 신장, 홍콩을 염두에 둔 것으로 읽히는 대목이다.

단순히 인도 태평양이라는 용어 자체에 대해 극도로 신중했던 2017년 상황과 비교하면, 2021년 5월은 매우 달라진 양상이다. 그만큼 신남방정책에 대해 한국 정부 스스로 자신감을 갖게 된 결과다. 다시 말해, 주요국의 인도 태평양 전략이나 정책에 대한 나름의 이해와 분석을 통해 신남방정책과의 접점을 적절히 찾아 나가는 노력을 기울인 결과이다. 미국을 포함한 주요 국가들이 신남방정책에 관심을 보이고 이와의 연계 협력에 강한 의지를 보인 것 역시 그 배경이었다.

물론 이러한 경향성은 미국의 행정부가 트럼프 대통령에서 바이든 대통령으로 넘어간 부분도 일정 부분 영향을 미쳤다고 볼 수 있다. 이와 관련해서 서강대 김재천 교수는 트럼프의 미국 우선주의 방식은 동맹을 포함하여 국제적인 지지를 얻기 힘들었고, 미국의 솔선수범하는 모습도 보이지 않았으며, 그래서 트럼프 행정부가 주장하는 인도 태평양 담론에 대해서는 지지를 보내기가 불편하다고 주장하였다. 그러나 바이든 대통령은 보다 세련된 모습으로 여러 나라에 호소력을 발휘하여, 과거보다 인도 태평양 전략에 호응하기 편안하게 만들었다는 것이다.[73]

73 "한계 드러낸 美의 '인도 태평양 전략'" (김재천 교수, 서울경제, 2022.7.18.), 출처 : https://www.sedaily.com/NewsView/268KIXHBZQ

인도 태평양의 개념이 우리나라를 포함하여 여러 국가로부터 점점 더 편안하게 받아들여진 상황과 관련하여 2020년 전후는 우리 국내적으로 쿼드와 쿼드 플러스가 동시에 이슈가 된 시기이기도 하였다. 그리고 2021년 5월 한-미 정상회담 공동성명에도 쿼드 관련 문안이 포함되기도 하였다. 이에 대해 좀 더 살펴보고자 한다.

코로나19가 전 세계적으로 확산되기 시작한 2020년 3월 미국이 제의하여, 일본, 호주, 인도, 한국, 베트남, 뉴질랜드 등 7개국이 참여하는 보건의료 협의체가 출범하였다. 외교 차관급에서 참석하였고, 전화 협의 방식을 취했다. 각국의 방역 정책, 재외국민 지원 등 코로나19와 관련한 정보와 경험을 공유하고 협력 방향을 논의하기 위한 자리였다. 이 모임의 명칭에 대해 한국 외교부는 "코로나19 대응 관련 역내 7개국 외교차관 간 전화 협의"라는 지극히 일반적인 제목으로 보도자료를 배포하였다. 그리고 이 회의는 2개월여 이상 매주 정례적으로 개최되었다. 그 이후에도 매주 개최는 아니지만 비교적 자주 개최되었다.

그런데 정부 발표와 별도로 국내외 언론에서는 협의체의 명칭에 대해 "쿼드 플러스"(Quad Plus)라는 용어를 빈번히 사용하기 시작하였다. 미국이 주도한 데다 당초 결성돼 있던 쿼드 4개국에 한국, 베트남, 뉴질랜드가 참여하는 모양새다 보니, 실제 각국 정부의 의사와는 별개로 언론에서 그렇게 묘사되기도 하였다. 일반인들이 7개국 모임의 성격을 단순 명료하게 이해하는 데에 도움이 되는 측면이 있기도 하다. 그리고 실제 당시는 트럼프 행정부 출범 이후 4개국 협의체 쿼드가 공식 부활하였고, 2019년 9월 뉴욕 그리고 2020년 10월 일본 동경에서 쿼드 4개국 간 외교장관회의가 개최되던 상황이었다.

"쿼드 플러스"라는 명칭은 2020년 3월 제1차 7개국 차관회의를 인도 언론이 보도하는 과정에서 시작된 것으로 보인다. 인도 타임즈(Times of India)는 2020년 3월 21일자에서 7개국 회의 사실을 보도하면서, 이를 "쿼드 플러스"로 불렀다. 우리 외교부 자료에도 그렇지만, 인도 외교부 보도자료에도 등장하지 않았던 개념이다. 이 회의가 쿼드와 연관돼 있다는 내용도 전혀 등장하지 않았다. 인도 타임즈 보도 이후 쿼드 플러스 용어는 여러 다른 계기에 사용되면서, 광범위하게 퍼지게 된다.

사실 "쿼드 플러스"가 이때 처음 등장한 것은 아니다. 2020년 이전에도 "쿼드 플러스"가 논의되기는 하였다. 이에는 미국 보수성향 싱크탱크 헤리티지재단(The Heritage Foundation)의 역할이 크다. 헤리티지 재단은 2013년부터 일본, 호주, 인도의 싱크탱크들과 함께[74] "쿼드 플러스 대화"(Quad-Plus Dialogue)라는 명칭의 회의를 연례적으로 개최하였다. 정부 관계자들도 참석하여 1.5 트랙 회의체로 진행되었다. 4개국 정부 간의 쿼드 회의체가 2008년 이후 소강상태로 접어든 상황에서 헤리티지가 주도하여 쿼드의 모멘텀을 유지하고자 했던 것으로 보인다. 헤리티지 차원에서는 4개국만이 아닌 다른 나라들도 포함하여 쿼드를 확장하는 방안까지 염두에 두고 있었다. 실제 매년 쿼드 회원국 4개국의 도시를 돌며 개최된 회의에는 인도네시아, 필리핀, 스리랑카, 싱가포르의 싱크탱크가 참여하기도 했다.

이러한 논의를 주도해 온 헤리티지 연구원들에게 7개국 외교차관 협의체는 자신들이 구상해 온 쿼드 플러스 논의의 실체에 매우 근접한 것으

---

[74] 호주에서는 ASPI (Australian Strategic Policy Institute), 인도에서는 Vivekanandi International Foundation India, 일본에서는 당초 Tokyo Foundation이 참여하다가 2018년 이후 JIIA (Japan Institute of International Affairs) 참여

로 받아들여진 모양이다. 7개국 간 1차 회의가 개최된 직후 헤리티지의 연구원으로 있던 제프 스미스(Jeff Smith) 박사는 2020년 3월 30일자 National Interest誌에 이에 관해 기고하였다.[75] 그는 인도 타임즈 보도를 언급하면서, 쿼드 협의체가 당초 2004년 말 발생한 인도양 쓰나미에 대응하려는 의도에서 출발했던 것처럼, 7개국 협의체 역시 코로나19 대응이라는 기능적인 협력을 위한 협의체로 시작하였으며, 이러한 노력은 "쿼드 2.0"의 기반을 강화하는 올바른 방향이라고 쓰고 있다.

한편, 2021년 봄 쿼드에 대한 관심이 다시 높아지고, 우리 국내에서는 한국의 쿼드 가입 여부를 둘러싼 관심과 논쟁이 격화되었다. 이 시기는 미국의 바이든 대통령 취임 직후인 2021년 3월 12일 쿼드 국가들 간 첫 정상회의를 개최한 즈음이다. 외교장관 급에서 개최하던 회의를 정상급 회의체로 전격적으로 격상한 것이다. 물론 코로나 상황으로 인해 화상으로 회의를 개최하였으나, 그 파급력은 대단했다.

[그림 17] 미국 주도의 안보 협의체 쿼드의 첫 정상회담이 3월 12일 화상으로 열렸다. 사진 : 연합뉴스[76]

75 "How America is leading the "Quad Plus" group of seven countries in fighting the coronavirus" (The National Interest, 2020.3.30.) (http://nationalinterest.org/print/feature/how-america-leading-quad-plus-group-seven- countries-fighting- coronavirus-138937)

2020년 3월 7개국 간 전화 협의 이후 1년여에 걸쳐 쿼드 외교장관회의 개최, 정상회의 개최 등 일련의 상황에 국내 언론에서는 우리 정부의 대응에 많은 관심을 보였다. 쿼드를 둘러싼 이러한 이슈에 대해 당시 정부에서는 이를 피하려 하지는 않았으며, 그렇다고 무턱대고 쿼드에 가입하겠다고 나서지도 않았다. 우리가 가입하겠다고 가입이 되는 것도 아니었다. '언론 대응 요지(PG)'로 나온 것이 바로 아세안의 인도 태평양 관점에서 기본원칙으로 제시된 개방성, 투명성, 포용성이다. 이러한 기본원칙을 견지한다면, 어떠한 협의체와도 협력할 수 있다는 것이다. 이러한 대응 요지는 언론에 대한 대응으로써만이 아니라 당시 정부에서 견지하던 '원칙'을 밝힌 것이다. 실제 관련 당사국 간에 쿼드 가입이라는 문제가 공식적으로 논의되지 않았음에도 워낙 언론에서의 관심이나 프레임이 '쿼드 참여' 또는 '쿼드 가입'으로 흘러갔기에 이에 대해 적절히 대응하는 것도 과제였다. 자칫 미국과 중국 사이의 "선택"의 문제인 것처럼 비춰질 수 있기 때문이었다. 이러한 논의 과정에는 당시 아세안 업무를 맡고 있던 필자 역시 관여하였다.

사실상 세 가지 원칙에 부합한다면 어떠한 협의체와도 협력하지 않을 이유가 없다는 입장은 지극히 원론적인 것이다. 정부 내 논의 과정에서도 이 부분에 착안하였다. 그리고 이러한 원칙은 원론적일 뿐만 아니라 누구도 반대하기 어려운 명분을 갖는 것이다. 인도 태평양 지역에서 일반적인 국가 간 협력의 기본원칙으로 그 명분이 명확하다는 것이다. 그래서 어느 누구도 반대하기 어렵다. 명분은 명분 그대로 유지되어야 하며, 어느 상황에서도 긍정적으로 해석될 여지를 계속해서 남겨두는 것이 바람직하다.

<hr />

76 월간중앙에서 재인용 ([외교특집 | 전문가 진단] '미국식 일대일로' B3W 어떻게 대응하나, 2021년 8월)

원칙을 언급하는 과정에서 부정적으로 해석될 여지를 둔다면 당초 원칙을 제시한 의도에서 점점 멀어지게 된다.[77]

세 가지 원칙을 적용할 경우 쿼드나 쿼드 플러스에 참여할 수 없다는 뉘앙스를 주게 되면, 이는 다시 쿼드가 포용적이지도 않고, 투명하지도 않고, 개방적이지 않다는 해석으로 이어지게 된다. 이는 결국 인도를 포함한 기존 쿼드 참여 국가 모두를 불편하게 만드는 결과로 이어질 수 있다. 어차피 당시의 상황에서는 쿼드 4개국이 적극적으로 참여를 초청한 것도 아니고, 당장 참여할 수 있는 여건이 마련돼 있지도 않은 상황에서 "참여" 자체에 불필요하게 직접적으로 대응할 필요는 없었다. 쿼드 참여에 대한 질문에 대해 참여할 수 있는 가능성을 열어두는 뉘앙스를 주는 것이 바람직하다. 이 경우 자칫 쿼드 참여에 부정적인 것처럼 의도치 않은 오해를 받을 수도 있다. 외교 무대에 있어 언어의 표현이 중요하다는 점을 다시 상기하게 된다. 외교가에서 통상 하는 말이 영어로 "nuanced approach" 한글로는 "섬세한 접근" 정도로 번역될 수 있겠다.

한편, 앞에서 보았듯이 2021년 5월 한-미 정상회담 결과 공동성명 문안에는 쿼드와 관련하여 흥미로운 표현이 등장한다. 인도 태평양 지역 가운데 아세안, 메콩 지역, 태평양 도서국 등에서의 한국과 미국 간의 연계되고 조율된 협력을 언급하는 가운데, "한국과 미국은 쿼드를 포함하여 개방적이고, 투명하며, 포용적인 지역 다자주의의 중요성을 인정한다."라

---

[77] 이렇듯 아세안의 내러티브가 위력을 발휘하는 것은 원칙 그 자체로서 명분이 강하기도 하지만, 이뿐만이 아니다. 어떠한 상황에서도 부정적으로 보일 수 있는 입장을 최대한 표출하지 않는다는 데에서도 그 위력이 있다. 특정 국가나 협의체를 지목하여 부정적으로 몰아가지 않는다는 것이다. 물론 이에 대해 "미적지근한 입장"으로 답답하게 보일 수도 있겠지만, 이는 동남아시아 국가들이 자신들의 국내, 지역 내, 그리고 외부세력과의 오랜 국제 관계의 역사를 통해 누적해 온 "지혜"로 보는 것이 합당하겠다. 최소한 자신들에게 그것이 최선의 이해관계를 보호하고 증진하는 것이라고 믿기 때문이다.

고 쓰고 있다.[78] 사실상 영어로 된 공동성명을 한글로 직역하여 번역한 것이다.

이에 대해 중앙일보에서는 "중국 언급 없이 중국 겨눴다. '쿼드 언어' 쓰기 시작한 한국과 미국"이라는 제목(중앙일보, 2021.5.21.)을 뽑았고, 경향신문은 "한-미 동맹 강화, 한-중 관계 훼손으로 이어져선 안 된다"는 제목의 사설(2021.5.24.)을 썼다. 경향신문에서는 한-중 관계 훼손이 우려되는 내용으로 중국 정부가 대만해협 문제가 한-미 정상회담 공동성명에 언급되는 데 대해 반발했다고 전하면서, 남중국해, 쿼드 관련 표현도 지적했다.

그러나 공동성명의 한글 표현을 좀 더 들여다보면, 이는 "한국과 미국은 개방적이고, 투명하며, 포용적인 쿼드를 포함한 지역 다자주의의 중요성을 인정한다."로 의역되거나, "한국과 미국은 쿼드를 포함한 지역 다자주의가 개방적이고, 투명하며, 포용적이어야 한다는 점의 중요성을 인정한다."로 의역될 수 있다. 전자의 경우 쿼드가 이미 개방적이고, 투명하며, 포용적이라는 점을 기정 사실로 하여 인정한다는 것이고, 후자의 경우 기정사실화하지 않은 상태에서 개방성, 투명성, 포용성 등의 원칙을 강조하는 것으로 들리게 된다. 우리 국내의 대다수 언론은 전자로 의역한 것으로 보인다. 그러다 보니, 보수 언론에서는 비교적 환영하는 듯한 어조로, 반면 진보 언론에서는 염려하는 듯한 어조로 글을 쓰고 있다.

워싱턴 방문을 마치고 청와대에서 열린 5당 대표 초청 오찬 간담회에서 문 대통령은 쿼드와 관련 "그 중요성을 인지하고 있다."라고 하고, 또한 "어떤 국가와도 개방성, 투명성을 토대로 사안별 협력할 것들을 먼저

---

[78] "The United States and the ROK also reaffirm support for enhanced cooperation with Pacific Island Countries and acknowledge the importance of open, transparent, and inclusive regional multilateralism including the Quad."

실행하겠다."라고도 말한 것으로 전해졌다.[79] 당시 문재인 대통령은 쿼드와 관련하여 기존의 신중하면서도 긍정적 가능성을 열어두는 뉘앙스의 발언을 한 것으로 다수 언론에서 해석하였다. 위와 같이 한-미 정상회담 공동성명의 해당 발언을 해석한 것과 유사한 맥락에서 문 대통령의 발언도 해석한 것으로 보인다.

2022년 12월 윤석열 신정부는 '인도 태평양 전략'을 발표하였다. 당시 대통령실 김성한 국가안보실장은 『자유·평화·번영의 인도-태평양 전략』이라는 제목의 문서를 발표하면서, "한국은 그동안 윤석열 정부가 강조해 온 자유와 연대의 가치를 인도-태평양 지역에 투영하고, 한국형 인도-태평양 전략인 『자유·평화·번영의 인도-태평양 전략』을 통해 북한의 비핵화를 인도-태평양 지역 국가들과의 국제협력으로 해결하고자 하며, 이번 한국의 인도-태평양 전략은 어느 특정 국가를 목표로 하거나 지향하지 않는다."라고 밝혔다. 발표된 인도-태평양 전략은 30여 쪽의 분량으로 자유·평화·번영의 3대 비전을 지향하며, 포용·신뢰·호혜의 3대 원칙을 견지한다고 선언했다. 3대 비전은 자유 민주주의, 법치주의, 인권의 보편적 가치를 지향해 평화롭고 번영된 인도-태평양 지역을 목표로 하는 것이며, 3대 원칙은 특정 국가를 배제하지 않는 포용성, 공고한 상호이익에 기반한 협력을 지향하는 신뢰성, 모든 당사자를 이롭게 해 상호이익이

---

79   연합뉴스(2021.5.26.) 문 대통령 "쿼드 중요성 인지"

되는 호혜성을 지향하는 것이라고 밝혔다.

3대 비전에서 언급된 '자유'는 미국과 일본의 '자유롭고 열린 인도 태평양'개념이 연상된다. 따라서 우리 정부 문서에서 명시적으로 설명하지는 않았지만, '자유'의 의미는 개별 국가 차원에서의 '시민의 자유'라는 측면과 국가적 차원에서는 '국가의 자유'를 동시에 의미하는 것으로 보아야겠다. 시민의 자유는 모든 나라에서 시민의 권리와 자유가 보장되고 증진되어야 한다는 것이며, 특히 권위주의 국가에서 시민의 자유가 보장되도록 다른 나라에서 적극적인 관심을 보여야 한다는 것이다. 국가의 자유는 미국의 인도 태평양 전략에서 설명하듯이 다른 나라로부터의 '강압'에 시달리지 않는(free from coercion) 자유를 의미한다. 이러한 맥락에서, 한국 정부 문서에서 '자유'를 설명하는 과정에 "우리는 힘에 의한 일방적인 현상 변경에 반대"한다고 쓰고 있다.

사실 이 표현은 한글로 고안해 낸 문장은 아니며, 미국에서 사용해 오던 표현인데, 이 영어를 번역한 문장이다. 과거 정부에서도 자주 활용하였다. 미국의 경우 정부의 공식문서나 다자회의에서의 미국 대표의 발언 내용에 포함된다. 짧은 문장 안에 핵심 단어가 세 개나 들어가는데, "힘", "일방적", "현상 변경" 등이다. 이러한 용어는 중국이 남중국해와 동중국해 또는 대만 해협에서 취하는 조치에 대한 우려를 표하는 상황에서 사용해 왔다. 중국이 "힘"이 강해지니까 자신의 주장을 관철시키기 위해 협상이나 대화 없이 "일방적"으로 그간 유지되던 "현상(을) 변경(하려)" 시도하는데, 이는 해당 지역의 평화와 안정을 저해하는 것이라는 맥락이 반영되어 있다. 중국을 적시하여 언급하기도 하고, 구체적으로 특정하여 언급하지 않는 경우도 있다. 어떠 경우라도 이 표현은 중국을 염두에 둔 것으로 대체적으로 받아들여지게 되었다. 유사한 표현으로 미국에서 사용하는 표현 중에는 "힘이 곧 선(善)(Might makes right)이 되어서는 안 된다.”라는 것이다. 힘이 센 나라가 약한 나라를 힘으로 누르려 하면 안 된다는 의미다.

한편, 미국의 인도 태평양 전략 문서에서는 ‘경제적 강압’에 대한 문제를 ‘자유’와 ‘열린’의 두 개념 가운데 ‘자유’ 부분에서 다루고 있으나, 한국 정부 문서에서는 ‘자유’ 비전에서 명시적으로 언급하지 않고 있다. 다만, ‘번영’ 비전 부분에서 “…경제 문제가 과도하게 안보화되지 않도록 공조해 나갈 것이다.”라고 쓰고 있다. 다수의 국가에서 과거 사드 미사일 배치 당시 중국이 한국에 대해서도 경제적 강압(economic coercion) 조치를 시행한 것으로 보고 있으나, 이번 한국 정부 문서에서는 이에 대해 구체적으로 언급하지는 않고 있다.

원칙에 있어서는 ‘포용’이 눈에 띈다. 인도 태평양 전략이 특정 국가를 배제하거나 타깃으로 하지 않는다는 점을 부각시키는 의도가 있다. 2020년을 전후하여 아세안과 인도가 ‘인도 태평양’ 개념에 대한 인식을 밝히면서 ‘포용성’을 강조하였는데, 이후 다른 나라들도 이 개념을 빈번하게 언급하고 있다. 다만, 인도와 아세안의 경우 주요국들의 인도 태평양 정책이 특정 국가를 대상으로 배타적으로 진행되는 것을 경계하기 위해 ‘포용성’을 강조하였는데, 중국에 대해 명시적으로 비판적인 모습을 보이는 일부 국가에서도 ‘포용성’을 언급하는 재밌는 상황이 발생한다. 동일한 용어이지만, 현실적 적용에 있어서는 차이를 보인다.

이러한 비전과 원칙에 따라 한국 정부는 인도-태평양 지역에 기여할 9개 주요 과제로 ① 국제법과 규칙에 기반한 질서 구축, ② 유엔헌장을 존중하는 법치주의와 인권 증진 협력, ③ 한반도와 동북아의 평화가 지역과 세계의 평화를 보장하는 비확산 대테러 협력 강화, ④ 인도 태평양 국가 간 해상교통로(SLOC)의 보호, 해적 퇴치 등 포괄안보 협력 확대, ⑤ 인도 태평양 경제 프레임워크(IPEF), 기존의 역내 포괄적 경제 동반자 협정(RCEP)과 환태평양 동반자 협정(CPTPP), 디지털 경제 동반자 협정(DEPA)에 참가하는 경제안보 네트워크 확충, ⑥ 지속가능개발목표(SDGs) 달성을 위한 첨단 과학기술 분야 협력 강화 및 역내 디지털 격차 해소 기여, ⑦ 기후변화와 에너지 안보 관련 역내 협력 주도, ⑧ 공적 개발원조(ODA) 수준을 세계 10위권으로 격상시켜 맞춤형 개발협력 파트너십 증진을 통한 적극적인 기여 외교 실시, ⑨ 한류 문화(K-culture)를 중심으로 한 상호이해와 문화 인적 교류 증진으로 기술했다.

한편, 인도-태평양 전략의 지리적 범위와 관련해서는 미국·일본·중국·캐나다·몽골 등 북태평양(North Pacific), 동남아시아, 남아시아, 호주와 뉴질랜드 그리고 태평양 도서국 등 오세아니아, 인도양 연안의 아프리카, 유럽과 중남미 등으로 구분하여 기술하였다.

지리적 범위 부분에서 한국의 인도 태평양 전략이 다른 나라의 전략과 특징을 보이는 대목이다. 먼저, 북태평양이라는 개념을 활용하였다. "우리가 속해 있는 북태평양 지역"으로 표현하였다. 정부 문서에 한국, 중국, 일본이 속한 지역을 '동북아', '동아시아', '아시아 태평양' 등이 아닌 '북태평양'으로 사용하는 경우는 매우 이례적이다. 미국과 캐나다를 지리적 범위에 포함하려다 보니, 그렇게 된 것으로 이해된다. 사실 '북태평양'이라는 용어는 캐나다가 스스로가 속해 있는 지역을 표현할 때 쓰는 용어였다. 우리가 동아시아에 속해 있다라고 하는 것과 같은 맥락이다. 캐나다는 2022년 11월 인도 태평양 전략을 발표하면서, 전략 문서에서도 북태평양 개념을 사용하였다. 다만, 캐나다의 경우 '북태평양'에 미국을 포함하여 다루고 있지는 않다. 앞서도 언급했지만, 캐나다 역시 미국과의 관계를 주된 목적으로 인도 태평양 전략을 발표하지는 않았기 때문이다. 그리고 캐나다의 경우 중국에 대해서는 별도로 다루고 있다. 결국 캐나다 전략 문서에서 북태평양 부분은 한국과 일본을 언급하기 위한 것이었다.

둘째, 인도 태평양의 지리적 범위를 매우 넓게 설정하고 있다. 그간 각국의 인도 태평양 전략 가운데 가장 넓은 지리적 범위를 다루고 있던 나라는 일본이었다. 인도양 연안 아프리카에서부터 미국 서부까지로 방대한 지역이다. 한국의 경우 이에 더해 유럽과 중남미까지 언급하고 있다. 다만, 이 부분은 주의 깊게 보아야 한다. 한국 정부가 인도 태평양의 지리적 범위를 유럽과 중남미까지 포함된다고 보는 것은 아니다. 한국의 전략 문서에 인도 태평양 지역이 전 세계 인구의 65%, GDP의 62%를 차지하고 있다고 적고 있다. 비슷한 시기 캐나다가 발표한 인도 태평양 전략에서는 대상 국가를 서쪽으로 파키스탄, 인도 등에서부터 동쪽으로 태평양 도서국까지 40개로 명시하고 있는데, 인도 태평양 지역의 인구를 전 세계 인구의 65%, 즉 한국의 전략 문서와 동일한 수치였다.[80]

이를 통해 알 수 있는 것은 한국의 인도 태평양 전략의 "지역적 범위" 제목 아래에 유럽과 중남미까지 언급되어 이 지역도 인도 태평양 지역에 포함되는 것으로 보이기는 하나, 이는 한국이 이들 역외국과도 인도 태평양을 둘러싼 협력을 하겠다는 의미이지 이들 지역이 인도 태평양에 포함된다는 것과는 구분되어야 하겠다. 일반적으로 생각할 수 있듯이 유럽과 중남미는 인도 태평양 역외의 국가다. 그럼에도 한국 정부의 인도 태평양 전략 문서에 "지역적 범위"를 북태평양(North Pacific), 동남아시아, 남아시아, 오세아니아, 인도양 연안의 아프리카, 유럽과 중남미 등으로 나열하고 있어 혼동의 소지가 있기는 하다. 실제 다수의 언론 보도나 학계 인사들은 유럽과 중남미 역시 한국이 상정하는 인도 태평양 지역에 포함되는 것으로 이해하는 경우가 많다. 이런 인식하에 한국의 인도 태평양 전략을

---

80 이에 대한 상세는 이 책 7장 '캐나다' 편 참고

중동을 제외하고 전 세계를 대상으로 하는 광범하고 포괄적인 지역 전략으로 설명하기도 한다.

유럽과 중남미를 인도 태평양 지역으로 간주하기 어려운 또 다른 이유는 전략 문서의 실제 내용이다. '유럽과 중남미' 부분에서 인도 태평양 지역과는 구분하고 있다. 즉, "특히, 대한민국은 한반도와 동북아를 넘어 동남아, 남아시아, 오세아니아, 인도양 연안 아프리카 등 인태 내 주요 지역과 전략적 협력을 심화해 나감으로써… 또한, 인태 지역의 평화와 번영을 증진하기 위해 유럽, 중남미와도 긴밀히 협력해 나갈 것이다." 그리고 "인태와 유럽 지역 간 연계와 협력을 증진함으로써 규칙 기반 국제질서를 유지하고 강화하는 데 기여하는 한편, 인태 지역 내 새로운 협력 의제를 발굴해 나갈 수 있을 것으로 기대한다."라고 쓰고 있다.[81] 유럽과 중남미 지역이 인태 지역에 포함된다면 이 문장은 성립되기 어려운 것이다.

따라서 전략 문서에서 "지역적 범위"라고 쓰고, 해당 지역을 나열하고는 있으나, 그 의미는 인도 태평양 지역 내부 국가와의 협력이라는 측면과 인도 태평양에 주요한 관심을 갖고 있는 지역 외부 국가들과의 협력이라는 양 측면을 모두 포함하여 다루고 있다고 보아야겠다. 이는 마치 과거 신남방정책이 아세안과의 협력을 다루는 측면과 아세안에 주요한 관심을 갖는 미국, 호주, 영국, 프랑스 등 지역 외부 국가와 연계 협력을 추진했던 두 가지 측면이 있었던 것과 유사한 모양새다. 이렇게 보면, 중동 역시 한국, 중국, 일본, 아세안 등 동아시아와의 관계에 높은 관심을 갖고 있는데, 중동 역시 "지역적 범위"에 포함되어도 괜찮았을 듯하다. 중동 국가들은 아시아 협력 대화(Asia Cooperation Dialogue)라는 다자 협의체에도 참

---

81 "자유·평화·번영의 인도 태평양 전략"(2022년 11월 28일, 대한민국 정부, p.11, p.16)

여하고 있다.

한편, 한국 정부의 인도 태평양 전략 문서에서 중국에 대해 서술하고 있는 부분은 다음과 같다.[82] 첫째, 중국을 지역 번영과 평화를 달성하는 데 있어 주요한 '협력 국가'(key partner)로 하였다. 그리고 국제규범과 규칙에 입각하여 상호 존중과 호혜를 기반으로 공동이익을 추구하면서 보다 건강하고 성숙한 한·중 관계를 구현할 것이라고 하였다. 미국, 캐나다, 일본, EU 등이 중국을 기존 체제에 도전하고, 이를 교란하는 세력 또는 안보 위협으로 정의하면서, 이러한 중국과 경쟁해야 한다고 명확히 한 것과는 결이 다르다.

둘째, 중점과제 4번인 '포괄안보 협력 확대' 부분에서 "대만 해협의 평화와 안정이 한반도의 평화와 안정에 중요하며, 인태 지역의 안보와 번영에 긴요함을 재확인한다."라고 하면서 대만 해협을 문서에 포함하였다. 내용 자체는 원론적이고 원칙적인 수준이지만, 내용을 떠나 대만 이슈는 언급 자체에 대해 중국이 매우 불쾌해 한다. 주요한 '협력 국가'이기는 하나, 지역의 평화와 안정을 위해 대만 해협 같은 이슈에 대해서도 언급하겠다는 의지로 보인다. 다만, 대만 해협을 언급한 것과 달리 중국이 불편해하는 여타 이슈는 구체적으로 다루지 않았다. 중점과제 1번 '규범과 규칙에 기반한 인태 지역 질서 구축' 부분에서 자유, 법치주의, 인권 등의 보편적 가치에 대해 언급하였으나, 홍콩, 신장, 티벳 등에 대해 구체적으로 언급하지는 않았다.

셋째, 중점과제 7번 '기후변화·에너지 안보 관련 역내 협력 주도' 부분

---

[82] 한국 정부의 전략 문서는 '중국'을 포함하여 인도 태평양 지역의 주요 국가 또는 개별 소지역에 초점을 맞추어 작성되기보다는 9개 '중점추진과제'의 내용이 전략 문서의 상당 부분을 차지하고 있다. 전체 30페이지 분량 가운데 절반에 해당하는 15페이지가 이에 해당한다.

에서 "…한·일·중 3국 간 협력은 인태 지역의 안정을 구축하고, 번영과 평화를 실현하는 데 있어 필수적이다. 한·일·중 정상회의를 재개하고 … 우리는 한·미·일 협력과 한·일·중 협력을 조화롭게 발전시킴으로써 역내 평화와 번영에 기여하고자 한다."라고 쓰고 있다. 전략 문서의 여러 부분에서 미국과 중국을 콕 집어서 두 강대국에 대한 한국의 인식과 입장을 대비하여 언급한 부분은 보이지 않는데, 오히려 3국 협력 부분에서 발견된다. 사실 두 개의 3국 협력에서 공통 국가인 일본을 제외하고 나면, 결과적으로 미국과 중국이다. 미국과 중국과의 관계를 "조화롭게 발전"시킨다는 메시지가 자연스레 발견된다. 따라서, 이렇게만 보면 실제 한국 정부가 추진하는 외교의 모습은 다르게 보이더라도 전략 문서로만 보면, 현 정부 역시 과거와 다르지 않게 미국과 중국 사이에서 "전략적 균형"을 추구하는 것으로 이해할 수 있다.

한편, 한·미·일 협력과 한·일·중 협력은 기후변화와 에너지 관련 이슈로만 담을 수 있는 성격이 아님에도 이 부분에 포함하여 언급된 배경이 명확하지는 않다. 별도의 설명이 없다. 중국과 '기후변화·에너지 안보' 관련 협력을 우선으로 추진하겠다는 의지를 보여준다는 해석도 있으나, 아무래도 한·중 협력의 최우선 협력 분야를 기후변화와 에너지로 보는 것은 설득력이 떨어진다. 서구권 국가들이 중국과 가치 체계의 차이로 인한 갈등과 경쟁을 언급하면서 동시에 협력 대상 분야로 기후변화 대응을 언급하고 있는 것과 관련성이 높아 보이나, 명확한 의도가 드러나 있지는 않다.

앞에서 보았듯이 한국의 인도 태평양 전략 문서에서는 중국을 지역의 번영과 평화를 달성하는 데 있어 '주요 협력 국가(key partner)'로 규정하였다. 미국, 캐나다, 일본, 호주, EU 등과 같이 '전략'이라는 용어를 사용하고 있는 국가와는 차이를 보인다. 인도 태평양에 '전략'이라는 이름을 붙인 문서를 발표하였으나, 중국에 대한 인식은 '전략'을 발표한 여타 국가들과는 다르다는 것을 보여주려 의도하였다. '인도 태평양 정책'이나 '인도 태평양 관점'이 아니라 '인도 태평양 전략'이라는 이름으로 문서를 발표하기는 하지만, 중국이 인도 태평양 지역의 안보 및 경제질서에 미치는 영향을 부정적으로 표현하는 것은 부담스럽다는 의도가 읽힌다.

국내 정치적인 측면 또는 대중적인 인식의 차원에서도 이해할 수 있다. 중국에 대해 '체제 도전자' 또는 '체제 교란자' 등 부정적인 용어로 명시적으로 표현한 국가의 경우 각국 국내적으로 중국에 대한 부정적 인식이 매우 높다. 우리의 경우에도 일반 대중의 중국에 대한 부정적 인식이 상당하다고 하겠으나, 중국과의 경제 관계의 중요성에 대한 인식이 높은 편이고 또한 미국과 중국과의 관계에서 "전략적 균형"의 필요성을 생각하는 국민들이 더욱 많아 보인다. 그러다 보니 굳이 정부 문서에서 부정적 용어로 중국에 대해 명시적으로 개념 정의를 할 필요까지 있겠느냐 하는

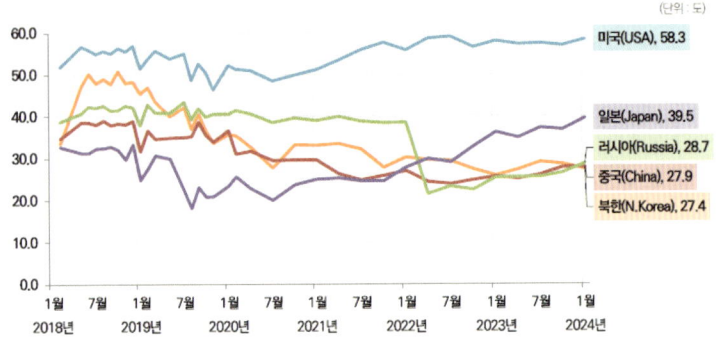

질문: 한반도 주변국에 대해 여러분이 평소 느끼고 있는 감정을 0도에서 100도 사이로 표시해주세요. 0도는 매우 차갑고 부정적인 감정, 100도는 매우 뜨겁고 긍정적인 감정을 의미합니다. 50도는 부정적이지도 긍정적이지도 않은 감정을 의미합니다.

On a scale of 0 to 100, please indicate how you feel about your country's neighbors on the Korean Peninsula. 0 means very cold, negative emotions and 100 means very hot, positive emotions. 50 degrees means feelings that are neither negative nor positive.

응답자 수: 각 조사별 1,000명

한국리서치 정기조사 여론 속의 여론 (hrcopinion.co.kr)

[그림 18] *출처 : 한국 리서치(https://hrcopinion.co.kr/archives/28759#).

의견이 다수일 것으로 짐작할 수 있다. 최근 발표된 우리 국민을 대상으로 한 여론 조사 결과를 보면 알 수 있다.

2018년 "50도"를 넘나들면서 중국에 대한 긍정적 인식이 상당하였는 데, 2024년 들어 "27.9도"를 기록하였다. 이를 미국과 비교해 보면, 2018 년에는 미국과 중국에 대한 긍정적 인식에 큰 차이가 없었는데, 2024년 1 월 기준으로 보면 미국의 "58.3도"와 두 배 이상 차이를 보인다.

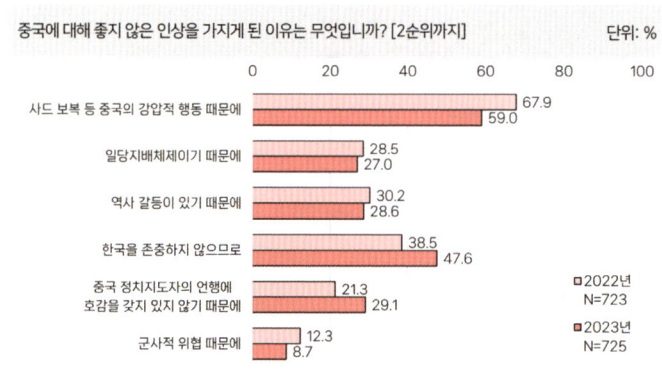

[그림 19] *출처 : 동아시아연구원(EAI) 2023 동아시아 인식조사.

중국에 대한 부정적 인식이 높아진 이유와 관련, 2023년 동아시아 연 구원의 조사 결과를 보면, 사드 보복과 같은 안보 경제적 요인이 가장 부 각된다. 그리고 "한국을 존중하지 않으므로"라는 이유가 눈에 띈다. 간혹 보이는 중국의 고압적 행태 및 이에 따른 "존중"의 문제도 부정적 요인의 이유가 되고 있다. 국가적 자존심 또는 일반 국민의 감정의 문제로 연결되 고 있다.

한편, 아산정책연구원에서도 매년 경제와 안보 각 분야에 있어 우리나 라에 가장 중요한 나라가 어느 나라인지를 조사해 왔는데, 여기서도 유사한 경향성이 보인다. 경제 분야에서는 중국이 2016년 56%까지 높았으나, 이후 하락하여 2024년 40%를 기록하였다. 미국의 경우에는 2016년 32% 수준이었으나, 2024년 50%를 상회하였다. 미국과 중국의 비중은 2017년을 기준으로 바뀌는데, 이후 미국이 계속 앞서고 있다. 반면 안보 측면에서는 압도적으로 미국의 비중이 높으며, 계속해서 높아지는 추세를 보인다. 2024년 73%를 상회하였다. 중국의 경우에는 감소 추이를 보이면서, 2024년 기준 6%대를 기록하였다.

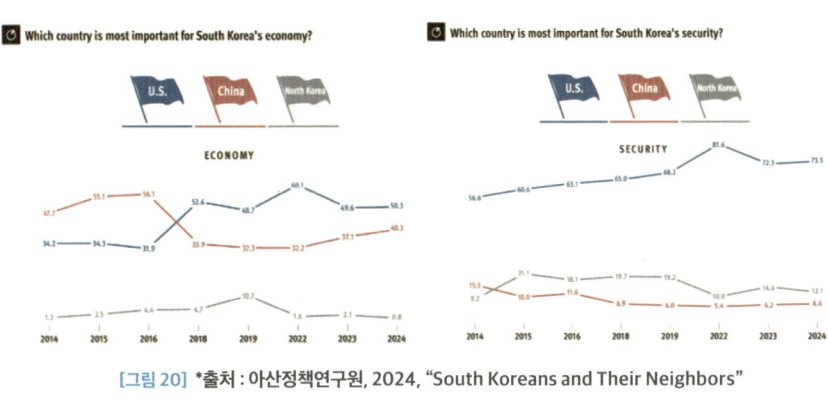

[그림 20] *출처 : 아산정책연구원, 2024, "South Koreans and Their Neighbors"

마지막으로 동아시아연구원(EAI)에서는 매년 "미국과 중국 사이 심각한 갈등이 발생할 경우, 한국은 어떤 태도를 취해야 한다고 생각하십니까?"라는 질문으로 인식조사를 해 왔는데, 미국과 중국 한 나라만 지지하는 비중으로 보면, 지난 10여 년간 단연 미국이 중국보다 앞선다. 2023년 그 간격은 최대로 벌어지면서, 미국이 45%인데 비해, 중국은 4.5%에 불과하였다. 간격이 40% 이상이다. 2020년의 경우 미국 19%, 중국 3%로 간격이 16%에 불과하였는데, 3년 만에 40% 이상 벌어졌다.

그러나, 이 조사에서 가장 특징적인 부분은 우리 국민의 상당수가 미국이나 중국을 단독으로 지지하는 것보다 중립을 선택했다는 것이다. 조사 기간 내내 중립은 줄곧 1위를 차지하였다. 2020년 77%까지 치솟았으나, 2023년 50%대를 기록하였다. 같은 시기 미국을 지지한다는 비율 45%보다 높게 나타났다. 2020년 미국에 대한 지지가 낮아지고, 중립에 대한 지지가 최고치를 기록했던 것은 미국 트럼프 행정부의 미국 우선주의 정책 기조와도 관련된 것으로 보인다. 2021년 이후 다시 미국 지지가 반등하고 중립 지지가 하락한 것은 바이든 행정부의 등장 그리고 우리 국내의 정권 교체에 의한 영향도 있어 보인다.

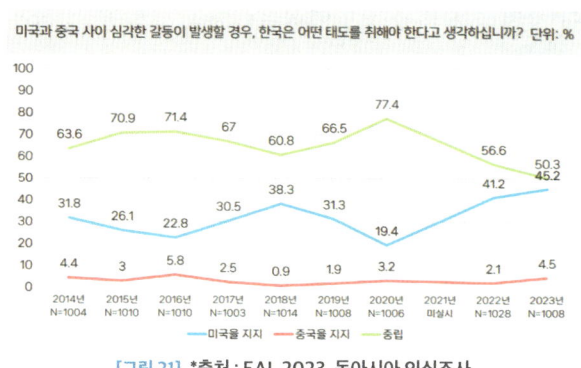

[그림 21] *출처 : EAI, 2023, 동아시아 인식조사.

여기서 중요하게 보아야 할 부분은 여론의 흐름이 살아 움직이고 있어 변동은 있으나, 기본적으로 우리 국민 다수는 "중립적"또는 "균형적" 성향을 보인다는 것이다. 이러한 추이를 감안하여 정부의 인도 태평양 전략에서도 나름의 "전략적 균형"을 보여주었다.

그러나 다른 한편으로는 과거 신남방정책이 중국에 대한 과도한 의존을 줄이고, '외교 및 경제 다변화' 또는 '외교 및 경제 재균형' 차원에서 아세안과 인도 등 아시아 지역에 새로이 중요성을 부여하려는 노력이었다고 본다면, 인도 태평양 전략에서는 다변화의 대상 또는 새로운 우선 순위 대상 지역이나 국가 등에 대한 방향성이 명확히 드러나지는 않는다. 물론 인도 태평양 '전략'이라는 이름으로 문서를 발표함으로써 이미 인도 태평양 '전략'을 발표한 미국 등 다른 서구권 국가와 '유사한 입장'을 가진 국가로 보이는 효과는 분명해 보인다. 다만, 인도 태평양 "전략"을 발표한 다른 나라의 경우 대개 중국에 대해 단호하게 또는 명확하게 다루고 있는 것과는 차이를 보인다. '전략'이라는 이름이 다소 무색해지는 측면이 있다.

한편, 한국 정부의 인도 태평양 전략 문서에서 동남아와 아세안에 대해 서술하고 있는 부분을 살펴보는 것도 의미가 있다. 인도 태평양 전략에서 아세안이 차지하는 비중을 알아볼 수 있고, 그리고 전 정부 신남방정책과의 비교라는 차원에서도 의미가 있다. 첫째, 2019년 아세안이 발표한 '인도 태평양에 대한 아세안의 관점(AOIP)' 그리고 이에서 제시된 개방성, 투명성, 포용성 등 협력의 원칙을 언급하면서, 아세안 중심성과 AOIP에 대한 한국의 지지를 언급하였다.

둘째, 인태 전략의 세부 이행을 위한 '한-아세안 연대구상(Korea-ASE-AN Solidarity Initiative)'을 발표하였다고 쓰고 있다. 한-아세안 연대구상은 인태 전략이 발표되기 한 달 전인 2022년 11월 연례 한-아세안 정상회의 계기에 발표되었다. 인태 전략의 틀에서 그 하부 개념으로 아세안에 대해 '구상(initiative)'을 발표했다는 의미이다. 그리고 한-아세안 연대구상의 구체 이행 계획은 2023년 4월 발표되었다. 한-아세안 연대구상은 인태 전략에 서술된 '9대 중점추진과제'와 별도로 '8대 중점협력과제'를 제시하였으며, 이 8개의 과제를 인태 전략 3대 비전으로 제시된 '자유, 평화, 번영'과 개별적으로 연결하였다.

'자유'에 연결된 과제의 내용은 ① 한-아세안 관계 격상 및 아세안 회원국과의 관계 강화, ② 아세안 주도 메커니즘 내 한-아세안 협력 제고 등이고, '평화'에 연결된 과제의 내용은 ③ 한-아세안 포괄안보 협력 확대, ④ 한-아세안 전략적 공조 활성화 등이다. 마지막으로 '번영'에 연결된 과제의 내용은 ⑤ 한-아세안 공동 번영과 발전을 위한 미래 분야 협력 확대, ⑥ 지역적·국제적 도전과제 대응을 위한 한-아세안 협력, ⑦ 미래 번영을 이끄는 차세대 교류 증진, ⑧ 아세안 관련 협력 기금 등 각종 협력 재원 확충 등이다.

3대 비전에 협력 과제를 모두 포함시키려다 보니, 통상의 정치·안보, 경제, 사회문화라는 구분과는 다소 어색한 지점이 보이기는 한다. 예를 들어, '번영' 부분에 인적 교류와 '협력 기금' 관련 사항이 포함되어 있는 점도 무리가 있어 보인다. 협력 기금으로 수행하는 사업들은 대개 자유, 평화, 번영이라는 비전 가운데 하나로만 규정하기에 어려운 기술협력, 인적 교류 특히 청소년 교류 등 다양한 사업이 포함되기 때문이다. 소위 말하는 다양한 분야에 걸칠 수 있는, 영어로 'cross-cutting issue'의 영역들이 많기 때문이다. 협력 과제의 구체적인 내용으로 들어가 보면 더욱 그러한 모습을 보이는데, 예를 들어 '자유'와 연결하고 있는 '아세안 회원국과의 관계 강화' 부분에서는 우리와 아세안 회원국의 양자적인 협력체를 제시하고, 해양 안보, 핵심 광물 및 기술협력, 디지털 및 미래산업, 기후변화 협력을 추진할 계획이라고 쓰고 있다. 그러나, 이러한 협력의 내용은 '자유' 비전보다는 오히려 '평화' 또는 '번영' 비전에 더 어울리는 것으로 보인다. 인도 태평양 전략 문서에 등장하는 비전과 한-아세안 연대구상을 어떻게든 연결하면서 동시에 비전별로 적정한 수의 협력 과제를 연결하려다 보니, 무리가 있어 보인다.

셋째, 전략 문서에서 9개 중점추진과제를 설명하는 내용을 보면 인도 태평양의 여러 하위 지역 가운데 아세안에 대한 언급이 가장 빈번하게 등장한다.

중점과제 4번인 '포괄안보 협력 확대' 부분에서 남중국해에서의 항행의 자유, 아시아해적퇴치협정(ReCAAP) 이행, 아세안 국가들에 대한 해군 함정 등 군수물자 지원 강화, 아세안 국가들과 해양 안보, 해양 영역 인식, 해양 경제, 해양 환경 분야 등 협력 강화, 동아시아정상회의(EAS) 차원의 전략적 논의 적극 참여 등을 언급하고 있다. 중점과제 5번 '경제안보 네트워크 확충' 부분에서는 아세안 10개국 모두 참여하고 있는 역내포괄적경제동반자협정(RCEP)을 언급하고, "아세안과 함께 경제·금융·식량 분야 협력에 적극 참여"한다고 쓰고 있다. 중점과제 7번인 '기후변화·에너지 안보 관련 역내 협력 주도' 부분에서도 "한-아세안 환경·기후변화 대화를 통해 아세안과 기후변화 대응 정책을 공조"한다고 쓰고 있다. 중점과제 8번 '맞춤형 개발 협력 파트너십 증진을 통한 적극적 기여 외교' 부분에서도 "아세안은 양자 ODA의 31%를 차지하는 우리의 최우선 협력 대상으로 디지털, 교육, 기후변화, 스마트시티, 교통 등 협력국 수요와 우리의 강점을 결합하여 지원을 확대할 것이다."라고 쓰고 있다.

앞에서도 이야기했듯이 기본적으로 한국 정부의 인도 태평양 전략 문서의 구성 체계는 개별 국가 또는 인도 태평양의 하위 지역(북태평양, 동남아시아 등)별로 언급하는 방식이라기보다는 "이슈"를 중심으로 하여 각 이슈별로 해당되는 지역을 그때 그때 언급하는 형태로 기술하고 있다. 그리고 각 이슈별 지역에 대한 언급 과정에서는 아세안에 대한 언급의 빈도가 높다. 사실 다른 국가나 하위 지역, 즉 북태평양, 남아시아, 오세아니아, 인도양 연안 아프리카 등에 비해 압도적으로 많다. 이는 결국 우리 인태 전략에서 아세안이 차지하는 비중이 높다는 점을 보여주는 것이며, 아세안은 인태 전략의 이행 과정에서 핵심 파트너라는 점을 정부에서도 자주 언급하고 있다. 이 지점에서 인도 태평양 전략과 과거 신남방정책과의 연결고리가 자연스럽게 찾아진다.

또한, 그 내용을 보면 우리 해군 퇴역함정의 아세안 국가에 대한 양도, 해양환경 등 해양 안보, RCEP, ODA와 관련한 중요한 협력 분야로 "디지털, 교육, 기후변화, 스마트시티, 교통"을 언급하고 있는 점 등 많은 부분 신남방정책과의 연결고리를 발견하게 된다. 이러한 점은 '한-아세안 연대 구상'과 비교하면 더욱 두드러진다. 어찌 보면 당연하고 자연스럽다. 그리고 '인도 태평양에 대한 아세안의 관점'에 대한 우리의 지지는 신남방정책 시기에 이미 표명해 왔던 내용이다.

그럼에도 일부 전문가들이 신남방정책과 한-아세안 연대구상을 비교하면서 차이를 부각하려는 과정에서 후자가 전자보다 '정치·안보' 협력에 비중을 더 두는 것으로 설명하는 경우가 있는데, 이와 관련해서는 몇 가지 유의할 필요가 있다. 우선, 신남방정책에서도 '평화' 축의 경우 정치·안보를 이미 상정하고 있었으며, 이는 아세안의 3대 공동체 가운데 '정치·안보 공동체'와 궤를 같이 하는 것이다. 구체적으로는 아세안과 기존에 구축된 협의체를 강화하는 것뿐만 아니라, 새로운 협의체를 창설하거나 격상하기도 하였다.

예를 들어, '한-메콩 협의체'는 2019년 장관급에서 정상 차원의 협의체로 격상되었고, 해양 동남아 국가들과도 2021년 새로운 '한-해양 동남아 협의체'를 출범시켰다. 이를 통해, 한-아세안 다자 차원, 한-메콩 및 한-해양 동남아 등 소지역 차원, 한-아세안 회원국 양자 차원 등 다층적인 협력의 틀을 이미 구축하였다. 아울러 아세안을 대상으로 하는 주요국과의 연계 협력의 경우에도 한-미 아세안 대화, 한-호주 아세안 대화 등 이미 협의체를 구성하여 운영하였다. 그리고 아세안을 둘러싼 주요 안보 이슈라 할 수 있는 남중국해 영유권 분쟁에 대해서도 매번 회의에서 빠짐없이 '항행의 자유 보장' 및 '유엔 해양법협약 준수' 등을 포함하여 우리의 입장을 명확히 표명하였고, 이는 미국, 호주, 일본 등 여타 회의 참석 국가들의 입장과 결을 같이 하는 것이었다.

둘째, '인도 태평양에 대한 아세안의 관점'에서 알 수 있듯이, 기본적으로 아세안이 기대하는 것은 역내외 주요국들이 '인도 태평양'을 언급하는 것은 좋으나, 지역을 대상으로 협력을 추진하는 과정에서 민감한 정치·안보 이슈보다는 '해양 협력, 연계성, 지속가능개발목표(SDGs), 경제' 등의 4대 우선 협력 분야에 집중해 달라는 것이다. 이와 관련하여, 아세안 국가에서는 신남방정책으로 인한 한국과의 협력에 높은 만족감을 표명해 왔다.[83] 따라서 아세안의 입장에서도 한-아세안 연대구상에 대해 신남방정책의 대체가 아니라 연장선에서 보는 경향이 강할 것으로 생각한다.[84]

앞에서도 보았듯이 우리 정부 전략의 내용을 바탕으로 일부에서는 전 세계 지역의 상당 부분을 우리 인도 태평양 전략의 대상으로 해석하고 있다. 그러나, 인도 태평양이라는 용어의 확산에 중대한 영향을 미친 미국의 '인도 태평양'의 지리적 범위를 생각해 보면, 아시아, 특히 동남아시아, 동북아시아, 남아시아를 중심으로 우리의 인도 태평양 전략을 바라보는 것이 현실적이고 적실성을 갖는다. 이 지역에 대해 우리가 새로운 우선 순위를 두는 것에 대해서는 우리 국민 다수도 충분히 공감할 수 있을 것이다. 현재의 그리고 앞으로의 우리의 국익에 있어 중요한 지역이라는 의미이다. 이 지역이 인도 태평양 지역 가운데서도 우리에게 핵심 대상이라 하겠다. 그리고, 기존의 주요 외교대상이던 중국과 일본을 제외하면, 다시 동

---

83 신남방정책에 대해서는 아세안측으로부터는 워낙 다양하게 그리고 빈번하게 다수의 긍정적인 입장 표명이 있었으나, 당시 우리 국내적으로 일부에서는 '중상주의적'이라는 비판을 하기도 하였다. 필자로서는 아세안측에서 신남방정책을 '중상주의적'이라 하거나, 특별히 비판하는 내용을 들어 본 기억은 없다. 오히려 정책의 '연속성'을 기대하는 목소리가 많았다.

84 이에 2022년 인도 태평양 전략 발표에 즈음하여 일부 언론에서 신남방정책의 "폐기"라고 평가하는 것은 적절치 않아 보인다.

남아시아와 남아시아 또는 인도가 남는다. 새로운 외교의 역량을 쏟을 대상으로 명확하게 동남아시아와 인도가 부각된다. 여기서 다시 한번 인도 태평양 전략과 신남방정책의 결이 닿는 지점이 발견된다.

다음으로 미국과 캐나다 등 북미, 유럽, 호주 등 대양주 국가들의 경우 그간 우리의 주요한 외교대상이었고, 앞으로도 그러할 것이다. 우리의 인도 태평양 전략은 이들 주요국과의 양자적 관계를 발전시키기 위한 것이라는 당위성이 어느 정도 있을 수는 있다. 한-미 간에 한반도 상황에 대해 협력하거나 기술협력, 우주개발이나 의료분야에서 협력하는 것 등이 그 예시가 될 것이다. 한국과 캐나다 간이나, 유럽의 각국과도 마찬가지다, 그러나 이들 국가와의 양자 관계 강화라는 부분을 인도 태평양 전략으로 설명하려 들면, 기존의 현실에 부합하지도 않고, 새로이 발표된 인도 태평양 전략의 방향성과도 부합하지 않는 측면이 있다. 다시 말해, 우리나라와 미국의 양자적 협력이나 우리나라와 EU의 양자적 차원의 협력을 굳이 인도 태평양 전략이라는 틀로 설명할 필요성이나 실익이 있느냐 하는 것이다.

다만, 인도 태평양 전략의 연계라는 측면에서 보면, 우리나라와 주요 역외국 간 공동으로 인도 태평양 지역 내 제3국을 대상으로 개발 원조 성과 사업을 발굴하여 추진하거나, 특정 국가를 대상으로 정치적 입장을 상호 조율하여 발신하거나 하는 것은 의미가 있다. 예를 들어, 한국과 호주가 공동으로 남태평양 도서국을 대상으로 기후변화 대응 역량강화 사업을 추진하거나, 한국과 미국, 일본 등 3국이 공동으로 미얀마의 쿠데타 상황에 대해 공동의 조율된 입장을 발신하거나 하는 차원이다. 이렇게 되면, 해당 연계 협력 국가와의 양자적 관계 증진 차원에서도 도움이 되고, 대상 국가에 대한 관여 증진이라는 차원에서도 도움이 된다. 대상이 되는 제3국이 인도 태평양 전략의 우선 순위 국가라면 모든 면에서 설득력과 당위성이 더 높아진다. 이렇게 보면 인도 태평양 전략 또는 그 하위 개념으로서의 '한-아세안 연대구상'은 과거 신남방정책의 추진 배경 그리고 그 내용과 궤를 같이 하는 부분이 더욱 크다.

1. 각국의 인도 태평양 정책 비교

인도-태평양 정책의 3가지 분류 기준

-지리적 위치, 우선순위 대상국, 미중관계

중국 견제와 새로운 파트너십 필요

미중 사이에서 갈라지는 국가군

-체제 경쟁 vs 포용적 협력

이 책을 마무리하면서 그간 살펴보았던 각국의 인도 태평양 정책에 대해 몇 가지의 기준을 적용하여, 이를 그룹별로 나눠 보려 한다. 첫 번째 기준은 '지리적 위치'이다. 인도 태평양 개념을 정부 문서에서 새로이 언급하면서, 전략, 정책, 지침, 관점 등으로 발표한 국가의 경우를 보면, 일부는 인도 태평양 지역의 외부에 위치하고, 다른 일부는 지역 내에 있다. 비교적 명료하게 드러나는 대목이다. 두 번째 기준은 각국의 인도 태평양 정책에서 나타나는 '우선 순위 대상국'이 어디인가이다. 아프리카 지역 일부까지를 포함하여 대개 매우 광범한 지역을 대상으로 인도 태평양 정책을 언급하고 있는데, 정책의 실제 우선 순위 대상국은 일부 국가로 제한되는 것으로 보인다. 세 번째 기준은 인도 태평양 정책을 발표한 국가의 '미국 및 중국과의 관계'이다. 인도 태평양 정책을 발표한 각국이 미국 그리고 중국과 어떠한 양자 관계를 유지해 왔고, 그것이 인도 태평양 정책에 어떻게 반영되어 있느냐 하는 것이다. 이러한 기준으로 국가를 나눠보는 이유는 여러 나라가 '인도 태평양'에 대해 이야기하는데, 해당 국가의 지리적 위치와 처해 있는 국제관계의 상황에 따라 '인도 태평양'에 대한 맥락이 달라지는 것을 입체적으로 이해할 수 있기 때문이다.

우선 인도 태평양에 대한 정책문서를 발표한 나라를 '지리적 위치'를 기준으로 몇 개의 그룹으로 나눠 보았다. 첫 번째 그룹은 지역 외부인데, 유럽이 이에 해당한다. 유럽의 경우 유럽연합(EU)을 포함하여 프랑스, 독일, 네덜란드, 그리고 영국인데, 모두 인도 태평양 지역 외부 국가이다. 프랑스가 인도양과 태평양의 프랑스령 자치 지역을 언급하면서 인도 태평양의 상주 국가(resident power)라고 주장하지만, 아무래도 객관적으로 지역 외부 국가이다. 전체적으로 유럽은 과거 덜 중시했던 아시아에 대해 외교 관계를 강화하고, 경제적 협력도 강화하려는 의지를 새로이 보인다. 미국이 오바마 행정부에서 아시아 재균형 정책을 발표했을 때만 해도 유럽에서는 그러한 노력을 보이지 않았으나, 트럼프 행정부에서 인도 태평양 전략을 발표하고 나서는 유럽 역시 아시아에 대해 정책의 관심도를 끌어올렸다고 보아야 하겠다. 그 이유를 찾는 것은 그다지 어렵지 않다. 인도 태평양 지역이 세계 경제의 성장을 견인하고 있고, 앞으로 그러한 추이는 지속될 것으로 보기 때문이다.

두 번째 그룹은 지역 내부인데, 이는 다시 북아메리카(미국과 캐나다), 남아시아(인도), 동남아시아(아세안), 동북아시아(한국, 일본), 오세아니아(호주) 등으로 구분된다. 다만, 미국과 캐나다는 유럽이 보는 시각에서는 명시적으로 인도 태평양 정책의 대상에 포함하지 않고 있고, 직접적 고려의 대상이 되는 국가도 아니다. 미국과 캐나다 스스로 인도 태평양 국가라고 칭하는 것과는 대조를 이룬다. 이를 반영하여 아래 표에서는 미국과 캐나다를 기본적으로 지역 내부 국가에 포함하되, 다른 국가와는 점선으로 구분하였다.

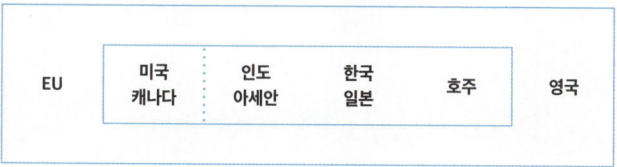

EU	미국 캐나다	인도 아세안	한국 일본	호주	영국

다음으로 각국의 정책에서 드러나는 '우선 순위 대상국'이 어디인가를 기준으로 국가들을 나눠 보았다. 우선 순위 대상국이란 인도 태평양 정책을 발표하는데 핵심 배경이 된 국가이다. 아래 표에서는 인도 태평양 정책을 발표한 국가별로 어느 국가들이 주요 고려 대상이 되었는지를 정리해 보았다. 그리고 이와 별개로 각국 인도 태평양 정책과의 연계 협력 대상도 정리해 보았다. '주요 고려 대상'은 인도 태평양 정책의 직접적인 대상 국가로 언급되어 있으면서, 실제로도 핵심적인 정책의 대상이 되는 국가들이다. '연계 협력 대상'은 정책의 직접적 고려 대상으로 언급되어 있지는 않으나, 연계하여 협력할 파트너 국가로 이해할 수 있다. 예를 들어 캐나다와 EU의 경우 인도 태평양 전략의 대상국에 미국이 포함되어 있지 않아서 연계 협력 대상으로 미국을 포함하였다.

주요 고려 대상의 두 번째 항목은 다시 좌우 칸으로 구분하였다. 오른쪽 칸에는 인도 태평양 정책과는 별개로 이미 양자 관계 차원에서 정책 우선 순위에 포함돼 있던 국가다. 다만, 인도 태평양 정책으로 인해 이들과의 관계를 더욱 강화하려는 의지를 보인다는 의미이다. 대표적으로 쿼드(Quad)가 그러하다. 따라서 미국의 경우 오른쪽 칸에 일본, 호주를 포함하였다. 또한, 한·미·일 협력과 같은 3자 협의체 역시 그러하다. 따라서 한국 역시 오른쪽 칸에 포함하였다. 왼쪽 칸에는 인도 태평양 정책으로 인해 정책적 비중이 새롭게 높아진 경우이다. 왼쪽 칸에 공통적으로 인도와 아세안이 새로운 우선 순위의 대상이 되고 있다. 한편, 각국이 인도 태평양 지역의 여러 가지 정치안보 및 경제통상 관련 지역 협력체에 참여하는 현

황도 정리하였다. 지역 협력체의 경우 쿼드(Quad), 오커스(AUKUS), 동아
시아정상회의(EAS), 인도 태평양 경제프레임워크(IPEF), 지역적 포괄적
경제 파트너십(RCEP), 포괄적 점진적 환태평양 파트너십(CPTPP), 아시
아 태평양 경제협력체(APEC) 등을 대상으로 하였다.

다만, 이러한 분류에는 유의할 점이 있다. 단순하고 입체적으로 이해
할 수 있는 장점이 있어 이렇게 정리하였으나, 단순화에 따르는 유의 사
항 정도로 이해하면 되겠다. 우선 각 국가의 주요 고려 대상은 인도 태평

	미국	캐나다	호주	EU 영국	일본	한국	인도	아세안
	중국	중국	중국	중국	중국	미국 중국	미국 중국	미국 중국
주요 고려 대상	인도 아세안 / 일본 호주 한국	인도 아세안 / 일본 한국 호주	인도 아세안 / 미국 일본 한국	인도 아세안 / 일본 호주 한국	인도 아세안 / 미국 인도 호주	인도 아세안 / 일본 호주 캐나다	일본 호주 아세안 한국 영국 EU 캐나다	일본 호주 한국 EU 인도 캐나다 영국
연계 협력 대상	EU 영국 캐나다	미국 EU 영국	미국 영국 캐나다	미국 캐나다	EU 영국 캐나다	EU 영국		
지역 협력체 참여	쿼드 오커스 EAS IPEF APEC	CPTPP APEC	쿼드 오커스 EAS IPEF RCEP CPTPP	CPTPP[1]	쿼드 EAS IPEF RCEP CPTPP APEC	EAS IPEF RCEP APEC	쿼드	EAS IPEF[2] RCEP CPTPP[3] APEC[4]

[1] 유럽 국가 가운데 영국이 CPTPP에 참여하고 있다.

[2] 아세안 10개 회원국 가운데 브루나이, 인도네시아, 말레이시아, 필리핀, 싱가포르, 태국, 베트
남 등 7개국이 IPEF에 참여하고 있다.

[3] 아세안 회원국 가운데 브루나이, 말레이시아, 싱가포르, 베트남 등 4개국이 CPTPP에 참여하
고 있다.

[4] 아세안 회원국 가운데 브루나이, 인도네시아, 말레이시아, 필리핀, 싱가포르, 태국, 베트남 등
7개국이 APEC에 참여하고 있다.

양 정책을 발표할 당시에 그 배경으로 작용한 대상국 우선 순위라는 의미이며, 이것이 각국 대외정책 전반의 우선 순위와 항시 직결되는 것은 아니다. 그리고 이는 상황에 따라 또는 이슈별로 변경될 수도 있다.

이 표를 통해 드러나는 결론은 여러 나라가 '인도 태평양'을 언급하는 주요 배경에는 '중국, 인도, 아세안, 일본, 호주, 한국, 미국'이 있다는 것이다. 우선, 정책이나 지역 단위로서 '인도 태평양'을 언급하는 이유의 중심에는 '중국'이 있다. 위의 표에서도 모든 나라에 우선 순위 대상으로 표시해두었다. 정작 중국은 인도 태평양 개념을 수용하지 않는데, 다른 나라의 인도 태평양 정책의 중심에는 중국이 자리하고 있다. 실제로 그러하거니와 또한 국제사회에서 대부분 그렇게 인식한다.[5] 경제적으로나 군사적으로 무섭게 성장하는 중국이 추구하는 이념과 가치가 오랫동안 서방 세계에서 옳다고 믿어 왔던 신념과 일치하지 않는다고 생각하는 상황에서, 중국에 대한 우려와 관심은 더욱 커질 수밖에 없다. 그러나, 그 성장하는 추이와 속도를 보았을 때 기회의 요인이라는 측면도 당연히 고려해야 한다. 이러한 관심과 우려는 인도 태평양 역내 국가와 외부의 국가 모두 공유하는 부분이다.[6]

그리고, 정책이나 지역 단위로서 인도 태평양을 언급하는 다른 이유의 중심에는 인도, 아세안, 일본, 호주, 한국이 있다. 사실 일본, 호주, 한국의 경우 인도 태평양 정책을 발표한 다른 국가들이 양자적으로 이미 긴밀한

---

[5] 이들 국가의 입장을 보면, 중국을 경쟁적으로 바라보거나, 우려하는 시각으로 바라보거나, 협력의 대상으로 인식하거나 또는 이들 입장이 혼재하여 나타나는 등 다양하다. 이러한 각국의 입장에 대해서는 앞서 이 책 본문에서 확인할 수 있다.

[6] 그러나, 중국은 '인도 태평양'의 개념을 처음부터 배격하였다. 일부 국가가 아시아 지역에 대해 인도 태평양을 언급하는데, 이는 결국 중국을 배제하고, 지역을 분열시키는 서구 세계의 책략으로 받아들인다. 지리적 개념으로라면 굳이 인도 태평양이 아니라 '아시아', '아시아 태평양'으로 표현하면 된다는 것이다.

관계를 유지해 오고 있었기에 신선함은 떨어진다. 그러나, 인도와 아세안의 경우에는 새로운 관심의 대상이다. 인도는 중국의 부상에 대응하기 위한 측면으로 보든 인도 그 자체의 잠재력으로 보든 관심의 대상이 되기에 손색이 없다. 그리고 아세안(ASEAN) 역시 그러하다. 인구 규모는 중국이나 인도에 비해 적지만, 10개국이 단합하여 유연한 외교력을 발휘하면서 지역 내 탄탄한 입지를 굳히고 있다. 인도의 경우와 마찬가지로 중국의 부상에 대응하기 위한 측면으로 보든 아세안 그 자체의 잠재력으로 보든 관심의 대상이 되기에 손색이 없다.

한편, 인도 태평양에 대한 인도와 아세안의 입장은 이 지역에서 실질적인 협력을 강화하자는 것이다. 이는 전반적인 경제 협력, 즉 인프라 건설에서부터 미래산업에 대한 협력까지를 포함한다. 이러한 과정에서 그 명칭이 인도 태평양으로 불리느냐 아니냐는 중요하지 않다. 물론 인도의 경우에는 아시아 태평양보다는 인도양을 명시적으로 표명하는 '인도 태평양'을 선호하는 경향이 분명해 보인다. 다만, 인도나 아세안은 인도 태평양 개념의 등장을 통해 아시아 지역에서 특정 국가를 대상으로 한 대결 국면이나 긴장이 심화되는 것을 원치 않는다는 입장을 명확히 하고 있다. 그 특정 국가, 즉 중국이 이미 지역 내 주요한 행위자로 부상해 있고, 중국과의 관계를 훼손하지 않고 안정적으로 끌고 가는 것이 모든 국가에 유리하다는 인식이 명확하기 때문이다. 이러한 인식은 중국과 일부 불편한 '현안 이슈'를 갖고 있는 인도나 아세안 회원국 개별 국가에도 기본적으로 유사하게 발견된다.

또한, 인도 태평양을 언급하는 다른 이유의 중심에는 '미국'이 있다. 일본이 인도 태평양을 먼저 언급하기는 하였으나, 국제관계에서 이 용어가 더욱 보편화된 시점은 미국이 '인도 태평양' 개념을 본격적으로 도입한 이후다. 따라서 미국이 '인도 태평양'을 언급한 이후 국제관계에서 미국과 긴밀한 양자 관계를 맺어 왔던 여러 국가 역시 이에 관심을 가지게 된다. 이와 관련하여 위의 표에서는 캐나다, 호주, EU, 영국, 일본의 경우에는 중국을 우선 고려 대상 그리고 미국을 연계 협력 대상으로 하였으나, 한국, 인도, 아세안의 경우 미국과 중국을 공히 우선 고려 대상으로 표시하였다. 전자의 국가 그룹에서는 중국을 "체제 경쟁자", "체제 교란자" 등으로 정의하고, 이를 우선 고려 대상으로 하여 인도 태평양 전략을 먼저 구상하였으며, 전략을 이행하는 과정에서는 미국과의 연계를 필수적인 것으로 본다. 당초부터 미국과의 양자 관계 차원을 우선하여 인도 태평양 전략을 구상한 것은 아니라는 의미이기도 하다.

그러나 인도와 아세안, 그리고 한국의 경우는 다르다. 먼저 인도와 아세안의 경우는 특정 국가에 대한 우려를 강조하기보다는 지역 내에서 미국과 중국 두 나라 간의 갈등과 경쟁이 악화하는 상황에 대한 우려를 표출한다. 또한, 모든 나라를 포용하여 지역 내 실질적인 협력이 강화되어야 한다는 입장이다. 이에 인도와 아세안의 경우에는 미국과 중국 두 나라를 가장 중요한 우선 고려 대상으로 포함하였다. 다만, 한국의 경우에는 중국에 대한 우려를 우선적으로 고려하여 인도 태평양 전략을 발표했다기보다, 미국의 인도 태평양 전략 발표 역시 동시적으로 고려한 것으로 보아야 하겠다. 즉 '중국과의 양자 관계 관리' 및 '미국과의 양자 관계 강화'라는 목적이 동시적으로 중요하게 작용했다고 볼 수 있다. 우리 언론과 학계에서의 평가도 그러하다. 2022년 11월 우리 '인도 태평양 전략' 발표에 대해 국내 언론과 전문가들은 미국과 중국 사이에서 미국 쪽으로 기우는 모습으로 해석하는 경우가 많았다.[7] 다른 국가에서 인도 태평양 전략을 발표했을 때 '중국과의 적절한 거리두기', '중국과의 냉정한 관계 인식' 등 '미국'에 대한 언급보다는 '중국'을 염두에 두고 평가하는 경우가 많은데, 한국의 인도 태평양 전략의 발표에 대해서는 '미국'과 '중국'을 동시에 거론하면서 평가하는 모습을 보였다.

　이제 인도 태평양 정책을 발표한 국가의 "미국 및 중국과의 관계"를 기준으로 다시 몇 개의 그룹으로 나눠 보고자 한다. 인도 태평양 정책을 발표한 각국이 미국 그리고 중국과 어떠한 양자 관계를 유지해 왔고, 그것이 인도 태평양 정책에 어떻게 반영되어 있느냐 하는 것이다. 위쪽 국가들은 인도 태평양 외부의 국가들이고, 아래쪽은 내부의 국가들이다. 인도 태평양 정책을 발표한 국가들이 미국과 중국 사이에서 어느 정도의 상대적 거리감을 갖고 있는지를 보기 위해 만든 표이다. 물론 여기서도 유의할 점이 있다. 다수의 국가는 미국과 중국 사이에서 어느 한쪽에 기울어 있는 모습으로만 보이기를 원치는 않는다. 따라서 아래 표에서는 인도 태평양 정책을 발표한 모든 국가를 일단 어느 한쪽에 치우치지 않고 중앙에 배치하였고, 그 안에서 국별로 다소의 위치 차이를 두었다. 즉, 캐나다, EU, 영국, 일본, 호주는 중국과의 거리가 미국과의 거리보다 상대적으로 멀다. 인도 아세안의 경우에는 그 반대편에 배치하였다. 그러나 이러한 배치는 지극히 상대적이다. 절대적이지 않고, 상황에 따라 가변적이며, 따라서 중앙에 있는 전체 국가 박스가 좌우로 이동할 수 있고, 그리고 박스 내 국가도 그룹을 이동할 수 있기에 이를 실선이 아니라 점선으로 표시하였다. 10

미국	캐나다, EU, 영국,	독일, 프랑스		중국
	일본, 호주	한국	인도, 아세안	

7　그러다 보니 인도 태평양 '전략'이라는 명칭을 사용하였음에도 중국을 주요한 '협력 대상국'으로 포함하였는데, 인도 태평양 전략을 발표한 다른 국가와 다소 뉘앙스의 차이를 보인다. 이에 대해 이 책 9장 한국 편에서 자세히 다루고 있다.

개국 또는 3개 국가 그룹별(캐나다, EU, 영국, 일본, 호주 / 독일, 프랑스, 한국 / 인도, 아세안) 비교에 일정 부분 의미가 있는 것이지 특정 국가 그룹이 중립적이라거나 어느 한쪽에 치우쳐 있다고 단정하기는 곤란하다.

2. 인도 태평양의 미래 그리고 한국의 선택
양자택일 거부 전략, 개별 이슈로 국익 중심 판단
독자적 가치 외교, 한국 고유의 원칙과 기준 필요
균형적 질서 참여하면서 국제질서에 능동적 대응

지리적인 측면에서 어디부터 어디까지가 인도 태평양인지에 대해 국제사회가 동의하는 범위는 정해져 있지 않다. 하나의 대양만으로도 많은 나라가 포함될 텐데, 처음부터 두 개의 거대한 해양을 연결하다 보니, 범위를 명확히 하기가 쉽지 않은 것은 당연하다. 그러다 보니, 각국의 정책이나 전략적인 관점에서 범위가 변한다. 다양한 유엔 기구에서도 아직 지리적 범위로서 인도 태평양이라는 분류 개념을 도입하지는 않았다. 유엔 기구의 입장에서 '인도 태평양' 개념은 지리적 범위가 과도하게 넓어서 분류의 실익이 없기 때문이다.

그리고 인도 태평양의 개념이 모든 국가에 아시아 태평양의 자연스러운 지리적 확장으로 인식될 수 있다면, 인도 태평양에 대해 특별히 불편하게 느끼거나 부담스럽게 느낄 필요가 없다. 그러나 이는 처음부터 단순히 지리적 개념만은 아니었으며, 이 용어를 처음 유행시킨 일본 아베 신조 총리의 당초 의도에서 알 수 있다. 중국을 둘러싸는 "안보 다이아몬드" 개념이 그것이다. 2007년 아베 총리의 인도 의회 연설 당시 연설문 작성에 직접 관여했던 다니구치 토모히코(Taniguchi Tomohiko)에 의하면, "아베 총리는 아시아 태평양 개념으로는 인도를 끌어안는(embrace) 데 실패했다는 것을 알아챘다."라고 하였다. 그리고 10여 년 이후 인도 태평양 용어를 더욱 유행시킨 것은 미국이었는데, 미-중 간 무역 통상 갈등이 첨예하게 벌어지던 트럼프 대통령 시기 인도 태평양 전략은 미국 우선주의 이념과 섞이면서 단순히 지리적 개념이 아니라 중국에 대항하기 위한 개념으로 받아들여졌다.

캐나다 브리티시 콜롬비아 대학의 폴 에반스(Paul Evans) 교수는 2022년 12월 19일자 East Asia Forum 글에서 아시아 태평양과 인도 태평양 개념을 이렇게 구분하였다. 초기 아시아 태평양 개념은 '포용적인 다자주의(inclusive multilateralism)', '개방적 지역주의(open regionalism)', '중국에 대한 관여(engagement)'의 시기에 태동하였는데, 인도 태평양 개념은 '강대국 간 경쟁', '기술과 통상의 안보 이슈화(securitization)', '분절되고 있는 세계화', '동맹의 강화', '규칙 기반 국제질서' 등의 산물이라는 것이다. 그러나, 수년 전부터 정책이나 전략적인 측면에서 국가별로 '인도 태평양'을 찬성 또는 반대하느냐와 무관하게 인도 태평양 개념은 많은 나라들이 편하게 언급하고 있다. 찬성 또는 반대의 문제가 아니라 우리 인식의 영역에 이미 들어와 있는 것이다. 따라서 중국 정부를 제외하고 '인도 태평양'을 사용하는 데 명시적으로 불편을 느끼는 경우는 드물게 되었다. 아마 앞으로도 그러할 것이다.

트럼프 1기 행정부 시절보다는 바이든 대통령 시기를 거치면서 이러한 경향성이 더욱 강해졌다. 시간의 흐름에 따라 자연스럽게 여러 나라가 인도 태평양 개념에 더욱 익숙해졌다는 측면도 있지만, 트럼프 행정부 시기와 달리 바이든 행정부 시기에는 동맹과 우방국 그리고 국제사회에서의 중요한 원칙에 대한 미국의 의지 등이 더욱 세련된 모습으로 표출되면서, 인도 태평양 개념에 대한 '수용성'도 높아졌다고 보아야 하겠다.

다만, 지리적 명칭(nomenclature)으로서 인도 태평양이 아시아 태평양을 대체하는 개념이 되기는 어려울 것이다. 일반인뿐만 아니라, 정부 관료나 학자들에게도 마찬가지이다. 결국 공존하는 개념이며, 앞으로도 그러할 것이다. 당장 21개국으로 구성된 아시아태평양경제협력체(APEC)는 매년 정상회의에서부터 각료회의, 실무회의 등 다양한 레벨에서 회의가 개최되고 있다. 1989년 11월 12개국으로 시작한 APEC은 환태평양 국가들의 경제협의체로 자리 잡고 있다. 국제원자력기구(IAEA), 국제민간항공기구(ICAO) 등 다양한 국제기구에서도 지리적 구분이 필요한 경우 아시아태평양 개념은 여전히 광범하게 활용되고 있다. 미국의 태평양 사령부가 인도 태평양 사령부로 명칭이 변경되는 사례처럼 개념이 대체되는 경우가 있으나, 기본적으로 지리적인 구분이라는 관점에서 두 개념이 상호 배타적인 것으로 생각할 필요가 없다. 마찬가지로 동아시아라는 지역의 명칭도 여전히 사용되고 있으며, 앞으로도 그러할 것이다. 아세안이 매년 개최하는 회의 중에 동아시아 정상회의(East Asia Summit)에는 2005년 출범 당시부터 아세안(10개국)과 한국, 중국, 일본 이외에 호주, 뉴질랜드, 인도까지 이미 포함되었다. 더욱이 2011년부터는 미국과 러시아까지 참여하여 18개국 체제로 운영되고 있다. 정치적인 협의체는 반드시 지리적인 명칭과 일치하지는 않음을 보여준다.

이제 마지막으로 인도 태평양의 지리적 개념과 별개로 미국과 중국의 관계 그리고 이 관계의 틀 속에서 우리의 나아갈 방향에 대해 생각해 보고자 한다. 미국과 중국의 관계는 소위 말하는 '대국의 관계'로서 그들 스스로 경쟁과 갈등을 거치면서 그리고 때로는 직간접적으로 긴밀히 소통하면서 절충점을 모색해 나간다. 2025년 1월 개최된 트럼프 대통령의 취임식을 준비하면서 당시 당선인측은 이례적으로 중국 시진핑 주석을 취임식에 초청하였다. 외국 정상이 미국 대통령의 취임식에 초청되거나 참석하는 사례는 매우 이례적이라 미국 내에서도 '외교적 쇼'라고 비판받기도 하지만, 중요한 것은 미국과 중국은 필요하면 나름의 관계 설정을 위한 서로의 노력을 한다는 것이다.[8]

　미국과 중국 사이에는 서로에 대한 의존도가 일정 수준 이상으로 이미 형성돼 있다. 서로를 외면할 수 있는 상황이 아니다. 양측이 서로 관계를 벗어난다는 의미를 가진 '디커플링'(decoupling)을 추구하기에는 비용이 너무 높다. 2023년 기준 교역 규모를 보면, 미국의 상위 수출 5개국은 캐나다, 멕시코, 중국, 네덜란드, 독일 순인데, 북미자유무역지대(NAFTA)인 캐나다와 멕시코를 제외하면, 역외국으로서는 중국이 가장 높다. 그 비중에 있어서도 7.3%를 차지한다. 중국에게 미국의 비중은 더욱 높다. 중국의 상위 수출 5개국은 미국, 홍콩[9], 일본, 한국, 베트남이다. 미국의 비

순위	미국			중국		
	국가	수출액(불)	수출비중(%)	국가	수출액(불)	수출비중(%)
1	캐나다	3,532억	17.5	미국	5,060억	14.8
2	멕시코	3,232억	16.0	홍콩	2,787억	8.1
3	중국	1,478억	7.3	일본	1,581억	4.6
4	네덜란드	822억	4.1	한국	1,509억	4.4
5	독일	767억	3.8	베트남	1,418억	4.2
	수출총액	2조171억	100	수출총액	3조4,217억	100

미국과 중국의 수출 상위 5개국(2023년) * 자료 : 한국무역협회

8　2025년 1월 20일 개최된 트럼프 대통령의 취임식에는 시진핑 주석이 참석하지는 않았지만, 시 주석의 특별 대표 자격으로 한 정 중국 국가 부주석이 참석하였다. 중국 외교부 대변인은 1월 17일 중국측 취임식 참석 인사를 발표하면서, "중국은 미국의 새 정부와 대화와 소통을 강화하고 갈등을 적절히 관리하며, 상호 이익이 되는 방향으로 협력하기를 바란다."라고 했다.

9　홍콩은 중국에 속해 있기는 하나, 무역지표를 별도로 산정한 한국무역협회 자료를 그대로 인용한 것임.

중이 14%이다. 지난 수년간 서로 간의 무역 갈등 및 전략적 경쟁 상황에서 상대와의 교역 비중이 다소 줄어드는 추이를 보이고는 있으나, 여전히 교역 규모나 비중은 상당한 규모다.

물론 경제적 상호 연계 또는 상호 의존 상황에도 불구하고, 미국과 중국은 여러 측면에서 부딪히는 상황이 발생한다. 군사 안보 측면에서나 경제통상, 과학기술, 가치와 이념 등 많은 부분에서 경쟁과 갈등이 불가피하며, 미국과 중국 공히 이 부분에 대해 인정하고 있다. 그 과정에서 두 나라를 위해 그리고 전 세계를 위해 '투키디데스 함정'에 빠지지 않고, 물리적 충돌 양상으로 치닫지 않아야 한다. 이에 대해서도 두 나라가 가장 잘 인식하고 있다. 각자의 국익을 위해 최선의 판단이라 믿는 정책적 고려를 이어갈 것이다.

그러면 한국 역시 마찬가지이다. 한국의 '국가 이익'을 기준으로 미국과 중국 간의 관계를 바라보고 판단해야 한다. 이러한 우리의 국익은 이 두 나라 모두에 있다. '안보는 미국, 경제는 중국'이라는 프레임도 적절하지 않다. '미국과 중국 모두' 그리고 '안보와 경제' 모두다. 국익에 대한 고려를 최상위에 두어야 한다. 사실상 이러한 상황은 현 국제사회 전반에 걸쳐 많은 국가에 공통적으로 그러하다. 따라서, 미국과 중국에 대한 관계를 주요국 사이의 '선택'의 문제로 본다거나 양자택일의 프레임으로 보는 데 대해서는 이를 명확히 반대해야 한다. "고래 싸움에 새우 등 터지는 신세"라는 한탄이 대표적이다. 새우도 아닐뿐더러 등이 터지지 않으려고 어느 한쪽 고래 편에 붙어 있을 필요도 없다. 그리고 두 고래 역시 늘 싸움만 하는 것도 아니다. 아프리카 속담에 "코끼리 두 마리가 사랑을 나누든 싸움을 하든 바닥에 있는 풀은 피해를 입는다."라는 것이 있다. 이 역시 마찬가지이다. 두 강대국 사이에 낀 많은 나라의 상황을 비유하여 표현하는 말이기는 하나, 굳이 그렇게 비관적으로 바라볼 필요가 없다. 어떻든 어느 국가와도 의도적으로 거리를 두거나 불편해질 필요가 없다. 특정한 이슈에 대해 결과론적으로 특정 국가에 편을 들거나 기울어지는 모습으로 비춰질 수는 있겠으나, 그것은 이슈 자체를 기준으로 하는 것이다. 애초부터 특별히 편을 들려는 의도를 전제하는 것은 바람직하지 않다.

그리고 국익은 실리로 정의되는 국익이 있고, 명분이나 가치, 이념으로 정의되는 국익이 있다. 실리와 명분이 늘 일치하는 것도 아니지만, 그렇다고 늘 불일치하는 것도 아니다. 현실적으로 어려운 상황에 놓일 수는 있으나, 실리와 명분을 서로 배타적인 것으로 여길 필요가 없다는 것이다. 그래서 원칙이 필요하다. 때에 따라 달라지는 것이 아니라 일관되게 설명할 수 있는 원칙이 중요하다. 명분이나 가치, 이념의 경우에 특히 '원칙'에 집중해야 한다. 그러한 원칙에는 일관성이 있어야 한다. 그리고 적절한 선, 경계도 필요하다. 명분이나 가치, 이념이라고 하면, 자유, 인권, 법의 지배, 자유민주주의와 같은 가치체계를 의미한다.

지난 수십 년에 걸쳐 고귀한 대가를 치르고 얻은 대한민국의 성숙한 민주주의를 생각하고, 경제적으로는 세계 10위권의 경제 규모를 자랑하는 국가로서 국제사회의 바람직한 가치체계에 관심을 갖고, 가치의 증진과 고양을 위해 목소리를 내고 역할을 하는 것은 자연스러운 일이다. 그러나 목소리를 내고 역할을 할 때 적절한 선과 경계는 필요하다. 국가마다 이러한 가치체계에 대한 개념이 같지 않기 때문에 가치에 대해 비판을 받고 지적을 받는 상대로서는 국내 문제 개입이라는 논리로 불쾌감을 표출하는 경우가 많다. 그만큼 민감할 수밖에 없는 이슈이다. 이뿐만이 아니다. 우리나라가 가치체계와 관련한 모든 국제 이슈에 대해 목소리를 내는 것은 현실적으로 가능하지 않기 때문이다. 따라서, 어떤 가치에 대해 우리가 대외적으로 표명하게 될 목소리의 선과 경계는 결국 우리 국내 사회가 대체적으로 공감하고 컨센서스를 가질 수 있는 지점에 의해 좌우될 것이다.

또한 중요한 것은 가치에 대한 우리 스스로의 입장, 우리 스스로의 판단이 필요하다는 것이다. 가치와 관련하여 대한민국이 언급하는 그 대상이 중국의 홍콩이나 신장, 티벳이 될 수도 있고, 북한이 될 수도 있고, 중남미나 아프리카의 국가가 될 수도 있다. 이 경우 입장을 표명할 때에는 우리 스스로의 원칙과 기준에 따른 판단이어야 하겠다. 가치체계와 관련하여 구체적인 상황에 대한 우리의 판단이 명확하지 않은데, 주요 국가의 입장에 맞춰 가는 것으로 우리의 입장이 마련되는 것은 바람직하지 않다. 그러기 위해서는 해당 이슈에 대해 필요한 정보와 이해를 갖고 있어야 한다. 서방 세계를 중심으로 일반화되어 있는 "규칙 기반 질서" 개념에 대해서도 마찬가지다. 2차 세계대전 이후 승전국을 중심으로 즉 미국과 서구를 중심으로 형성되어 온 규칙 기반 질서라는 개념은 용어 그대로는 문제가 있어 보이지 않지만, 중국에서는 이 질서라는 것이 미국과 서구 주도의 그리고 그들만의 이익을 지키고 중국의 이익을 억누르기 위한 질서라는 의미로 받아들인다. 기득권을 가진 국가에 유리한 기존 질서 체계이므로 새로운 역학 구도와 이해관계를 반영하여 바뀔 부분은 바뀌어야 한다는 것이다. 이에 대해서는 중국뿐만 아니라 브릭스(BRICS) 국가들과 글로벌 사우스 전반적으로 주장하는 부분이기도 하다. 유엔 안보리 이사국에 아프리카 국가의 의석을 배정해야 한다든지 IMF나 세계은행과 같은 국제 금융 기구에서의 약소국의 의사가 더 반영되어야 한다든지 선진국 그룹이 최빈국의 대외채무 문제 해결에 더욱 적극적으로 나서야 한다든지 하는 문제들이 전체적으로 연결되어 있다.

우리의 경우에도 서구 중심의 기존 질서로부터 많은 혜택을 받았고, 앞으로도 자유롭고 개방된 시장 경제 질서, 자유민주주의 그리고 소위 규칙 기반 질서가 유지되는 것이 우리의 국익에 도움이 된다. 그렇다면 이러한 질서가 교란되고 불안정해지는 상황에 대해서는 명확히 일관된 입장을 표명하는 것이 바람직하다. 그 사례가 러시아의 우크라이나 침공에 대한 명확한 입장을 표명한 것이었다. 2022년 2월 외교부는 "러시아의 우크라이나 무력 침공은 유엔 헌장의 원칙을 위배하는 행위로서 이를 강력히 규탄한다."라고 했다. "우크라이나의 주권, 영토 보전과 독립은 존중돼야 한다."라고 덧붙였다. 러시아에 대한 경제제재 참여 가능성도 열어 놓았다. 2021년 2월 미얀마 쿠데타 상황에 대해서도 그러했다. 미얀마 군부에 대한 규탄 입장을 명확히 했다. 독자적인 제재 조치도 취하였다. 5·18 광주 민주화 항쟁과 같은 유혈사태를 경험한 우리로서는 미얀마 상황에 대해 국내 사회 전반적으로 많은 관심을 가졌다. 우리 정부가 강경한 입장을 보이는 것 역시 우리 사회 전반적으로 당연하게 받아들여졌다.

2025년 1월 미국의 트럼프 대통령이 취임하였다. 트럼프 2기 행정부이다. 대외관계에 있어 우크라이나의 전쟁 상황, 중동 지역의 불안정 상황, 북한 문제, 통상문제 등 다양한 우려와 기대가 공존한다. 그리고 트럼프 신 행정부의 인도 태평양 지역에 전략에 어떠한 변화가 있을지도 관심이다. 다만, 인도 태평양 전략 자체는 트럼프 1기 정부에서 시작되었으므로, 이러한 전략 방향의 틀에 큰 변화가 있지는 않을 것으로 보인다. 그러나, 인도 태평양 전략 자체를 떠나 트럼프 행정부에서 진행될 아시아 주요국에 대한 정책의 내용이나 방향에서 일정 수준 변화도 있을 것으로 짐작할 수 있다. 우리 역시 그 대상 가운데 하나이기도 하다. 이미 트럼프 대통령은 동맹이든, 전통적 우방이든, 우려 국가이든 전방위적으로 국가별 또는 제품별 관세 부과조치 카드를 활용하기 시작하였다. 주요 국제기구로부터의 탈퇴와 자금 지원을 중단하고 있다. 개도국과 저개발국 구석구석에서 USAID가 지원하던 사업에 대해 대대적으로 손질을 할 채비를 하고 있다.

이러한 조치의 핵심은 결국 미국 유권자들에게 미국 시민이 납세한

"돈"이 다른 곳이 아닌 미국민을 위해 쓰여진다는 확신을 주고 싶다는 것이다. 사실 이 명분 자체에 대해 누구도 반대하기 어렵다. 단기적으로 유권자들에 호소력이 강하다. 작년 대선에서 압도적으로 승리하고 취임한 정권 초기이니만큼 공세적으로 어젠다를 펼쳐 나가는 것 역시 당연해 보인다. 그러나, 이러한 조치들이 미국 시민들이 누리게 될 실질적인 혜택으로 나타날지 또는 유권자들의 인식에 변화가 생길지 여부에 따라 수위 조절은 이루어질 것으로 보인다. 그리고 국제사회에서 미국을 상대하는 다른 나라 정부와 민간 역시 각자의 국익을 위해 움직이는 상황에 일방주의적으로 비치는 미국의 조치에 대해 반작용이 일어날 수 있다. 많은 이슈에 있어 일정 시기까지는 긴장을 높여갈 것으로 보이나, 계속해서 불안정하고 불편한 국제관계로 몰고 가지는 않을 것이며, 적절한 선에서 양자적인 다자적인 절충점을 찾아갈 것으로 전망된다. 유권자들로부터도 충분한 공감을 얻지 못하면 그 시기는 더 앞당겨질 수 있다.

서로의 국가 이익이 수렴되는 지점은 항상 존재하며, 우리와 미국 사이에는 늘 그랬듯이 동맹 관계 그리고 공유하는 가치를 기반으로 상호 이익이 수렴될 가능성이 높다. 트럼프 신정부 하에서도 양자관계는 그러한 방향에서 관리될 수 있을 것이다. 개별적인 발언이나 조치의 징후에 과도하게 반응할 필요는 없으며, 우리의 국익에 초점을 맞추고 상호 간 국익에 균형이 이루어지는 지점을 찾아 정책을 조정해 나가야 할 것이다. 그러면서 중장기적으로 양국의 인도 태평양 전략 간에도 계속해서 연계 협력을 이어갈 필요가 있다.

3. 이재명 정부의 출범

신남방정책의 계승·발전, 글로벌 사우스 외교로의 지평 확대 의미

<신남방 2.0> 한국판 '인도 태평양 전략'이자 '글로벌 사우스 전략'

2024년 12월 3일 초유의 계엄 선포, 이후 펼쳐진 윤석열 대통령에 대한 탄핵 정국, 2025년 6월 대통령 선거 그리고 이재명 정부의 출범. 이 모든 상황이 6개월여 만에 이루어졌다. 대한민국의 역동성, 민주주의 회복력을 다시 한번 전 세계에 보여주는 시간들이었다. 이재명 정부는 2025년 8월 향후 5년간 추진할 국정 과제를 발표했다. 국정운영 5개년 계획의 대강이 마련된 것이다. 정부 출범 직후 민간 전문가 및 파견 공무원들로 구성된 국정기획위원회에서 두 달여간 마련한 것이다. 외교 분야에서 눈에 띄는 내용은 신남방정책의 계승·발전, 글로벌 사우스로의 외교 지평 확대이다. 언론을 중심으로 신남방 2.0이라는 용어도 자주 등장하고 있다.

현 정부에서 문재인 정부의 신남방정책을 부각하려는 시도는 자연스러워 보인다. 그래서 '계승'은 그다지 어려운 부분이 아니다. 다만, 관건은 어떻게 '발전'시키느냐다. 그 단초는 정책의 '확장성'과 '포용성'에서 찾을 필요가 있다. 과거 신남방정책에서보다 더욱 확대된 그리고 포용적인 정책일 필요가 있다는 것이다. 정책이나 구상은 시대적 맥락과 동떨어질 수 없다. 문 정부의 신남방정책을 그대로 복원하기에는 시대적 상황이 다르다. 그 철학을 다시 가져오되, 정책의 대상이나 내용은 수정, 보완이 필요해 보인다. 이 점에서 흥미롭게도 글로벌 사우스에 대한 관심이 명시적으로 국정 과제에 포함되었다. 지리적 방향성 면에서 신남방에서의 '남쪽'이 글로벌 사우스의 '남쪽'과 궤를 같이 한다는 점에 주목할 필요가 있다. 신남방 정책의 확대 발전을 위해 기존 아세안과 인도 등 남아시아를 넘어 자연스럽게 글로벌 사우스 외교와 접점을 가질 수 있다는 것이다.

이 과정에서 아세안과 인도 외에 어느 지역을 새로이 포함하여 신남방정책 2.0을 추진해야 하느냐가 관건이다. 기본적으로 '포용적인 확대' 관점에서 신남방 2.0에 새로이 포함될 대상 지역으로는 호주와 뉴질랜드 외에 태평양 도서국, 태평양 연안의 일부 중남미 국가, 인도양 연안의 일부 아프리카 국가 등을 고려할 수 있겠다. 이는 다시 다음의 몇 가지 고려에 따른 것이다. 첫째, 우리의 외교는 국제사회의 책임 있는 주요 국가라는 위상을 지향해 나가는 것은 옳지만, 초강대국이 아닌 상황에서 현실적으로 대외적인 아웃리치에는 적절한 경계를 설정하는 것이 불가피하다. 150여 개의 글로벌 사우스 개도국 모두를 대상으로 한다거나, 글로벌 사우스에 과도하게 집착하기는 곤란하다. 국제관계에서 글로벌 사우스 개념이 새로운 성장 동력이라는 차원의 중립적 내지 긍정적 의미로 받아들여지기도 하지만, 일부에서는 미국과 서구에 맞서는 세력권으로 이해되는 경우도 있어 우리 외교의 핵심축으로 글로벌 사우스를 과도하게 부각하기는 다소 신중할 필요가 있어 보인다. 따라서 글로벌 사우스 가운데 기존 신남방정책의 대상인 동남아 및 남아시아 이외 추가적으로 고려될 수 있는 지역은 태평양 도서국 그리고 중동, 중남미, 아프리카 등의 일부 국가들이다.

둘째, 인도 태평양의 개념이 이제는 돌릴 수 없는 상황으로 활용되고 있다. 아시아, 동아시아, 아시아 태평양 개념이 사용되면서 동시에 인도 태평양이 사용된다는 것이다. 과거 문재인 정부 당시에서와 같이 인도 태평양에 대해 부담을 갖거나 애써 사용하지 않으려 애쓸 필요가 없다는 것이다. 윤석열 정부에서 이미 '인도 태평양 전략'을 이미 발표한 상황이다. 이를 애써 부인하거나 폐기하는 것은 적절하지 않다. 다만, '전략'을 부각할 필요는 없으며, 인도 태평양 개념은 필요할 때마다 사용할 필요가 있다. 이러한 면에서도 기존 신남방정책의 대상인 동남아 및 남아시아 이외 추가적으로 고려될 수 있는 지역은 태평양 도서국 그리고 중동, 중남미, 아프리카 등의 일부 국가들이다.

한편, 신남방 2.0의 내용, 즉 협력 방향이나 과제의 경우 각 지역별 우선순위나 지역별 상황을 감안하여 맞춤형으로 마련할 필요가 있다. 문재인 정부 신남방 정책이 아세안 공동체 비전 2015 및 비전 2025에 맞추어 3P, 즉 평화(Peace), 번영(Prosperity). 사람(People)을 기준으로 협력 과제를 발굴하였다. 그러나 아세안은 2025년 5월 연례 아세안 정상회의 개최에 맞춰 '아세안 공동체 2045'라는 새로운 비전을 발표하였다. 세계 4위 경제권 도약을 위한 중장기 전략의 성격이다. 기존의 정치안보, 경제, 사회문화 분야 이외 연계성(connectivity)을 추가하여 4개 분야 전략을 발표했다. 같은 시기 중국 및 GCC라 불리는 걸프 지역 6개국(바레인, 쿠웨이트, 오만, 카타르, 사우디 아라비아, 아랍 에미리트)과 아세안-중국-GCC 정상회의도 개최하였다. 태평양 도서국, 인도양 연안 아프리카, 태평양 연안 중남미 등 각 지역별로 우리가 추구해야 할 협력의 과제나 우선순위는 아세안과는 새로운 각도에서 보아야 할 것이다.

결론적으로 이재명 정부의 새로운 신남방정책은 한국판 '인도 태평양 전략'이 될 수 있고, 나아가 한국판 '글로벌 사우스 전략'이 될 수도 있다. 국익 중심의 실용적 외교를 추진하고, 이러한 외교가 국제사회로부터 계속 존중받기를 바라며, 새로운 신남방정책이 이러한 실용 외교를 견인하는 기반이 되기를 기대한다.

참고문헌

한국

강중모. (2020, 11월 12일). 'RCEP' 가입 파장 우려에도 외교부 "中이 주도 안해". 파이낸셜 뉴스. https://www.fnnews.com/news/202011121503002985

경향신문. (2021, 5월 24일). 한-미 동맹 강화, 한-중 관계 훼손으로 이어져선 안 된다. https://www.khan.co.kr/article/202105242046005

그레이엄 엘리슨, & 정혜윤(번역). (2018). 예정된 전쟁. 세종서적.

그레이엄 엘리슨, 로버트 블랙윌, & 석동연(번역). (2015). 리콴유가 말하다. 행복에너지.

김명신. (2013). 중국경제 다시 읽어라. 더난출판.

김옥준. (2015). 중국의 일대일로(一帶一路)구상과 정치·경제적 함의: 실크로드 경제벨트 구축을 중심으로. 국제정치연구, 18(1), 289-308.

김재엽. (2018). '인도-태평양' 구상 : 배경과 현황, 그리고 함의. 국가안보와 전략, 18(4), 1-42.

김재천. (2022, 7월 18일). 한계 드러낸 美의 '인도 태평양 전략'. 서울경제.

김진하. (2019). 인도-태평양 지정학과 신남방정책에 대한 전략적 고려. 신남방정책의 전략환경 평가 및 추진방안. 국립외교원 외교안보연구소 아세안·인도연구센터.

대한민국 정부. (2022, 12월 28일). 자유·평화·번영의 인도 태평양 전략. https://www.mofa.go.kr/www/brd/m_4080/view.do?seq=373216

박번순. (2019). 아세안의 시간. 지식의 날개.

박원곤. (2019). 트럼프 행정부의 대외정책과 인도·태평양 전략. 국방연구, 62(4), 215-240.

박철희 (편). (2014). 동아시아 세력전이와 일본 대외전략의 변화. 동아시아재단.

손열. (2019). 기로에 선 일본의 인도 태평양 전략. 동아시아연구원.

손열. (2023). 개념전쟁: 아시아에서 인도-태평양까지, 강대국의 공간 지배 전략과 한국의 선택. EAI.

이동한. (2024, 1월 16일). 주변국 호감도-2024년 1월. 여론속의여론. 한국 리서치. https://hrcopinion.co.kr/archives/28759

이무성. (2023). 한국과 유럽연합의 전략적 동반자 관계와 인도-태평양 전략. EU연구, 67, 89-112.

이영우. (2025). 신냉전, 퀀텀 패권 쟁탈전. 삼성글로벌 리서치.

유지혜. (2021, 5월 22일). 중국 언급 없이 중국 겨눴다…'쿼드 언어' 쓰기 시작한 한·미. 중앙일보. https://www.joongang.co.kr/article/24064079

정시행. (2017, 11월 9일). 靑 "트럼프, '인도·태평양 안보' 동참 제안… 文대통령 수용 안해". 조선일보. https://www.chosun.com/site/data/html_dir/2017/11/09/2017110902645.html

제임스 스타인버그, 마이클 오핸런, & 박영준(번역). (2015). 21세기 미중관계. 아산정책연구원.

주용식. (2015). 중국 일대일로에 대한 전망 분석: 동남아시아 지역을 중심으로. 국제정치연구, 18(2), 45-70.

주재우. (2024). 불통의 중국몽 – 중국의 '영향력 공작'에 꿀먹은 한국정치. 인문공간, 12(1), 1-20.

조은정. (2021, 6월). 인도 태평양에서 영국, 프랑스의 군사적 관여: 현황과 시사점. 국가안보전략연구원.

조양현. (2018, 1월 16일). 인도 태평양 전략 구상과 일본 외교. 외교안보연구소 주요국제문제 분석, 2017-63, 1-28.

정재흥, & 궁커위. (2023, 3월 22일). 한국의 인도 태평양 전략에 대한 중국 시각 고찰. 세종정책브리프, 2023-3. 세종연구소.

커트 캠벨, & 이재현(번역). (2020). 피벗: 미국 아시아 전략의 미래. 아산정책연구원.

최원기, 서정인, 김영채, & 박재경 (편). (2019). 한-아세안 외교 30년을 말하다. 국립외교원.

최영종. (2011). 동아시아 지역통합과 한국의 중견국가 외교. 한국정치외교사 논총, 32(2), 1-25.

황재호 외. (2022). 갈등과 공존의 인도 태평양: 각국의 인태전략. 명인문화사.

한국 해로연구회 (편). (2019). 일대일로와 인도-태평양 전략. 오름.

현승수, 민태은, 이기태, 이용재, & 김선재. (2023). 한반도 비핵·평화·번영을 위한 인도-태평양 전략 추진 방안. 통일연구원.

KBS 슈퍼 아시아 제작팀. (2017). 슈퍼 아시아: 세계 경제를 뒤흔드는 아시아의 힘. 가나출판사.

해외

Abe, S. (2018, January 22). Policy speech by Prime Minister Shinzo Abe to the 196th session of the Diet. Prime Minister's Office of Japan. https://japan.kantei.go.jp/98_abe/statement/201801/_00002.html

Albanese, A. (2024, June 18). Radio interview - ABC Perth Breakfast. Prime Minister of Australia. https://www.pm.gov.au/media/radio-interview-abc-perth-breakfast-0

Allison, G. (2017). Destined for war: Can America and China escape Thucydides's trap? Houghton Mifflin Harcourt.

Ashraf, E. (2020). Economic visions and the making of an Islamabad-Beijing-Riyadh triangle: Assessing Saudi Arabia's role in the China Pakistan Economic Corridor. King Faisal Center for Research and Islamic Studies.

Association of Southeast Asian Nations. (2019, June). ASEAN outlook on the Indo-Pacific. https://asean.org/asean-outlook-on-the-indo-pacific/

Associated Press. (2012, September 2). Japan's prime minister sends letter to Chinese president to smooth relations. South China Morning Post. 그리고 김종현. (2012, 9월 12일) 日 "센카쿠 현상유지" 中 설득 총력전. 연합뉴스. https://www.yna.co.kr/view/AKR20120912069600073

Bader, J. (2012). Obama and China's rise: An insider's account of America's Asia strategy. Brookings Institution Press.

Blinken, A. (2022, May 26). The administration's approach to the People's Republic of China [Speech]. U.S. Department of State, George Washington University. https://2021-2025.state.gov/the-administrations-approach-to-the-peoples-republic-of-china/

Cabinet Office of the United Kingdom. (2021, March). Global Britain in a competitive age: The integrated review of security, defence, development and foreign policy.

China Daily. (2017, December 8). China expresses 'strong dissatisfaction' at Australia's prejudice. https://www.chinadaily.com.cn/a/201712/08/WS5a2a8a92a310eefe3e99ef71.html

Crabtree, J. (2024, April 22). The strategic unseriousness of Olaf Scholz. Foreign Policy. https://foreignpolicy.com/2024/04/22/olaf-scholz-germany-china-policy-companies-mercedes-vw-xi-jinping/

Dahir, A. L. (2022, August 7). 'Jewel in the crown of corruption': The troubles of Kenya's China-funded train. The New York Times. https://www.nytimes.com/2022/08/07/world/africa/kenya-election-train.html

Dempsey, J. (2024, April 16). Scholz's visit to China confirms Germany's political weakness. Carnegie Endowment Europe. https://carnegieendowment.org/europe/strategic-europe/2024/04/scholzs-visit-to-china-confirms-germanys-political-weakness?lang=en

Department of Foreign Affairs and Trade of Australia. (2017, November 23). 2017 foreign policy white paper. https://www.dfat.gov.au/sites/default/files/2017-foreign-policy-white-paper.pdf

Eto, N. (2023, June). Japan's strategy for balancing China: The gravity of universal values in the "Free and Open Indo-Pacific" (FOIP). CSIS. https://csis-website-prod.s3.amazonaws.com/s3fs-public/2023-06/190401_Eto_Strategic_Japan.pdf?VersionId=7zZoEDDyaj4Itfkp6MzK_E1NNGxFdlo4

European Commission. (2019, March 12). EU-China: A strategic outlook. https://commission.europa.eu/system/files/2019-03/communication-eu-china-a-strategic-outlook.pdf

European Commission. (2021, September). EU strategy for cooperation in the Indo-Pacific. https://www.cer.eu/insights/sea-troubles-eus-indo-pacific

Federal Foreign Office of Germany. (2020, September). Policy guidelines for the Indo-Pacific. https://www.auswaertiges-amt.de/resource/blob/2380514/f9784f7e3b-

3fa1bd7c5446d274a4169e/200901-indo-pazifik-leitlinien--1--data.pdf

Global Affairs Canada. (2022, November). Canada's Indo-Pacific strategy. https://www. international.gc.ca/transparency-transparence/assets/pdfs/indo-pacific-indo-pacifique/2022-2023-en.pdf

Global Times. (2023, April 17). The Global Civilization Initiative full of Chinese wisdom, injects fresh momentum into bright shared future. https://www.global-times.cn/page/202304/1289306.shtml

Global Times. (2023, August 17). Decade of BRI development brings ASEAN dream closer. https://www.globaltimes.cn/page/202308/1296466.shtml?id=11

Global Times. (2023, September 1). Chinese firms help bridge African economic artery, enhance devt capacity under BRI, defying 'debt trap' smear. https://www.global-times.cn/page/202309/1297407.shtml?id=11

Global Times. (2023, September 14). Sail for horizons: BRI shines a light for Pacific Island Countries' progress. https://www.globaltimes.cn/page/202309/1298200.shtml

Government of the Netherlands. (2020, November). Indo-Pacific: Guidelines for strengthening Dutch and EU cooperation with partners in Asia.

Grares, F., & Reuter, M. (2021, September 13). Moving closer: European views of the Indo-Pacific. European Council on Foreign Relations. https://ecfr.eu/special/moving-closer-european-views-of-the-indo-pacific/

Grossman, D. (2018, July 23). India is the weakest link in the Quad. Foreign Policy. https://foreignpolicy.com/2018/07/23/india-is-the-weakest-link-in-the-quad

Hasan, M. (2021, August). The Indo-Pacific strategy: Promoting democracy in South Asia. Georgetown Journal of International Affairs. https://gjia.georgetown. edu/2021/08/27/the-indo-pacific-strategy-promoting-democracy-in-south-asia/

Hillman, J. E. (2018, April 2). Game of loans: How China bought Hambantota. CSIS Briefs. https://www.csis.org/analysis/game-loans-how-china-bought-hambantota

International Monetary Fund. (2024, January). World economic outlook update. https:// www.imf.org/en/Publications/WEO/Issues/2024/01/30/world-economic-out-look-update-january-2024

Jayakumar, S. (2019). Diplomacy: A Singapore experience. Straits Times Press.

Ji, S. (2022, March 6). Explainer | What is the China-Europe Railway Express, and how much pressure is it under from the Ukraine crisis? South China Morning Post. https://www.scmp.com/economy/global-economy/article/3169239/what-china-eu-rope-railway-express-and-how-much-pressure-it

Kausikan, B. (2017). Asia in the Trump era: From pivot to peril? Foreign Affairs. https://www.eeas.europa.eu/sites/default/files/jointcommunication_2021_24_1_ en.pdf

Kessler, C. (2024, January). A sea of troubles: Addressing the EU's incoherence on the Indo-Pacific. Centre for European Reform. https://www.cer.eu/insights/sea-troubles-eus-indo-pacific

Kishida, F. (2024, April 11). For the future: Our global partnership [Address to a joint meeting of the U.S. Congress]. Ministry of Foreign Affairs of Japan. https://www.mofa.go.jp/files/100652749.pdf

Le Miere, C. (2021, February 22). Why Britain's Indo-Pacific 'tilt' has China squarely in its sights. South China Morning Post. https://www.scmp.com/comment/opinion/article/3122408/why-britains-indo-pacific-tilt-has-china-squarely-its-sights

Lee, C. (2021, October 19). India: The Quad's weakest link. The Diplomat. https://thediplomat.com/2021/10/india-the-quads-weakest-link

Lee, H. L. (2019, May 31). Keynote address at the IISS Shangri-La Dialogue. Prime Minister's Office Singapore. https://www.pmo.gov.sg/Newsroom/PM-Lee-Hsien-Loong-at-the-IISS-Shangri-La-Dialogue-2019

Lin, B., Hart, B., Lu, S., & Liao, Y.-J. (2023, October 24). Analyzing the latest Xi-Putin meeting and China's Belt and Road forum. CSIS China Power. https://chinapower.csis.org/analysis/xi-putin-meeting-belt-road-forum/

Lum, T., & Vaughn, B. (2017, February 2). The Pacific Islands: Policy issues. Congressional Research Service. https://sgp.fas.org/crs/row/R44753.pdf

Medcalf, R. (2020). Indo-Pacific empire: China, America and the contest for the world's pivotal region. Manchester University Press.

Meservey, J. (2020, June 29). China's palace diplomacy in Africa. The Heritage Foundation. https://www.heritage.org/africa/commentary/chinas-palace-diplomacy-africa

Ministry for Europe and Foreign Affairs of France. (2021, July). France's Indo-Pacific strategy. https://ambafrance.org/IMG/pdf/en_indopacifique_web.pdf

Ministry of Foreign Affairs of Japan. (2022, December). National security strategy of Japan. https://www.cas.go.jp/jp/siryou/221216anzenhoshou/nss-e.pdf

Ministry of Foreign Affairs of Japan. (2023, November 28). New plan for a "Free and Open Indo-Pacific." https://www.mofa.go.jp/files/100646913.pdf

Ministry of Foreign Affairs of the People's Republic of China. (2021, September 16). Foreign Ministry Spokesperson's press briefing. https://www.fmprc.gov.cn/eng./xw/fyrbt/lxjzh/202405/t20240530_11347123.html

Ministry of External Affairs (India). (2018, June 1). Prime Minister's keynote address at the IISS Shangri-La Dialogue. https://www.mea.gov.in/Speeches-Statements.htm?dtl/29943/Prime+Ministers+Keynote+Address+at+Shangri+La+Dialogue+-June+01+2018

Ministry of External Affairs (India). (2021, March 12). Transcript of special briefing on first Quadrilateral Leaders virtual summit by Foreign Secretary. https://www.mea.gov.in/virtual-meetings-detail.htm?33656

Mishra, R. (2021, August). Indo-Pacific Oceans' initiative: Providing institutional framework to the Indo-Pacific region. ASEAN India Centre. https://aei.um.edu.my/img/files/AIC%20commentary%20No%2020%20August%202021%20final.pdf

Modi, N. (2018, June 1). Prime Minister's keynote address at the IISS Shangri-La Dialogue. Ministry of External Affairs (India). https://www.mea.gov.in/Speeches-Statements.htm?dtl/29943/Prime+Ministers+Keynote+Address+at+Shangri+La+Dialogue+June+01+2018

Nguyen, H.-K., Nguyen, P.-M., & Nguyen, V.-H. (2023, January 25). South China Sea in 2022: Deadlock or not, disputant states press advantages. Fulcrum. https://fulcrum.sg/south-china-sea-in-2022-deadlock-or-not-disputant-states-press-advantages/

Oertel, J. (2023, September 15). The end of Germany's China illusion. European Council on Foreign Relations. https://ecfr.eu/article/the-end-of-germanys-china-illusion/

O'Hanlon, M. (2019). Can America still protect its allies? Foreign Affairs. https://www.foreignaffairs.com/articles/world/2019-08-12/can-america-still-protect-its-allies

Parameswaran, P. (2018, July). Trump's Indo-Pacific strategy: Confronting the economic challenge. The Diplomat. https://thediplomat.com/2018/07/trumps-indo-pacific-strategy-confronting-the-economic-challenge/

Parashar, S. (2022, September 17). This is not an era of war, let's talk peace: PM Modi tells Russian President Vladimir Putin on sidelines of SCO summit. The Times of India. https://timesofindia.indiatimes.com/india/this-is-not-an-era-of-war-pm-modi-tells-russian-president-vladimir-putin-on-sidelines-of-sco-summit/articleshow/94250464.cms

Politico. (2023, April 9). Europe must resist pressure to become "America's followers," says Macron. https://www.politico.eu/article/emmanuel-macron-china-america-pressure-interview/

Prime Minister's Office of the United Kingdom. (2024, August 23). PM call with President Xi Jinping of China. https://www.gov.uk/government/news/pm-call-with-president-xi-jinping-of-china-23-august-2024

Pugliese, G. (2024). The European Union and an Indo-Pacific alignment. Asia Pacific Review, 31(1), 17–44. https://doi.org/10.1080/13439006.2024.2334182

Raga, S. (2022, July). How will Southeast Asia benefit from the Indo-Pacific economic framework? ODI.

Shringla, H. V. (2021, March 12). Transcript of special briefing on first Quadrilateral Leaders virtual summit by Foreign Secretary. Ministry of External Affairs (India).

https://www.mea.gov.in/virtual-meetings-detail.htm?33656

Stearns, S. (2012, July 31). Challenging Beijing in the South China Sea. Voice of America.

Sullivan de Estrada, K. (2023, October 30). India and the Quad: When a "weak link" is powerful. The National Bureau of Asian Research.

Tellis, A. (2019). Strategic Asia: U.S. alliances and partnerships in the Indo-Pacific. The National Bureau of Asian Research.

The Asahi Shimbun. (2022, May 24). Japan shores up U.S. vision for IPEF economic bloc in Asia. https://www.asahi.com/ajw/articles/14628711

The Economist. (2023, June 15). In conversation with Subrahmanyam Jaishankar: Transcript of the Economist's interview with Mr. Jaishankar. https://www.economist.com/asia/2023/06/15/in-conversation-with-subrahmanyam-jaishankar

The Guardian. (2012, September 19). Japan's purchase of disputed islands is a farce, says China's next leader. https://www.theguardian.com/world/2012/sep/19/china-japan-senkaku-diaoyu-islands

The Jakarta Post. (2017, April 5). Indonesia must lead for sake of its interests in South China Sea. https://www.thejakartapost.com/academia/2017/04/05/indonesia-must-lead-for-sake-of-its-interests-in-south-china-sea.html

The State Council Information Office of the People's Republic of China. (2023, October). The Belt and Road Initiative: A key pillar of the global community of shared future. http://www.beltandroadforum.org/english/n101/2023/1010/c124-895.html

The Straits Times. (2022, May 14). US, ASEAN to upgrade ties; PM Lee says this shows US values its partnership with ASEAN. https://www.straitstimes.com/world/united-states/us-and-asean-close-summit-with-commitment-to-upgrade-ties

The White House. (2015, February). National security strategy. https://obamawhitehouse.archives.gov/sites/default/files/docs/2015_national_security_strategy_2.pdf

The White House. (2017, December). National security strategy of the United States of America. https://trumpwhitehouse.archives.gov/wp-content/uploads/2017/12/NSS-Final-12-18-2017-0905.pdf

The White House. (2022, February). U.S. Indo-Pacific strategy. https://bidenwhitehouse.archives.gov/wp-content/uploads/2022/02/U.S.-Indo-Pacific-Strategy.pdf

The White House. (2023, June 22). Joint statement from the United States and India. https://bidenwhitehouse.archives.gov/briefing-room/statements-releases/2023/06/22/joint-statement-from-the-united-states-and-india/

Thongnoi, J. (2024, May 8). China-Laos railway brings higher mobility, employment as profit concerns linger. China Global South Project. https://chinaglobalsouth.com/analysis/china-laos-railway-brings-higher-mobility-employment-as-profit-concerns-linger/

Tillerson, R. (2017, October 18). Defining our relationship with India for the next century [Address by U.S. Secretary of State]. CSIS. https://csis-website-prod.s3.amazonaws.com/s3fs-public/publication/171018_An_Address_by_U.S._Secretary_of_State_Rex_Tillerson.pdf

Unnikrishnan, N., & Dutta, A. (2023, November). Tracing the strategic dimensions of India-Russia relations. Observer Research Foundation. https://www.orfonline.org/research/tracing-the-strategic-dimensions-of-india-russia-relations

U.S. Department of Defense. (2019, June). Indo-Pacific strategy report: Preparedness, partnership, and promoting a networked region. https://apps.dtic.mil/sti/tr/pdf/AD1082324.pdf

White House. (2017, December). National security strategy of the United States of America. https://trumpwhitehouse.archives.gov/wp-content/uploads/2017/12/NSS-Final-12-18-2017-0905.pdf

World Bank. (2019). Belt and Road economics: Opportunities and risks of transport corridors. https://www.worldbank.org/en/topic/regional-integration/publication/belt-and-road-economics-opportunities-and-risks-of-transport-corridors

Xinhua. (2023, December 22). Serbia's high-speed railway to operate in 2024: President Vucic. https://english.news.cn/20231222/5462911cc3b94deda0f7232dac45964c/c.html

Zhang, H. (2022, May 13). Biden's summit pushes ASEAN to confront China, runs counter to their interest. Global Times. https://www.globaltimes.cn/page/202205/1265593.shtml